Deutsche Grammatik

Das Zeichen  dient im Übungsteil und im Lösungsschlüssel zur Kennzeichnung der einzelnen **Aufgaben**. Beinhaltet die Aufgabenstellung keine „Schreib-", sondern „Denkarbeit" (Reflexion), so erscheint stattdessen das Symbol .

Im Text findest du zahlreiche **Wörter oder Wortbestandteile**, die *kursiv* gesetzt und blau unterlegt sind, z. B.:

> *Mit großer Freude* haben wir die Nachricht aufgenommen.
> *singen – er sang – er hat gesungen*

Im ersten Beispiel wird die Adverbialphrase *mit großer Freude* als Beispiel für eine Modalangabe hervorgehoben; im zweiten wird der Wechsel des Stammvokals (Ablaut) bei der Konjugation des unregelmäßigen Verbs *singen* veranschaulicht. Die Unterlegungen haben also die Funktion, die Bausteine der Sprache, um die es jeweils geht, so zu markieren, dass du leicht einen Bezug von der Erläuterung zum Beispiel herstellen kannst.

- Diese Grammatik verzichtet weitgehend auf **Abkürzungen**. Wo sie nicht zu umgehen sind, etwa in Tabellen, kannst du sie leicht aus dem Kontext erschließen (z. B. *Gen.* für „Genitiv", *K II* für „Konjunktiv II" usw.) oder sie werden an Ort und Stelle erklärt. Abkürzungen wie *z. B.* (= „zum Beispiel"), *S.* (= „Seite") oder *n. Chr.* (= „nach Christus") wirst du bereits aus anderen Büchern kennen. Weniger bekannt dürften dir die Abkürzungen *mhd.* und *ahd.* sein. Sie stehen für „mittelhochdeutsch" und „althochdeutsch", zwei mittelalterliche Entwicklungsstufen unserer heutigen Sprache (s. S. 362). Ein Sternchen * markiert grammatische Formen, die nicht korrekt sind.

- Der Text dieser Grammatik folgt konsequent den Regeln der **reformierten Orthographie**. Literarische Texte, die vor Inkrafttreten der Neuregelung verfasst und veröffentlicht wurden, wurden jedoch aus Achtung vor der künstlerischen Gestalt der Werke nicht umgestellt. Lass dich also nicht dadurch verwirren, dass z. B. bei ERICH KÄSTNER unverändert *heute mittag* (jetzt: *heute Mittag*!) steht usw.

SCHÜLER-WAHRIG

DEUTSCHE GRAMMATIK

von
Lutz Götze

unter Mitarbeit von
Gabriele Pommerin und Anna-Ulrike Mayer

BERTELSMANN LEXIKON INSTITUT

Dr. Lutz Götze ist Professor für das Fach Deutsch als Fremdsprache der Fachrichtung Germanistik an der Universität des Saarlandes, Saarbrücken

Dr. Gabriele Pommerin ist Professorin für die Didaktik des Deutschen als Zweitsprache an der Erziehungswissenschaftlichen Fakultät der Universität Erlangen-Nürnberg

Anna-Ulrike Mayer ist Lehrerin an einer Hauptschule mit dem Schwerpunkt Deutsch und pädagogische Mitarbeiterin im Fach Deutsch als Zweitsprache an der Universität Erlangen-Nürnberg

Redaktion: Dr. Heiko Hartmann
Redaktionelle Mitarbeit: Volker Kücholl
Satz: Dirk Bischoff · Satz-Offizin Hümmer GmbH
Illustrationen und Layout: Jo. Pelle Küker-Bünermann
Herstellung: Günter Hauptmann
Einbandgestaltung: Groothuis, Lohfert, Consorten (glcons.de)

(vormals Bertelsmann Lexikon Verlag GmbH)
Nachdruck der 1. Aufl. 2000
Druck und Bindung: GGP Media, Pößneck

ISBN 3-577-10075-3

Inhalt

I. **Einleitung** 14

II. **Der Text** 17

1. Zeichensysteme und Kommunikation 17

2. Was ist ein Text? 17

3. Texte der geschriebenen und gesprochenen Sprache 17

4. Grammatische und pragmatische Mittel des Textes 18

5. Ein Textbeispiel (Interview aus einer Jugendzeitschrift) .. 20

6. Textsorten 22
a. Didaktische Textsorten 23
b. Literarische Textsorten 25
c. Private Textsorten 26
d. Publizistische Textsorten 27
e. Wissenschaftliche Textsorten 29

7. Sprechakte und Äußerungen 30
a. Übersicht über die Sprechakte 30
b. Äußerungen der Darstellungsfunktion 31
Berichten, beschreiben, Sachverhalte nennen 31
Vorschläge machen und argumentieren – Widerspruch erheben und Korrekturen anbringen 32
Umschreibung (Paraphrase) – Intensivierung 33
Vermutungen 34
Vergleiche 34
Bedingungen 36
c. Äußerungen der Appellfunktion 38
Aufforderungen akzeptieren oder zurückweisen/widersprechen 38
Warnungen und Drohungen 40
Fragen und Antworten 42
Begrüßen und Verabschieden 43
Anrede 44
Vorstellung 45
Adresse und Absender 45
Gratulation 46
Entschuldigungen und Beschuldigungen 46

d. Äußerungen der Ausdrucksfunktion 48
Wünsche äußern 48
Ausdruck von Freude und Glück 50
Ausdruck von Überraschung 50
Kommentar – Gegendarstellung 51
Ausdruck der Resignation 51
Schimpfen 52
Explizit performative Verben 52
Innerer Monolog 53

8. Elementе der Textstruktur 54
a. Mittel der grammatischen Verknüpfung 55
Konjunktionen 55
Pronomen 55
Relativpronomen (*der, die, das; die*) 56
Thema-Rhema-Struktur und Artikelwörter 56
Adverbiale Angaben 57
Modalpartikeln 58
Rhetorische Mittel 58
b. Mittel der semantischen Verknüpfung 60

9. Arbeit mit Texten 61
a. Vorwissen, Erwartungen, Präsuppositionen und Mitgemeintes 64
b. Textvorentlastung 66
c. Textarbeit im Detail 66
Segmentieren und analysieren 66
Bezüge herstellen – Mittel der Textverknüpfung 67
d. Lesestrategien 69
e. Texte schreiben – kreatives Schreiben 71

III. Der Satz 74

1. Die Satzarten 74

2. Der Satzbegriff 75

3. Einfache Sätze 76

4. Verb, Satzglieder und Attribute 76
a. Verb und Verbalkomplex 79
b. Ergänzungen, Ergänzungsklassen und Satzbaupläne ... 79
c. Angaben 85
Lokalangaben 85

Temporalangaben ... 85
Kausalangaben ... 86
Modalangaben ... 86
Konditionalangaben ... 87
Konsekutivangaben ... 87
Konzessivangaben ... 87
Finalangaben ... 87
Restriktivangaben ... 88
Negative Angaben ... 88
Existimatorische Angaben ... 88
d. Attribute ... 89
Die Apposition ... 91

5. Komplexe Sätze ... 92
a. Satzverbindungen (Parataxen) ... 93
Syndetische Satzverbindungen ... 94
Asyndetische Satzverbindungen ... 95
Besonderheiten der Satzverbindung ... 96
b. Satzgefüge (Hypotaxen) ... 97
Ergänzungssätze ... 98
Angabesätze ... 101
Attributsätze ... 105

6. Satzgliedstellung ... 106
a. Faktoren für die Abfolge der Satzglieder ... 106
b. Satzfeld und Satzklammer ... 107
c. Hauptstellungstypen im einfachen Satz ... 109
Der Kernsatz (Verb-II-Stellung) ... 109
Der Stirnsatz (Verb-I-Stellung) ... 110
Der Spannsatz (Verb-Letzt-Stellung) ... 111
d. Besetzung des Vorfeldes ... 112
e. Besetzung des Mittelfeldes ... 113
Verbklammer ... 114
Substantiv und Pronomen ... 114
Ergänzungen und Angaben ... 114
Haupt- und Nebensätze ... 115
Mitteilungsperspektive ... 116
Modalpartikeln ... 116
Stellung von *nicht* ... 116
f. Besetzung des Nachfeldes ... 118
g. Stellungsregeln in der Substantivgruppe ... 119
Linksattribute ... 119
Rechtsattribute ... 120
h. Stellungsregeln beim Verbalkomplex ... 120

7. Grammatische Kongruenz 120
a. Substantiv/Pronomen und konjugiertes Verb 121
b. Angabe bestimmter und unbestimmter Mengen 123
c. Substantiv und Adjektiv bzw. Apposition 124

IV. Das Wort 125

1. Das Verb 128
a. Die Wortart 128
b. Die Morphologie des Verbs 129
Die Konjugation der regelmäßigen Verben 131
Regeln für die Bildung der Tempusformen 133
Die Konjugation der unregelmäßigen Verben 136
Die infiniten Verbformen 146
Besonderheiten des Infinitivs 149
Funktionen des Infinitivs 150
Trennbare und untrennbare Verben 155
c. Syntaktische Unterscheidung der Verben 158
Vollverben 158
Hilfsverben 159
Die Konjugation der modalen Hilfsverben 165
Modalitätsverben 168
Auxiliarverben 169
Funktionsverben 170
Die Semantik der modalen Hilfsverben 173
Persönliche und unpersönliche Verben 177
Reflexive und reziproke Verben 178
d. Aktiv und Passiv 181
Die Funktionen von Aktiv und Passiv 183
Parallelformen des Passivs 185
Unpersönliches Passiv 186
Besonderheiten beim Gebrauch des Passivs 186
e. Zeit und Tempus 187
Funktionen der Tempora 189
f. Modalität und Konjunktiv 196
Das Formensystem des Konjunktivs 197
Funktionen des Konjunktivs I und des Konjunktivs II . 199
Hat der Konjunktiv ein voll ausgebautes Konjugationssystem? 204
Empfehlungen zum Gebrauch des Konjunktivs 208

2. Das Substantiv 209
a. Die Wortart 210
b. Die Kasus 211

Die reinen Kasus 212
Die präpositionalen Kasus 212
c. Die Deklination des Substantivs 214
Singular und Plural 214
Singulariatantum 215
Pluraliatantum 215
Die Deklination im Singular (Einzahl) 216
Substantive und Deklinationstypen 217
Die Deklination im Plural (Mehrzahl) 217
Doppelformen bei der Pluralbildung 218
Pluralbildung durch *-leute*, *-männer* und *-frauen* 219
Die Deklination der Fremdwörter 220
Der Singular der Fremdwörter 221
Der Plural der Fremdwörter 222
Die Deklination der Eigennamen 223
Die Deklination geographischer Namen 224
Die Deklination von Kurz-, Silben- und Abkürzungswörtern 225
Wegfall der Deklination 226
Die Deklination der substantivierten Verben, Adjektive und Partizipien 227
d. Das Genus des Substantivs 228
Das Genus der Konkreta und Abstrakta 229
Das Genus der Eigennamen 230
Das Genus der Fremdwörter 231
Das Genus der Kurz- und Abkürzungswörter 232
Das Genus der Komposita (Zusammensetzungen) 232
e. Funktionen des Substantivs 233

3. Das Adjektiv 234
a. Die Wortart 234
b. Die Deklination des Adjektivs 235
Deklination des attributiven Adjektivs 235
Wann „stark", wann „schwach", wann „gemischt"? . . . 236
Probleme bei der Adjektivdeklination 237
Die Deklination substantivierter Adjektive und Partizipien 240
c. Die Steigerung des Adjektivs 241
Der Positiv (Grundstufe) 245
Der Komparativ (1. Steigerungsstufe) 245
Der Superlativ (2. Steigerungsstufe/Höchststufe) 246
d. Attributiv und prädikativ verwendete Adjektive 248
Nur attributiv verwendete Adjektive 249
Nur prädikativ verwendete Adjektive 250

Exkurs zum Gebrauch des Adjektivs bei zusammengesetzten Substantiven ... 250
e. Die Valenz des Adjektivs ... 251
Genitivergänzung ... 252
Dativergänzung ... 252
Akkusativergänzung ... 252
Präpositionalergänzung ... 252
Situativergänzung ... 253
Richtungsergänzung ... 253
Einordnungsergänzung ... 253
Artergänzung ... 253
Infinitivergänzung ... 253
Vergleichsergänzung ... 254
f. Das Zahladjektiv ... 254
Die Kardinalzahlen ... 255
Die Ordinalzahlen ... 260
Bruchzahlen ... 263
Vervielfältigungs- und Wiederholungszahlen ... 264
Einteilungszahlen ... 265
Die unbestimmten Zahladjektive ... 266

4. Die Artikelwörter ... 268
a. Die Wortart ... 268
b. Die Deklination der Artikelwörter ... 269
c. Besonderheiten der Deklination ... 270
d. Verschmelzungen der Artikelwörter ... 271
e. Funktionen des bestimmten und unbestimmten Artikels und des Nullartikels ... 273
Genusverdeutlichung ... 273
Identifizierung durch den bestimmten Artikel ... 273
Nichtidentifizierung oder Klassifizierung durch den unbestimmten Artikel ... 275
Der Nullartikel als Ausdruck des Ungegliederten oder Unbegrenzten ... 276
Weitere Funktionen der Artikelwörter ... 277

5. Das Pronomen ... 281
a. Personalpronomen ... 282
Die Deklination in der 1. und 2. Person ... 282
Funktionen der Personalpronomen in der 1. und 2. Person ... 283
Die Deklination in der 3. Person ... 285
Funktionen der Personalpronomen in der 3. Person ... 285

Kongruenzprobleme (Übereinstimmung von Subjekt und Verb) ... 286
Das Pronomen *es* ... 286
b. Reflexivpronomen ... 290
Die Deklination der Reflexivpronomen ... 290
Funktionen der Reflexivpronomen ... 291
c. Relativpronomen ... 292
Die Deklination von *der, die, das* ... 293
Die Deklination von *welcher, welche, welches* ... 293
Funktionen der Relativpronomen ... 293
d. Substantivisch gebrauchte Indefinitpronomen ... 294
Die Deklination der Indefinitpronomen ... 294
Funktionen der substantivisch gebrauchten Indefinitpronomen ... 295
e. Substantivisch gebrauchte Interrogativpronomen ... 295
Die Deklination der Interrogativpronomen ... 296
Funktionen der substantivisch gebrauchten Interrogativpronomen ... 296

6. Das Adverb ... 298
a. Die Wortart ... 298
Die Bildung der Adverbien ... 299
Vorkommen der Adverbien ... 300
Komparation der Adverbien ... 300
b. Klassen der Adverbien ... 302
Präpositionaladverbien ... 303
Lokaladverbien ... 305
Temporaladverbien ... 307
Modaladverbien ... 311
Kausaladverbien ... 316
c. Deklinierbarkeit der Adverbien ... 317
d. Funktionen der Adverbien ... 317

7. Die Konjunktion ... 318
a. Die Wortart ... 318
b. Koordinierende Konjunktionen ... 319
Liste der koordinierenden Konjunktionen ... 320
c. Subordinierende Konjunktionen ... 320
Haupt- und Nebensatz (Verb in Endstellung) ... 320
Hauptsatz und mehrere (verschachtelte) Nebensätze ... 320
Liste der subordinierenden Konjunktionen ... 320
d. Semantische Gruppen ... 321
e. Satzteilkonjunktionen ... 328
f. Funktionen der Konjunktionen ... 328

8. Die Präposition ... 329
a. Die Wortart ... 329
b. Liste der Präpositionen ... 330
Präpositionen mit einem Kasus ... 331
Präpositionen mit zwei Kasus ... 331
Präpositionen ohne Kasusrektion ... 332
c. Verschmelzungen ... 332
d. Die Bedeutung der Präpositionen ... 333
e. Funktionen der Präpositionen ... 337
f. Lernprobleme ... 338

9. Die Partikeln ... 339
a. Die Wortart ... 341
b. Modalpartikeln ... 341
Bedeutungsdifferenzierung und Ausdruck der Emotion ... 345
Markierung einer Information ... 347
c. Gradpartikeln ... 348
d. Die Negationspartikel *nicht* ... 348

10. Die Satzäquivalente ... 350
a. Die Wortart ... 350
b. Antwortwörter ... 350
c. Reaktionswörter ... 351
d. Interjektionen ... 352

V. Wortbildung ... 353

1. Der Wortschatz ... 354
a. Wortfamilien und Wortfelder ... 355
b. Ein Beispiel: Die Wortfamilie *binden* ... 355

2. Die Struktur des Wortes ... 356

3. Wortbildungsmittel der deutschen Sprache ... 359
a. Wortbildung durch Zusammensetzung ... 359
Das Kopulativkompositum ... 361
Das exozentrische Kompositum ... 361
Das verdunkelte Kompositum ... 362
Das Verstärkungskompositum ... 362
Kompositaschreibung mit Bindestrich ... 363
b. Wortbildung durch Ableitung ... 364
Ableitung durch Vorsilben (Präfigierung) ... 365
Ableitung durch Nachsilben (Suffigierung) ... 367

c. Wortbildung durch Umbildung 369
d. Wortbildung durch Kürzung 369
Kurzwörter 370
Abkürzungswörter 371
e. Wortbildung durch Terminologisierung 372
f. Besondere Probleme der Wortbildung 372
g. Wortbildungsmittel der Jugendsprache 376

VI. Übungen 378

Kommentar zu den Übungen und zum Lösungsschlüssel ... 378

1. Wie wirklich ist die Wirklichkeit? Übungen zum Konjunktiv I/II und zum Indikativ 381

2. Passiv heißt nicht „Leideform". Übungen zu Aktiv und Passiv 388

3. Bausteine unserer Sprache: Die Wortarten 391

4. Wo kommen denn die Wörter her? Möglichkeiten der Wortbildung 400

5. Nimm dir Zeit! Übungen zu Zeit und Tempus 416

6. Mit Sprache handeln: Sprechakte 422

VII. Lösungsschlüssel (in Auswahl) 429

VIII. Wort- und Sachregister 440

I. Einleitung

> „Die Grammatik, die dürre Grammatik sogar, wird so etwas wie ein geisterbeschwörender Zauberspuk, der die Worte auferweckt und sie mit Fleisch und Bein bekleidet: das Substantiv schreitet in seiner substantiellen Majestät, das Adjektiv ist sein durchsichtiges Gewand, das es wie eine Brustwehr umkleidet und ihm Farbe gibt, und das Verbum ist der Engel der Bewegung, welcher der Redewendung Flügel verleiht."
>
> (Charles Baudelaire)

Eine neue Grammatik stellt sich vor: Sie will Schülerinnen und Schülern der Sekundarstufen I und II, aber auch anderen Ratsuchenden, in Zweifelsfällen der deutschen Sprache Auskunft geben und damit einen Beitrag zur Sprachkultur leisten. Das Wort des großen französischen Dichters BAUDELAIRE ist dabei Leitmotiv: Nicht trocken und dürr sollen Rat oder Regel sein, sondern die Texte der Grammatik laden zu einer motivierenden, vielleicht sogar freudvollen Entdeckungsreise durch die Gegenwartssprache ein. An Beispielen aus der schönen Literatur, Pressetexten, Schüleraufsätzen, Autobiografien oder Werbematerialien werden Gebrauchsweisen vorgeführt, analysiert und beurteilt. Die Grammatik beschreibt also den heutigen Zustand der deutschen Sprache und gibt zugleich Ratschläge für den guten Sprachgebrauch.

Ausgangspunkt der Überlegungen ist immer der *Text*, also Sprache in der Gestalt, in der sie den Menschen täglich begegnet. Damit ist das eigentlich Neuartige dieser Grammatik benannt: Sie ist konsequent *kommunikativ-pragmatisch* aufgebaut, geht also stets von den *Zwecken* und *Zielsetzungen* der Sprecher oder Schreiber in der Kommunikation – dargestellt im Text – aus und ordnet diesen Zielen (Intentionen) die *sprachlichen Mittel* (Sätze und Wörter) zu. Im Mittelpunkt steht daher immer die Frage: *Was* soll hier ausgedrückt werden? Dem folgt: Mithilfe welcher *grammatischen Redemittel* geschieht dies? Welche *Wirkungen* gehen von diesen Texten aus? Am Ende steht die grammatische *Regel.* Zur Festigung des Gelernten gibt es *Übungen* mit einem (auswählenden) Lösungsschlüssel. Damit entspricht die Grammatik den Anforderungen an einen modernen Sprachunterricht.

Die Grammatik ist, entsprechend ihrem kommunikativ-pragmatischen Ansatz und anders als viele herkömmliche Grammatiken, von „oben" nach „unten“ gegliedert; sie geht also vom *Ganzen* zum *Detail*: Text → Satz → Wort.

Im *Textkapitel* werden Textsorten, Sprechakte und Äußerungen, Mittel der Textverknüpfung sowie die Arbeit mit Texten unterschiedlicher Form behandelt. Manches wird hier zunächst ungewohnt erscheinen, doch die Definitionen und das Register helfen weiter.

Dem Text folgt die Beschreibung der Ebene darunter, also des *Satzes*. Texte sind *Ausdruck sozialer Handlungen*, ihre *sprachliche Gestalt* sind Sätze. Die Beschreibung der Satzebene folgt einer didaktisierten Form der *Dependenzsyntax*, also einem Satzmodell mit dem Verb – BAUDELAIRES „Engel der Bewegung“ – im Zentrum, von dem Ergänzungen (obligatorische Satzglieder) und Angaben (frei hinzufügbare Satzglieder) abhängen. Hinzu kommen die Attribute.

Dieses Modell hat sich im muttersprachlichen wie im fremdsprachlichen Deutschunterricht als geeignet erwiesen. Es unterscheidet sich von der traditionellen Schulgrammatik vor allem dadurch, dass es die Satzstruktur vom *finiten* (gebeugten) *Verb* her beschreibt und damit die zentrale Rolle von Subjekt und Prädikat aufhebt.

Im Kapitel *Satz* werden auf dieser linguistischen Grundlage die *zehn Ergänzungsklassen* sowie die *Angaben* beschrieben, weiterhin die *Satzarten* (Deklarativsätze, Interrogativsätze, Imperativsätze) sowie *einfache* und *zusammengesetzte Sätze* behandelt. Bei den zusammengesetzten Sätzen gibt es – wie in jeder Grammatik – *Satzverbindungen* (Parataxen) und *Satzgefüge* (Hypotaxen). Letztere werden in *Ergänzungs-* und *Angabesätze* (Satzglieder in Nebensatzform) unterschieden. *Attributsätze* vervollständigen das Bild.

Die weiteren Unterkapitel beim *Satz* widmen sich der *Satzgliedstellung* (traditionell: *Wortstellung*) – vor allem dem *Satzfeld* und der *Satzklammer* –, daneben der *grammatischen Kongruenz*, also der formalen Übereinstimmung von Subjekt und Verb, sowie weiteren Formen.

Dem Kapitel *Satz* folgt die Beschreibung der darunter liegenden Ebene, also des *Wortes*. Unterschieden werden *zehn Wortklassen*: Verb, Substantiv, Adjektiv, Artikelwörter, Pronomen, Adverb, Konjunktion, Präposition, Partikeln sowie Satzäquivalente. Neu gegenüber traditionellen Darstellungen sind dabei die *Artikelwörter*, die Teile der Pronomen traditioneller Kategorisierung einschließen, die *Partikeln* – vor allem die Modalpartikeln – sowie die *Satzäquivalente*: Einwortsätze in der Kommunikation.

Ein Kapitel zur *Wortbildung* sowie ein *Sachregister* schließen die Grammatik ab. Das Register verweist auf wichtige grammatische Begriffe und hilft, Verständnisprobleme rasch zu klären.

Von besonderer Bedeutung ist der *Übungsteil*: Hier werden kreative Übungen in Verbindung mit systematischen Übungen zu Teilbereichen der Grammatik angeboten, zum Beispiel zu den Sprechakten, zu Aktiv und Passiv, zur Modalität und zum Tempusgebrauch des Verbs, zur Verwendung der Wortarten sowie zur Wortbildung. Die Übungen sind teilweise ungewöhnlich, weil sie traditionelle Pfade des Grammatikunterrichts verlassen. Dem funktional-kommunikativen Ansatz dieser Grammatik entsprechend, gibt es daher keine Übungen des Typs „Setze den Satz ins Passiv!“ oder „Schreibe den Text im Konjunktiv!“, sondern die Übungsanweisungen lauten etwa so: „In welchen Textsorten treten die Formen X oder Y gehäuft auf?“, „Erweitere die Collage mit eigenen Beispielen!“ oder „Versuche mithilfe der Erweiterungs- oder Umstellprobe eine Regel für dieses Problem zu finden!“. Aktives und kreatives Handeln mit Sprache steht also im Mittelpunkt; die Lust des Entdeckens soll gefördert werden.

Im Text gibt es zahlreiche *Kästen* mit unterschiedlichen Farben: Grau unterlegt sind die einleitenden Texte, Schemata sind blau eingefärbt, grammatische Regeln sind ebenfalls blau markiert, aber mit einer *Brille* versehen; sprachliche Zweifelsfälle, freilich auch Negativbeispiele der Gegenwartssprache, sind wiederum blau eingefärbt, haben aber eine *Glühlampe* an der Seite. Eine *erhobene Hand* neben einem blauen Kasten signalisiert: Dieser Sprachgebrauch ist falsch! Kleine Illustrationen lockern den Text auf und erleichtern das Lesen.

Verfasserinnen und Verfasser wünschen den Benutzern dieser Grammatik, dass sie ihre sprachlichen Ausdrucksmöglichkeiten erweitern und verbessern sowie Freude am Entdecken grammatischer Regeln haben. Die deutsche Sprache ist nämlich keineswegs – wie Mark Twain einst behauptete – eine schwierige Sprache, die man bestenfalls in dreißig Jahren erlernen könne; sie ist vor allem eine sehr schöne Sprache, die gepflegt und kreativ-behutsam weiterentwickelt werden will.

Herrsching, Pfingsten 2000

Lutz Götze
Gabriele Pommerin
Anna-Ulrike Mayer

II. Der Text

1. Zeichensysteme und Kommunikation

Wer einem anderen etwas mitteilt, gebraucht dazu Zeichen. Das können *sprachliche* (Texte, Sätze, Wörter), *parasprachliche* (Gestik, Mimik) und *nichtsprachliche* Zeichen (z. B. Verkehrszeichen) sein.
Die Sprache ist das grundlegende Mittel der Verständigung zwischen Menschen. Ohne sie wäre ein Miteinander nicht möglich. Kommunikation vollzieht sich in Texten und nur im Ausnahmefall in Einzelwörtern. Der wichtigste Untersuchungsgegenstand der Sprache ist daher der Text. Eine Stufengliederung ihrer Elemente sieht folgendermaßen aus:

Text → Satz → Satzglied → Wort → Morphem

(Ein Morphem ist die kleinste bedeutungstragende Einheit einer Sprache, z. B. die Flexionsendung *-st* in *du gehst.*)

2. Was ist ein Text?

Ein **Text** ist die sprachliche Einheit oberhalb des Satzes. Texte sind der sprachliche Ausdruck sozialer Handlungen, die wir auch *Äußerungen* nennen, z. B. Sprechakte wie *Fragen/Antworten* oder *Auffordern/der Aufforderung nachkommen.*

Die *Linguistik* (Sprachwissenschaft) untersucht Texte, Sätze und Wörter, d. h. die Bausteine, Strukturen und inneren Funktionszusammenhänge der Sprache. Die *Pragmatik* (Lehre von der Benutzung sprachlicher Zeichen) ist Teil der Linguistik. Sie erforscht Äußerungen und Sprechakte, d. h. die sozialen, psychischen und situativen Bedingungen sprachlicher Kommunikation. Ein Text wird durch *grammatische* Mittel (z. B. Konjunktionen, Adverbien) sowie *semantisch-pragmatische* Mittel (inhaltliche Zusammengehörigkeit, Verweissysteme) verknüpft.

3. Texte der geschriebenen und gesprochenen Sprache

Es gibt in jeder Sprache eine fast unüberschaubare Menge von Texten:

- Texten der **geschriebenen** Sprache
- Texten der **gesprochenen** Sprache

Zu den Texten der geschriebenen Sprache gehören z. B. Zeitungsartikel, Romane, Gedichte, Wetterberichte, Schulaufsätze oder grammatische Regeln. Auch Nachrichten, die im Fernsehen oder Rundfunk vom Blatt abgelesen werden, gehören dazu, da sie geschrieben vorliegen.

Texte der gesprochenen Sprache sind z. B. Gespräche, Monologe, Diskussionen, Stammtisch-Geplauder und viele andere Varianten. Entscheidend für alle diese Texte ist vor allem ihr mündlicher und spontaner, nicht vorbereiteter Charakter. Sie entstehen im Augenblick der Kommunikation und werden häufig durch Mimik (Gesichtsausdruck) und Gestik (Handbewegungen) unterstützt. Deshalb kann hier vieles, was in der geschriebenen Sprache unverzichtbar ist, weggelassen werden; typisch sind auch Wiederholungen, um Vergessenes erneut anzusprechen oder Sachverhalte besonders zu betonen.

4. Grammatische und pragmatische Mittel des Textes

Texte sind weniger durch ihre formale Struktur als von den *Interessen* und *Zielsetzungen* des Schreibenden oder Sprechenden, vom *Vorwissen* des Empfängers oder Adressaten, von den *sozialen Beziehungen* zwischen dem Schreibenden/Sprechenden und dem Empfänger des Textes sowie der *Aufnahmefähigkeit* des Empfängers geprägt. So wird ein Brief an den Schuldirektor anders formuliert als an einen Freund; ein Mensch ist auch weniger aufnahmefähig, wenn er müde ist, als wenn er ausgeschlafen hat. Jeder Text ist anders.

Diese pragmatische Sicht auf Texte wird ergänzt durch eine innersprachliche Perspektive: Welche grammatischen Strukturen machen Sätze zu Texten, oder anders formuliert: Welche sprachlichen Mittel verbinden eine kleinere Einheit zu einer größeren? Für die Analyse von Texten ist dies sehr wichtig. Solche sprachlichen Mittel sind:

- **Gliederung des Textes** (z. B. durch Überschriften, Abschnitte, Fettdruck)

- **Konjunktionen** (z. B. *denn, weil, dass, obwohl, als, nachdem*):

  Er hat das gesagt, *weil* er von seiner Meinung überzeugt ist.

- **Pronomen**, die im Text auf bereits Gesagtes/Geschriebenes verweisen (Anaphern):

  Ein Mann steht an der Ecke. *Er* liest *eine Zeitung.*
  Es ist die *WOCHE.*

- **Adverbien**, die im Text auf Nachfolgendes verweisen (Kataphern):

  Der Vater besteht *darauf*, dass sein Sohn studiert.

- **Tempusstruktur** (z. B. das Perfekt als Erzähltempus in der gesprochenen Sprache):

  Dann *sind* wir in die Stadt *gegangen* und *haben* uns einen Film *angesehen*.

- **Zusammenfassungen:**

  Vater, Mutter und die Kinder: *Alle waren gekommen*.

- **Gesprächssequenzen:**

„Wann bist du angekommen?“	(Frage)
„Erst gestern, mein Auto war kaputt!“	(Antwort)
„Ich bin überzeugt, dass die Sache misslingt!“	(Skepsis)
„Im Gegenteil, heute klappt es!“	(Widerspruch)
„Ich hätte gern ein Drei-Pfund-Brot!“	(Wunsch)
„Was wollen Sie? Lottoscheine? Die gibt es hier nicht!“	(Missverständnis)
„Ich sag' euch, da sind wir doch gestern im Rockkonzert gewesen, und da hat der Schlagzeuger losgelegt, ich sag' euch...!“	(Bericht)
„Ach, der war doch lahm. Der Gitarrist war Spitze, der hat doch...!“	(Unterbrechung)
„Unterbrich mich doch nicht immer! Nie lässt du mich ausreden! Der Schlagzeuger hat nämlich...!“	(Zurechtweisung und Berichtfortsetzung)

- **Parenthesen** (Einschübe):

„Letzte Woche der Film mit Richard Gere – *was, den kennst du nicht?* – war Klasse!“	(Kontaktparenthese)
„Ihr Antrag – *das ist ganz normal bei uns* – braucht mindestens zwei Monate Bearbeitungszeit!“	(Kommentarparenthese)

- **Deiktische Elemente** (Mittel des Zeigens: *oben, draußen, gestern, nächsten Monat, du, ihr* usw.):

  „*Du da oben*, kommst du morgen mit nach Berlin?"
  „*Drüben* haben sie wieder Streit!"
  „*Jetzt* sollten wir uns aber beeilen!"
  „*Ihr* habt keine Einladung bekommen."

5. Ein Textbeispiel (Interview aus einer Jugendzeitschrift)

Wer ist Jenny Elvers?

Die 24-Jährige moderiert die erste deutsche Ausgabe von *Top of the Pops*, der berühmten Musiksendung aus England.

SZ: Jenny Elvers kennt jeder. *Woher eigentlich?*

JE: *Keine Ahnung*, das kann ich dir auch nicht sagen.

SZ: *Irgendwann* warst du da.

JE: *Irgendwann* war ich da, genauso war das. Die Medien haben ganz gern junge Mädels, die mal hier, mal da was gemacht haben. *Die schreiben dich plötzlich hoch*, und dann kennt dich jeder. Es hat mich auch gewundert, wie einfach das ist.

SZ: Wann hast du gemerkt, dass du bekannt bist?

JE: Als ich zum ersten Mal in einem Frauenzeitschriftenrätsel auftauchte. Nur die Hälfte meines Gesichts war zu sehen, darunter stand: Claudia Schiffer, Linda de Mol oder Jenny Elvers? Und richtig los ging es nach „Männerpension".

SZ: Dem Film, in dem du den Rock gelüpft und nichts darunter getragen hast?

JE: Genau, aber man sieht eigentlich gar nichts...

SZ: Hat dich „Busenwunder" geärgert?

JE: Nein, da habe ich ja auch mit gespielt. Geärgert hat mich immer, dass Weiblichkeit und *sexy aussehen* immer mit *Doofheit* gleichgesetzt wird. Aber was soll ich machen. Ich will mich nicht unbedingt ständig erklären und aller Welt beweisen, dass ich drei Sätze hintereinander flüssig sprechen kann.

SZ: Stattdessen hast du vor drei Jahren *eine Single* aufgenommen, die „Blond and Stupid" hieß.

JE: *Als Verarschung*, ja. Etwas anderes kann ich nicht tun. Würde ich ein Lied machen, das „Huhu, ich habe Abitur" heißt, ginge das nach hinten los.

SZ: Hast du Abitur?
JE: *Noch nicht mal*. Ich bin nach der Zehnten abgegangen, um zu *modeln*...
SZ: Ein Satz zum Modeln.
JE: Es ist nicht unbedingt *der superinteressante Job*, von dem alle Mädchen träumen...
SZ: Danach warst du auf der Schauspielschule?
JE: Danach und nebenbei – insgesamt drei Jahre lang.
SZ: Du hast in drei „Baywatch"-Folgen mitgespielt.
JE: *Yes!* Ich war ein schwedisches Aupairmädchen, am Strand natürlich.
SZ: Pamela?
JE: *Ist ganz klein*, ungefähr ein Meter fünfzig, *ehrlich*, und *wirklich sehr sweet*. Und toll proportioniert. Man sieht natürlich schon, dass sie operiert ist – aber gut operiert. Da gibt's ja auch Unterschiede. Wenn man sich dagegen Demi Moores Busen anguckt...
SZ: ...oder Melanie Griffiths Lippen.

(*jetzt*. Süddeutsche Zeitung, 19.1. 1998, S. 19)

Der Text weist alle Kennzeichen eines Dialogs der Jugendsprache auf. Seine besonderen Merkmale sind:

- **Ellipsen:** *Keine Ahnung; Woher eigentlich?; Als Verarschung; Noch nicht mal; Ist ganz klein*

- **Saloppe bis vulgäre Ausdrücke:** *Doofheit; Als Verarschung*

- **Englische Wörter:** *Yes!; sweet; modeln; Single; sexy*

- **Falsche Superlative zur Ausdrucksverstärkung:** *der superinteressante Job*

- **Modewörter und -ausdrücke:** *Irgendwann; ehrlich; Die schreiben dich plötzlich hoch*

Diese Elemente unterscheiden einen Text der Jugendsprache wesentlich von Texten der gesprochenen oder geschriebenen Standardsprache.

6. Textsorten

Texte sind unterschiedlich in Form und Inhalt. Um sie besser verstehen zu können, ordnen wir sie nach **Textsorten**. Textsorten sind Klassen, die Texte mit gemeinsamen Merkmalen vereinen. Entscheidend ist dabei die *kommunikative Funktion*, also die Frage, was der Verfasser eines Textes zu erreichen beabsichtigt.

Karl Bühler hat in seinem *Organon-Modell* drei Funktionen natürlicher Sprachen beschrieben (*Darstellung, Appell* und *Ausdruck*):

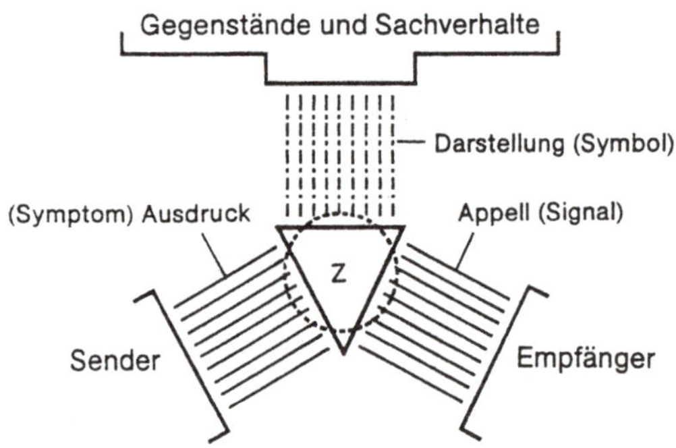

(Karl Bühler: *Sprachtheorie. Die Darstellungsfunktion der Sprache,* Stuttgart/New York 1999[3])

Bei der **Darstellung** – z. B. in einem Bericht oder einem Aufsatz – geht es darum, ein Ereignis oder einen Gedanken sachlich und möglichst objektiv wiederzugeben. Persönliche Empfindungen sollten dabei vermieden werden. Typisch für darstellende Texte sind die Personalpronomen der 3. Person (*er, sie, es; sie*).

Beim **Appell** wendet sich der Sprecher an den oder die Hörer bzw. Leser. Charakteristisch dafür sind Aufforderungen, Bitten oder Fragen. Entsprechend sind die Personalpronomen der 2. Person (*du; ihr;* Höflichkeitsform: *Sie*) in appellierenden Texten häufig.

Die Funktion des **Ausdrucks** wird durch die Personalpronomen der 1. Person (*ich; wir*) charakterisiert. Die Sprache ist subjektiv gefärbt, meist emotional, auch voller Abschweifungen und persönlicher Ansichten. Auch lyrische Gedichte gehören hierher.

Man kann also:

- jemanden über ein Ereignis, ein Produkt oder einen Sachverhalt informieren (Nachricht, Bericht, Rezension): **Darstellung**
- jemanden zu einem bestimmten Handeln veranlassen (Werbeanzeige, Anweisung, Auftrag, Parlamentsantrag, Gesetz): **Appell**
- jemanden mit einer Meinung konfrontieren (Kommentar, Kritik): **Ausdruck**
- jemandem seine Erfahrungen und Gefühle offenbaren (Privatbrief, Gedicht,Tagebuch, Memoiren): **Ausdruck**
- jemandem diese Empfindungen mitteilen (Ansichtskarte, Traueranzeige, Kondolenzschreiben): **Ausdruck**, auch **Darstellung**
- jemandem die Übernahme einer Verpflichtung anzeigen (Gelöbnis, Vertrag): **Ausdruck**, auch **Appell**

Werden nun diese außersprachlichen Kategorien mit innersprachlichen Mitteln verbunden, lassen sich Textsorten definieren:

- **didaktische Textsorten** (Bedienungsanleitung, Lehrbuch, Parteitagsrede, Predigt, Vorlesung, Vortrag)
- **literarische Textsorten** (Drama, Erzählung, Gedicht, Kurzgeschichte, Novelle, Roman)
- **private Textsorten** (Brief, Familienanzeigen, Lebenslauf, Memoiren, Tagebuch)
- **publizistische Textsorten** (Anzeige, Bericht, Glosse, Kommentar, Kritik, Nachricht, Reportage)
- **wissenschaftliche Textsorten** (Abhandlung, Aufsatz, Essay, Monographie, Rezension, Tagungsbericht)

Im Folgenden geben wir für jede Textsorte jeweils ein Beispiel:

a. Didaktische Textsorten

Der Fähnrich

In jenen Tagen der großen Frühjahrsstürme schrieb er's nach Haus:
- Mutter ... Mutter, ich halt's nicht mehr länger aus ... -
Schrieb es mit steilen, zittrigen Lettern neben der flatternden Stallaterne.
Sah, bevor er es schrieb, in das Dunkel, seltsam geschüttelt, hinaus
Wo ein Gespenst herschattete, grauenhaft, fremd und fern.
Lauschte dem harten
Klirren der Schaufeln, die seine toten Freunde einscharrten.
Und schrieb es besinnungslos nieder, das „Mutter, ich halt's nicht
mehr aus".

Und drei Tage drauf, als seine Mutter über dem Brief schon weinte
Riß er hinweg über Blut und Leibergekrampf
Den zierlichen Degen gezückt, die Kompagnie zum Kampf
Schmal und blaß, doch mit Augen wie Opferflammen.
Stürmte und focht und erschlug, umnebelt von Blut und Dampf
In trunkenem Rasen – *fünf* Feinde ...
Dann brach er im Tod, mit irren, erschrockenen Augen, aufschreiend
zusammen.

Bertolt Brecht (1915)

Aus einer Interpretation dieses Gedichtes:

An einem sehr frühen Dokument aus Brechts Schaffen kann man zeigen, wie schon am Anfang seiner literarischen Tätigkeit der Blick auf den einzelnen Menschen gerichtet ist. Als Gymnasiast erlebte Brecht den Ausbruch des Ersten Weltkriegs. Zuerst stimmte er in die allgemeine Begeisterung ein; aber sehr bald wurde er nachdenklich und entwickelte sich zum entschiedenen Kriegsgegner. Die Texte, die er in den ersten Kriegsmonaten und -jahren verfasste, zeigen, wie sein Umdenken mit einer Sensibilität für die Ängste der Menschen, ihr Leid und ihre Verzweiflung zusammenhing... Brechts Lehrer schreibt 1914 für ein Schulfest vierzehn Tage vor Ausbruch des Ersten Weltkriegs eine kriegsverherrlichende Versdichtung. Da ist von „Germania" die Rede, die in treuer Wacht steht, von den „Heldensöhnen", den „Deutschen" usw.: Genannt ist immer nur das Kollektiv. Ganz anders Brecht in seinem Fähnrich-Gedicht: Hier rückt ein einzelner Soldat in den Blick; statt Phrasen finden wir die Vergegenwärtigung der Erlebnisweise eines Menschen; diese erscheint in zweifacher, widersprüchlicher Weise: Der verzagende, verstörte junge Mensch in der ersten Strophe und der Krieger, der in „trunkenem Rasen" tötet, in der zweiten Strophe. Sein Sterben mit „irren, erschrockenen Augen" hält den Leser zum Nachdenken an...

(Kaspar H. Spinner in: *Praxis Deutsch,* Heft 148, 1988, S. 17)

Charakteristisch für diesen Text ist die Vermittlungsperspektive. Dem Leser – hier Schülerinnen und Schülern der Sekundarstufe – soll das literarische Werk des jungen Bertolt Brecht näher gebracht werden:

seine anfängliche Kriegsbegeisterung, die schnell umschlug in Nachdenken und Ablehnung des Völkermords.

b. Literarische Textsorten

Der rechte Schweizer

Was man damals wie heute einen rechten Schweizer nannte: – es gibt einfach Dinge, die ein rechter Schweizer nicht tut, sein Haar kann dabei blond oder schwarz sein, das sind nicht seine Merkmale, Spitzkopf, Rundkopf usw., der rechte Schweizer kann ganz verschieden aussehen. Er muß nicht Turner sein, Schützenkönig, Schwinger usw., doch etwas Gesundes gehört zu ihm, etwas Männerhaftes. Er kann auch ein dicker Wirt sein; das Gesunde in der Denkart. Meistens erscheint er als gesetzter Mann... Man muß, um sich als rechter Schweizer zu fühlen, nicht Bauer sein oder Sohn eines Bauern, doch ein gewisser bäuerlicher Zug (nicht bäurisch!) gehört zum rechten Schweizer, ob er Rechtsanwalt oder Zahnarzt oder Beamter ist, mindestens in seiner Redeweise von Mann zu Mann... Ausländer mögen ihn als grobschlächtig empfinden, das stört einen rechten Schweizer überhaupt nicht, im Gegenteil; er ist kein Höfling, macht keine Verbeugungen usw. Daher mag er's nicht, wenn er schriftdeutsch antworten soll; das macht ihn unterwürfig und grämlich. Dabei hat der rechte Schweizer kein Minderwertigkeitsgefühl, er wüßte nicht wieso. Das Gesunde in der Denkart: eine gewisse Bedächtigkeit, alles schnellere Denken wirkt sofort unglaubwürdig. Er steht auf dem Boden der Tatsachen, hemdärmlig und ohne Leichtigkeit. Da der rechte Schweizer eben sagt, was er denkt, schimpft er viel und meistens im Einverständnis mit andern; daher fühlt er sich frei. Er redet, als nähme er kein Blatt vor den Mund. Wie gesagt: kein Höfling... Es gibt einfach Dinge, die ein rechter Schweizer nicht tut, so wie Gedanken, die er nicht denkt, Marxismus zum Beispiel. Auch ein Arbeiter kann ein rechter Schweizer sein...

(Max Frisch: *Dienstbüchlein,* in: Ders.: Gesammelte Werke in zeitlicher Folge. 1968–1975, Band VI/2, hrsg. von Hans Mayer, Frankfurt a. M. 1976, S. 557–559)

Dieser literarische Text weist andere Besonderheiten auf:

- eine **lineare Gliederung:** *ein rechter Schweizer, der rechte Schweizer*
- Progression mit einem **durchlaufenden Thema**

Das nahezu immer gleiche Thema im Subjekt wird mit immer neuen Informationen – dem Rhema [S. 56f.] – angereichert. Durch diese Linearität und das durchlaufende Thema erreicht Frisch eine ironische Distanz und provoziert Denkanstöße.

c. Private Textsorten

Eine Todesanzeige

In tiefer Trauer teilen wir unseren Freunden und Bekannten mit, dass mein geliebter Mann, mein treuer Sohn und unser lieber Bruder

Dr. Klaus Schulz

* 26.3.1929 † 13.4.1999

plötzlich und unerwartet von uns gegangen ist.

In Liebe und Dankbarkeit

Sabine Schulz
Friedel Schulz
Martin Schulz
Dr. Thomas Schulz
Konrad Schulz
und alle Angehörigen

Die Trauerfeier findet am Samstag, dem 18. April 1999, um 10.30 Uhr in München im Neuen Südfriedhof, Aussegnungshalle, statt.

Private Textsorten wie Tagebuch, Brief oder diese Todesanzeige sind oft Ausdruck von Emotionen wie Freude oder Trauer.

Verben wie *trauern, mitfühlen, glücklich sein* usw. sowie die Personalpronomen der 1. Person Singular und Plural sind daher für diese Textsorten charakteristisch.

Während eine Todesanzeige dazu dient, einen Kreis von Freunden und Verwandten über den Tod eines Menschen zu informieren, richtet sich ein privater Brief zumeist nur an eine Person und ist entsprechend persönlich abgefasst. Noch „intimer“ ist das Tagebuch: Es enthält Aufzeichnungen über das eigene Leben und ist oft „geheim“.

d. Publizistische Textsorten

Eine Nachricht

Trotz gut verlaufener Notoperation

Havels Zustand immer noch lebensbedrohend

WIEN (Eigener Bericht) – Der Gesundheitszustand des tschechischen Präsidenten Václav Havel ist nach seiner Notoperation in der Universitätsklinik Innsbruck vom Dienstag „den Umständen entsprechend außerordentlich gut". Nach Auskunft der Ärzte ist der 61 Jahre alte Havel aber noch keineswegs außer Gefahr, seine Erkrankung sei „absolut lebensbedrohend". Havel hatte bei Reutte in Tirol mit seiner Frau einen Erholungsurlaub verbringen wollen. Nach dem Auftreten von schweren Bauchschmerzen und Fieber war er nach Innsbruck gebracht worden, wo er sofort wegen des Verdachts auf einen Darmdurchbruch operiert wurde. Ernst Bodner, der Chef des Chirurgenteams, bestätigte die erste Diagnose. Der durchgebrochene Dickdarm hatte zudem eine lebensgefährliche Bauchfellentzündung ausgelöst. Trotz des guten Verlaufs des dreieinhalbstündigen Eingriffs ... ist laut Bodner mit Komplikationen zu rechnen. Die Entzündung sei immerhin unter Kontrolle... Havel sei ansprechbar, lese bereits wieder und habe mit seiner Kanzlei in Prag gesprochen, berichtete seine Frau Dagmar, die ihn noch in der Nacht aufgesucht hatte...

(*Süddeutsche Zeitung*, 16. 4. 1998, S. 1)

Diese Nachricht über die lebensbedrohende Erkrankung des tschechischen Präsidenten VÁCLAV HAVEL informiert knapp und objektiv: Die Symptome (Bauchschmerzen und Fieber), der Verlauf der Operation in Innsbruck sowie der Zustand des Patienten danach werden geschildert, begleitet von Aussagen der behandelnden Ärzte. Diese Aussagen werden teils direkt wiedergegeben (Indikativ), teils in der Redewiedergabe (mit dem Konjunktiv I): *seine Erkrankung sei „absolut lebensbedro-*

hend"; Die Entzündung sei immerhin unter Kontrolle; Havel sei ansprechbar, lese bereits wieder und habe mit seiner Kanzlei in Prag gesprochen usw.

Ein Kommentar

Kohl und das „Prinzip Hoffnung"

RUDOLF AUGSTEIN

Ja, ich weiß: Wir alle, die wir nicht glauben, dass der Euro je so stark und stabil werden kann wie die Mark, sind Nörgler und Miesmacher, Anti-Visionäre und gehören zu Bürgern zweiter Klasse. Allein der Präsident der Deutschen Bundesbank, Hans Tietmeyer, der kraft Alters gar nichts mehr zu verlieren hat, spricht es aus, dass Italien und Belgien nicht in den Club der Anwärter hätten aufgenommen werden dürfen. Italien wird die Kriterien nie und das zerspaltene Belgien kaum je erfüllen. An diesen beiden Staaten können sich alle übrigen, die aufgenommen werden wollen, festklammern. Am Ende wird auch Griechenland noch dabei sein, die Wiege der Antike.

Ja, man sah dem britischen Außenminister Robin Cook die Beklemmung an, als er sich 25 Außenministern europäischer Staaten gegenübersah, von denen elf zum Teil noch in die Nato, auf jeden Fall aber in die EU wollen, um der Währungsunion anzugehören. Wie mag, so könnte der Brite gedacht haben, ein Europa im Jahre 2012 wohl aussehen, in dem all diese Staaten ihren Platz eingenommen haben würden. Auch die Briten werden dann diesem Monstrum wohl angehören müssen, wenn es nicht unterwegs zusammenbricht, was nicht wünschenswert, aber doch sehr möglich ist. Die Visionäre sind ja dann alle nicht mehr im Amt. Gute Gepflogenheit unter Politikern ist es, alle Probleme vor sich herzuschieben und auf die Kinder und Kindeskinder abzuwälzen. Helmut Kohl ist da Spitzenreiter.

Da wir geistig Minderbemittelten uns nahezu verstecken oder wie Gerhard Schröder verzweifelt zurückrudern müssen, dürfen wir es wohl als ein unverdientes Glück betrachten, dass der sächsische Ministerpräsident Professor Dr. Kurt Biedenkopf vier Wochen vor der Bundestags- und Bundesratsabstimmung nicht nur seine Bedenken, sondern seine Ablehnung offen zu Papier gebracht hat. Ehe wir uns ihm zuwenden, wollen wir den Hergang, der zu Maastricht führte, noch einmal kurz aufdröseln...

(*Der Spiegel*, Nr. 16, 1998, S. 28)

Der Kommentar ist eine Meinungsäußerung, also subjektiv. Daher gibt es zahlreiche Bewertungen (*Helmut Kohl ist da Spitzenreiter; Italien wird die Kriterien nie und das zerspaltene Belgien kaum je erfüllen*), ironische oder sarkastische Bemerkungen (*Nörgler und Miesmacher; Anti-Visionäre*) und Emotionen ansprechende Wörter *(Monstrum; Wiege der Antike*). Lautmalende Doppelungen (*Kinder und Kindeskinder*) verstärken die kritische Sicht des Autors, der seine Meinung ungeschminkt ausspricht.

e. Wissenschaftliche Textsorten

Menschliche und künstliche Intelligenz

Computerintelligenz heute – unser Thron wackelt

Von Bernd Neumann

Obwohl menschliche Intelligenz auch in der Künstlichen-Intelligenz-Forschung und Entwicklung (KI) vielfach als Maßstab gilt, hat der Computersieg über Kasparow nur wenige Vertreter derjenigen wissenschaftlichen Disziplin, in der man sich nun seit vier Jahrzehnten mit dem Verstehen menschlicher Intelligenz befasst, überrascht und auch keinen besonderen Anlass zum Feiern geboten. Ich werde im ersten Teil dieses Essays einige Entwicklungslinien der KI nachzeichnen, an deren Anfang an prominenter Stelle das Schachspiel stand, an deren Ende aus heutiger Sicht jedoch eine Vielzahl sehr unterschiedlicher Fähigkeiten steht, die intelligentes Handeln ermöglichen. Für viele dieser Fähigkeiten – zum Beispiel Sprach- oder Bildverstehen – ist Schachkompetenz kein relevanter Indikator...

Ein zweiter Grund für die eher zurückhaltende Reaktion von KI-Forschern dürfte darin liegen, dass die in den Medien als Spektakel ausgebreitete Rivalität zwischen Mensch und Maschine für die überwiegende Mehrheit der KI-Forscher schon längst zugunsten einer prinzipiellen Überlegenheit der Maschine entschieden ist. Der Mensch setzt zwar in vielen Bereichen Leistungsmarken, die von anderen Kreaturen und von Maschinen bislang nicht überboten werden konnten. Aber es gibt auch immer mehr Felder, auf denen der Mensch unterlegen ist – etwa bei der Fehlersuche im komplexen technischen Gerät oder, wie allgemein schon akzeptiert, beim Rechnen. Zudem zeichnet sich ab, welche Probleme zu einer maschinellen Eroberung von verbleibenden Hochburgen noch gelöst werden müssen...

(*Spektrum der Wissenschaft.* Dossier: Kopf oder Computer, 1997, S. 6-10)

Texte der Wissenschaftssprache sind vor allem durch Fachwörter (Termini) geprägt, die teilweise aus dem Lateinischen oder Englischen stammen: künstliche *Intelligenz, Schachkompetenz, Informatik, Psychologie, Computerintelligenz* usw. Zum Teil gehören sie bereits der Alltagssprache an, z. B. *Computer.* In wissenschaftlichen Texten überwiegen Substantive gegenüber Verben (*Mensch, Probleme, Maschinen* usw.). Wir finden zahlreiche Komposita vor (*Leistungsmarken, Schachspiel, Entwicklungslinien* usw.) und Passivformen (*gelöst werden müssen;*

entschieden ist; nicht überboten werden konnten usw.). Das Präsens oder das Präteritum dominieren.

7. Sprechakte und Äußerungen

Wenn Menschen etwas berichten oder kritisieren, wenn sie andere um etwas bitten oder ihnen Befehle erteilen, wenn sie jemanden ansprechen oder sich vorstellen, wenn sie schließlich Fragen stellen oder Wünsche formulieren, führen sie soziale Handlungen mit sprachlichen (und manchmal nichtsprachlichen) Mitteln aus.

Sie realisieren also *Sprechakte*, die es überall auf der Welt gibt. Dass man auf allen Kontinenten Wünsche äußert, Bitten formuliert oder sich entschuldigt, ist eine Binsenweisheit. Sprechakte sind also universaler Natur.

Nicht universal dagegen, sondern in jeder einzelnen Sprache und Kultur unterschiedlich, sind die sprachlichen und parasprachlichen Mittel, mit denen Sprechakte realisiert werden. So begrüßt man sich in Japan durch Verbeugen, während man sich in Deutschland dabei die Hand gibt usw.

Es gibt unzählige solcher Beispiele. Sie verdeutlichen, dass das kommunikative Verhalten der Menschen nicht nur situativ gebunden, sondern auch kulturspezifisch geprägt ist. Diese in jeder Sprache unterschiedlichen Realisierungen der Sprechakte nennen wir *Äußerungen.*

Äußerungen sind kommunikative Einheiten in der Sprache; ihre sprachliche Realisierung sind Sätze, die Gegenstand der Syntax (Satzlehre) sind [S. 74-124]. Texte bestehen nicht aus Wörtern, Wortgruppen oder Sätzen, sondern aus Äußerungen. Äußerungen sind kommunikative Einheiten, Sätze dagegen ihre formalen (syntaktischen) Ausprägungen.

a. Übersicht über die Sprechakte

Unterschieden werden *partner-* und *sprecherorientierte* Sprechakte. Partnerorientierte Akte sind auf den Partner/die Partnerin bezogen, also *dialogisch*, sprecherorientiert hingegen sind Äußerungen, die den Sprecher/die Sprecherin selbst betreffen (*monologisch*). Die folgende Übersicht führt die wichtigsten Sprechakte auf:

Äußerung	Partnerorientierte Sprechakte
Mitteilen:	Bericht, Beschreibung, Aussage, Feststellung, Behauptung, Kommentar, Ankündigung, Vorschlag, Ablehnung, Argumentation, Widerspruch, Korrektur, Begründung, Umschreibung (Paraphrase), Intensivierung, Vermutung, Vergleich, Bedingung
Auffordern:	Aufforderung, Bitte, Befehl, implizite Aufforderung, Warnung, Drohung
Fragen und antworten:	Entscheidungsfrage (Satzfrage), Ergänzungsfrage (*w*-Frage), Vergewisserungsfrage (Echofrage), rhetorische Frage
Begrüßen und verabschieden:	Gruß, Gegengruß, Anrede, Vorstellung, Adresse, Verabschiedung, Gratulation
Wünschen und beschuldigen:	Wunsch, Entschuldigung, Beschuldigung, Vorwurf, Beschimpfung, Kritik
Sprecherorientierte Sprechakte	
Äußerung von Gefühlen (Glück, Freude, Überraschung, Gelassenheit, Trauer, Verzweiflung usw.), innerer Monolog, Schimpfen, Erkennen, Einsehen, performative Verben	

Welche sprachlichen Mittel benutzt werden, um Sprechakte im Deutschen zu verwirklichen, hängt von mehreren Faktoren ab:

- **Absicht** der Sprechenden
- **Inhalt** der Äußerung
- soziale **Stellung** der Gesprächsteilnehmer
- **öffentliche** oder **private** Äußerung
- **vorbereitete** oder **spontane** Äußerung
- **Textsorte**, zu der die Äußerung gehört

Im Folgenden werden einige ausgewählte Sprechakte in ihrer Äußerungsform im Deutschen beschrieben. Dabei stützen wir uns auf KARL BÜHLERS *Organon-Modell*, das drei Funktionen sprachlicher Zeichen unterscheidet: *Darstellung, Ausdruck* und *Appell* [S. 22].

b. Äußerungen der Darstellungsfunktion

- **Berichten, beschreiben, Sachverhalte nennen**

Bei diesen Äußerungen geht es um eine objektive und sachliche Darstellung:

Karl hat die Prüfung bestanden.
Das Bild wurde von Dürer gemalt

Charakteristisch für diese Äußerungen ist der Indikativ des Verbs; häufig treten auch Ellipsen auf (unvollständige, aber situativ verständliche Sätze):

Rauchen verboten.
Toiletten links.

- **Vorschläge machen und argumentieren – Widerspruch erheben und Korrekturen anbringen**

In einer Diskussion in der Schule geht es um den Drogenkonsum. Die Meinungen gehen auseinander:

Das wird maßlos übertrieben. – Drogen sind gefährlich. – Man muss nur lernen, damit vernünftig umzugehen. – Das ist reine Verharmlosung. – Drogen sind geil. – Von wegen, Drogen bringen dich um...

Aus dieser eher chaotischen Situation sollen Argumente pro und contra entwickelt werden. Hier wird die Grenze zur Ausdrucksfunktion überschritten:

Ich bin der Meinung, dass...
Ich denke, dass...
Ich bin überzeugt, dass...
Ich gehe davon aus, dass...

Am Ende werden Vorschläge formuliert:

Wir sollten das Problem ausführlich behandeln!
Ich schlage vor, dass wir einen Experten aus der Drogenberatungsstelle einladen!
Es wäre sinnvoll, wenn wir Fachliteratur zurate zögen.

Widerspruch wird laut, Korrekturen werden formuliert:

Ich bin dagegen, Experten einzuladen, dafür aber Drogenabhängige.
Eine ausführliche Behandlung des Themas ist sicher richtig, führt aber zu nichts.
Doch, das ist genau der richtige Weg!

Einschränkungen werden so eingeleitet:

im Grunde..., eigentlich wollte ich..., besser gesagt..., im Prinzip... aber... usw.

Umschreibung (Paraphrase) – Intensivierung

Eine Reihe von Äußerungen „gelingt" im ersten Moment nicht richtig und soll deshalb mit einer Umschreibung verdeutlicht werden ❶; bei einer anderen Redestrategie wird das Ziel nicht direkt angesteuert, sondern indirekt ❷, indem die Aussage relativiert wird. Dafür benutzt man Paraphrasen.

Erneute Umschreibungen einer Aussage ❶ werden oft eingeleitet:

ich wollte sagen...; wenn ich es so sagen darf...; das heißt (d. h.)...; lassen Sie es mich so ausdrücken...; nämlich...

Die indirekte Annäherung an ein Thema ❷ erfolgt z. B. mit folgenden Wendungen:

man könnte es so ausdrücken...; ich würde dem nicht widersprechen, wenn...; manches spricht dafür, dass...; es hat den Anschein...; ich würde sagen, dass...

Ein Beispiel:

(Redner): „*Ich würde sagen (wollen), dass* hier ein großer Handlungsbedarf besteht."
(Es geschieht aber nichts!)

Eine solche Sprache erstarrt zunehmend in Leerformeln und Floskeln und ist deshalb nicht empfehlenswert.

Dagegen wird mit intensivierenden Äußerungen eine Aussage verstärkt:

genau, erst recht, und er erst, auch das noch usw.

Ein Beispiel:

Müller kann ich nicht leiden. – Und seine Frau *erst*!
Wir wollen bessere Arbeitsbedingungen! – Jetzt *erst recht*!

Vermutungen

Vermutungen sind das Gegenteil von Tatsachen. Auf der Grundlage von Fakten oder auch Begründungen werden Annahmen gebildet. Eine Vermutung bezeichnet den Geltungsgrad einer Aussage:

Ich vermute, dass sie finanzielle Probleme hat.

Andere sprachliche Mittel sind:

Vermutlich (= „ich vermute es“) hat sie finanzielle Probleme.
Sie *dürfte* / *könnte* / *müsste* finanzielle Probleme haben.
Sie *soll* in finanziellen Problemen stecken.

Vermutungen sind über ein weites Feld verbreitet, das von Sicherheit über Hoffnung und Zweifel bis hin zur völligen Unsicherheit reicht:

– Sicherheit:

Ich bin überzeugt / *sicher, dass* sie morgen kommt.
Es steht außer Zweifel, dass sie morgen kommt.
Sicherlich / *bestimmt* / *wahrscheinlich* kommt sie morgen.
Sie *wird* morgen *kommen*.

– Zweifel und Hoffnung:

Sie wird *wohl* morgen kommen.
Es ist *möglich* / *wahrscheinlich*, dass sie kommt, aber...
Voraussichtlich kommt sie morgen.
Sie *dürfte* / *sollte* / *müsste* morgen kommen.
Sie scheint morgen zu kommen, aber...
Ich bin unsicher / *nicht sicher, ob* sie morgen kommt.
Ich hoffe, dass sie morgen kommt, aber...
Unter Umständen kommt sie morgen.
Vielleicht kommt sie morgen.

Vergleiche

Vergleiche werden im Alltagsleben auf verschiedene Art und Weise gezogen. Entweder handelt es sich um Gleiches oder Ungleiches, also um Übereinstimmung zwischen Personen bzw. Dingen oder um Ungleichheit zwischen diesen. Bei der Übereinstimmung wird vor allem die Grundform des Adjektivs (Positiv) benutzt:

Er ist *so* / *ebenso* stark *wie* sein Freund.

Andere sprachliche Möglichkeiten sind:

als ob/als wenn (Konjunktiv II):	Er benimmt sich so, *als ob* ich sein Gegner *wäre.* Es sieht so aus, *als wenn* er Angst *hätte.*
Präpositionen (*nach, entsprechend, gemäß;* nach- oder vorangestellt):	Er verhält sich den Vorschriften *entsprechend* / *gemäß*. Der Zug verkehrt *nach* Plan. Seine Rechte *gemäß* § 125 BGB (Bürgerliches Gesetzbuch) will der Beklagte wahrnehmen.
nicht weniger als:	Er ist *nicht weniger* intelligent *als* seine Schwester. (= „ebenso intelligent wie sie")
je..., desto (Proportionalität):	*Je* lauter der Sohn schreit, *desto* weniger beachtet ihn seine Mutter.
feste Fügungen (*im gleichen Maß/ Verhältnis wie...*):	*Im gleichen Verhältnis, wie* er dazulernt, wird sein Urteil ausgewogener.
das gleiche/dasselbe:	Sie haben das *gleiche* Auto, aber nicht *dasselbe*. (*das gleiche* bezeichnet den Typ/die Klasse, *dasselbe* das Einzelexemplar, also die Identität)

Vergleiche können zudem mithilfe von Wortbildungsmitteln ausgedrückt werden:

-artig, -förmig, -mäßig, -gemäß, -gerecht, -groß, -rot, -lich, -haft:	*blitzartig* (= „wie ein Blitz"), *gummiartig; kreisförmig, kugelförmig; rechtmäßig, vorschriftsmäßig; sinngemäß, wunschgemäß; leistungsgerecht, maßstabsgerecht; erbsengroß; burgunderrot; menschlich; jungenhaft*

Bei Ungleichheit steht vor allem der Komparativ des Adjektivs:

Karin ist *schöner als* ihre Freundin.
Das Wetter ist heute *schöner als* gestern.

Alternativen dazu sind:

Verben *(sich widersprechen, sich unterscheiden von, abweichen, differieren)*	Das Projekt *unterscheidet sich* deutlich *von* dem Gegenentwurf.
Adjektive *(unähnlich, ungleich, anders)*	Er ist seinem Bruder sehr *unähnlich*.
Substantive *(Abweichung, Unterscheidung, Differenz)*	Die *Differenz* beträgt 200,00 Euro.
nicht so...wie...	Ihre Freundin ist *nicht so* talentiert *wie* Karin.
Konjunktionen *(aber, sondern, jedoch, während)*	Er ist nicht gesprächig, *aber* intelligent. Sie kennt nicht ihn, *sondern* seinen Bruder. (*aber* kontrastiert unterschiedliche Bereiche, *sondern* Unterschiede im gleichen Bereich) Er läuft Ski, *während* sie im Krankenhaus liegt.
Präpositionen *(entgegen, im Gegensatz zu)*	*Entgegen* ihrem Wunsch soll sie diesen Mann heiraten.

Bedingungen

Bedingungen werden im Deutschen vor allem durch konditionale Nebensätze mit *wenn, falls, sofern* formuliert [S. 104]:

> *Wenn* er pünktlich ist, *(dann)* können wir um 3 Uhr anfangen.
> *Falls* / *Sofern* sie nichts vergessen hat, *(dann)* besteht sie ihre Prüfung mit Auszeichnung.

> Die Konjunktionen ***falls*** und ***sofern*** sind immer konditional, ***wenn*** teils temporal, teils konditional zu verstehen. Unterschieden werden *potenzielle, hypothetische* und *unrealisierbare* Bedingungen. **Potenzielle Bedingungen** sind erfüllbare oder normierte Bedingungen in Gegenwart oder Zukunft.

– Erfüllbare Bedingung:

> *Wenn* er pünktlich ist, *(dann)* können wir um 3 Uhr anfangen.

– Normierte Bedingung:

Wenn Sie nach Russland fahren wollen, *(dann)* benötigen Sie ein Visum.

Hypothetische Bedingungen sind dagegen solche, die von anderen als den realen Voraussetzungen ausgehen. Deshalb wird hier der Irrealis [S. 201] gebraucht.

Wenn wir reich *wären, machten* wir eine Weltreise.
Falls er jemals andere Nationen *kennen lernen würde, wäre* er vorsichtiger mit seinen Vorurteilen.

Unrealisierbare Bedingungen betreffen die Vergangenheit und sind deshalb nicht mehr zu erfüllen. Daher wird hier der Konjunktiv der Vollzugsstufe [S. 204ff.] benutzt.

Wenn wir von seiner schweren Krankheit *gewusst hätten, wären* wir noch rechtzeitig ins Krankenhaus *gefahren.* (= aber der Kranke ist inzwischen verstorben!)

Falls wir (in der Schule) besser Französisch *gelernt hätten, könnten* wir jetzt in Paris mit den Leuten *reden.* (= aber wir können es nicht!)

Andere sprachliche Möglichkeiten, um Bedingungen zu formulieren, sind:

Steigerungen mit konzessiver Nebenbedeutung *(auch wenn/sogar wenn/selbst wenn):*	*Sogar wenn* die Mannschaft dieses Spiel gewonnen hat, ist ihr Aufstieg in die erste Bundesliga noch nicht sicher.
Konjunktiv II von ***sollen:***	*Sollte* Erika krank sein, rufe ich sie morgen an.
Präpositionalgruppen *(bei großer Hitze/mit deiner Unterstützung/unter großer Anteilnahme)*	Der Schauspieler wurde *unter großer Anteilnahme* der Bevölkerung zu Grabe getragen.

unter der Bedingung/ Voraussetzung, dass:	Du erhältst das Geld (nur) *unter der Bedingung, dass* du es nicht zum Fenster hinauswirfst!
würde + **Infinitiv:**	*Würde* er sie wirklich *lieben*, könnte er das nicht tun!
Wortbildungsmittel (Ableitungen mit *-falls*, Zusammensetzungen mit *-bedingungen):*	*Bestenfalls* können wir Ihnen 10% Rabatt geben. *Notfalls* tut es auch ein Pflaster. Die *Studienbedingungen* in Heidelberg sind ausgezeichnet.
Verben *(abhängen von, bedingen, voraussetzen):*	Die gute Laune *hängt* nicht nur vom Wetter *ab*. Der Erfolg in der Prüfung *setzt* Disziplin und kontinuierliches Lernen *voraus*.

c. Äußerungen der Appellfunktion

● Aufforderungen akzeptieren oder zurückweisen/widersprechen

Aufforderungsakte schließen sowohl Bitten als auch Befehle ein. Sie werden in sehr unterschiedlicher Weise ausgedrückt und können vom Partner entweder akzeptiert oder zurückgewiesen werden:

Imperativ:	Komm*!*/Kommt*!*/Kommen Sie*!*
kategorischer Hauptsatz:	Das *ist* deine Aufgabe!
1. Person Präsens:	*Ich* bekomme noch eine Cola, Herr Ober!
Frageform:	Rufst du, bitte, morgen an*?*
Konjunktiv I + *man:*	*Man nehme* drei Zitronen und etwas Rum!
Infinitiv:	Rasen *nicht betreten*!
Partizip II:	*Hergehört*!

unpersönliches Passiv:	Jetzt *wird gearbeitet*!
haben/sein* + *zu:	Das *ist* noch *zu erledigen*! Du *hast* das sofort *zu machen*!
Ellipsen:	*Höher*! *Feuer*! *Schneller*!
***dass* + Partikel:**	*Dass* du *ja* pünktlich bist!
Verben des Auffor-derns:	Ich *verlange*, dass er erscheint!
modale Hilfsverben:	Das *sollt*/ *dürft* ihr nicht tun!
lassen:	*Lasst* uns endlich in Ruhe!
implizite Aufforderung:	*Es zieht!* (= „Machen Sie das Fenster zu!“) *Kalt ist es hier!* (= „Stellen Sie die Heizung an!“)

Alle diese Sätze drücken Aufforderungen aus; welche Form gewählt wird, hängt von den **Beziehungen** zwischen den Gesprächspartnern, der **Situation** (öffentlich oder privat) sowie der **Textsorte** ab.

Dazu einige Beispiele:

– Schüler/Schüler:

	Aufforderung	**Reaktion**
höflich	*Du, Peter, gib mir bitte mal den Bleistift!*	*Hier, bitte!*
↓	*Gib mir endlich den Stift!*	*Von wegen!*
↓	*Den Stift will ich haben!*	*Kann ja jeder kommen!*
unhöflich	*Den Stift her!*	*Leck mich!*

– **Schüler/Lehrer:**

	Aufforderung	Reaktion
höflich	*Darf ich Sie etwas fragen, Herr Müller?*	*Selbstverständlich, gern.*
↓	*Ich hätte da mal 'ne Frage, Herr Müller!*	*Bitte sehr!*
↓	*Wann kann ich Sie denn endlich mal was fragen?*	*Jederzeit! Du hast ja noch nie einen Versuch gestartet.*
unhöflich	*He, Sie, Herr Müller, 'ne Frage!*	*Wenn du nicht höflich fragst, bekommst du auch keine Antwort!*

Warnungen und Drohungen

Warnungen geben Hinweise auf mögliche Gefahren und fordern den Adressaten zum Umdenken auf. Es gibt explizite (direkte) und implizite (indirekte) Warnungen.

– **Explizite Warnungen:**

explizit performative Verben: Ich *warne* dich, mach das nicht noch einmal!

Substantive und substantivierte Verben (Ellipsen): *Vorsicht!/Glättegefahr!/Radarkontrolle! Betreten auf eigene Gefahr!*

Aussageform: *Rauchen gefährdet die Gesundheit! Du rauchst zu viel!*

Aufforderungen: *Passt auf!*
(mit Partikel:) Pass' *bloß* auf!

– Implizite Warnungen:

Sprichwörter: *Lügen haben kurze Beine!*
Der Krug geht so lange zum Brunnen, bis er bricht!

formelhafte Äußerungen: *Ich würde sagen*, du solltest das nicht tun!

Konditionalsatz: *Wenn* du weiter so trinkst, bist du bald Alkoholiker!

In der Sprache der Öffentlichkeit dominieren die expliziten Warnungen in Form von **Aufschriften** oder **Gesetzen**. Im privaten Bereich hingegen werden häufig implizite Warnungen bevorzugt, um dem Gesprächspartner nicht zu nahe zu treten und ihm die Möglichkeit der Verteidigung oder auch Verhaltensänderung einzuräumen.

Drohungen sind gesteigerte oder verschärfte Warnungen. Man belässt es nicht mehr bei dem Hinweis auf mögliche Gefahren, sondern will den Gesprächspartner einschüchtern und gefügig machen. Auch hier gibt es explizite und implizite Akte.

– Explizite Drohungen:

explizit performative Verben: Ich *drohe* Ihnen eine Geldstrafe von 1.000 Euro an!

Drohformeln: *Wehe, wenn* du dich näherst!

– Implizite Drohungen:

Konjunktiv II: Das *könnte* das Ende sein!

Konditionalsatz: *Wenn* du das unterschreibst, bist du nicht mehr mein Freund!

Modalpartikel: Dass du *ja* nicht das Auto benutzt!

Die Grenze zwischen Warnungen und Drohungen ist fließend. Grundsätzlich gilt auch hier: Der Ton macht die Musik! Je schärfer die Stimme wird, desto deutlicher ist die Drohung.

Fragen und Antworten

Bei den Interrogativsätzen werden vier sprachliche Formen unterschieden, die zumindest teilweise auch Aufforderungsakte sind: *Entscheidungsfragen* (Satzfragen), *Ergänzungsfragen* (*w*-Fragen), *Vergewisserungsfragen* (Rückfragen/Echofragen) und *rhetorische Fragen.*

Bei **Entscheidungsfragen** steht das Verb am Satzanfang, die Antwort lautet *ja/nein* bzw. *doch* (bei einer verneinten Frage). Am Ende der Frage wird die Stimme gehoben (↗):

Kommst du morgen? ↗ – *Ja*, ich komme./*Nein*, ich komme nicht.
Kommst du morgen nicht? ↗ – *Doch*, ich komme./*Nein*, ich komme nicht.

Bei **Ergänzungsfragen** steht ein Fragewort (Adverb, Pronomen) am Beginn, die Antwort ist ein Satz oder eine Ellipse. Am Ende der Frage bleibt die Stimmhöhe unverändert (→):

Wann kommst du? → – Ich komme morgen./Morgen.
Wen hast du gesehen? → – Ich habe Müller gesehen./Den Müller.

Bei **Vergewisserungsfragen** steht das Verb in der 2. Position (Verb-Zweitstellung); die Stimme wird am Ende der Frage gehoben (↗):

Du kommst aus Hannover? ↗ *– Ja, gerade mit dem Zug.*

Rhetorische Fragen sind nicht unmittelbar als Fragen und Aufforderungen zu erkennen. Sie treten in der Form von Entscheidungs- oder Ergänzungsfragen auf; charakteristisch für sie sind Modalpartikeln wie *auch, bloß, denn, eigentlich, nur, schon, vielleicht* oder *wohl,* häufig die Negationspartikel *nicht* sowie rhetorische Floskeln wie *Wozu auch?, Wer weiß?, Was schon?, Wer sagt denn, dass...?* oder *Wo kommen wir denn hin, wenn...?.*
Eine rhetorische Frage verlangt keine Antwort: Sie ist vielmehr eine Aufforderung an die Zuhörer, zuzustimmen oder den Sprecher als denjenigen erscheinen zu lassen, der schon immer gewusst hat, was richtig oder gut für die Menschen ist. Nicht zufällig ist daher die rhetorische Frage in der Sprache der Politik und der öffentlichen Rede äußerst beliebt.

Dazu einige Beispiele:

Habe ich, meine Damen und Herren, nicht schon immer auf diese Zustände hingewiesen?
Wohin soll das nur noch führen?
Ist das nicht unglaublich?

Begrüßen und Verabschieden

Wenn Menschen sich treffen oder kennen lernen, begrüßen sie sich. Häufig bleibt es bei Gruß und Gegengruß – so bei einer Begegnung auf der Straße oder in der Disko – und die Menschen gehen wieder auseinander. Ansonsten aber folgt der Begrüßung ein Gespräch. Während Begrüßung und Verabschiedung weitgehend einem Ritual folgen, werden im Gespräch unterschiedliche Sprechakte realisiert.

– Begrüßungsformeln (Eröffnungssignal):

Guten Tag; Guten Morgen; Guten Abend (von der Tageszeit abhängig)
Grüß dich!; Hallo!; Wie geht's? (vertraulich; unabhängig von der Tageszeit)

– Verabschiedungsformeln (Schlusssignal):

Auf Wiedersehen!; Tschüss! (vor allem in Nord- und Westdeutschland)
Ciao! (gesprochen: [tʃau]; vertraulich)
Adieu/Adé! (süddeutsch)
Gute Nacht (vertraulich; zu vorgerückter Stunde)

– Verabschiedungen in Texten der geschriebenen Sprache (Schlusssignale):

Mit vorzüglicher Hochachtung/
Hochachtungsvoll (förmlich, offiziell)
Mit freundlichen Grüßen (neutral)
Mit (sehr) herzlichen Grüßen (vertraulich)
Tschüss/Ciao (salopp-vertraulich)

Häufig schließt sich an die Begrüßung die zumeist ritualisierte Frage nach dem Ergehen/der Gesundheit des Gesprächspartners an:

Wie geht es Ihnen? (höflich)
Wie geht's? (vertraulich)
Immer noch das alte Leiden? (sehr vertraulich)

Im Gegensatz zum Englischen/Amerikanischen muss diese Frage im Deutschen beantwortet werden:

Danke, (sehr) gut.
Nicht so gut.
Immer besser.
Gesundheitlich nicht gut, aber sonst schon.

Häufig ist die Antwort eher taktisch als ehrlich: *Danke, (sehr) gut!*

Anrede

In das Eröffnungssignal wird häufig eine Anrede eingeschlossen: Der Sprecher wendet sich persönlich an den Gesprächspartner. Auch diese Anreden sind weitgehend formalisiert:

Verehrter Herr Professor Hartwig (förmlich)
Sehr geehrte Frau Doktor Schneider (neutral-distanziert)
Liebe(r) Herr Müller/Frau Delbrück (vertraulich)

In Anreden in Briefen wird nach der Anrede ein Komma gesetzt und kleingeschrieben:

Sehr geehrter Herr Müller,
ich danke für Ihren Brief vom 15.12.99...

Jugendliche und Kinder reden sich formlos an (*du*-Verhältnis):

Hallo, Peter!
Peter, schön dich zu sehen!
Peter, toll, dass du da bist!

Während bei *du*-Verhältnissen *(Duzen)* die Formen flexibel gebraucht werden, sind bei ***Sie*-Verhältnissen** *(Siezen)* im Mündlichen wie im Schriftlichen das korrekte Eröffnungs- und Schlusssignal sowie die Anrede zu beachten. Unangemessene oder zu vertrauliche Formen können zu Störungen des Gesprächs führen.

Vorstellung

Man stellt sich vor allem in der gesprochenen Sprache vor, und hier ist in erster Linie die Erwachsenenwelt betroffen:

Gestatten Sie, mein Name ist Müller/ich heiße Müller.

Dabei gilt, dass sich der/die Jüngere dem/der Älteren und Männer sich den Frauen vorstellen.

Begrüßungen unter Kindern und Jugendlichen beim ersten Zusammentreffen sind formlos:

Hallo, ich bin die Katja! – Hi, ich bin Klaus!

Adresse und Absender

Beide Sprechakte bedingen einander und gehören als Paar zusammen. Sie kommen nur in Texten der geschriebenen Sprache vor und sind nicht direkt, sondern werden per Post, Fax oder E-Mail vermittelt.

Die Adresse ist streng formalisiert. Im Schema:

(An)
Herrn/Frau (Titel) (Vorname) Familienname
Straße/Platz Hausnummer
(Land) Postleitzahl Ort (Ortsteil; mit Bindestrich angeschlossen)

Beispiel:

(An)	Herrn	(An)	Frau
	Dr. Peter Müller		Sarah Müller
	Am Ländtbogen 14a		Birkenstraße 25
	82211 Herrsching		33330 Gütersloh

Der Absender steht am Schluss des Briefes nach dem Schlusssignal *(mit freundlichen Grüßen)* sowie auf dem Briefumschlag:

Privat:	**Firma:**
Franz Lützeler Clemensstr. 8 80796 München	Firma Allstahl Gartenstr. 5 58091 Hagen

In offiziellen Schriftstücken werden am Ende Name und – wenn vorhanden – Titel des Briefschreibers genannt, der darüber seine Unterschrift setzt. Vertritt ihn jemand, so zeichnet dieser mit *i. V.* (= „in Vertretung“), ansonsten unterschreibt die Sekretärin mit *f. d. R.* (= „für die Richtigkeit“), der Absender wird angegeben mit *gez.* (z. B. *gez. Schneider* = „eigenhändig unterschrieben von Herrn/Frau Schneider“).

Gratulation

Auch für die Gratulation gibt es Standardformulierungen:

> *Ich gratuliere Ihnen/dir zum 18. Geburtstag und wünsche alles Gute!*
> *Herzliche Glückwünsche zum Geburtstag!*

Entschuldigungen und Beschuldigungen

– Entschuldigungen:

Menschen entschuldigen sich, wenn sie einsehen, dass sie einen Fehler begangen oder eine Schuld auf sich geladen haben. Manchmal aber sind Entschuldigungen nur Lippenbekenntnisse.

Entschuldigungen sind meistens formelhaft:

> *Entschuldigen/Verzeihen Sie bitte, dass ich nicht angerufen habe.*
> *Entschuldige, dass ich dich verletzt habe.*

In der Jugendsprache heißt es auch:

> *Du, entschuldige, dass ich zu spät bin!*
> *Tut mir (echt) Leid, das mit Katrin!*

Entschuldigungen kann man annehmen *(Macht nichts!; Geht schon in Ordnung!; Ich verzeihe Ihnen/dir!)* oder auch ablehnen *(Das könnte Ihnen/dir so passen!; So leicht kommen Sie/kommst du nicht davon!; Das meinst du doch nicht ehrlich!; Ich glaube Ihnen/dir kein Wort!* usw.).

– Beschuldigungen:

Beschuldigungen haben unterschiedliche Qualität: Man kann Vorwürfe erheben, jemanden der Lüge bezichtigen, ihn beschimpfen oder ihm die Schuld für eine Tat geben. Entsprechend variabel sind die sprachlichen Mittel dieses Sprechakts:

– Vorwürfe erheben:

In der Öffentlichkeit geschieht dies vor allem mit einem explizit performativen Verb [S. 52f.]:

> Herr Abgeordneter, ich *werfe Ihnen vor*, den Sachverhalt völlig falsch darzustellen!

Aber auch Mitteilungen, Aufforderungen oder Fragen enthalten häufig Vorwürfe; freilich wird die Person, der der Vorwurf gemacht wird, nicht genannt. Häufig werden Modalpartikeln [S. 341ff.] benutzt:

> Das ist *ja* eine Katastrophe! (Mitteilung)
> Nun arbeite *doch* mal! (Aufforderung)
> Kannst du *denn* nie pünktlich sein? (Frage)

Weitere sprachliche Möglichkeiten, indirekt Vorwürfe zu erheben, sind:

endlich:	Sag ihr doch *endlich*, dass du sie liebst!
etwa:	Ist das *etwa* deine Abschlussarbeit?
so:	*So* ein Quatsch!

– Einen anderen der Lüge bezichtigen:

Da es möglicherweise rechtliche Konsequenzen hat, einem anderen vorzuhalten, er habe die Unwahrheit gesagt, sind direkte Sprechakte *(Du bist ein Lügner!)* selten. Indirekte Akte dominieren daher (*Könnte es sein, dass du dich geirrt hast?*).

– Beschimpfen:

Direkte Akte des Beschimpfens beziehen sich stets auf ein Gegenüber. Sie sind entweder Kurzäußerungen:

> *Sie Trottel!; Du Idiot!; Du Versager!*
> *Müller, der Sonntagsfahrer!*

Oder es steht eine Kopula *(sein)* dabei, häufig auch eine Modalpartikel:

Du *bist* (mir) *vielleicht* ein Verräter!

– Schuldzuweisungen:

Auch hier gibt es explizit performative Verben:

Ich *beschuldige* dich des Betrugs!
Der Staatsanwalt *beschuldigt* den Angeklagten, den Mord begangen zu haben.

Indirekte Akte lassen der beschuldigten Person die Möglichkeit zu reagieren:

A: Du *sollst* bei dem Überfall *beteiligt gewesen sein*.
B: Von wegen! Ich habe damit nichts zu tun.
A: *Du behauptest also*, du *wärest* für den Unfall nicht verantwortlich!
B: War ich auch nicht. Ich bin völlig unschuldig!

d. Äußerungen der Ausdrucksfunktion

Im Gegensatz zu den partnerorientierten Sprechakten sind *sprecherorientierte Akte* nicht an einen oder mehrere Partner gerichtet, sondern Ausdruck der Stimmungslage oder des Gefühls des Sprechenden selbst. Sie dienen dazu, Wünsche zu äußern oder einmal richtig „Dampf abzulassen“, also sich selbst von einer Last, die auf Geist und Seele drückt, zu befreien, umgekehrt aber auch, um sein Glück oder seine Freude in Worte zu fassen. Neben diesen rein persönlichen Äußerungen aber dienen sprecherorientierte Akte auch dazu, die Unzufriedenheit des Sprechers/Schreibers über die Welt im Allgemeinen auszudrücken. Eine besondere Klasse sind die *explizit performativen Verben.*

● Wünsche äußern

Jeder Mensch hat Wünsche. Viele wünschen sich materielle Dinge, z. B. einen Computer, eine Reise oder einen Lotteriegewinn; andere wünschen sich Gesundheit, mehr Ruhe, berufliches Vorankommen oder die Zulassung zum Studium. Erwachsene geben Kontaktanzeigen in Zeitungen auf, um den geeigneten Lebenspartner zu finden. Die Beschreibungen, mit denen sie sich dabei vorstellen, wirken häufig amüsant bis peinlich. Etwa so:

la… Reisen liebe doch seit Jahr- innische Sauna; e ich. Bist du in schreibe mir ntoauszug un…

Mann (55, 182, 83, Akademiker), Gentleman mit Sinn für alles Schöne, sucht strahlendes Rasseweib zum Liebhaben. Wenn du zwischen 40 und 50 Jahre jung bist und mit mir Pferde stehlen willst, im Abendkleid und Jeans eine gute Figur machst, sowie – aus Paritätsgründen – nicht ohne Vermögen bist, warte ich auf deine Nachricht (mit Foto). Ich wünsche mir für den zweiten Lebensabschnitt ein niveauvolles Leben mit internationalem Flair, aber auch eine Kuschelecke mit dir am knisternden Kamin. Wem darf ich meine Besitztümer, die mir nichts bedeuten, zu Füßen legen? Zuschriften bitte unter

Wünsche werden in unterschiedlicher sprachlicher Form geäußert:

Aussageform:	Ich *wünsche* mir/dir/Ihnen, dass... Ich *hoffe*, dass ich/du/Sie...
Modale Hilfsverben *(mögen, können, müssen):*	Ich *möchte* ein bisschen Spaß haben.
Konjunktiv I:	Edel *sei* der Mensch, hilfreich und gut! (Goethe, *Das Göttliche*)
Irrealis:	Geld *müsste* man haben!
Hilfsverben *(hätte, wäre, würde gern):*	Ich *hätte so gern* noch diesen Film gesehen. Ich *wäre am liebsten* zu Hause geblieben.
Konditionalsatz (+ Partikel *nur, doch):*	*Wenn* er *nur* zurückkäme!

Wunschformeln:	Herzlichen Glückwunsch zum Geburtstag!
Bewertung (+ Konjunktiv II):	Ich *fände* es besser, wenn du in die Schule *gingest* / *gehen würdest*.
hoffen/hoffentlich:	*Hoffentlich* gibt es keinen Nebel!

Wünsche beziehen sich entweder auf den Sprecher *(ich wünsche mir)*, auf den Angesprochenen *(ich wünsche dir)* oder auf beide Gesprächspartner *(ich wünsche uns)*. Der Partner reagiert mit einem Dank und schließt häufig einen Gegenwunsch an:

A: *Ich wünsche dir ein schönes Wochenende!*
B: *Danke, und dir auch/gleichfalls.*

Ausdruck von Freude und Glück

Dieser Äußerungsakt ist vor allem privater Natur und drückt eine positive Empfindung aus. Sprachliche Mittel sind:

– Verben der Gefühlsäußerung:

Ich *freue* mich, dass.../Ich *bin glücklich*, dass...
Ich *freue mich* / *bin glücklich* über...
Ich *kann es* noch gar *nicht fassen*, dass...

– Scheinbar unpersönliche Äußerungen:

Es ist ein Glück/eine Freude, dass...

Ausdruck von Überraschung

Eine Überraschung wird mit sprachlichen oder parasprachlichen Mitteln (Öffnen des Mundes, Hochwerfen der Arme, Augenaufschlag usw.) ausgedrückt. Zu den häufigsten sprachlichen Mitteln gehören Modalpartikeln wie *ja, doch, aber* usw.:

Das ist *ja* unglaublich!
Das ist *doch* fantastisch!

Unbetontes *aber* signalisiert eine Abweichung von der Norm, unbetontes *vielleicht* einen unerwarteten Zustand:

Der rast *aber* mit seinem Auto!
Klaus wird sich *vielleicht* ärgern!

Kommentar – Gegendarstellung

Im Gegensatz zu Textsorten wie Bericht, Beschreibung oder Mitteilung ist der **Kommentar** eine subjektive Äußerung. Er sollte deshalb deutlich von der sachlichen und objektiven Form der Mitteilung unterschieden werden:

Im letzten Jahr wurde eine Zunahme von Verkehrsunfällen in Deutschland registriert. (Nachricht)

Dies ist nicht zuletzt auf die verfehlte Verkehrspolitik der Regierung zurückzuführen. (Kommentar)

Kommentare werden mit charakteristischen, häufig standardisierten Formeln eingeleitet:

ich meine, ich denke, ich bin der Meinung/Ansicht, wir sind der Überzeugung, dass...

Auf einen Kommentar in der Zeitung kann der Leser mit einem Leserbrief antworten, der seine zustimmende oder ablehnende Haltung ausdrückt. In Fällen, in denen sich Personen, die im Kommentar kritisiert worden sind, in ihrem Ansehen geschädigt fühlen, können diese einen Widerruf oder eine Gegendarstellung verlangen.

Ausdruck der Resignation

Wie bei der Überraschung gibt es auch hier zahlreiche nichtsprachliche Mittel, z.B. Schultern hochziehen, Handinnenflächen nach oben zeigen, Verdrehen der Augen usw. Bei den sprachlichen Mitteln dominieren verfestigte Formeln:

Da kann man nichts machen.
So geht das seit Jahren!

Auch rhetorische Fragen drücken aus, dass sich an einem Zustand ohnehin nichts ändern wird und daher alles Engagement umsonst ist:

Wozu soll man sich aufregen?
Was soll's?

Unter den Partikeln dominieren *eben* bzw. *halt*:

Er ist *eben*/ *halt* ein Faulpelz.

Daneben wird *auch* verwendet, wenn man unterstellt, der Partner wisse ebenso wie der Sprecher die Antwort, gebe sie aber nicht, weil es sich um eine rhetorische Frage handelt:

Warum schreibt er *auch* immer bei Ines ab?

Bei *schon* bleibt die Antwort offen, im Grunde ist sie negativ:

A: Was kann uns der Einsatz dieses Spielers *schon* nützen?
B: Eine Niederlage bei der Meisterschaft *eben*, wie immer!

● Schimpfen

Neben dem partnerorientierten Sprechakt des Beschimpfens gibt es auch den sprecherorientierten Akt des Schimpfens über sich selbst oder die Welt:

Ich bin (vielleicht) ein Trottel!
Dass ausgerechnet mir das passieren musste!

● Explizit performative Verben

Eine besondere Rolle spielen die *explizit performativen Verben*, bei denen das Aussprechen des Satzes und das Handeln, das sie benennen, zusammenfallen. Man kann bei diesen Formen das Wort *hiermit* einfügen. Verben dieser Kategorie sind z. B. *versprechen, antworten, versichern, taufen, bezweifeln, bestreiten, informieren*:

Ich *verspreche* dir (*hiermit*), dass ich nicht mehr zu spät komme.

Wir teilen Ihnen (*hiermit*) mit, dass Ihre Ansprüche verjährt sind.
Ich darf Sie (*hiermit*) darüber *informieren*, dass die Veranstaltung um acht Uhr beginnt.

Die Empfänger der Mitteilung können den Erhalt bestätigen oder aber Zweifel bzw. Protest anmelden.

Innerer Monolog

Vor allem in der schönen Literatur ist der innere Monolog anzutreffen: Die zentrale Figur berichtet über ihre Empfindungen, Gedanken und Träume. Ein berühmtes Beispiel ist MARCEL PROUSTS Roman *Auf der Suche nach der verlorenen Zeit.* Hier ein Auszug:

Traumbilder

Manchmal entstand in meinem Schlaf aus einer falschen Lage wie Eva aus der Rippe Adams eine Frau. Während sie aus der Lust hervorgegangen war, die ich erlebte, bildete ich mir ein, daß diese mir erst durch sie zuteil geworden sei. Mein Leib verspürte in dem ihren seine eigene Wärme und drängte zu ihr, ich wachte auf. Die übrige Menschheit war mir dann ferngerückt im Vergleich zu dieser Frau, die ich vor Sekunden erst verlassen hatte; meine Wange war noch warm von ihrem Kuß, mein Leib von ihrem Gewicht zerschlagen. Wenn sie, wie es bisweilen vorkam, die Züge einer Frau trug, die ich im Leben getroffen hatte, setzte ich alles daran, ihr wieder zu begegnen; es ging mir wie denen, die sich auf die Reise begeben, um mit eignen Augen eine Stadt ihrer Sehnsucht zu schauen, und sich einbilden, man könne der Wirklichkeit den Zauber abgewinnen, den die Phantasie uns gewährt. Allmählich verblaßte dann ihr Bild, ich vergaß das Geschöpf meiner Träume.

(Marcel Proust: *In Swanns Welt,* in: *Auf der Suche nach der verlorenen Zeit I.,* Frankfurt a. M. 1964, S. 11)

Aber nicht nur in der Literatur, sondern auch im Alltagsleben gibt es innere Monologe: in der geschriebenen Sprache als Tagebücher oder Briefe, die dem Schreibenden selbst gelten, in der gesprochenen Sprache das stille Sprechen oder Murmeln. Häufig ist die Sprache gefühlsbetont, expressiv oder auch poetisch, immer aber ichbezogen.

8. Elemente der Textstruktur

Im Zeltlager

Ein Spätsommertag in Berlin. Wie immer am Wochenende fuhren wir ins Grüne. Prenden. Den Ort hatte ich einmal vorgeschlagen. Ein noch verschlafenes Dorf, das auch mit dem Rad erreichbar war. Ein kleiner, intimer See. Viel Wald. Ist es richtig, daß man immer wieder an die Stätten seiner Kindheit und Jugend zurückkehrt?...
Ich bin elf. Mit der Schule fahre ich ins Zeltlager, das größere Schüler Tage zuvor an dem See aufgebaut haben. Die Zelte stehen in einem Halbrund. Sie sind klein, nur je zwei Schüler haben in ihnen Platz. In der ersten Nacht liege ich lange wach, kann nicht einschlafen, höre der Wache zu. Die Wache besteht aus je zwei Schülern, einer erhält das Luftdruckgewehr. Alle drei Stunden werden sie abgelöst. Warum und vor wem sollen sie uns bewachen? Zucht und Ordnung, eiserne Disziplin und militärischer Drill. Dazu gehört auch der allmorgendliche Fahnenappell vor dem Frühstück. Ich werde nicht für die Nachtwache eingeteilt. Bin zu jung. Keine vierzehn Jahre alt. Bedauere ich das? Fühle ich mich als Ausgeschlossene? Kaum. Die Nacht ist mir auch im Zelt unheimlich...

(Beate Messerschmidt: *Hinter doppelten Mauern. Eine deutsche Geschichte,* Frankfurt a. M./Wien 1999, S. 11)

Texte sind Äußerungen, sprachlich geformt durch Sätze und Wörter. Um sie zu verstehen, ist zunächst das Vorwissen *(Weltwissen)* wichtig. Dieses Wissen besteht aus Daten unterschiedlicher Lebensbereiche (Geschichte, Geographie, Religion usw.) und Verhaltensnormen des Menschen. Über das Buch von Beate Messerschmidt verrät der Klappentext, dass die Autorin in Ostberlin geboren und 1981 in Ungarn verhaftet wurde, als sie in den Westen fliehen wollte. Nach zweijähriger Haft in einem Gefängnis der DDR wurde sie in die Bundesrepublik entlassen. Ihre Geschichte ist eine Erinnerung an Kindheit, Jugend und Haft.
Mit diesem Vorwissen geht der Leser an den Text heran, um ihn zu entschlüsseln. Dabei konzentriert er sich auf folgende Aspekte:

- Überschrift und Kapiteleinteilung
- fett oder kursiv gesetzte Wörter und Satzteile
- Verben als zentrales Element der Satzstruktur
- Mittel der Satzverknüpfung
- Artikelwörter und thematische Progression
- Register (Stilebene) des Textes

Im vorliegenden Text gibt es weder Kapiteleinteilungen noch fett oder kursiv gesetzte Wörter. Verben hingegen gibt es in großer Zahl. Sie sind im Text durch eine grüne Umrahmung markiert und verdeutlichen, dass anfangs im Präteritum, dann fortlaufend im Präsens erzählt wird.

Das Präsens wurde gewählt, um den Inhalt besonders lebendig zu gestalten [S. 190ff.]. Vom Verb her eröffnen sich die Valenzstrukturen mit den Ergänzungen, z. B. *ins Grüne fahren, einen Ort vorschlagen, ein Zeltlager aufbauen.*

Wichtig für die Textanalyse sind vor allem die *Mittel der Verknüpfung* von Sätzen sowie die *thematische Progression*, durch die ein Text erst zu einer Einheit mit „innerer Bewegung" wird.

a. Mittel der grammatischen Verknüpfung

Zu den wichtigsten grammatischen Textverknüpfungsmitteln *(Konnektoren)* gehören:

- Konjunktionen
- Pronomen (Personalpronomen, Relativpronomen)
- Artikelwörter (unbestimmte und bestimmte Artikel, Possessivpronomen)
- adverbiale Angaben
- Modalpartikeln
- rhetorische Mittel

Konjunktionen

Konjunktionen [S. 318ff.] verbinden Sätze oder Satzteile miteinander. Im Text von BEATE MESSERSCHMIDT sind sie sehr selten *(dass, und).* Dies ist ein Hinweis darauf, dass der Text in sich nicht syntaktisch geschlossen ist, sondern dass die Sätze häufig lediglich nebeneinander gestellt wurden, um die Unruhe und das Unsichere der Situation zu betonen. So verstärken stilistische Mittel die Wirkung des Textes.

Pronomen

Personalpronomen *(ich, wir, sie)* ersetzen Substantive und variieren den Text. Sie sind thematische Wiederaufnahmen und stellen so Textzusammenhänge her.

In unserem Text sind dies *wir, ich, man* (unpersönliches Pronomen) und *sie.*

Relativpronomen *(der, die, das; die)*

Relativpronomen verbinden Haupt- und Nebensätze (Relativsätze). In unserem Text heißt es:

> *Ein verschlafenes Dorf, das auch mit dem Rad erreichbar war. Mit der Schule fahre ich ins Zeltlager, das größere Schüler Tage zuvor an einem See aufgebaut haben.*

Thema-Rhema-Struktur und Artikelwörter

Ganz besonders wichtig aber sind die Artikelwörter, vor allem der unbestimmte *(ein, eine, ein)*, der bestimmte *(der, die, das; die)* Artikel sowie die Demonstrativa *(dieser, jener)*. Artikelwörter sichern den Fortgang *(Progression)* des Textes im Wechsel von Unbekanntem zu Bekanntem: Unbekannte (neue) Textinhalte sind durch den unbestimmten Artikel oder Indefinita (*einige, mehrere*) mit Substantiv gekennzeichnet, bekannte Inhalte hingegen durch den bestimmten Artikel, Demonstrativa oder Personalpronomen. Bekannte Inhalte – sie werden auch *Thema* genannt – bauen auf Unbekanntem, dem *Rhema*, auf. Das Bekannte steht im laufenden Text im Regelfall an der Satzspitze, das Unbekannte folgt im gleichen Satz und wird zum Thema des folgenden Satzes. Es gibt aber auch Ausnahmen von der Regel. Der Wechsel von Thema und Rhema heißt *thematische Progression* (= „Voranschreiten vom Unbekannten zum Bekannten“).

Ein Beispiel:

Klaus:

„1. *Ein Schüler* kommt in die *Klasse*.

2. *Der Schüler* geht zu *seinem Platz*.

3. *Er* ist neu und heißt *Peter*.

4. *Peter* kommt *aus Hamburg*.

5. *Sein Vater* ist *Arzt* und arbeitet *im Krankenhaus*.“

Klaus erzählt von einem neuen Klassenkameraden: Beim ersten Erwähnen steht der unbestimmte Artikel *(ein Schüler)*; dies ist das Rhema (= das Neue).

Im nächsten Satz heißt es *der Schüler*, denn er ist bereits erwähnt worden (= Wiederaufnahme der Information als Thema). In der Folge heißt es im Satz weiter: *zu seinem Platz.* Das Possessivpronomen *(seinem)* bezieht sich auf *der Schüler; Platz* hingegen ist neu, bezeichnet also wieder ein Rhema.
Im dritten Satz wird *der Schüler* durch das Personalpronomen *er* ersetzt. Erneut stellt es das Thema dar, weil es bereits bekannt ist. Am Ende des Satzes steht die neue Information, nämlich *Peter.*
Der Name wird im vierten Satz wieder aufgenommen als Thema, am Satzende steht *aus Hamburg.* Dies ist die neue Information und also Rhema.
Im fünften Satz schließlich steht als Subjekt *sein Vater* (= Thema, weil es um Peters Vater geht); am Satzende steht die Berufsangabe *Arzt* (= neues Rhema) und die semantische Verbindung *Krankenhaus,* da allgemein bekannt ist, dass viele Ärzte im Krankenhaus arbeiten. Deswegen steht hier auch der bestimmte Artikel *im* (= *in* + *dem*).

Adverbiale Angaben

Unter den adverbialen Angaben sind es vor allem die *Präpositionaladverbien,* die Sätze zu Texten verbinden. Sie verweisen auf nachfolgende Informationen *(Katapher)* oder vorausgehende Informationen *(Anapher).*

Nachfolgende Information:

Er besteht *darauf*, *dass seine Tochter das Abitur ablegt.*

Vorausgehende Information:

Seine Tochter soll das Abitur machen. Darauf besteht er.

Andere Adverbien verweisen auf Personen oder Objekte der Wirklichkeit; sie heißen *deiktische* (= „zeigende“) Elemente:

Raumdeixis: *hier, dort, oben, drüben, draußen, auf der Straße* usw.
Zeitdeixis: *gestern, morgen, abends, letzten Monat* usw.

Im Text werden folgende adverbiale Angaben für die Textbildung verwendet: *ins Grüne, in einem Halbrund, in der ersten Nacht, alle drei Stunden, dazu, vor dem Frühstück, keine vierzehn Jahre, im Zelt* usw. Auch diese Elemente verbinden Sätze inhaltlich und bilden einen Textzusammenhang.

Modalpartikeln

Modalpartikeln [S. 341ff.] drücken Einstellungen aus und verbinden damit Aussagen untereinander:

> Das ist *ja* die Höhe!
> Der ist *vielleicht* ein toller Kerl!

Die Texte gewinnen damit eine emotionale Qualität.

Rhetorische Mittel

Seit der Antike gibt es zahlreiche Mittel und Strategien, um die Aussage zu verstärken, die Rede interessant zu gestalten und die Zuhörer zu überzeugen bzw. zu manipulieren. Diese Mittel wurden später auch auf Texte der geschriebenen Sprache übertragen. Die wichtigsten Mittel der Verstärkung sind:

– Wiederholungen:

> (Ein Redner:)
> Ich habe davor schon *vor Jahren* gewarnt.
>
> *Immer wieder* habe ich darauf hingewiesen. Aber niemand hat mir geglaubt.

– Rhetorische Fragen:

> *Ist es notwendig*, erst noch auf die Gefahren hinzuweisen, die mit der Abholzung der Regenwälder verbunden sind?

– Verwendung von Gegensatzwörtern (Antonymen):

> Die *Kleinen* fängt man, die *Großen* lässt man laufen.
> *Vertrauen* ist gut, *Kontrolle* ist besser.

– Parallelismus der Rede:

> Ernst *ist* das Leben, heiter *ist* die Kunst!
> (Schiller, *Wallenstein*)

– Metaphern:

> am *Fuß des Berges*, im *Sandmeer der Zeit*, eine *Autoschlange*

– End- und Stabreime:

Nicht *rasen*, sondern *reisen*!
Und in den Sälen, auf den *Bänken*, vergeht mir Hören, Sehn und *Denken*. (Goethe, *Faust I*)

*M*ars *m*acht *m*obil.
*M*ilch *m*acht *m*üde *M*änner *m*unter.
*V*erantwortung, *V*eränderung, *V*ertrauen (Parteislogan)

– Gleich lautende Verben mit unterschiedlicher Bedeutung (Zeugma):

Sie *trägt* die Koffer und er die Verantwortung.

– Ellipsen (verkürzte Rede, Sätze):

Hilfe!
Ich konnte, *da zu spät benachrichtigt*, nicht mehr rechtzeitig da sein.

– Euphemismen (beschönigende Ausdrücke):

entschlafen (= „sterben")
Atommüll (= „hochgiftige Substanzen aus Atomkraftwerken")
freistellen (= „Mitarbeiter entlassen")

In unserem Beispieltext gibt es mehrere solcher rhetorischen Mittel der Ausdrucksverstärkung:

Parallelismus:	*Ein noch verschlafenes Dorf, ein kleiner, intimer See; Zucht und Ordnung, eiserne Disziplin und militärischer Drill*
Ellipse:	*Bin zu jung; Keine vierzehn Jahre alt; Kaum*
Wiederholung:	*In der ersten Nacht liege ich lange wach, kann nicht einschlafen.*
Metapher:	*ins Grüne fahren* (= „Erholung suchen")

Es handelt sich um einen literarischen Text voller Metaphern und beeindruckender Schilderungen. Der Stil ist eher karg und nüchtern und entspricht dem Inhalt der hier erzählten Lebensgeschichte.

b. Mittel der semantischen Verknüpfung

Das Verständnis von Texten der geschriebenen oder gesprochenen Sprache setzt ein Vorwissen voraus. Dieses Wissen umfasst die sozialen und politischen Rahmenbedingungen des Textes, außerdem die biografischen Daten des Autors bzw. der Autorin, die Bedeutung sowie die Hintergründe des Textes.

Daneben geht es bei der semantischen Verknüpfung um das Mitgemeinte des Textes, das nicht ausgedrückt wird, aber immer beim Lesen mitschwingt. Dazu gehören vor allem die *Präsuppositionen* (= „Voraussetzungen und Unterstellungen im Text“) sowie die *Konnotationen* (= „mitschwingende Bedeutungen“).

Ein Beispiel für eine Präsupposition ist die Frage:

Geht es Eberhard denn *endlich wieder* gut?

Unterstellt wird vom Fragenden, dass der oder die Antwortende – wie er selbst auch – weiß, dass Eberhard lange krank war. Wenn diese Annahme zutrifft, wird der Angesprochene die Frage verstehen und angemessen reagieren.

In unserem Text gibt es verschiedene Präsuppositionen:

- Die Erzählerin ist eine Erwachsene und blickt auf Kindheit und Jugend zurück.
- Sie war Mitglied der Organisationen „Junge Pioniere“ oder „Freie Deutsche Jugend“ (FDJ), die regelmäßig Zeltlager veranstalteten.
- Sie sehnte sich nach ruhigen Orten, die vom politischen Druck relativ unberührt waren.
- Bei solchen Zeltlagern gab es militärischen Drill, um die Jugendlichen auf den Militärdienst vorzubereiten: Nachtwache, Fahnenappell, eiserne Disziplin, Zucht und Ordnung.

Konnotationen treten auf bei den Wörtern *Kindheit und Jugend* (= „behütete, angenehme Zeit“), *Zucht und Ordnung* (= „militärischer Drill, unerfreuliche Zeit“), *Fahnenappell* (= „politische Indoktrinierung der Jugendlichen“).

Präsuppositionen und Konnotationen sind wichtig für das Textverstehen. Gelegentlich kommt, vor allem bei Übersetzungen von Texten oder Filmen aus anderen Kulturen, noch ein *interkulturelles Wissen* als Voraussetzung für das Verstehen hinzu.

9. Arbeit mit Texten

In der Gegenwart wird es immer wichtiger, Texte der geschriebenen Sprache (Zeitungen, Zeitschriften, schöne Literatur) und der gesprochenen Sprache (Nachrichten in Radio und Fernsehen, Interviews, Talkshows usw.) zu verstehen, sinngemäß wiederzugeben oder darauf antworten zu können. Die ständig wachsende Fülle an Informationen, die täglich auf die Menschen eindringen, verlangt nach Techniken des *verstehenden* Lesens und Hörens.

Diese Techniken werden hier an verschiedenen Texten vorgestellt und erprobt. Einmal handelt es sich um zwei Interviews, also Texte der *gesprochenen* Sprache, sodann um ein literarisches Tagebuch, also eine Textsorte der *geschriebenen* Sprache.

Hier zunächst die Interviews:

Das Hirn muss raus (Text A)

(Mit Zlatko „The Brain" verlässt der Liebling der Zuschauer die RTL-2-Serie *Big Brother.* Schade! Denn von Zlatko lernen heißt fürs Leben lernen.)

Wer war dieser Shakespeare?

Zlatko: *(spielt auf der Gitarre):* Sag mal ehrlich, muss man den kennen?
Kerstin: Vom Namen her, Shakespeare?
Zlatko: *(spielt die Melodie von „Smoke on the Water"):* Doch, den kenn' ich schon. Wenn du mich aber fragst, was der alles gemacht hat, keine Ahnung. Ob der Romane geschrieben hat, Filme gemacht oder Dokumentationen. Keine Ahnung. *(Kerstin und John lachen)*
John: Das ist der Bruder vom Jacques Cousteau.
Zlatko: Warum lacht ihr so? Und wer ist Jacques Cousteau?
Kerstin: Das ist so lustig, eh. Das musst du jetzt auch aushalten. Das ist so, wie wenn man...
Zlatko: Ich versteh's halt bloß nicht.
Kerstin: Shakespeare ist... Da gab's einen Film, *Shakespeare in Love.* Hast du den gesehen?
Zlatko: Nö.

(DIE ZEIT. *Leben,* 13. 4. 2000, S. 6)

Mir, bitte warten! (Text B)

(Ein Gespräch mit dem Deutschen Ulf Meerbold, der schon mal da war.)

Die *Mir* soll wieder renoviert werden. Ist sie denn so abgewohnt?

Was heißt hier abgewohnt? Ein Haus ist abgewohnt. Gott im Himmel, die *Mir* gibt es jetzt seit 1986, aber abgewohnt ist der falsche Ausdruck. Eine Raumstation ist kein Haus, sondern eine Maschine. Und wie jede Maschine muss die *Mir* jetzt gewartet werden.

Die *Mir* war zuletzt mehrere Monate unbewohnt. Macht da jemand zum Schluss das Licht aus, bevor er geht?

Ja, das ist ein durchaus emotionaler Moment, denn am Ende hat man diesen Maschinen gegenüber ein Gefühl der Dankbarkeit.

Die Russen brauchen Geld. Man überlegt, die *Mir* Pauschaltouristen anzubieten.

Ich kann mir das nicht vorstellen, Erholungsurlaub auf der *Mir* zu machen. Sie müssen für so einen Trip hart trainieren und unbedingt Russisch lernen. In Notfällen muss man sich verständigen können, Zeichensprache genügt nicht.

Gibt es eine ideale Jahreszeit, um auf die *Mir* zu reisen?

Nein, die *Mir* kreist auf einer Umlaufbahn, zur einen Hälfte ist sie über einer Winterlandschaft unterwegs, zur anderen über einer Sommerlandschaft...

Herr Meerbold, Sie sind gerade in Südfrankreich. Könnte Sie da ein Aufenthalt auf der *Mir* weglocken?

Das könnte ich mir ganz gut vorstellen, denn ich habe im Gegensatz zu den Horrorszenarien, die die Medien immer gezeichnet haben, die *Mir* ganz anders erlebt. Eines darf man nie vergessen, die Raumfahrt ist ein Grenzbereich, und da muss man immer damit rechnen, dass etwas schief läuft.

(DIE ZEIT. *Leben*, 13. 4. 2000, S. 6)

Aus dem literarischen Tagebuch von Maxie Wander, **9. 9. 1976**
(Text C)

Einzug in die Frauenklinik der Charité. Eine Stunde im Keller warten. Mit mir warten noch andere Frauen, darunter ein sehr dickes Mädchen. Wir kommen ins Gespräch, die Dicke merkt meinen Akzent, sie fragt mich, wie eine aus Wien hierherkommt. Es klingt wie ein Vorwurf. Ich sage meinen üblichen Satz – das sei eine lange Geschichte.

„Kennen Sie den Kobenzl?“, fragt die Dicke und möchte noch einiges wissen, ich bin aber in Gedanken mit dem Krebs beschäftigt! Da beginnt die Dicke: „‚Sag beim Abschied leise Servus...‘ Das singt der Hörbiger. Wissen Sie noch?“

Ich werde auf die Abteilung Gyn 2, Zimmer 5, eingewiesen. Wir sind fünf Frauen, sofort machen sich alle bekannt, ich erfahre Namen und Krankheit. Ein Abortus, eine mit Krebsverdacht, eine Abtreibung, dann eine alte Frau, die sie Oma Breitscheit nennen (sie liegt offenbar im Sterben), und schließlich eine dunkelhaarige hübsche Person, die schweigt. Mir sehr sympathisch! Die Weber und die Keil unterhalten sich andauernd darüber, ob Oma Breitscheit Krebs hat, deuten alle Symptome und die Bemerkungen der Ärzte, die sich ja nur in Andeutungen äußern...

Die großen Fenster mit den Ahornbäumen davor sind gut. Von Zeit zu Zeit tutet ein Schleppkahn auf der Spree, ganz laut. Ich schalte ab und lese Saul Bellows *Regenkönig*. Die Frauen reden, schwätzen, ewiges Rätselraten, ob der Chefarzt heut zur Visite kommt und wann, immer sind sie in gespannter Erwartung. Worauf? Ich bin sofort vertraut mit der Situation, merkwürdig. Fühle mich nicht fremd, als hätt' ich das alles schon einmal erlebt. Ein bissl wie im Traum: Das bin *ich*? Das passiert *mir*? *Was* wird mir passieren? Jedenfalls der gute Wille ist da, mich einzurichten, es anzunehmen, was auf mich zukommt.

(Maxie Wander: *Tagebücher und Briefe*,
hrsg. von Fred Wander, Berlin 1979, S. 7 f.)

a. Vorwissen, Erwartungen, Präsuppositionen und Mitgemeintes

An jeden Text geht der Leser oder Hörer mit seinem **Vorwissen** und seinen **Erwartungen** heran. Sie erleichtern das Verständnis und beseitigen die ersten Barrieren.

So wissen die Zeitgenossen beim Lesen des Interviews mit Zlatko **(Text A)**, dass er einer der Selbstdarsteller in der RTL-Serie *Big Brother* war, der mit anderen Ausgewählten Tag und Nacht von Fernsehkameras beobachtet wurde und zu einer „Kultfigur" für zahlreiche Menschen wurde.

Manche Leser oder Hörer erinnern sich darüber hinaus bei *Big Brother* an den Satz „Big Brother is watching you" aus dem Jahrhundertroman *1984* von George Orwell, der warnend den totalen Überwachungsstaat der Zukunft beschrieb, in dem die Menschen bloße Marionetten und Opfer einer perfekten Diktatur sind.

Im **Text B** kennen viele Leserinnen und Leser den Namen Ulf Meerbold: einer der deutschen Astronauten und Vorbild vieler junger Menschen, die später auch ins All fliegen möchten. Mancher erinnert sich an die russische Weltraumstation *Mir* (= „Welt, Frieden"), die seit Jahren die Erde umkreist und inzwischen reparaturbedürftig ist.

Bei **Text C** dürften es nur wenige sein, denen der Name Maxie Wander etwas sagt. Sie war Schriftstellerin und ging als Kommunistin aus ihrer Heimat Österreich in die Deutsche Demokratische Republik (DDR), um die dortige Entwicklung durch ihre Kunst zu fördern. Ihr erstes Buch *Guten Morgen, du Schöne* war sehr erfolgreich; kurz darauf erkrankte Maxie Wander an Krebs. Ihr Leidensweg, immer wieder von Hoffen und anrührenden Schilderungen unterbrochen, fand seinen literarischen Niederschlag in dem Werk *Leben wär' eine prima Alternative.* Dieses Buch und das literarische Tagebuch, dem der vorliegende Text entstammt, haben Millionen Menschen bewegt und manchen Leidensgenossen Kraft gegeben, die Krankheit zu überwinden, an der die Autorin starb.

Alle diese Wissenselemente bereiten das Textverständnis vor und begründen zugleich die Entscheidung des einzelnen Lesers, warum er gerade diesen Text ausgewählt hat und andere nicht liest. Doch gibt es bei jedem Text – wie jeder Information überhaupt – neben objektivem Wissen auch subjektive Erwartungen: Ist der Text interessant? Ist er spannend? Hilft er mir in einer bestimmten Situation? Erfahre ich mehr über mich und die Welt?

Neben diesen subjektiven Erwartungen gibt es in jedem Text **Präsuppositionen**, die unausgesprochenen Voraussetzungen einer Äußerung. Sie liegen jedem Sprechakt zugrunde und können, wenn sie nicht beachtet werden, zu einem Scheitern der Kommunikation führen.

Ein Beispiel: Der Äußerung „Es ist aber kalt hier im Zimmer!" liegt die Präsupposition zugrunde, dass es eine Heizung gibt und diese abgestellt ist.

Erwartungen sind individuell unterschiedlich: So können bei **Text A** einzelne Leser von der Kultfigur Zlatko bereits gehört und sie im Fernsehen gesehen haben. Jetzt sind sie gespannt, wie er im Gespräch wirkt. Andere Personen kennen die kritischen Äußerungen über ihn und finden jetzt ihre Erwartung bestätigt, die lautet: „Der ist dumm und primitiv und schämt sich nicht einmal deswegen."

Bei **Text B** ist eine häufig geäußerte Erwartungshaltung, dass die Raumfahrt und, mehr noch, Astronauten wie Ulf Meerbold viele Menschen faszinieren. Eine Präsupposition dabei ist, dass man viel tun muss, um auch einmal ins Weltall fliegen zu können.

Bei **Text C** ist eine der möglichen Präsuppositionen, dass ein Krebsleiden unweigerlich zum Tode führt; andere Leser unterstellen aber gerade das Gegenteil: Die Lektüre kann mir oder anderen Betroffenen helfen die Krankheit zu besiegen. Die Erwartungen sind in diesem Falle entsprechend hoch: Es gibt eine Rettung für mich! Maxie Wanders Text kann daher gerade jungen Leserinnen und Lesern helfen, ein schlimmes Schicksal zu überwinden.

Zu den Informationen in Texten gehören neben dem Geschriebenen oder Gesagten (Wörter, Sätze) auch mitschwingende Bedeutungen (*Konnotationen*): das **Mitgemeinte**, aber nicht Ausgesprochene.

Häufig ist es schwierig, neben der eigentlichen Bedeutung der Wörter oder Sätze (*Denotat*) diese Konnotate richtig zu entschlüsseln; sehr oft werden sie auch von Individuum zu Individuum unterschiedlich verstanden.

Im Zlatko-Text könnte ein Mitgemeintes, also ein Konnotat, sein: „Nun hört endlich auf mit dieser blöden Fragerei oder fragt etwas Besseres, nicht nach diesem Dichter.“ Im Tagebuch-Text hingegen könnte eine mitschwingende Botschaft sein: „Warum habe gerade ich diese schreckliche Krankheit?“ Ähnlich beim Leser: „Ein Glück, dass ich keinen Krebs habe!“

Der gesamte Textinhalt erschließt sich daher erst, wenn die *eigentliche Bedeutung* – also die lexikalische Bedeutung der Wörter und Sätze – sowie *Konnotate* und *Präsuppositionen* richtig verstanden worden sind.

b. Textvorentlastung

Zur *Textvorentlastung* gehören neben den beschriebenen Punkten Fragen, die ein globales Textverständnis sichern. Dies sind vor allem:

- Worum geht es in diesem Text?
- Wer sind die Hauptakteure?
- Was charakterisiert sie?
- Wie handeln sie?
- Wer sind die Adressaten des Textes?
- Welches sprachliche Register (*Stil*) dominiert in dem Text?
- Gibt es intertextuelle Bezüge, also inhaltliche und/oder formale Verbindungen, zu anderen, bereits bekannten Texten?

c. Textarbeit im Detail

Segmentieren und analysieren

Nach der *Textvorentlastung* folgt die Detailarbeit. Erster Schritt ist das *Segmentieren*, also das Gliedern des Textes in überschaubare Einheiten. Gliederungssignale sind:

- Überschriften, Kapitel- und Abschnittsanfänge
- Fettgedrucktes und Kursivierungen

Sodann geht es um die Erklärung schwieriger Wörter, z. B. Fremdwörter (*Horrorszenarien, Abortus, Symptom, Visite*) oder Neuwörter (Neologismen) wie *Umlaufbahn, Abtreibung,* schließlich Eigennamen (*William Shakespeare, Jacques Cousteau, Saul Bellow, Charité*).

Ein nächster Schritt ist die Ermittlung der *Schlüsselbegriffe.* Dazu gehören neben den Fremd- und Neuwörtern, die geklärt worden sind, jene

Wörter, die die Aussage des Textes stützen. Im **Text A** gehören zu den Schlüsselbegriffen *Gitarre spielen, Romane schreiben, Filme machen, nichts verstehen.* Im **Text B** sind dies etwa *Mir, Raumstation, emotionaler Moment, Zeichensprache, sich verständigen, anders erleben, Grenzbereich, schief laufen.* Im **Text C** sind es z. B. *Frauenklinik, warten, eine aus Wien, Krebs, sich bekannt machen, Bemerkungen der Ärzte, Schleppkahn auf der Spree, schwätzen, Chefarzt, gespannte Erwartung, vertraut sein, die Situation annehmen.*

Schlüsselbegriffe können, wenn sie nicht sofort verstanden werden, entweder aus dem *Kontext* (Umgebung des Wortes) oder mithilfe von *Wortbildungsregeln* [S. 353ff.] erschlossen werden.

So wird im **Text B** *Umlaufbahn* durch das Verb *kreisen* erklärt, im **Text C** *Kobenzl* durch *Wien* und *Paul Hörbiger*: Der Kontext ist hilfreich beim Verstehen. Schwierige Wörter wie *Horrorszenarien* oder *Krebsverdacht* werden durch Wortbildungsregeln deutlich: *Horrorszenarien* (Plural) ist eine Zusammensetzung aus *Horror* (Bestimmungswort) und *Szenario* (Grundwort), ebenso wie *Krebsverdacht* aus *Krebs* und *Verdacht* gebildet ist. Die Zusammensetzung lässt sich auch durch ein Präpositionalattribut erklären: *Verdacht auf.*

Bezüge herstellen – Mittel der Textverknüpfung

Besonders wichtig für das Verstehen von Texten sind die **Mittel der Textverknüpfung**, also jene sprachlichen Elemente, die die Sätze miteinander verbinden und damit den syntaktischen und semantischen Zusammenhalt sichern.

Syntaktische Verbindungen werden vor allem hergestellt durch Artikelwörter, Konjunktionen, Adverbien, Pronomen und Präpositionen. Semantische Bezüge entstehen durch inhaltliche Verbindungen (*Krankenhaus – Patient, Raumfahrt – Astronaut*) sowie die *Thema-Rhema-Struktur*, also den Zusammenhang von Bekanntem (*Thema*) und Neuem (*Rhema*).

Beide Bereiche – die syntaktischen und die semantischen Mittel der Textverknüpfung – lassen sich durch Unterstreichungen oder Pfeile grafisch verdeutlichen. Als Beispiel soll hier **Text C** dienen:

Einzug in die Frauenklinik der Charité. Eine Stunde im Keller warten. Mit mir warten noch andere Frauen, darunter ein sehr dickes Mädchen. Wir kommen ins Gespräch, die Dicke merkt meinen Akzent, sie fragt mich, wie eine aus Wien hierherkommt. Es klingt wie ein Vorwurf. Ich sage meinen üblichen Satz – das sei eine lange Geschichte.
„Kennen Sie den Kobenzl?", fragt die Dicke und möchte noch einiges wissen, ich bin aber in Gedanken mit dem Krebs beschäftigt! Da beginnt die Dicke: „‚Sag beim Abschied leise Servus...' Das singt der Hörbiger. Wissen Sie noch?"
Ich werde auf die Abteilung Gyn 2, Zimmer 5, eingewiesen. Wir sind fünf Frauen, sofort machen sich alle bekannt, ich erfahre Namen und Krankheit. Ein Abortus, eine mit Krebsverdacht, eine Abtreibung, dann eine alte Frau, die sie Oma Breitscheit nennen (sie liegt offenbar im Sterben), und schließlich eine dunkelhaarige hübsche Person, die schweigt. Mir sehr sympathisch. Die Weber und die Keil unterhalten sich andauernd darüber, ob Oma Breitscheit Krebs hat, deuten alle Symptome und die Bemerkungen der Ärzte, die sich ja nur in Andeutungen äußern...
Die großen Fenster mit den Ahornbäumen davor sind gut. Von Zeit zu Zeit tutet ein Schleppkahn auf der Spree, ganz laut. Ich schalte ab und lese Saul Bellows *Regenkönig*. Die Frauen reden, schwätzen, ewiges Rätselraten, ob der Chefarzt heut zur Visite kommt und wann, immer sind sie in gespannter Erwartung. Worauf? Ich bin sofort vertraut mit der Situation, merkwürdig. Fühle mich nicht fremd, als hätt' ich das alles schon einmal erlebt. Ein bissl wie im Traum: Das bin *ich*? Das passiert *mir*? *Was* wird mir passieren? Jedenfalls der gute Wille ist da, mich einzurichten, es anzunehmen, was auf mich zukommt.

(Legende: ⬭ = semantische Verbindung, ⬭ = syntaktische Verbindung, ▭ = deiktischer Verweis, Unterstreichung = Element der Verbindung)

Die vielen (exemplarisch eingezeichneten) Verbindungen scheinen auf den ersten Blick verwirrend, doch dient eine solche Darstellung der Textstruktur dem leichteren Verständnis. Deutlich wird bei den syntaktischen Verbindungen die Bedeutung der Personalpronomen, die ein Substantiv ersetzen (*ein sehr dickes Mädchen – die Dicke – sie*; *die Frauen – sie*; *eine alte Frau – sie*), aber sich auch auf ein Pronomen selbst beziehen (*mir – ich*); daneben ist das Relativpronomen wichtig (*eine dunkelhaarige Person, die* schweigt). Auch Adverbien verbinden Sätze (*andere Frauen – darunter*; *die großen Fenster – davor*). Daneben spielen Konjunktionen eine wichtige Rolle bei der Textverknüpfung (*frage die Dicke und möchte noch einiges wissen; sie unterhalten sich darüber, ob Oma Breitscheit Krebs hat*).

Von besonderer Bedeutung aber sind die Artikelwörter, die den Textzusammenhang sichern und vom Bekannten (*Thema*) zum Neuen (*Rhema*) überleiten. Im Regelfall wird das Neue mit dem unbestimmten Artikel (*ein*) oder vergleichbaren Wörtern bezeichnet, das darauf folgende – nunmehr bekannte – Element mit dem bestimmten Artikel (*ein sehr dickes Mädchen – die Dicke; fünf Frauen – die Weber und die Keil*). Nur wenn es sich um eindeutige Informationen handelt – beispielsweise, weil es die *Charité* nur einmal, und zwar in Berlin, gibt –, steht von Anfang an der bestimmte Artikel, weil jeder weiß, wovon die Rede ist. Das Weltwissen sichert hier das Verständnis.

Bei den semantischen Bezügen werden häufig logische Schlüsse gezogen: *Frauenklinik der Charité – Abteilung Gyn 2, Zimmer 5 – die großen Fenster – der Chefarzt.* Ebenso verhält es sich bei der Verbindung *fünf Frauen – ein Abortus/eine mit Krebsverdacht/eine Abtreibung/dann eine alte Frau/eine dunkelhaarige, hübsche Person – die Weber und die Keil.* Der Oberbegriff *fünf Frauen* wird erläutert durch die jeweilige Krankheit der einzelnen Patientinnen, die noch nicht bekannt sind, weshalb der unbestimmte Artikel (*ein*) verwendet wird; dann, in einem thematischen Sprung, werden zwei Frauen genau bezeichnet, und dazu wird der bestimmte Artikel (*die Weber und die Keil*) gebraucht.

Deiktische Verweise (Hinweise auf Personen, Orte und Zeiten) vertiefen das Verständnis.

d. Lesestrategien

In der Leseforschung wird üblicherweise zwischen drei Arten des Lesens unterschieden:

- **intensives** Lesen
- **selektives** (= „auswählendes“) Lesen
- **kursorisches** (= „eher oberflächliches“) Lesen

Intensives Lesen bedeutet genaues und detailliertes Lesen: Zeile für Zeile. Ziel ist eine exakte Kenntnis des gesamten Textes.

Beim *selektiven* Lesen hingegen will der/die Lesende gezielt Informationen zu einem bestimmten, ihn bzw. sie interessierenden Thema erhalten. Das können eine Nachricht über einen Weltraumflug oder den

Gesundheitszustand eines hochrangigen Politikers, aber auch eine Information über die wichtigen Punkte einer Regierungserklärung des Bundeskanzlers im Deutschen Bundestag sein. Nur diese Informationen interessieren, alle anderen Nachrichten im Artikel sind nebensächlich.

Beim *kursorischen* Lesen geht es um eine erste und eher oberflächliche Informationsentnahme: Beispielsweise liest man nur die Überschrift oder das Fettgedruckte in einem längeren Artikel, konzentriert sich in der Tageszeitung auf die Schlagzeilen auf der ersten Seite oder lediglich auf den Leitartikel. Ein allgemeiner Eindruck genügt vorerst.

Wendet man nun diese drei grundlegenden Lesestrategien auf unterschiedliche Textsorten an, so lässt sich sagen, dass *private* Textsorten (Brief, Tagebuch, Familienanzeigen usw.) sicher intensiver gelesen werden, weil der Lesende ein Interesse an der Person des Verfassers hat. Bei *didaktischen* Textsorten (Vorlesung, Parteitagsrede, Bedienungsanleitung usw.) geht es im Wesentlichen darum, das Wichtigste zu erfassen, man liest eher selektiv. Ähnlich verhält es sich mit wissenschaftlichen Textsorten (Aufsatz, Essay usw.). Bei *publizistischen* Textsorten hingegen (Nachricht, Bericht, Kommentar, Glosse usw.) dominiert eindeutig das kursorische Lesen: Man will im Großen und Ganzen informiert sein. Das reicht den meisten Menschen.

In einer anderen Unterscheidung der Textsorten wird vor allem die Funktion der jeweiligen Texte betont: *Appellative* Texte fordern den Leser auf, etwas zu tun oder zu lassen. Dazu gehören Werbetexte oder politische Reden. *Informative* Texte setzen den Leser über einen Sachverhalt in Kenntnis. Dazu gehören der Wetterbericht sowie Zeitungs- oder Fernsehnachrichten. Andere Texte verpflichten jemanden zu einer Handlung, z. B. Verträge oder ein Testament (*verpflichtende* Texte). Wiederum andere stellen Kontakte zu anderen Personen her, z. B. Briefe oder Postkarten aus dem Urlaub (*Kontakttexte*).

Entsprechend dieser funktionalen Gliederung ist intensives Lesen vor allem bei Texten wie Verträgen usw. notwendig, weil jeder Satz und jedes Wort wichtig sind. Eher kursorisch werden appellative oder informative Texte zur Kenntnis genommen; bei Briefen oder Karten (Kontaktfunktion) dürfte es von der Art der Beziehung zwischen den Partnern abhängen, ob selektiv, kursorisch oder auch intensiv gelesen wird.

Gerade das letzte Beispiel macht aber deutlich, dass eine genaue Trennung der einzelnen Lesestrategien kaum möglich ist und auch nicht der Lesewirklichkeit entspricht. Es handelt sich im Grunde beim Lesen um **vermischte Strategien**. Welche Strategie dabei jeweils dominiert, hängt vom Grad des Interesses des Lesenden, dem Umfang des Textes, der Informationsdichte und auch von der Beziehung zwischen Verfasser und Leser ab.

Als Faustregel soll daher gelten: Es ist immer besser, einen Text genau und auch zwei- oder dreimal zu lesen, um gut informiert zu sein. Die Zeit dafür sollte sich jeder Mensch, vor allem aber Jugendliche in der Ausbildungsphase, nehmen. Sie tun es zu ihrem eigenen Vorteil!

e. Texte schreiben – kreatives Schreiben

Die Lesedidaktik betont seit einigen Jahren, dass es nicht damit genug sei, einen Text möglichst differenziert zu verstehen und Fragen nach dem Inhalt im Allgemeinen wie im Detail zu beanworten. Vielmehr gehe es darum, das verstehende Lesen und Hören, also die *Textrezeption*, mit dem Schreiben bzw. Sprechen, also der *Textproduktion*, zu verbinden. So könnten die vier Grundfertigkeiten des Sprachunterrichts – *Hören* und *Lesen* sowie *Sprechen* und *Schreiben* – sinnvoll miteinander verknüpft werden.

Im traditionellen Unterricht folgte nach dem Lesen die berühmte Frage des Lehrers: „Was will uns der Dichter mit seinem Text sagen?“ bzw. „Fassen Sie mit eigenen Worten den Inhalt des Textes zusammen!“ Viele Lernende hatten mit diesen Aufgaben ihre liebe Not, zumal sie damit in der Passivität verharrten. Eigene Produktivität oder gar Kreativität entfalteten sich auf diese Weise kaum oder überhaupt nicht.

Neuere Verfahren der Arbeit mit Texten gehen anders vor. Ihr Ziel ist es, bei den Interessen und Neigungen der Lernenden anzusetzen, entsprechend thematisch geeignete und altersgerechte Texte auszuwählen und die Lernenden zur aktiven Auseinandersetzung mit dem Text im Sinne des *handlungsorientierten* und *projektbezogenen* Lernens zu motivieren. Dafür eignen sich vor allem rezeptionspragmatische Verfahren der Textarbeit. Hierzu gehören:

- Umschreiben des Textes durch Textsortenwechsel
- Veränderung der Erzählperspektive
- Veränderung des Anfangs oder Schlusses des Textes
- kreatives Schreiben

Beim *Umschreiben des Textes* wird beispielsweise ein mündlicher Bericht in eine schriftliche Fassung gebracht, also eine Textsorte der gesprochenen in eine der geschriebenen Sprache verwandelt. Dabei treten Tempusprobleme, Probleme der Stilebene und der Wortwahl, Modus- sowie Gliederungsprobleme auf. Diese Transformation schult das Sprachbewusstsein und verschafft größere Sicherheit bei der Wahl geeigneter sprachlicher Mittel.

Bei der *Veränderung der Erzählperspektive* kommt es darauf an, die Sicht des Textverfassers oder Autors eines literarischen Textes durch die eigene Sicht zu ersetzen. Als Beispiel soll der Text von Beate Messerschmidt *Hinter doppelten Mauern* [S. 54] dienen. Die Arbeitsanweisung könnte so lauten:

„Schreibe deine Empfindungen bei einer gemeinsamen Klassenfahrt oder einem Aufenthalt im Landschulheim auf! Gibt es Ähnlichkeiten mit dem Text der Autorin? Wo gibt es Unterschiede?“

Besonders produktiv sind Verfahren der *Veränderung des Anfangs* oder – noch besser – des *Schlusses* eines Textes. Als Beispiel diene das literarische Tagebuch von Maxie Wander [S. 63]. Die Auseinandersetzung von jugendlichen Lesern mit dem schweren Schicksal der Autorin lässt sich produktiv und höchst motivierend organisieren, indem der Text an einer geeigneten Stelle abgebrochen wird und die Leserinnen und Leser weiterschreiben bzw. einen Schluss erfinden sollen. Das lässt sich natürlich auch für den Textanfang organisieren: Man streicht einen Teil des Textbeginns, setzt ein mit einer bestimmten Textpassage und fordert die Lesenden auf, den Anfang so zu erzählen, wie sie es sich vorstellen.

Der stark autobiografische Text von Maxie Wander macht Jugendliche sicher nicht nur betroffen, sondern fordert geradezu eine Antwort heraus auf die Fragen „Wie würde ich mich in dieser oder einer ähnlichen Schicksalssituation verhalten?“, „Würde ich verzweifeln oder könnte ich dagegen ankämpfen?“, „Wer könnte mir dabei helfen?“, „Habe ich in mir genügend Kraft und Mut, um in schwerer Zeit nicht zu verzagen?“ usw. Solche Fragen überfordern Jugendliche keineswegs, sondern sind – wie die Praxis des Unterrichts beweist – häufig Auslöser geradezu immenser Textproduktion.

Ein weiteres Verfahren, die Eigenaktivität und Kreativität der Lesenden zu fördern, sind Verfahren des *kreativen Schreibens.* Dazu gehören Assoziogramme, die Cluster-Methode sowie das Schreiben nach gehörten oder gelesenen Informationen, nach Bildern, Gedichten oder Musik. Sie lassen dem Streben nach freier Entfaltung der Kreativität der Jugendlichen breiten Raum und werden deshalb immer häufiger im Deutschunterricht der Schule angewendet. In dieser Grammatik gibt es eine Vielzahl von Übungen zum kreativen Schreiben [S. 377ff.]. Sie eignen sich vor allem für die Einzelarbeit, können und sollten aber auch im Unterricht benutzt werden.

Beim kreativen Schreiben können auch *Metaphern* und *Phraseologismen* einbezogen werden:

Unter **Phraseologismen** wird die Vielzahl von Redewendungen (*idiomatischen Ausdrücken*) sowie feststehenden, teilweise formelhaften Prägungen verstanden, z. B.:

> *im Dunkeln tappen, jemandem den Laufpass geben, dicke Bretter bohren, im Trüben fischen, ins Gras beißen, sich aus dem Staub machen, aus dem Vollen schöpfen, in die Tiefe gehen* usw.

Die Textarbeit sollte solche Wendungen aufgreifen und sich nicht mit dem bloßen Verstehen der Phraseologismen zufrieden geben, sondern diese Strukturen nachhaltig in den aktiven Wortschatz der Lernenden überführen.

Ebenso verhält es sich mit *Metaphern*, wie z. B. *der Arm des Gesetzes* (=„der Polizist“), *die Stimme des Gewissens* (= „Schuldgefühle, Reue“) oder *der Bund für's Leben* (=„die Ehe“). Sie sind ausdrucksstark und färben und vertiefen den sprachlichen Ausdruck. Sie sollten in Texten aufgegriffen und produktiv in den eigenen sprachlichen Ausdruck der Lesenden integriert werden.

Analog zu der Beschreibung der Bildung von *Wortfeldern* und *Wortfamilien* [S. 355f.] sollten darüber hinaus einzelne Wörter oder Strukturen der jeweils behandelten Texte zum Anlass genommen werden, Wortfelder und Wortfamilien zu bilden.

Damit können die Benutzer tiefere Einsichten in strukturelle und semantische Zusammenhänge innerhalb des Wortschatzes erlangen und kognitive Lern- und Lehrmethoden verwenden. Zugleich wird eine Erweiterung des Wortschatzes der deutschen Gegenwartssprache angestrebt. Dadurch ist nicht zuletzt ein differenzierter Gebrauch des sprachlichen Materials möglich: ein Beitrag zur Sprachkultur!

III. Der Satz

1. Die Satzarten

Traditionell werden bei den Hauptsätzen vier Satzarten unterschieden:

- **Aussagesätze**
- **Aufforderungssätze**
- **Fragesätze**
- **Wunschsätze**

Unsere Darstellung im Kapitel „Sprechakte und Äußerungen" [S. 30ff.] hat jedoch gezeigt, dass diese Unterscheidung problematisch ist: So sind Fragesätze häufig Aufforderungen *(Gibst du mir bitte das Salz?)* und Aussagesätze können, abhängig von der Tonführung, sowohl Aufforderungen als auch Fragen sein *(Du kommst doch morgen.)*.
Dieses Dilemma rührt daher, dass Aussagen, Aufforderungen, Fragen und Wünsche Sprechakte und damit *pragmatische* Kategorien sind, Sätze aber *grammatische* Kategorien. Die Verbindung beider unterschiedlichen Ebenen führt zu Problemen. Die traditionelle Klassifikation wird hier deshalb aufgegeben.

Unterschieden werden in dieser Grammatik lediglich:

- **Deklarativsätze**
- **Interrogativsätze**
- **Imperativsätze**

Diese Einteilung folgt den Regeln der Satzgliedstellung [S. 106ff.]. Danach wird unterschieden, ob im Hauptsatz das finite (gebeugte) Verb an zweiter Stelle *(Verb-Zweitstellung)* oder an erster Stelle *(Spitzenstellung/Stirnstellung)* steht. Entsprechend sind **Deklarativsätze** solche, bei denen das Verb an zweiter Stelle steht:

Er *fährt* nach Köln.

An der ersten Stelle (also vor dem finiten Verb) können alle Satzglieder mit Ausnahme der Modalpartikeln stehen.

Interrogativsätze sind gekennzeichnet durch das Verb in der Spitzenstellung *(Entscheidungsfrage)* oder ein Frageelement an der Spitze des Satzes *(Ergänzungsfrage)*:

Kommst du morgen?/ *Wann* besucht sie uns?

Imperativsätze schließlich sind solche, bei denen das Verb in der Form des Imperativs an der Satzspitze steht:

Beeil dich!/ *Schreiben* Sie das bitte ab!

Unsere Darstellung hat gezeigt, dass zahlreiche Aufforderungen in Gestalt eines Interrogativsatzes oder eines Deklarativsatzes auftreten, umgekehrt nicht nur Imperativsätze Aufforderungen ausdrücken. Es muss daher stets zwischen Satzarten und universalen Sprechakttypen in Form einzelsprachlicher Äußerungen unterschieden werden. Die drei Satzarten sind *formale* Strukturen, Sprechakttypen bzw. Äußerungen dagegen *pragmatisch-kommunikative* Strukturen.

Eine gewisse funktionale Nähe besteht lediglich insofern, als mit Deklarativsätzen häufig Mitteilungen, Kommentare oder Berichte formuliert werden, während in Interrogativsätzen häufig Fragen enthalten sind bzw. Aufforderungen oder Bitten in Imperativsätzen. Der Ausgangspunkt aber sind immer die Sprechakte bzw. Äußerungen als pragmatisch-kommunikative Strukturen; ihnen werden die formalsprachlichen Mittel zugeordnet.

2. Der Satzbegriff

Ein **Satz** besteht aus einem finiten (gebeugten) Verb und seinen *Ergänzungen*, die die Leerstellen aufgrund der Valenz (Wertigkeit) füllen, sowie *Angaben*. Die Ergänzungen bleiben manchmal aber ausgespart, wenn es der Kontext erlaubt. Solche reduzierten Sätze heißen *Ellipsen*. Das Verb ist damit das zentrale Element des Satzes.

Sätze sind also:

Er lebt.
Sie stellt die Vase auf den Tisch.

Aber auch:

Feuer! Höher! (Ellipsen)
Kommt her! (Imperativ)
Stillgestanden! (Partizip II)

Unterschieden werden *einfache* und *komplexe* Sätze. Einfache Sätze bestehen aus einem Satz, komplexe Sätze aus zwei oder mehreren Sätzen.

3. Einfache Sätze

Einfache Sätze enthalten:

- das finite Verb (als strukturelles Zentrum)
- Ergänzungen
- Angaben
- Attribute (als Erweiterungen)

Im Gegensatz dazu bestehen komplexe Sätze aus *Hauptsätzen* und *Nebensätzen* (Ergänzungssätze, Angabesätze, Attributsätze). Hauptsätze sind *selbstständige*, Nebensätze von Hauptsätzen *abhängige* Sätze.

Nebensätze werden im Regelfall durch unterordnende (*subordinierende*) Konjunktionen oder Relativpronomen eingeleitet. Das Verb steht dabei am Ende des Nebensatzes. Verbindungen von Hauptsätzen heißen *Satzverbindungen* (Parataxen), solche von Haupt- und Nebensätzen *Satzgefüge* (Hypotaxen) [S. 97ff.].

4. Verb, Satzglieder und Attribute

Um Satzglieder zu definieren, bedienen wir uns der bekannten operationalen Proben der Satzgliedanalyse:

- **Umstellprobe/Verschiebeprobe**
- **Ersatzprobe**
- **Weglass-** bzw. **Erweiterungsprobe**

Wir definieren ein Satzglied nach drei Kriterien:

1. Satzglieder sind nur jene Wortgruppen oder Wörter, die zusammen auf dem Satzfeld **verschoben** werden können:

Zur Veranschaulichung diene folgender Satz (wir markieren das Verb als Vergleichsmaßstab):

Gabriele *hängt* den Mantel des Bruders in den Schrank.

Bei veränderter Stellung der Satzglieder ergibt sich:

Den Mantel des Bruders *hängt* Gabriele in den Schrank.
In den Schrank *hängt* Gabriele den Mantel des Bruders.

Demnach können *Gabriele* (Subjekt), *den Mantel* (Akkusativergänzung), *in den Schrank* (Richtungsergänzung) isoliert verschoben werden, ohne dass sich die Bedeutung des Satzes verändert. Damit erfüllen sie die erste Voraussetzung für ein Satzglied.

Kein Satzglied ist dagegen *des Bruders* (Attribut) sowie *in* (Präposition) und *den* (Artikelwort) als Teil von Ergänzungen.

2. Sie müssen durch andere Elemente der gleichen Klasse **ersetzbar** (austauschbar) sein, und zwar nur insgesamt, also nicht in Teilen:

Gabriele	hängt	*den Mantel*	des Bruders	*in den Schrank.*
Meine Freundin	hängt	*den Anzug*	des Bruders	*in das Zimmer.*
Die Mutter	hängt	*die Hose*	des Bruders	*auf die Veranda.*
Er	*hängt*	*das Bild*	*des Bruders*	*an den Haken.*
Sie	hängt	*ihn*	–	*dorthin.*

Gabriele (Subjekt), *den Mantel* (Akkusativergänzung) und *in den Schrank* (Richtungsergänzung) sind also ersetzbar und erfüllen die zweite Voraussetzung für Satzglieder.

Satzglieder sind also nur solche Elemente im Satz, die isoliert verschoben sowie als Ganzes ausgetauscht werden können. Nur wenn diese beiden Bedingungen erfüllt sind, handelt es sich um selbstständige Satzglieder.

Sind sie nicht erfüllt, handelt es sich um Teile von Satzgliedern.

3. Mit der *Weglassprobe* ermitteln wir schließlich das strukturelle Minimum, also die *Ergänzungen*, mit der *Erweiterungsprobe* die semantisch akzeptablen Satzglieder, also die *Angaben*:

Weglassprobe: Wir fahren *morgen* *mit dem Zug* nach Berlin.

(*Morgen* bzw. *mit dem Zug* können weggelassen werden; der Satz bleibt grammatisch.)

Erweiterungsprobe: Wir fahren morgen *einfach* mit dem Zug nach Berlin, *und zwar für eine Woche*.

(Die Modalpartikel *einfach* und die als Nachtrag formulierte Temporalangabe sowie andere vorstellbare Informationen können als Erweiterung hinzukommen.)

Von der semantischen Struktur, also der *Bedeutung* des Verbs, hängt es ab, wie viele und welche Satzglieder im Satz erscheinen. Dabei werden zwei Arten von Satzgliedern unterschieden:

- Satzglieder, die unmittelbar vom Verb abhängen (*Ergänzungen*)
- Satzglieder, die frei austauschbar sind und auch weggelassen werden können, ohne dass der Satz ungrammatisch, also falsch, ist (*Angaben*).

Ergänzungen werden vom Verb gesteuert, kommen also immer nur bei bestimmten Verben vor. Dabei gibt es *obligatorische Ergänzungen* – bei ihrem Fehlen wäre der Satz ungrammatisch – und *fakultative Ergänzungen*. Fehlen diese, bleibt der Satz zwar grammatisch, aber er enthält weniger Informationen:

Ich fahre *nach Berlin*. (= obligatorische Ergänzung, Subjekt: *Ich*; fakultative Ergänzung, Richtungsergänzung: *nach Berlin*)

Dagegen sind *Angaben* jene Teile im Satz, die bei sehr vielen Verben stehen können. Sie sind daher grundsätzlich entbehrlich, freilich verliert dabei auch die Aussage an Gehalt:

Er hat *gestern* seine Frau *mit dem Auto* zum Bahnhof gebracht.

Das Verb *bringen* hat also drei Ergänzungen (Subjekt, Akkusativergänzung und Richtungsergänzung); die beiden Angaben *gestern* (Temporalangabe) und *mit dem Auto* (Instrumentalangabe) können weggelassen werden.

a. Verb und Verbalkomplex

Das **finite** (gebeugte) Verb ist der wichtigste Teil des Satzes; es bestimmt die Struktur des Satzes. Manchmal steht es allein (Sie *telefoniert* mit ihrem Mann), aber häufig treten noch weitere *infinite* (nicht gebeugte) Teile hinzu, z. B. Infinitive und Partizipien:

Sie will morgen *kommen*. (Infinitiv)
Ich bin *gelaufen*. (Partizip II)

Das finite Verb (Hauptverb) und die infiniten Teile bilden den **Verbalkomplex,** der häufig die Satzklammer bildet.

b. Ergänzungen, Ergänzungsklassen und Satzbaupläne

Ergänzungen beim Verb sind obligatorisch; sie können in Klassen zusammengefasst werden und bilden die Satzbaupläne [S. 81-84].

Valenz ist ein Ausdruck aus der Chemie und bezeichnet die Fähigkeit eines Atoms, weitere Atome an sich zu binden. Übertragen auf die Grammatik, gibt es Verben ohne Ergänzung (*Es regnet*), mit einer obligatorischen Ergänzung (*Ich* lese = Subjekt), zwei obligatorischen Ergänzungen (*Sie betrachtet das Bild* = Subjekt + Akkusativergänzung) und mit drei obligatorischen Ergänzungen (*Sie* stellt *die Vase auf den Tisch* = Subjekt + Akkusativergänzung + Richtungsergänzung).

Die Valenzbeschreibung tritt in neueren Grammatiken an die Stelle der alten Regel über die Rektion der Verben. Entsprechend dieser Regel gibt es transitive und intransitive Verben: *Transitive* Verben verbinden sich mit einem Akkusativobjekt und können daher ein Passiv bilden, *intransitive* Verben hingegen verbinden sich nicht mit einem Akkusativobjekt, sondern mit einem Genitiv-, Dativ- oder Präpositionalobjekt, möglicherweise auch mit keinem Objekt.

Es dürfte einleuchten, dass diese Unterscheidung ziemlich ungenau ist, weil zwischen Genitiv-, Dativ- und Präpositionalobjekt nicht exakt unterschieden und obendrein nicht vermerkt wird, ob diese Objekte obligatorisch oder fakultativ, also verzichtbar, sind.

Der *dependentielle Valenz-Ansatz* ist genauer: Er ordnet jedem Verb Zahl und Art der obligatorischen Ergänzungen zu und gibt darüber hinaus Informationen zu den Angaben, die relativ frei sind.

Im Deutschen gibt es zehn Ergänzungsklassen:

Klasse	Satzbeispiel	Frage	Satzglied
1	*Das Mädchen* schläft.	*wer?, was?*	Subjekt
2	Sie betrachtet *das Bild*.	*wen?, was?*	Akkusativergänzung
3	Großmutter bedarf *der Pflege*.	*wessen?*	Genitivergänzung
4	Wir haben *dem Freund* geholfen.	*wem?*	Dativergänzung
5	Er besteht *auf seiner Entscheidung*.	*wo(r)-* + Präposition	Präpositionalergänzung
6	Mario wohnt *in Rom*. Das geschah *vor drei Wochen*.	*wo?* *wann?, wie lange?*	lokale Situativergänzung temporale Situativerg.
7	Herbert fährt *nach München*. Der Zug kommt *aus Paris*.	*wohin?* *woher?*	Richtungsergänzung
8	Maria ist *Lehrerin*. Der Prinz hat sich *als Hochstapler* erwiesen.	*was?* *als was?*	Einordnungsergänzung
9	Gabriele ist *intelligent*. Er hat sich *gut* benommen.	*wie?, was?*	Artergänzung
10	Ich will sie morgen *sehen*. Hans lässt das Haus *bauen*. Sie bittet mich *zu bleiben*.	*was?*	Infinitivergänzung

Mit diesen Ergänzungen werden die *Satzbaupläne* (Satzmuster) des Deutschen gebildet:

Satzbeispiel	Schema
Es regnet.	Verb
Das Pferd galoppiert.	Verb Subjekt
Sie betrachtet das Bild.	Verb Subjekt – Akkusativergänzung
Großmutter bedarf der Pflege.	Verb Subjekt – Genitivergänzung
Wir haben dem Freund geholfen.	Verb Subjekt – Dativergänzung
Er besteht auf seiner Entscheidung.	Verb Subjekt – Präpositionalergänzung
Mario wohnt in Rom.	Verb Subjekt – Situativergänzung
Herbert fährt nach München.	Verb Subjekt – Richtungsergänzung
Maria ist Lehrerin.	Verb Subjekt – Einordnungsergänzung
Gabriele ist intelligent.	Verb Subjekt – Artergänzung
Ich will schlafen.	Verb Subjekt – Infinitivergänzung

Erläuterungen zu den Satzbauplänen:

- **Verben ohne Ergänzung** (*nullwertige Verben*): Witterungsverben (*es regnet, es schneit* usw.)

- **Verben mit einer Ergänzung** (*einwertige Verben*): Verb + Subjekt (*Das Mädchen schläft.*)

> Das **Subjekt** drückt den Handelnden aus und wird mit *wer?* (Personen) oder *was?* (Dinge) erfragt. Es bildet mit dem Verb eine enge syntaktisch-semantische Verbindung. Dies wird in der formalen Übereinstimmung deutlich: Das finite Verb stimmt in Person und Numerus mit seinem Subjekt überein (Kongruenz).

- **Verben mit zwei Ergänzungen** (*zweiwertige Verben*): Verb + Subjekt + Akkusativergänzung (*Sie betrachtet das Bild.*)

- **Verben mit drei Ergänzungen** (Erweiterungen der Satzbaupläne):

Satzbeispiel	Schema
Er bringt der Frau die Blumen.	Verb – Subjekt / Dativergänzung / Akkusativergänzung
Ich lehre ihn die englische Sprache.	Verb – Subjekt / Akkusativergänzung / Akkusativergänzung
Der Richter beschuldigt den Angeklagten des Mordes.	Verb – Subjekt / Akkusativergänzung / Genitivergänzung
Ich danke Ihnen für die Einladung.	Verb – Subjekt / Dativergänzung / Präpositionalergänzung

Satzbeispiel	Schema
Wir diskutieren mit ihm über die Klassenfahrt.	Verb Subjekt · Präpositional-ergänzung · Präpositional-ergänzung
Er stellt die Vase auf den Tisch.	Verb Subjekt · Akkusativ-ergänzung · Richtungs-ergänzung
Wir kennen ihn als guten Lehrer.	Verb Subjekt · Akkusativ-ergänzung · Einordnungs-ergänzung

Vier Satzbaupläne bereiten besondere Probleme:

– Verb + Subjekt + Akkusativergänzung + Akkusativergänzung:

Diese Valenzstruktur ist insofern einmalig, als hier die gleiche Ergänzung zweimal erscheint.

Entsprechend häufig treten bei diesem Plan auch Fehler auf:

> *Sie lehrte *ihm* das Rechnen.
> *Das kostete *ihm* das Leben.
> *Sie fragte *ihm* die Vokabeln ab.

Korrekt lauten diese Sätze:

> Sie lehrte *ihn* das Rechnen.
> Das kostete *ihn* das Leben.
> Sie fragte *ihn* die Vokabeln ab.

Die Verben sind in ihrer Bedeutung eingeschränkt und werden in zunehmendem Maße durch Präpositionalgefüge ersetzt. Bei *abfragen/abhören* handelt es sich stets um konkrete Lernstoffe (Vokabeln, Zahlen usw.), bei *lehren* um Unterrichtsfächer oder Lehrgegenstände (*Französisch, Auto fahren*). *Bitten* kann nur mit *etwas* verwendet werden (*um etwas bitten*), bei *angehen* können nur *nicht, viel, ein bisschen* oder vulgärsprachliche Ausdrücke (*einen Dreck* usw.) stehen, bei *kosten* nur der Akkusativ der Person (*das kostet mich ein Vermögen*).

– Verb + Subjekt + Genitivergänzung + Akkusativergänzung:

Hierher gehören zahlreiche Verben der Fachsprache des Rechtswesens:

Der Staatsanwalt *beschuldigt* den Angeklagten *des Mordes.*
(Ebenso: *anklagen, bezichtigen, überführen, verdächtigen*)

– Verb + Subjekt + Präpositionalergänzung + Präpositionalergänzung:

Bei Verben des Sagens und Denkens ist dieser Satzbauplan verbreitet; eine der beiden Präpositionalergänzungen ist stets fakultativ, abhängig von der kommunikativen Zielsetzung des Sprechenden:

Er *spricht* mit ihr über die Prüfung.
(Ebenso: *reden, streiten, diskutieren, nachdenken* usw.)

– Verb + Subjekt + Akkusativergänzung + Einordnungsergänzung:

Es gibt hier zwei Gruppen von Verben: einmal solche ohne Präposition/Vergleichselement und solche mit Präposition/Vergleichselement.

– Ohne Präposition/Vergleichselement:

finden, heißen, nennen, rufen, schimpfen, taufen

Ich *nenne* ihn einen Heuchler.
Ich *finde* sein Verhalten eine Frechheit.

– Verben mit Vergleichselement/Präposition/Satzteilkonjunktion:

für:	*erklären für, halten für*
als:	*ansehen als, betrachten als, kennen als*
zu:	*ausbauen zu, befördern zu, verbessern zu, sich zusammenschließen zu*
aus:	*herstellen aus, machen aus*
in:	*verwandeln in, zerteilen in*

Beispiele:

Ich *erkläre* das *für* Blödsinn.
Er *hält* das *für* eine große Leistung.
Wir *kennen* ihn *als* guten Lehrer.

c. Angaben

Angaben sind fakultative (= „nicht zwingend notwendige") Elemente im Satz, die nahezu beliebig Verben, Substantiven oder Adjektiven hinzugefügt werden können. Freilich sind Angaben, obwohl sie grundsätzlich entbehrlich sind, häufig für die Aussage des Satzes sehr wichtig.

Im Einzelnen werden folgende Klassen von Angaben unterschieden:

● **Lokalangaben**

Lokalangaben (Bestimmungen des Ortes) werden mit *wo?, wohin?* oder *woher?* erfragt:

Er wohnt *in Köln*. (wo?)
Michael schläft *in der Hängematte*. (wo?)
Sie fahren *nach Berlin*. (wohin?)
Ilka kommt *aus Frankfurt*. (woher?)
Constanze ruft *aus dem Haus*. (woher?)

Sie treten auf als:

– Adverbien:	Sie wartet *oben* / *draußen*.
– Adverbialphrasen:	Das Haus steht *auf dem Berg* / *am Fluss*.
– Angabesätze:	Er lebt da, *wo wir noch nie waren*.

● **Temporalangaben**

Temporalangaben (Bestimmungen der Zeit) erfragt man mit *wann?, wie oft?, wie lange?, bis wann?* usw.:

Florian ist *1985* geboren. (wann?)
Er kommt *drei Tage* in der Woche. (wie oft?)
Das Spiel dauert *neunzig Minuten*. (wie lange?)

Häufig stehen Temporalangaben am Satzanfang. Sie treten auf als:

– Adverbien:	*Abends* kam sie.
– Adverbialphrasen:	Er besucht uns *in dieser Woche* / *an ihrem Geburtstag* / *am 3. Mai* / *nächsten Monat*.
– Angabesätze:	Sie war fünfzehn, *als ihr Vater starb*.

Bei **Temporalangaben** treten immer wieder Fehler auf: Es heißt nicht **in 1993* (Anglizismus!), sondern *im Jahre 1993* oder nur *1993.*

Datumsangaben lauten korrekt so..

Freitag, den 18. Februar 2000...
oder: *Am Freitag, dem 18. Februar 2000,....*

Im Briefkopf heißt es:

Braunschweig, den 17. Juni 2000

Falsch sind auch Formen wie: **in den 1980er Jahren* (*in den neunzehnhundertachtziger Jahren*); die korrekte Form lautet: *in den achtziger Jahren des 20. Jahrhunderts.*

Kausalangaben

Kausalangaben nennen den Grund bzw. die Ursache eines Geschehens. Man fragt danach mit *warum?, weshalb?* oder *wieso?.*

Sie treten auf als:

– Adverbien:	*Deshalb* streiten wir uns.
– Adverbialphrasen:	*Aus diesem Grund* hat sie ihn verlassen.
– Angabesätze:	Gisela ist verzweifelt, *weil Valentin sie verlassen hat*.

Modalangaben

Modalangaben bestimmen die Art und Weise eines Geschehens näher. Sie antworten auf die Frage *wie?.* Eine Untergruppe der Modalangaben sind die Instrumentalangaben, die das Mittel einer Handlung angeben. Die dazugehörige Frage lautet hier *womit?.*

Modalangaben treten auf als:

– Adverbien:	Das hat sie *freiwillig* / *gern* getan.
– Adverbialphrasen:	*Mit großer Freude* haben wir die Nachricht aufgenommen.
	Das Fundament wird *mit Beton* gefüllt.
– Angabesätze:	Sie tritt auf, *als ob sie die Größte wäre*.

Konditionalangaben

Konditionalangaben geben die Bedingung an, unter der etwas geschieht bzw. gelingen kann. Man fragt danach mit *unter welcher Bedingung?*. Häufig schwingt eine temporale Bedeutung mit.

Konditionalangaben treten auf als:

– Adverbien:	*Dann* schafft er die Prüfung.
– Adverbialphrasen:	*Unter dieser Voraussetzung* hätte ich nie die Meisterschaft gewonnen.
– Angabesätze:	*Wenn sie fleißig lernt*, bekommt sie eine gute Note.

Konsekutivangaben

Konsekutivangaben benennen die Folge einer Handlung. Sie antworten auf die Frage *mit welcher Folge/Konsequenz?* und treten nur als Angabesätze auf. Die einleitende Konjunktion ist *sodass*:

Frank half Karin, *sodass sie sicher ins Boot gelangte*.

Konzessivangaben

Konzessivangaben nennen einen nicht ausreichenden Gegengrund, d. h., ein Geschehen konnte trotz aller Bemühungen nicht verhindert werden. Sie treten auf als:

– Adverbien:	*Trotzdem* hat er verloren.
– Adverbialphrasen:	*Trotz intensiver Vorbereitung* bestand er das Abitur nicht.
– Angabesätze:	*Obwohl Paula hart trainiert hatte*, gewann sie die Meisterschaft nicht.

Finalangaben

Finalangaben nennen Ziel oder Zweck einer Handlung bzw. eines Geschehens. Sie antworten auf die Frage *wozu?* oder *wofür?*. Sie treten auf als:

– Adverbien:	*Dafür* hat er sein Leben geopfert.
– Adverbialphrasen:	Er hat nur *wegen des Geldes* gearbeitet.
– Angabesätze:	Klaus ist gekommen, *damit seine Mutter nicht allein ist*.

Restriktivangaben

Restriktivangaben schränken den Grad einer Aussage ein bzw. bestimmen den Rahmen genauer, in dem etwas gültig ist. Man fragt danach mit *inwiefern?*.

Sie treten auf als:

– Adverbien:	*Insofern* hat der Angeklagte nicht gelogen. *Beruflich* war er sehr erfolgreich. *Gewohnheitsmäßig* holte er sie vom Bahnhof ab.
– Adverbialphrasen:	*In diesem Punkt* stimme ich deinem Vorschlag nicht zu.
– Angabesätze:	*Was ihre Leistungen in der Schule angeht*, so wollen wir besser schweigen.

Negative Angaben

Negative Angaben verneinen einen Sachverhalt. Sie können nicht erfragt werden und treten nur in Hauptsätzen auf. Vertreter sind die Negationspartikel *nicht* sowie vergleichbare Formen wie *niemals, nirgendwo* und *keinesfalls* oder Verstärkungen wie *absolut nicht* oder *durchaus nicht*:

Wir haben ihn *nicht* gesehen.
Niemals stimmen sie zu.
Keinesfalls hat er das beabsichtigt.
Wir konnten Peter *nirgendwo* finden.

Nicht steht im Regelfall nur im Mittelfeld des Satzes, alle anderen Negationselemente sind auf dem Satzfeld frei verschiebbar [S. 116f.].

Existimatorische Angaben

Das lateinische Verb *existimare* bedeutet „einschätzen". Die Angaben dieser Klasse dienen dazu, die Haltung des Sprechers zu einem Sachverhalt anzuzeigen. Sie können nicht erfragt werden. Einige Beispiele:

Das hat *sogar* Klaus verstanden.
Das Kleid ist *einfach* toll!
Bedauerlicherweise musste das Fußballspiel abgesagt werden.

Zu dieser sehr großen Klassen von Angaben gehören Gradpartikeln, Modalwörter, Modalangaben, Modalpartikeln und der Dativus ethicus.

d. Attribute

Attribute sind Beifügungen und keine Satzglieder. Ihre wesentliche Funktion besteht darin, ein Substantiv näher zu bestimmen. Doch gibt es auch Attribute bei Adjektiven, Adverbien oder Pronomen.

Hier das Schema:

das Kind	*der Hut*	*Hoffnung*	*verliebt*	*früh*	*ihr*
schöne	*des Vaters*	*auf Rettung*	*in Katja*	*sehr*	*mit eurem Hund*

Attribute können vor dem Element stehen, das sie näher bestimmen (das *schöne* Kind), oder auch dahinter (der Hut *des Vaters*).

Folgende Attribute werden strukturell unterschieden:

– Adjektiv oder Partizip:

vorangestellt:	ein *schönes* Kleid, die *gescheiterte* Ehe
nachgestellt (poetisch):	Röslein *rot* (Goethe, *Heidenröslein*)

– Substantiv im Genitiv:

der Tod *des Schauspielers* (Genitivus subjectivus)
die Reparatur *des Autos* (Genitivus objectivus)
eine Frau *außergewöhnlicher Schönheit* (Genitivus Qualitatis)
der Hut *des Vaters* (Genitivus possessivus)
das Problem *der Drogenabhängigen* (Genitivus explicativus)
eine Flasche *alten Weines* (Genitivus partitivus)

Von diesen Genitivattributen kommen vor allem der *Genitivus subjectivus* (= Genitiv als Subjekt einer Handlung) und der *Genitivus objectivus* (= Genitiv als Objekt einer Handlung) vor. Im ersten Fall wird bei der Umformung deutlich, dass es sich um ein Subjekt handelt:

der Tod *des Schauspielers* → *Der Schauspieler* ist tot.

Im zweiten Fall handelt es sich dagegen um eine Akkusativergänzung, wie die Probe zeigt:

die Reparatur *des Autos* → Er repariert *das Auto*.

Der qualifizierende Genitiv (*Genitivus Qualitatis*) beschreibt Eigenschaften einer Person oder eines Gegenstandes genauer, der erläuternde Genitiv (*Genitivus explicativus*) benennt eine Kategorie. Beide werden nachgestellt.

Der explikative Genitiv kann in ein Kompositum oder einen *dass*-Satz bzw. Infinitivsatz umgewandelt werden:

Kompositum:	die Gefahr der *Rechtsradikalen* → die *Rechtsradikalengefahr*
dass-Satz:	die Chance *eines Ausbildungsplatzes* → die Chance, *dass man einen Ausbildungsplatz bekommt*
Infinitivsatz:	die Chance *eines Ausbildungsplatzes* → die Chance, *einen Ausbildungsplatz zu bekommen*

Beim ***Genitivus partitivus*** (eine Flasche *alten Weines*) tritt – vor allem in der gesprochenen Sprache – fast nur noch der Nominativ auf:

eine Flasche *alten Weines* → eine Flasche *alter Wein*

Allerdings wird im Genitiv, Dativ und Akkusativ die Deklinationsendung angefügt:

Mit einer Flasche *altem Wein* geht es mir gut.

– Substantiv mit Präposition (Präpositionalattribut):

Es handelt sich hier einerseits um Attribute mit freier Präposition, andererseits um solche mit gebundenen Präpositionen:

freie Präposition:	das Haus *auf dem Berg* das Kind *in der Krippe*
gebundene Präposition:	Dank *an*..., Einladung *zu*..., Freude *an*/ *über*... usw.

– Adverbien:

die Straße *rechts*, der Stuhl *hier*, das Problem *nämlich*

– Adjektive mit gebundener Präposition:

abhängig von, begeistert über, gespannt auf, interessiert an, verliebt in usw.

– Satzteilkonjunktionen:

Müller *als* Vorsitzender
ein Gesicht schön *wie* ein Bergkristall

– Relativsatz:

Die Frau, *die gestern operiert wurde*, darf schon etwas Leichtes zu sich nehmen.
Das Haus, *das an der Ecke steht*, soll verkauft werden.

● Die Apposition

Eine besondere Form des Attributs ist die Apposition, eine Beifügung im gleichen Kasus wie das Bezugswort. Unterschieden werden Appositionen im engeren Sinn und im weiteren Sinn. Bei den Appositionen im weiteren Sinn werden ein Komma bzw. zwei Kommas gesetzt.

– Appositionen im engeren Sinn:

Diese Appositionen stehen vor oder hinter dem Bezugswort. Sie enthalten entweder ❶ zusätzliche Informationen, geben ❷ Verwandtschaftsbeziehungen an oder ordnen ❸ Gegenständen und Begriffen unterschiedliche Namen zu. Es steht kein Komma, die Tonführung ist gleich bleibend:

❶ Karl *der Fünfte*, Ludwig *der Fünfzehnte*
❷ *Onkel* Alfred, *Bruder* Klaus
❸ die *Stadt* München, im Jahre *1998*, *Professor* Marti

Appositionen folgen zumeist in der Deklination ihrem Bezugswort:

die Regierungszeit *Karls des Fünften*
Unter *Ludwig dem Vierzehnten* erlebte Frankreich einen Aufschwung.

– Appositionen im weiteren Sinn:

Diese Appositionen sind immer nachgestellt und werden in der geschriebenen Sprache durch ein oder zwei Kommas bzw. Gedankenstriche vom Bezugswort getrennt. In der gesprochenen Sprache wird die Stimme vor und nach der Apposition gehoben:

Inka – *unsere Bekanntschaft aus dem Skiurlaub* – hat angerufen.

Das literarische Werk *Goethes, des größten deutschen Dichters*,...

– Weitere Möglichkeiten der Attribuierung:

Neben vor- und nachgestellten Attributen sowie dem satzförmigen Attribut in Gestalt eines Relativsatzes gibt es noch die *Wortreihe*, eine Aneinanderreihung attribuierender Wörter. Unterschieden werden Wortreihen ohne Konjunktion ❶ sowie mit einer oder mehreren Konjunktionen ❷:

❶ *Herr Professor Doktor* Lachmann
❷ das erste *und* das zweite *und* das dritte *sowie* das vierte Kind

5. Komplexe Sätze

So richtig dazwischen

Jetzt bemerke ich diese neue Generation. *Das sind ganz andere als die ersten, die herkamen.* Die sind wirklich zwischen zwei Kulturen zerrissen. Die können fast alle besser Deutsch. Teilweise sind sie sogar hier geboren. Hier sind ihre Wurzeln. Ich blicke noch nicht durch. *Es ist eine ganz neue Generation, die sind trotzdem Türken, aber anders als die Puertoricaner in den USA.* Hier sind sie so richtig dazwischen... *Kurz nach der Maueröffnung bin ich nach Paris gegangen, weil ich es nicht ausgehalten habe.* Auf einmal war es ein Schock: *Wir dachten, die Leute sind alle „Antifaschisten“.* Jetzt ist es nicht mehr so schlimm. *90 bis 94 in Paris, 96 in New York, seit 96 bin ich zurück. Bis dahin hab ich immer auf Deutschland geschimpft, mich aber immer im Ausland auf deutscher Seite gefühlt. In Frankreich ist es noch schlimmer..., wie sie mit Arabern umgehen.* Durch ihre Geschichte haben die Deutschen keine Chance. *In Deutschland gibt es auch andere Qualitäten, aber die Deutschen haben keinen Humor... Friedensbewegung und Grüne Partei; das kam alles von hier.* Deutschland ist viel fortschrittlicher als viele andere Länder.

(Özay Fecht: *Ich hab Deutschland plötzlich so gemocht,* in: Joachim Lottmann (Hrsg.): *Kanaksta. Von deutschen und anderen Ausländern,* Berlin 1999, S. 140)

Im Text der türkischen Schauspielerin und Jazzsängerin Özay Fecht gibt es zahlreiche komplexe Sätze, also Konstruktionen aus zwei oder mehreren Sätzen. Sie sind kursiv gesetzt. Zum Teil sind sie durch Konjunktionen (...nach Paris gegangen, *weil* ich es nicht ausgehalten habe; ...auch andere Qualitäten, *aber* die Deutschen...) oder Relativpronomen (...andere als die ersten, *die* herkamen...) verbunden, andere Sätze aber stehen unverbunden nebeneinander (*90 bis 94 Paris, 96 in New York, seit 96 bin ich zurück/Friedensbewegung und Grüne Partei; das kam alles von hier.*)

Komplexe Sätze bestehen aus zwei oder mehreren Sätzen, die entweder konjunktional bzw. relativisch verbunden sind oder unverbunden nebeneinander stehen. Unterschieden werden Satzverbindungen *(Parataxen)* und Satzgefüge *(Hypotaxen).*

a. Satzverbindungen (Parataxen)

Parataxen bestehen aus Hauptsätzen. Hauptsätze sind häufig charakterisiert durch das Verb in der 2. Position (Deklarativsätze):

Peter *liegt* im Bett.
1 2 3

Hauptsätze werden durch koordinierende (nebenordnende) Konjunktionen verbunden oder stehen unverbunden nebeneinander.

– Verbundene (syndetische) Satzverbindungen:

In Deutschland gibt es auch andere Qualitäten, *aber* die Deutschen haben keinen Humor.

– Unverbundene (asyndetische) Satzverbindungen:

Er fährt nach Rom, ich fahre nach Paris.

● Syndetische Satzverbindungen

Koordinierende Konjunktionen verbinden Sätze zu Satzverbindungen. Folgende Arten werden nach der jeweiligen Funktion der Konjunktionen unterschieden:

– Kopulative Satzverbindung (Reihung):

Hier stehen zwei oder mehrere Hauptsätze relativ locker aneinander gereiht:

Sie studiert in Köln *und* er arbeitet in Hamburg.
Die Mannschaft spielte gut *und* die Fans waren begeistert.

Andere Konjunktionen sind: *nicht nur..., sondern auch; sowohl...als auch;* auch Adverbien (*auch, außerdem, zudem* usw.) können Hauptsätze miteinander verbinden.

– Disjunktive Satzverbindung (Ausschließung):

Hier besteht zwischen Satz ❶ und Satz ❷ ein ausschließender Gegensatz:

Das ist nicht sein Bruder ❶, *sondern* sein Schwager ❷.
Ich möchte mich nicht ausruhen ❶, *sondern* etwas erleben ❷.

Andere Konjunktionen sind: *entweder...oder, weder...noch*; mögliche Adverbien sind: *anderenfalls, sonst, ansonsten.*

– Adversative Satzverbindung (Gegensatz):

Hier steht der Inhalt des zweiten Satzes ❶ im (nicht ausschließenden) Gegensatz zu dem des ersten Hauptsatzes ❷:

Die Solistin spielt gut ❶,
aber das Orchester ist schlecht ❷.

Andere Konjunktionen sind: *doch, jedoch.*

– Restriktive Satzverbindung (Einschränkung):

Der zweite Hauptsatz ❷ schränkt die Aussage des ersten ❶ ein:

Das ist schon richtig ❶, *aber* nicht genug ❷.

Andere Konjunktionen sind: *allein, jedoch.*

Einschränkende Adverbien oder Partikeln sind: *freilich, nur, zwar; zwar..., aber.*

– Kausale Satzverbindung (Grund, Ursache):

Im zweiten Hauptsatz ❷ wird die Begründung der Aussage des ersten Satzes ❶ formuliert:

Das ist eine Katastrophe ❶, *denn* die Firma ist pleite ❷.
Das ist eine Katastrophe ❶, die Firma ist *nämlich* pleite ❷.

– Konsekutive Satzverbindung (Folge):

Im zweiten Hauptsatz ❷ wird die Folge der Aussage des ersten Hauptsatzes ❶ genannt: Als Verknüpfungselement dienen Adverbien wie *also*:

Er war Jahrgangsbester ❶, *also* erhält er den ersten Preis ❷.

Weitere Adverbien sind: *somit, daher, darum, infolgedessen.*

– Konzessive Satzverbindung (Einräumung):

In konzessiven Satzverbindungen wird im zweiten Hauptsatz ❷ eine im Gegensatz zur Aussage des ersten Satzes ❶ stehende Folge genannt, d. h., es wird eingeräumt, dass etwas Unerwartetes eingetreten ist. Hier werden Adverbien wie *trotzdem, gleichwohl* oder *nichtsdestoweniger* benutzt:

Er hat verloren ❶, *trotzdem* gibt er nicht auf ❷.

● **Asyndetische Satzverbindungen**

– Prowörter, vor allem Pronomen:

Ein Kind rennt über die Straße, *es* ist in Gefahr.
Es ist eine ganz neue Generation, *die* sind trotzdem Türken.

– Parallelstrukturen:

90 bis 94 Paris, 96 in New York, seit 96 bin ich zurück.

– Adverbien:

Der Film war langweilig, *da* bin ich eingeschlafen.
Er hatte viel Ausdauer, *gerade* das machte ihn erfolgreich.

– Thematische Verflechtung:

Friedensbewegung und Grüne Partei, *das* kam alles von hier.

– Antithetische Aussagen (Gegenüberstellungen):

Gestern war er noch krank, *heute* arbeitet er schon wieder.
Hoch wollte er hinaus, *tief* ist er gefallen.

– Chiasmus (Überkreuzstellung von Satzgliedern):

„*Das Leben* ist *der Güter höchstes* nicht, *der Übel größtes* aber ist *die Schuld*.“ (Schiller, *Die Braut von Messina*)

– Parenthesen (Satzeinschübe):

Brecht war – *das ist unbestritten* –, er war ein bedeutender Dichter!

Besonderheiten der Satzverbindung

Wichtig sind zwei besondere Formen der Satzverbindung: der *Schaltsatz* und die *Satzperiode.*

– Schaltsatz:

Beim **Schaltsatz** wird der zweite Hauptsatz in den ersten eingeschoben (= „geschaltet“). Dies geschieht, um jemanden direkt anzusprechen (*Kontaktparenthese* ①) bzw. eine Aussage zu kommentieren (*Kommentarparenthese* ②):

① Hans – *du weißt schon, wen ich meine* – hat geheiratet.

② Hans – *ich habe ihm das ja nie zugetraut* – hat geheiratet.

– Satzperiode:

Bei der Satzperiode werden *zahlreiche* Haupt- und Nebensätze miteinander verknüpft. Berühmt dafür waren Redner der Antike wie CICERO, aber auch moderne Autoren, z. B. THOMAS MANN, haben Satzperioden beachtlicher Länge hervorgebracht.

b. Satzgefüge (Hypotaxen)

Hypotaxen bestehen aus einem Hauptsatz sowie einem oder mehreren Nebensätzen. Die Nebensätze sind Erweiterungen von Satzgliedern im Hauptsatz, also abhängige Sätze, die Satzglieder des Hauptsatzes repräsentieren.

Abhängige Sätze, die Ergänzungen (obligatorische Satzglieder) des Hauptsatzes repräsentieren, heißen *Ergänzungssätze*, wohingegen abhängige Sätze, die anstelle von Angaben stehen, *Angabesätze* genannt werden.

Eine dritte Gruppe bilden die *Attributsätze*: Sie stehen anstelle eines Attributs im Hauptsatz.

Hier folgt für alle Satzarten jeweils ein Beispiel:

– Ergänzungssatz:

Klaus lehnt *Karins Teilnahme* ab. → Klaus lehnt ab, *dass Karin teilnimmt*.

– Angabesatz:

Er bestand die Prüfung *trotz seiner Krankheit.* → Er bestand die Prüfung, *obwohl er krank war*.

– Attributsatz:

Der *an der Ecke stehende* Mann raucht. → Der Mann, *der an der Ecke steht*, raucht.

Nebensätze können hinter dem Hauptsatz stehen (*Nachsatz*), sie können vorangestellt (*Vordersatz*) oder zwischen die Teile des Hauptsatzes (*Zwischensatz*) gestellt werden. Am häufigsten ist die erste Variante:

Er sagt nicht, *warum sie beleidigt ist*. (Nachsatz)
Warum sie beleidigt ist, sagt er nicht. (Vordersatz)
Der Mann, *der an der Ecke steht*, raucht eine Zigarette. (Zwischensatz)

Nebensätze können durch *Konjunktionen* eingeleitet werden. Diese Konjunktionen heißen unterordnende Konjunktionen (*Subjunktionen*) [S. 320ff.]. Das Verb steht am Satzende (*Verb-Letztstellung* [S. 111f.]). Wird der Nebensatz nicht durch eine Konjunktion eingeleitet, steht das Verb im Nachsatz an zweiter Stelle (*Verb-Zweitstellung*), bei Voranstellung steht das Verb an der Satzspitze (*Verb-Erststellung*).

Wir vergleichen:

Der Redner erklärt, dass alle Parteien *gewonnen hätten*.
Der Redner erklärt, alle Parteien *hätten* gewonnen.
Hätten alle Parteien *gewonnen,* (so) gäbe es keine Verlierer.

Beim Attributsatz, der zumeist ein Relativsatz ist, gibt es keine Konjunktion, sondern ein Relativpronomen oder Adverb (*der, die, das, die* mit ihren Deklinationsformen [S. 105f.] sowie *wo* bzw. *wo(r)* + Präposition).

- **Ergänzungssätze**

Ergänzungssätze stehen anstelle von Ergänzungen im einfachen Satz, d. h., sie sind Ergänzungen in Form eines Satzes. Sie sind daher obligatorisch und können nicht weggelassen werden. Ergänzungssätze treten auf als *dass*-Sätze, *ob*-Sätze, *w*-Sätze und Infinitivsätze. Traditionell heißen diese Sätze *Subjektsätze*, *Objektsätze* und *indirekte Fragesätze.*

– *dass*-Sätze:

Im Regelfall werden *dass*-Sätze durch Verben des Sagens und Denkens eingeleitet:

sagen, denken, behaupten, fühlen, meinen usw.

Bei Subjektgleichheit im Haupt- und Nebensatz kann der *dass*-Satz zum Infinitivsatz verkürzt werden (ohne Komma!):

Wir behaupten, dass *wir* den Täter nicht kennen.
→ *Wir* behaupten *den Täter nicht zu kennen*.

– *dass*-Sätze und *w*-Sätze:

Dass- und *w*-Sätze können u. a. mit folgenden Verben gebildet werden:

akzeptieren, sich ärgern, beachten, bedauern, begreifen

Hierzu zwei Beispiele:

Wir *ärgern* uns, *dass* sie nicht kommt.
Wir *ärgern* uns, *wie lange* sie uns warten lässt.

– *ob*-Sätze und *w*-Sätze:

Bei den folgenden Verben sind *ob*-Sätze ebenso wie *w*-Sätze möglich:

erforschen, erproben, erwägen, fragen, nachfragen, sagen, überlegen, vergleichen

Sie *fragen*, *ob* wir uns morgen treffen.
Sie *fragen*, *wann* wir uns morgen treffen.

– *dass*-Sätze und *ob*-Sätze:

Bei den folgenden Verben sind *dass*-Sätze wie auch *ob*-Sätze möglich:

bestreiten, sagen, zweifeln

Wir *zweifeln*, *dass* er kommt.
Wir *zweifeln*, *ob* er kommt.

– Infinitivsätze:

Infinitivsätze stehen im Regelfall anstelle von *dass*-Sätzen, wenn mindestens ein Satzglied (zumeist das Subjekt) im Haupt- und Nebensatz identisch ist. Ein Komma wird nicht gesetzt:

Sie glaubt, *dass* sie wieder gesund ist.
→ Sie glaubt *wieder gesund zu sein*.

Es können aber auch Übereinstimmungen zwischen den jeweiligen Akkusativ-, Dativ- oder Präpositionalergänzungen bestehen:

Dativergänzung:	Er half *ihr*, dass *sie* die Prüfung schaffte. → Er half *ihr* *die Prüfung zu schaffen*.
Präpositional- ergänzung:	Er verlangte *von ihr*, dass *sie* ihn heiratet. → Er verlangte *von ihr* *ihn zu heiraten*.

– Korrelate:

Häufig treten so genannte *Korrelate* als Verweiselemente im Hauptsatz auf:

es, darauf, danach, damit, darüber usw.

Sie verweisen auf etwas, das erst später im Satz folgt, haben also eine *kataphorische* Funktion:

Der Vater besteht *darauf*, *dass seine Tochter um 11 Uhr zu Hause ist.*

Diese Korrelate sind im Regelfall fakultativ, sie können also weggelassen werden. Obligatorisch sind sie lediglich da, wo es ein gleich lautendes Verb ohne Präposition gibt, d. h., wo die Präposition bedeutungsdifferenzierend wirkt:

abhängen:	*jemanden/etwas abhängen*; aber: *abhängen von*
achten:	*jemanden/etwas achten*; aber: *achten auf*
ankommen:	*bei jemandem/an einem Ort ankommen*; aber: *ankommen auf*
bestehen:	*etwas bestehen* (Prüfung); aber: *bestehen auf*
bringen:	*jemanden/etwas bringen*; aber: *es bringen zu*
denken:	*(sich) etwas denken*; aber: *denken an*
kommen:	*an einen Ort/zu jemandem kommen*; aber: *kommen auf*
schließen:	*etwas schließen* (Tür, Wunde); aber: *schließen aus/auf*
verlassen:	*jemanden/etwas verlassen*; aber: *sich verlassen auf*

Ansonsten ist das Korrelat fakultativ:

Wir *bitten* *(darum)*, die Klausur zu schreiben.
Er *fragte* mich *(danach)*, was das Auto kostet.
Sie *erzählen* *(davon)*, dass sie beim Rockkonzert waren.

Angabesätze

Angabesätze (traditionell: *Adverbialsätze*) sind Erweiterungen von Angaben des Hauptsatzes; sie können daher weggelassen bzw. relativ frei an Hauptsätze angefügt werden:

Hauptsatz:	Angabesatz:
Claudia will studieren,	*weil sie später Ärztin werden will.*
	obwohl ihre Abiturnote schlecht ist.
	sobald sie ihr Abitur bestanden hat.
	während sie in Frankreich ist.
	wenn sie ihr Praktikum abgeschlossen hat.
	um später viel Geld zu verdienen.

Danach werden unterschieden:

Angabesatz	Konjunktionen
Kausalsatz	*weil, da*
Temporalsatz	*während, solange, als, nachdem, bevor, bis, ehe, wenn*
Modalsatz	*indem, je...desto, insofern, außer dass*
Konsekutivsatz	*sodass, dass, um...zu*
Konzessivsatz	*obwohl, obgleich, wenn auch, selbst wenn*
Konditionalsatz	*wenn, falls*
Finalsatz	*damit, dass, um...zu*
Adversativsatz	*während, wohingegen, (an)statt dass*
weiterführender Nebensatz	*was, wo(r)* + Präposition

– Kausalsätze:

Kausalsätze bezeichnen die Ursache, den Grund oder das Motiv eines Geschehens.

Ein Beispiel:

Sie kann (deshalb) nicht kommen, *weil/da sie krank ist.*

– Temporalsätze:

Temporalsätze bezeichnen Zeitpunkt oder Zeitdauer des Geschehens im Hauptsatz näher. Dabei werden *Vorzeitigkeit*, *Gleichzeitigkeit* und *Nachzeitigkeit* unterschieden.

Vorzeitigkeit (*nachdem, sobald, seit, seitdem*):

Nachdem er die Prüfung bestanden *hatte*, *fuhr* er nach Paris.
Nachdem er die Prüfung bestanden *hat*, *fährt* er nach Paris.

Der Sachverhalt des Nebensatzes liegt zeitlich vor dem des Hauptsatzes (*fuhr er nach Paris*). Bei *nachdem* gilt: Wenn der Nebensatz im Plusquamperfekt steht, folgt der Hauptsatz im Präteritum; steht der Nebensatz dagegen im Perfekt, folgt der Hauptsatz im Präsens.

Gleichzeitigkeit (*als, indem, seit(dem), sobald, solange, sooft, während, wenn, wie*):

Hier laufen die Ereignisse im Haupt- und Nebensatz (*Angabesatz*) zeitlich parallel ab ❶ oder sie haben den gleichen Anfang bzw. das gleiche Ende ❷:

❶ *Während* ich las, hörte sie Musik.

❷ *Seit(dem)* ich einen Ausbildungsplatz habe, fühle ich mich besser.
(der Sachverhalt des Angabesatzes liegt vor dem Sprechzeitpunkt; *seit(dem)* bestimmt den Anfang des Geschehens)

Solange wir Schüler sind, müssen wir Klausuren schreiben.
(*solange* bestimmt die Dauer eines Geschehens)

Als ich (gerade) zum Sport wollte, (da) rief mein Freund an.
(*als* bezeichnet einen Zeitpunkt in der Vergangenheit; das Geschehen im Haupt- und Nebensatz ist gleichzeitig)

Nachzeitigkeit (*bevor, bis, ehe*):

Der im Angabesatz genannte Sachverhalt liegt zeitlich später als der des Hauptsatzes:

Bevor er ins Bett ging, sah er noch einen Krimi.

– Modalsätze:

> **Modalsätze** drücken zahlreiche Inhalte aus. Sie beschreiben die Art und Weise eines Geschehens, das Mittel (Instrument) oder auch die Vergleichbarkeit zweier Geschehen.

Beim Bezeichnen des Mittels eines Geschehens steht häufig die Konjunktion *indem*, gelegentlich auch *dadurch, dass* (Instrumentalsatz):

> Sie verbesserten ihren Computer, *indem* / *dadurch, dass* sie eine neue Festplatte installierten.

Die Vergleichbarkeit zweier Geschehen wird im *Proportionalsatz* ausgedrückt. Die Konjunktionen dafür lauten *je...desto* bzw. *je...um so.* Beide Adjektive stehen im Komparativ:

> *Je* langsamer das Auto fuhr, *desto* nervöser wurden wir.

Der einschränkende Modalsatz engt die Aussage des Hauptsatzes ein. Die Konjunktionen lauten *außer dass/außer wenn/außer...um zu*:

> Sie hatte eine sehr gute Abiturnote erhalten, *außer dass* sie in Deutsch eine Drei hatte.

– Konsekutivsätze:

> Zwischen Hauptsatz und **konsekutivem Nebensatz** (Angabesatz) besteht ein Folgeverhältnis. Die Konjunktionen sind *sodass, so...dass, um...zu, ohne dass, ohne...zu, als dass.*

Hierfür zwei Beispiele:

> Sie hat 5 Millionen gewonnen, *sodass* sie sich ein Haus kaufen kann.
> Das ist ein *so* schönes Geschenk, *dass* ich es gar nicht fassen kann.

Tritt die erwartete Folge nicht ein, steht *ohne dass*:

> Sie hat viel gelesen, *ohne dass* sie etwas behalten hätte.

– Konzessivsätze:

Im Hauptsatz und im **konzessiven Nebensatz** werden zwei sich (scheinbar) ausschließende Sachverhalte formuliert; man erwartet also im Hauptsatz eine andere Aussage. Die Konjunktionen sind *obwohl, obgleich, wenn auch, selbst wenn*:

Ein Beispiel hierfür ist:

Obwohl Müllers in Urlaub waren, sehen sie nicht besonders erholt aus.

– Konditionalsätze:

Konditionalsätze bezeichnen die Bedingung bzw. Voraussetzung für das Gelingen des Geschehens im Hauptsatz. Die Konjunktionen sind *wenn* oder *falls*.

Wenn es schneit, gehen wir Ski fahren. – *Falls* es schneit, gehen wir Ski fahren.

– Finalsätze:

Im **finalen Angabesatz** wird der Zweck/das Ziel eines Geschehens oder einer Handlung formuliert. Die Konjunktionen sind *damit, dass, um...zu* (bei Subjektgleichheit). Gelegentlich stehen Korrelate wie *darum, deshalb, in der Absicht* usw. im Hauptsatz.

Ein Beispiel ist:

Er fährt *(deshalb)* heute in die Universität, *damit* er die Vorlesung nicht verpasst.

– Adversativsätze:

Beim **Adversativsatz** werden im Haupt- und Nebensatz einander widersprechende Sachverhalte genannt. Die Konjunktionen lauten *(an)statt dass, während* oder *wohingegen*.

Ein Adversativsatz ist z. B.:

(An)statt dass sie sich ausruhten, hetzten sie noch durch zwei weitere Museen.

– Weiterführende Nebensätze:

In **weiterführenden Nebensätzen** wird die Aussage des Hauptsatzes fortgesetzt und mit einem Kommentar abgeschlossen. Als Verbindungselemente dienen *was* oder *wo(r)* + Präposition.

Ein Beispiel ist:

Gabriele ist eine schöne Frau, *was* mich sehr glücklich macht.

● **Attributsätze**

Der **Attributsatz** wird meist von einem Relativelement (Relativpronomen, Relativadverb) eingeleitet. Der charakteristische Attributsatz ist der *Relativsatz.* Die Relativpronomen lauten *der, die, das, die* (alle Deklinationsformen) sowie *welcher, welche, welches, welche* (alle Deklinationsformen). Zu dieser Gruppe gehören auch *wer* und *was.* Adverbien sind *wo, worüber, wohin* usw.

Der Relativsatz tritt zumeist als Zwischensatz auf:

Die *an der Tür wartende Frau* war meine Tante.
→ Die Frau, *die an der Tür wartete*, war meine Tante.

Eingeleitete Relativsätze lauten z. B. so:

der Mann, *der*...; die Frau, *mit der*...; einen Strauß, *den*...; die Stadt, *welche*...

Nicht eingeleitete Relativsätze lauten etwa:

Schiller, *geboren 1759*,...
Das Guggenheim-Museum, *eröffnet 1998*,...

Wer und *was* haben generalisierende bzw. zusammenfassende Bedeutung:

> *Wer* wagt, (der) gewinnt.
> *Was* seine historische Bedeutung angeht, so ist sie unbestritten.

Aus *wo(r)* + Präposition gebildete Adverbien stehen nur bei Dingen oder Abstrakta, nicht bei Personen:

> das Thema, *worüber*/*über das* wir gesprochen haben

> falsch: *Peter, *worüber* wir nichts wissen
> (richtig: Peter, *über den* wir nichts wissen)

6. Satzgliedstellung

> Die **Satzgliedstellung** (traditionell: *Wortstellung*) regelt die Abfolge der Glieder auf dem Satzfeld. Im Deutschen gibt es keine feste Folge *Subjekt – Prädikat – Objekt* wie in anderen Sprachen. Entscheidend ist die Stellung des Verbs bzw. Verbalkomplexes. Wir gebrauchen den Terminus *Satzgliedstellung*, weil stets Satzglieder – und nicht einzelne Wörter – auf dem Satzfeld verschoben werden.

a. Faktoren für die Abfolge der Satzglieder

Mehrere Faktoren bestimmen die Abfolge der Glieder im deutschen Satz:

- Das Deutsche verfügt über eine **Klammerstruktur**. Im Perfekt, Passiv oder bei Modalverbkomplexen gibt es eine Satzklammer, auch *Rahmen* genannt. Die Klammer rahmt den Satz ein. Sie besteht aus dem finiten Verb sowie dem infiniten Teil des Verbalkomplexes:

Perfekt:	Wir *haben* ihn gestern am Bahnhof *gesehen*.
Passiv:	Das Holz *wird* morgen *abgeholt*.
Modalverb:	Sie *dürfen* bis Mitternacht *aufbleiben*.

Diese Klammerstruktur gilt auch im Nebensatz:

Sie kann nicht kommen, *weil* sie seit Wochen im Bett *liegt*.

- Im Deklarativsatz können alle Glieder mit Ausnahme des Verbs **verschoben** werden. Das Verb ist das Zentrum des Satzes, um das sich alles dreht. Es besetzt im Deklarativsatz Position II auf dem Satzfeld. Erscheint ein anderes Satzglied als das Subjekt vor dem Verb, sprechen wir von *Inversion* (= „ungerade Satzgliedstellung"):

I	II	III
Der Mann	*trinkt*	*hastig ein Bier.*
Hastig	*trinkt*	*der Mann ein Bier.*
Ein Bier	*trinkt*	*der Mann hastig.*

- Neue Informationen (*Rhema*) erscheinen im Regelfall am **Satzende**, weil dort die höchste Informationsdichte herrscht und daher der Satzakzent liegt. Bekannte Informationen (*Thema*) stehen weiter vorn, also links auf dem Satzfeld:

Thema	Rhema
Er hat	*eine Frau am Bahnhof gesehen.*
Die Frau	*trug eine Handtasche aus Leder.*

b. Satzfeld und Satzklammer

Das **Satzfeld** wird unterschieden in drei Bereiche: *Vorfeld, Mittelfeld* und *Nachfeld.* Das Verb bzw. der Verbalkomplex trennen die Bereiche:

I Vorfeld	II Verb	III Mittelfeld	IV 2. Teil des Verbalkomplexes	V Nachfeld
Wir	*haben*	*mit ihm gestern*	*diskutiert*	*über seine Probleme.*
Gestern	*haben*	*wir mit ihm*	*diskutiert*	*über seine Probleme.*
	Haben	*wir gestern mit ihm*	*diskutiert*	*über seine Probleme?*

Das *Vorfeld* ist der Bereich vor dem finiten Verb bzw. dem ersten Teil des Verbalkomplexes (Position I); nach dem Verb (Position II) folgt das *Mittelfeld* mit Ergänzungen und Angaben und diesem wiederum der zweite Teil des Verbalkomplexes (z. B. das Partizip II). Manchmal gibt es noch Elemente im *Nachfeld*, die gewissermaßen „ausgeklammert" werden, weil sie besonders hervorgehoben werden sollen. Man nennt diesen Teil des Satzes deshalb auch *Ausklammerung* oder *Nachtrag*.

Der hintere Teil des Mittelfeldes (*Rhema*) wird in der „normalen", also nicht markierten Abfolge der Glieder, betont. Gibt es eine Ausklammerung, also ein Nachfeld, wird diese betont, weil sie besonders wichtig ist. Wir vergleichen:

Satzakzent

Sie haben ihn gestern *mit seiner Freundin* gesehen.

Satzakzent im Nachtrag

Sie haben ihn gestern gesehen, *mit seiner Freundin*.

Eine andere Möglichkeit, eine Satzglied besonders zu betonen, besteht darin, dieses Element an die Satzspitze (Position I) zu setzen, weil bei dieser Inversionsstellung das auf Position I stehende Element markiert ist (´). Wir vergleichen:

Sie haben uns gestern zum *Ségeln* mitgenommen.
Géstern haben sie uns zum Segeln mitgenommen.
Zum *Ségeln* haben sie uns gestern mitgenommen.
Úns haben sie gestern zum Segeln mitgenommen.

Die **Satzklammer** (Verbklammer) umschließt den Satz. Diese Regel gilt für Haupt- und Nebensätze. Die Satzklammer besteht aus:

– Modalverb + Infinitiv:

Wir *wollen* morgen ins Kino *gehen*.

– Verb + Partizip II:

Sie *haben* eine Radtour *gemacht*.

– Verb + Verbzusatz
(trennbares Präfix oder substantivische Elemente):

Das Auto *hält* an der Straßenecke *an*.

Er *macht* vor nichts *Halt*.

Sie *fahren* drei Wochen *Ski*.

– Konjunktionen im Nebensatz + Verb:

..., *weil* sie ihm nicht zum Geburtstag *gratuliert hat*.

..., *nachdem* er im Lotto *gewonnen hat*.

c. Hauptstellungstypen im einfachen Satz

In Texten der gesprochenen Sprache (Gespräche, Interviews, Berichte usw.) wird häufig von der unmarkierten Satzgliedfolge – der so genannten *Normalstellung* – abgewichen, um einzelne Elemente der Aussage besonders zu betonen. Diese rücken dann entweder, wie beschrieben, an die Satzspitze oder an das Ende des Satzes.

Unabhängig von diesen vielfältigen Möglichkeiten gibt es drei Hauptstellungstypen im einfachen deutschen Satz: *Kernsatz*, *Stirnsatz* und *Spannsatz*.

● Der Kernsatz (Verb-II-Stellung)

Im **Kernsatz** steht das finite Verb an der zweiten Stelle (Position II). Im Falle eines Verbalkomplexes bildet das Verb mit dem infiniten Teil des Komplexes bzw. mit dem Verbzusatz die *Satzklammer*.

Kernsätze gibt es als Deklarativsätze, Interrogativsätze als *w*-Fragen, Interrogativsätze mit Verb-II-Stellung (Vergewisserungsfragen) und nicht konjunktional bzw. relativisch eingeleitete Nebensätze.

Der Kernsatz wird in manchen Grammatiken auch als *Grundstellung* bezeichnet. Wir vergleichen:

Satzart	I	II	III	IV
Deklarativsatz	*Sie*	*liest*	*eine Zeitung.*	
Inversion	*Eine Zeitung*	*liest*	*sie.*	
Deklarativsatz/Perfekt	*Wir*	*haben*	*ein Haus*	*gekauft.*
	Sie	*hat*	*mit ihm*	*telefoniert.*
Deklarativsatz/Passiv/Futur	*Das Buch*	*wird*	*zur Messe*	*vorgestellt.*
	Die Schüler	*werden*	*einen Ausflug*	*machen.*
Interrogativsatz (Ergänzungsfragesatz)	*Womit*	*habt*	*ihr diesen Erfolg*	*erreicht?*
Interrogativsatz (Entscheidungsfragesatz in Aussagesatzform)	*Du*	*rufst*	*doch morgen*	*an?*
nicht eingeleiteter Nebensatz	*Sie meint, er*	*müsse*	*ihr dankbar*	*sein.*

Der Stirnsatz (Verb-I-Stellung)

Im **Stirnsatz** steht das Verb an der Satzspitze, also an Position I. Stirnsätze treten auf als Interrogativsätze, Imperativsätze, Ausrufesätze, irreale Wunschsätze und nicht eingeleitete konditionale Nebensätze.

Wir vergleichen:

Satzart	I	II	III	IV
Interrogativsatz (Entscheidungsfragesatz)	*Fahrt*	*ihr*	*nach Berlin*	*mit?*
Imperativsatz	*Komm!*			
	Entschuldigen	*Sie sich!*		
	Hören	*Sie*	*endlich*	*auf!*
Ausrufesatz	*Ist*	*das*	*eine tolle Disko!*	
irrealer Wunschsatz	*Wäre*	*ich*	*ein Millionär,*	*so würde ich...*
	Könnte	*ich*	*gut singen,*	*dann würde ich...*
uneingeleiteter Nebensatz (Konditionalsatz)	*Kommt*	*sie*	*auch zum Geburtstag,*	*so werden wir...*

Der Spannsatz (Verb-Letzt-Stellung)

Im **Spannsatz** steht das finite Verb am Satzende, also auf der letzten Position des Satzfeldes. Eine Ausnahme bilden Sätze mit einem Nachtrag (*Ausklammerung*). Hier folgt noch die Besetzung des Nachfeldes.

Spannsätze treten auf als konjunktional oder relativisch eingeleitete Nebensätze, als eingeleitete irreale Wunschsätze oder als eingeleitete Ausrufesätze.

Wir vergleichen:

Satzart	I	II	III	IV
konjunktional eingeleiteter Nebensatz	*..., dass*	*er*	*sie*	*gesehen hat.*
relativisch eingeleiteter Nebensatz	*..., der*	*auf dem Bahnhof*		*wartet.*
eingeleiteter irrealer Wunschsatz	*Wenn*	*wir*	*das bloß nicht*	*gemacht hätten!*
eingeleiteter Ausrufesatz	*Wie*	*die*	*wieder*	*aussieht!*

Alle Sätze der deutschen Sprache, die ein Verb enthalten, folgen einer dieser drei Hauptstellungstypen. Ausnahmen bilden lediglich Ein-Wort-Sätze oder Ellipsen ohne Verb, z. B.:

Feuer!
Schneller!
Hinein!

d. Besetzung des Vorfeldes

Die Einteilung in *Vorfeld, Mittelfeld* und *Nachfeld* betrifft im engeren Sinne nur den Kernsatz. Das finite Verb trennt Vorfeld und Mittelfeld. Wird ein Teil des Satzes ausgeklammert, folgt das Nachfeld auf den infiniten Teil des Verbalkomplexes.

Grundsätzlich steht das Subjekt im Vorfeld, doch können durch Umstellung (Verschiebeprobe) alle Satzglieder in das Vorfeld treten (*Inversion*). Ausnahmen bestehen bei einzelnen Wortarten: An der Spitze können weder Modalpartikeln noch Reflexivpronomen bei „echten“ Reflexivverben stehen.

Wir vergleichen:

	Vorfeld	Verb	Mittelfeld	infiniter Teil des Verbalkomplexes
Grundstellung	*Ich*	*habe*	*sie ja gestern in München*	*getroffen.*
Inversion	*Gestern*	*habe*	*ich sie ja in München*	*getroffen.*
Inversion	*In München*	*habe*	*ich sie ja gestern*	*getroffen.*

Im Textzusammenhang verhält es sich genauso: Bei der Inversion wird die ansonsten übliche Thema-Rhema-Struktur umgekehrt. Steht gewöhnlich das Thema im Vorfeld, so ist es bei der Inversion das Rhema:

Der Schauspieler betrat *die Bühne* (Rhema).
Spärlich (Rhema) war der *Beifall für den Schauspieler* (Thema).

Damit wird die *Mitteilungsperspektive* zum entscheidenden Faktor für die Besetzung des Vorfeldes. In der schriftlichen wie in der mündlichen Kommunikation entscheiden die Teilnehmerinnen und Teilnehmer selbst, wie sie das Vorfeld (und das Nachfeld) besetzen: Was ihnen wichtig ist und deshalb betont werden soll, wird an diese Stellen gerückt und damit die genannte „Normalstellung“ aufgehoben.

e. Besetzung des Mittelfeldes

Das eigentliche Problem der Abfolge der Glieder im deutschen Satz ist das Mittelfeld, also der Bereich zwischen dem finiten Verb und dem infiniten Teil des Verbalkomplexes im Deklarativsatz. Hier ein Beispiel:

Vorfeld	finites Verb	Mittelfeld	infiniter Teil des Verbalkomplexes
Frau Müller	*hat*	*gestern ihrer Tochter eine Handtasche zum Geburtstag*	*geschenkt.*

Im Mittelfeld des Deklarativsatzes scheint eine gewisse Regellosigkeit zu herrschen, und dennoch gibt es Gliederungsfaktoren. Sie sind unterschiedlicher Art.

Verbklammer

Als erste Regel gilt, dass der **finite** und **infinite Teil des Verbalkomplexes** das Mittelfeld einrahmen.

Dies wird deutlich an folgendem Beispiel:

Wir haben sie gestern am Bahnhof getroffen.

Grundlage dafür ist die Regel, dass Teile, die semantisch eng mit dem Verb verbunden sind, am weitesten entfernt vom finiten Verb platziert werden (also ganz hinten), um so den Satz einzurahmen.

Substantiv und Pronomen

Als Grundregel für **Substantive** und **Pronomen** als Ergänzungen bei dreiwertigen Verben gilt:

❶ Substantiv:	Dativergänzung *vor* Akkusativergänzung
❷ Pronomen:	Akkusativergänzung *vor* Dativergänzung
❸ Substantiv + Pronomen:	Pronomen *vor* Substantiv

Beispiele:

❶ Er schenkt *der Frau die Blumen.*
❷ Er schenkt *sie ihr.*
❸ Er schenkt *sie der Frau.*
Er schenkt *ihr die Blumen.*

Ergänzungen und Angaben

Ergänzungen des Verbs und **Angaben** regeln die weitere Abfolge im Mittelfeld. Subjekt, Dativ- und Akkusativergänzungen tendieren nach links auf dem Satzfeld, also nach vorn; Angaben folgen diesen.

Hierzu ein Beispiel:

Vorfeld	finites Verb (II)	Ergänzungen	Angaben	infiniter Teil des Verbalkomplexes
Er	*hat*	*das Kind*	*mit dem Auto vom Bahnhof*	*abgeholt.*

Präpositional-, Situativ- und Richtungsergänzungen sowie die Genitivergänzung stehen rechts von den Angaben, also am Ende des Mittelfeldes. Dabei gilt die Regel, dass komplexe Satzglieder einfachen (z. B. Akkusativergänzungen) folgen:

Vorfeld	finites Verb (II)	Ergänzung	Angabe	Ergänzung	Verbalkomplex
Ich	*habe*	*die Flasche*	*heute*	*in den Keller*	*gelegt.*
Der Staatsanwalt	*klagte*	*ihn*	*gestern*	*wegen seiner Verbrechen*	*an.*

Innerhalb der Angaben (nicht valenzgebundene Satzteile) gibt es eine gewisse „Normalfolge“, die inhaltlich begründet ist:

temporal → kausal → modal → lokal → final

Die Reihenfolge im einfachen erweiterten Deklarativsatz ist also:

Subjekt → Verb → Dativergänzung/Akkusativergänzung → Angaben → Präpositionalergänzung → Genitivergänzung → 2. Teil des Verbalkomplexes

Haupt- und Nebensätze

Hauptsätze und Nebensätze folgen im Mittelfeld den gleichen Stellungsregeln. Wir vergleichen:

Satzart	I	II	III			Verbal-komplex
			Ergänzung	Angabe	Ergänzung (mit Rechtstendenz)	
Hauptsatz	*Du*	*musst*	*sie*	*deutlicher*	*an ihre Pflichten*	*erinnern.*
Inversion	*Deutlicher*	*musst*	*du sie*		*an ihre Pflichten*	*erinnern.*
Nebensatz	*Ich rate dir,*	*dass*	*du sie*	*deutlicher*	*an ihre Pflichten*	*erinnerst.*

Mitteilungsperspektive

In der gesprochenen Sprache ist die Gestaltung des Mittelfeldes sehr viel freier als in der geschriebenen; entscheidend ist dabei die Mitteilungsperspektive (*Thema-Rhema-Struktur* [S. 56f.]). Was wichtig und neu bzw. unbekannt ist, wird an das Ende gesetzt, also dorthin, wo der Satzakzent liegt. Entsprechend stehen bekannte und deshalb weniger wichtige Informationen links davon, also am Beginn des Mittelfeldes.

Modalpartikeln

Wichtig für die Mitteilungsperspektive sind auch die Modalpartikeln. Sie markieren die Grenze zwischen Thema und Rhema: Genau nach ihnen beginnt die neue, wichtige Information, und dieses Glied trägt dann konsequenterweise auch den Satzakzent:

Das ist *vielleicht* eine Únverschämtheit!

Stellung von *nicht*

Nach traditioneller Erklärung steht bei der Satznegation *nicht* am Satzende und verneint die gesamte Aussage, bei der Sondernegation steht *nicht* vor dem verneinten Satzglied, danach steht *sondern* mit der Alternative. Beispiel:

Satznegation: Er liebt seine Freundin überhaupt *nicht*.
Satzteilnegation: Er liebt *nicht* seine Freundin, *sondern* ihre Schwester.

Bei genauerem Hinsehen aber zeigt sich, dass diese Regel nicht immer zutrifft. Wir vergleichen:

Angabe

❶ Ich habe sie *nicht* *in der Stadt* gesehen, *sondern* zu Hause. (**Satzteilnegation**)

Ich habe sie in der Stadt *nicht* gesehen. (**Satznegation**)

Aber:

Ergänzung

❷ Ich habe die Vase *nicht* *auf den Tisch* gestellt.
*Ich habe die Vase auf den Tisch *nicht* gestellt. (falsch!)

Wir stellen fest, dass nur bei Angaben (*in der Stadt*) – im Satz ❶ also – Satz- und Satzteilnegation durch Verschiebung der Negationspartikel unterschieden werden können; bei präpositionalen Ergänzungen sowie Situativergänzungen hingegen muss ***nicht*** vor diesen stehen und verneint die gesamte Aussage.

– Besonderheiten der Stellung von *nicht*:

Eine Regel betrifft *Modalpartikeln* und *Modalwörter* ❶ im Gegensatz zu ❷ *Modaladverbien* und *Modalangaben*: Bei ❶ steht *nicht* immer **am Satzende**, bei ❷ (wegen der engen Bindung an das Verb) stets **vor** diesem Wort. Wir vergleichen:

❶ **Modalpartikeln:** Sie kommt *ja* *nicht*.
Modalwörter: Sie kommt *sicherlich* *nicht*.

❷ **Modaladverbien:** Er arbeitet *nicht* *sorgfältig*.
Modalangaben: Sie fuhren *nicht* *mit großer Verspätung* ab.

Bei Temporaladverbien ist der Fall etwas komplizierter: Bei solchen, die chronologisch (in einer Abfolge) einordnen wie *gestern*, *heute* oder *morgen* bzw. *vorher* und *nachher* oder *später* und *früher* folgt die Partikel dem Adverb, bei solchen, die nicht einordnen (*sofort, rechtzeitig, pünktlich*) steht *nicht* voran. Wir vergleichen:

Sie starteten *gestern nicht*.
Sie starteten *nicht sofort.*
auch: Sie starteten *nicht gestern, sondern* letzte Woche.

f. Besetzung des Nachfeldes

Für das Nachfeld gilt: Ausgeklammert werden jene Teile, die aus stilistischen oder intonatorischen Gründen besonders hervorgehoben werden sollen. Wir vergleichen:

Jens hat sie gestern in der Disko getroffen.
Jens hat sie gestern getroffen, *in der Disko*.

Besonders häufig ist die Ausklammerung bei Nebensätzen, um ein „Nachklappen" zu vermeiden:

stilistisch schlecht: Ich holte Patricia vom Bahnhof, *wo sie mittags ankommen sollte*, ab.

daher: Ich holte Patricia vom Bahnhof ab, *wo sie mittags ankommen sollte*.

Außerdem werden, vor allem in der gesprochenen Sprache, umfangreiche Satzglieder, die das Verständnis erschweren könnten, ausgeklammert:

Ich halte sie für unwiderstehlich *wegen ihrer Klugheit, ihrer Faszination und ihrer einmaligen Ausstrahlung*.

Ausgeklammert wird auch bei Aufzählungen und Appositionen:

Als Gäste waren gekommen: *Müllers, Dr. Schwerte und alle Freundinnen*.

Dr. Rabehl sprach am Ende der Veranstaltung, *der frühere Studentenführer*.

Anmerkung: Nicht ausgeklammert werden Funktionsverbgefüge, Einordnungs- und Artergänzungen sowie Genitiv-, Dativ- und Akkusativergänzungen.

g. Stellungsregeln in der Substantivgruppe

Linksattribute

In Texten der geschriebenen Sprache, vor allem in den Fachsprachen von Wissenschaft und Technik, gibt es häufig so genannte *Blockbildungen* beim Substantiv. Dies geschieht aus Gründen der Ökonomie (Platzersparnis) sowie der Informationsverdichtung. Manchmal freilich leiden darunter der Stil und die Flüssigkeit des Ausdrucks; man sollte sie daher nur sparsam verwenden:

> Die *jubelnden, begeisterten und von ihren Plätzen aufspringenden* Besucher des Rockkonzerts...

Es handelt sich hier um erweiterte Attribuierungen, genauer um *Linksattribute*: Das Attribut steht links, also vor dem Substantiv.

Für die Abfolge innerhalb komplexer Linksattribute gilt:

Position a	Artikelwörter *(der, die, jene)*
Position b	Zahladjektive *(viele, wenige, der erste, andere)*
Position c	Adjektive mit temporaler und lokaler Bedeutung *(heutig, diesjährig, hiesig, der linke)*
Position d	Farbadjektive und qualitativ bewertende Adjektive *(blau, rot, gut, offen, mangelhaft)*
Position e	Adjektive der Herkunfts- und Materialbezeichnung *(englisch, deutsch, rechtlich, kupfern, hölzern)*

Dazu dieses Schema:

a	**b**	**c**	**d**	**e**	**Substantiv**
der	*erste*	*diesjährige*	*gelungene*	*städtische*	*Wettbewerb*
die	*wenigen*	*hiesigen*	*erfolgreichen*	*deutschsprachigen*	*Veröffentlichungen*
alle	*verschiedenen*	*linken*		*politischen*	*Gruppierungen*

Rechtsattribute

Rechts vom Substantiv stehen das Genitivattribut, das Präpositionalattribut und Adverbien.

– Genitivattribut:

die Krawatte *des Vaters*, der Roman *des Nobelpreisträgers*

– Präpositionalattribut:

das Interesse *an Ausbildungsplätzen*, die Hoffnung *auf gute Noten*, die Verantwortung *für die Kinder*

– Adverbien:

das Surfbrett *hier*, das Rockkonzert *gestern*

h. Stellungsregeln beim Verbalkomplex

Eine Besonderheit ist im Nebensatz die Abfolge innerhalb des Verbalkomplexes beim Perfekt der Modalverben. Wir vergleichen:

Er *hat* sie nicht *sehen wollen*.
Sie war verärgert, weil er sie nicht *hat sehen wollen*.

Wir *hätten* das nicht *zu tun brauchen*.
Er sagte, dass wir das nicht *hätten zu tun brauchen*.

Bei diesen Nebensatzstrukturen steht nicht, wie sonst üblich, das finite Verb am Satzende, sondern in der **Satzmitte** vor den infiniten Formen.

7. Grammatische Kongruenz

Unter **Kongruenz** wird die formale Übereinstimmung von Satzgliedern oder Teilen dieser Satzglieder verstanden. In erster Linie betrifft das die Kongruenz zwischen dem konjugierten Verb und dem Subjekt des Satzes in Person und Numerus.

Daneben gibt es eine Übereinstimmung der Form in den folgenden Fällen:

– **Substantiv und Artikelwort in Kasus, Genus und Numerus:**

den Schafen (Dativ, Neutrum, Plural)

– **Substantiv, Artikelwort und attributives Adjektiv bzw. Apposition:**

der großen Zimmer (Genitiv, Neutrum, Plural)
Wir gedenken *Brechts, des großen Dichters*.
(Apposition im Genitiv Singular)

– **Substantiv/Pronomen mit dem konjugierten Verb (nicht mit dem Korrelat *es*):**

Es *sind* große *Zerstörungen* angerichtet worden.

– **Zwei Substantive:**

Der *Mann* und die *Frau* *gehen* ins Kino.

– **Substantiv/Pronomen und Einordnungsergänzung:**

Wir sind *Schüler*.

a. Substantiv/Pronomen und konjugiertes Verb

Grundsätzlich gilt: Bezeichnen **mehrere Subjekte** verschiedene Personen, so dominiert die 1. Person (*ich, wir*) die 2. Person (*du, ihr*); entsprechend dominiert die 2. Person die 3. Person (*er, sie, es; sie*). Das Verb steht im Plural.

Im Einzelnen:

– Werden ein Subjekt der 1. Person (*ich, wir*) und eines der 2. Person (*du, ihr*) durch eine koordinierende Konjunktion (*und*) verbunden, kann man auch *wir* sagen. Das Verb steht daher in der 1. Person Plural:

Du und *ich* (= „wir“) *gehen* ins Kino.
Ihr und *ich* *sind* sehr müde.

– Ebenso ist es bei der mehrteiligen Konjunktion *sowohl...als auch*:

Sowohl *wir* als auch *ihr* *haben* heute Zeit.

- Ebenso können ein Subjekt der 1. Person (*ich, wir*) und ein Subjekt der 3. Person (*er, sie, es; sie*) durch *wir* ersetzt werden; das Verb steht also in der 1. Person Plural:

  Ich und *Johann* (= „wir") *besuchten* die Ausstellung.

- Bei einem Subjekt der 2. Person (*du, ihr*) und einem der 3. Person können beide Subjekte durch *ihr* zusammengefasst werden:

  Du und mein *Kollege* (= „ihr") *sollt* morgen ins Büro kommen.

- Werden zwei Subjekte in der 3. Person (*er, sie, es*) durch eine koordinierende Konjunktion verbunden, kann man auch *sie* (Plural) sagen. Das Verb steht also in der 3. Person Plural:

  Sowohl *Klaus* als auch
  Lieselotte (= „sie") *waren* krank.

- Aber bei alternativen Konjunktionen wie *oder, entweder...oder* bzw. *weder...noch* steht das nachfolgende Verb im Singular und richtet sich im Regelfall nach der Person, die syntaktisch am nächsten steht:

  Hans *oder* Peter *muss* es getan haben.
  Entweder ich oder *du* *bist* schuld an dem Unglück.

- Ein Sonderfall ist die Negation (Verneinung eines Teils der Aussage). Das Verb folgt dann dem bejahten Subjekt, nicht dem verneinten Teil:

  Nicht *Klaus*, sondern *du* *musst* das erledigen.

- Das Reflexivpronomen kongruiert grundsätzlich mit dem Subjekt in Person und Numerus:

  Ich will *mich* finanziell verbessern.
  Sie wollen *sich* eine Wohnung kaufen.

Bezeichnen aber mehrere Subjekte **unterschiedliche Personen,** gilt erneut die Regel: Die 1. Person dominiert die 2. Person, diese wiederum die 3. Person. Das Verb steht im Plural:

Ich und *du* wollen *uns* verbessern.
Du und *sie* könntet *euch* einen Kuchen backen.

> *Ich* und *er* ziehen *uns* im Hotel um.
> *Er* und *sie* können *sich* an Pamela ein Vorbild nehmen.
>
> Werden beide Subjekte als **Bedeutungseinheit** aufgefasst, so steht das Verb im Regelfall im Singular; die Pluralform ist jedoch nicht falsch:
>
> *Anreise* und *Abreise* *ist* (*sind*) immer montags.
> *Ballspielen* und *Picknick* *ist* (*sind*) hier erlaubt.

Ebenso wird der Singular gebraucht, wenn:

- die Subjektteile durch substantivierte Infinitive gebildet werden [S. 227f.]:

  Baden und *Surfen* *ist* (auch: *sind*) hier erlaubt.

- ein Subjekt weggelassen wird, da beide identisch sind:

  Sein menschliches (ausgespart: *Ansehen*) und wissenschaftliches *Ansehen* *steht* außer Zweifel.

- ein Subjekt ausgeklammert wird:

  Berlin *wurde* besichtigt und *Potsdam.*

- ein Subjekt mit einem anderen durch eine Präposition oder ein Partizip verbunden ist:

  Der *Vater* mit seinem *Sohn* *kommt* heute.

- Beim Relativsatz [S. 91] folgt das Verb dem Personalpronomen:

  Er, den *wir* so *schätzten*, hat uns sehr enttäuscht.

b. Angabe bestimmter und unbestimmter Mengen

- Bei bestimmten Mengen im Singular (*ein Paar, ein Dutzend, ein Schock* usw.) steht das Verb im Singular, auch wenn das Objekt im Plural erscheint:

  Ein Paar Schuhe *kostet* 250,00 DM.

- Steht die Mengenanzahl im Plural (*zwanzig Kilogramm, zweihundert Gramm, zehn Pfund, vier Meter, zwei Liter* usw.) und der nachfolgende Stoffname im Singular, sind Singular und Plural des Verbs möglich: *Zwanzig Kilogramm* Fleisch *wurde/wurden* zubereitet.

> Steht die **unbestimmte Mengenangabe** im Singular (*eine Anzahl, Gruppe, Hälfte, Haufen, Kreis, Mehrzahl, Menge, Reihe, Teil, Volk, Zahl* usw.), folgt das Verb auch dann im Singular, wenn das Objekt im Plural steht:
>
> *Eine Anzahl/Reihe* Schüler (von Schülern) *hat* Englisch als Schwerpunkt gewählt.
> *Eine Menge* von Fußballfans *war* angereist.

- Bei Gradangaben dominiert der Plural des Verbs: *40 Grad* Kälte *wurden* in Russland gemessen.

- Bei pluralischen Bruch-, Prozent- und Dezimalzahlen dominiert in der geschriebenen Sprache der Plural des Verbs, in der gesprochenen Sprache hingegen der Singular (Verwendung nach dem Sinn): *Vier Fünftel* des Sees *sind* / *ist* ausgetrocknet.

- Bei Rechenaufgaben mit *sein* oder *machen* sind Singular wie Plural möglich: *Fünf* und *achtzehn* *ist/sind* dreiundzwanzig.

c. Substantiv und Adjektiv bzw. Apposition

- Attributive (vorangestellte) Adjektive kongruieren mit dem folgenden Substantiv: mit dem *gelben* *Wagen* (Maskulinum Dativ Singular)

- Appositionen stehen im Regelfall im gleichen Kasus wie das Substantiv/Pronomen, auf das sie sich beziehen: Wir helfen *dem Mann, einem bekannten Dichter*.

- Ausnahmen bilden Appositionen ohne Artikelwort. Sie stehen im Nominativ: Wir erinnern uns *des Dichters, Wegbereiter* der Aufklärung.

- Nach der Satzteilkonjunktion *als* herrscht Kongruenz:

  Herr Müller als *Vorsitzender* leitet die Sitzung. (Nominativ)
  Ich begrüße *Herrn Müller* als *Vorsitzenden*. (Akkusativ)

IV. Das Wort

Wörter kennt jeder. Die deutsche Sprache weist, wie jede andere natürliche Sprache, eine Vielzahl von Wörtern auf. Wenn man aber fragt, was eigentlich ein *Wort* sei, herrscht häufig Ratlosigkeit.

Es gibt Antworten wie diese: Ein Wort wird zusammengeschrieben. Oder: Ein Wort ist eine Lauteinheit, nach der man beim Sprechen eine Pause macht. Oder auch: Ein Wort ist das kleinste Bedeutungselement der Sprache. Andere wissen wiederum: Ein Wort besteht aus noch kleineren Einheiten, den *Morphemen.* Sie sind die eigentlichen Bausteine des Wortes. So besteht das Wort *Häuser* aus zwei Bausteinen: *Haus-* und *-er. Haus* ist das Stammmorphem, *-er* das Suffix (Nachsilbe), das wir zur Bildung des Plurals brauchen. Aber hat diese Nachsilbe eine eigene Bedeutung?

In dieser Grammatik werden **Wörter** – sie heißen auch *Lexeme* – als die kleinsten selbstständigen und bedeutungstragenden Elemente der Sprache verstanden, die eine Lauteinheit sind, allein stehen und zusammengeschrieben werden.

Solche Wörter sind z. B.:

Autowaschanlage, bearbeiten, bergig, er, fernsehen, Gesang, Hausarbeit, jetzt, klein, Mann, Schönheit, silbern, Tisch, weltweit usw.

Zu unterscheiden sind also:

- **einfache Wörter** (z. B. *er, jetzt*)
- **Zusammensetzungen** zweier oder mehrerer selbstständiger Wörter (z. B. *Hausarbeit, Autowaschanlage, Baumstamm, Mehrzweckhalle*)
- **Ableitungen** von Wörtern durch Vorsilben/Präfixe (z. B. *bearbeiten*) oder Nachsilben/Suffixe (z. B. *bergig*) bzw. Veränderung der Stammsilbe (z. B. *Gesang* von *singen*)

Wörter können nach ihrer Form (*morphologische* Klassifizierung), nach ihrer Stellung und Funktion im Satz (*syntaktische* Klassifizierung) oder ihrer Bedeutung (*semantische* Klassifizierung) unterschieden werden. Alle drei Varianten haben Vor- und Nachteile; häufig überlappen sich auch die einzelnen Ebenen.

In dieser Grammatik ist die *Funktion* der Wörter im Satz von zentraler Bedeutung, also dominiert die syntaktische Klassifizierung. So werden Verben als strukturelles Zentrum des Satzes beschrieben, von denen Ergänzungen und Angaben bestimmt werden.

Zur besseren Übersicht über alle Wörter werden in Grammatiken *Wortklassen* gebildet.

Wortklassen werden definiert als sich syntaktisch gleich oder ähnlich verhaltende Arten von Wörtern, d. h., Wörter einer Klasse üben die gleiche Funktion im Satz aus.

Der funktional-kommunikative Ansatz dieser Grammatik wird damit betont. So sind Substantive und Pronomen häufig das Subjekt des Satzes, Artikelwörter stehen im Regelfall vor einem Substantiv, ebenso Adjektive (attributiv); Adjektive können aber auch Ergänzungen des Verbs (prädikativ) sein.

Unterschieden werden in dieser Grammatik zehn Wortklassen, von denen fünf grundsätzlich *veränderbar* sind, also deklinierbar (z. B. Substantive), konjugierbar (z. B. Verben) oder auch komparierbar, also steigerbar (z. B. Adjektive).
Fünf weitere Wortklassen sind grundsätzlich *unveränderbar*; im Ausnahmefall (Adverbien) sind Veränderungen möglich.
Deklinierbare und konjugierbare Wörter werden in dieser Grammatik unter dem Oberbegriff *flektierbare* Wörter zusammengefasst. Hier die Übersicht:

Klassen flektierbarer Wörter	**Klassen nicht flektierbarer Wörter**
Verben	Adverbien
Substantive	Konjunktionen
Adjektive	Präpositionen
Artikelwörter	Partikeln
Pronomen	Satzäquivalente

Gegenüber der traditionellen Einteilung der Wortklassen gibt es also einige Unterschiede. Sie betreffen vor allem die *Artikelwörter*, *Partikeln* und *Satzäquivalente*.

Artikelwörter formen eine Klasse von Wörtern, die sich syntaktisch wie das Zentrum dieser Wortklasse, also der bestimmte oder unbestimmte Artikel (*der/die/das; ein/eine/ein*), verhalten. Zu dieser Klasse gehören die traditionellen Demonstrativpronomen (*dieser*), Possessivpronomen (*mein*), Interrogativpronomen (*welcher*) sowie Indefinitpronomen (*mancher, jeder*).

Partikeln gibt es in der Schulgrammatik nicht; sie werden dort meist unter den Adverbien aufgeführt. In der Gruppe der Partikeln werden in dieser Grammatik Modalpartikeln (*denn, doch, ja* usw.), Gradpartikeln (*sogar, erst*) sowie die Negationspartikel *nicht* zusammengefasst. Partikeln „würzen" oder verneinen die Aussage eines Satzes.

Schließlich gibt es die Wortklasse *Satzäquivalente*: Hier werden alle Elemente aufgeführt, die als Einzelwort Satzcharakter haben. Dazu gehören die Antwortwörter (*ja, nein, doch*), die Reaktionswörter (*bitte, danke*) sowie die Interjektionen (Ausrufewörter) wie *ah, aua, pst* usw.

Die Wortklasse *Pronomen* wurde um jene Wörter gekürzt, die als *Artikelwörter* beschrieben werden.

Die anderen Wortklassen, also Verben, Substantive, Adjektive, Adverbien, Präpositionen und Konjunktionen, sind wie die vergleichbaren traditionellen Wortarten gegliedert.

1. Das Verb

Grillhähnchen und Broiler

Wir verstanden uns gerade richtig gut, als Henning auf einmal sagte, ich sei doch gar kein richtiger Ossi mehr. Ich sei schon total assimiliert. Eine Beleidigung konnte es nicht sein, schließlich ist Henning aus dem Westen. Vielleicht meinte er es gut. Vielleicht wollte er mich auf seine Seite ziehen. Mit zu den Gewinnern. Aber ich wollte gar nicht wechseln. Es ärgerte mich. Assimiliert. Klang wie aufgelöst. Und wenn Henning Recht hatte?

Ich konnte nicht sagen, was einen Ossi ausmacht. Es hatte mit Erinnerungen zu tun und war sicher mehr, als nur sein Grillhähnchen einen Broiler zu nennen. Ich wusste auch nicht genau. Ich wusste nur, dass ich das alles behalten wollte. Die DDR war 16 Jahre meine Heimat. Und wenn man das nun nicht mehr merkte, hatte ich dann mein Land verleugnet? Ein Land, das es nicht mehr gab? Und als es noch da war, hätte ich wohl nie „mein Land" zu ihm gesagt. Es war grotesk.

(*jetzt*. Süddeutsche Zeitung, 8.11.1999, S. 10)

a. Die Wortart

In unserem Text gibt es zahlreiche Verben in flektierter (konjugierter) Form, im Infinitiv oder als Partizip:

> *verstanden, sagte, sei, konnte, sein, ist, meinte, wollte, ziehen, wechseln, ärgerte, assimiliert, klang, aufgelöst, (Recht) hatte, sagen, ausmacht, tun, war, nennen, wusste, behalten, wollte, war, merkte, verleugnet, gab, hätte, gesagt*

Verben sind Wörter, die konjugiert werden können. Die Konjugation ist eine besondere Art der Flexion, also der regelmäßigen Veränderung der Wörter.

Verben treten entweder in der **konjugierten** (flektierten/finiten/gebeugten) Form oder im Infinitiv bzw. Partizip I oder Partizip II auf. In der konjugierten Form sind sie im *Tempus* (sechs Zeitformen), *Modus* (Indikativ, Konjunktiv, Imperativ) und *Genus Verbi* (Aktiv, Passiv) veränderbar.

Verben stimmen mit dem Subjekt formal überein. Diese Erscheinung nennen wir *grammatische Kongruenz.*

Verben kommen in fast jedem Satz vor und bestimmen entscheidend die Aussage des Satzes. Man nennt sie daher auch das *strukturelle Zentrum.* Wer also das Verb richtig verstanden hat, kennt bereits einen großen Teil der Bedeutung der Äußerung. Beim Entschlüsseln von Texten der geschriebenen und gesprochenen Sprache ist es deshalb sinnvoll beim Verb zu beginnen.

Das Verb eröffnet daneben *Valenzstrukturen,* also Ergänzungen im Satz. Zusammen mit dem infiniten Teil bildet es schließlich den *Verbalkomplex* des Satzes.

b. Die Morphologie des Verbs

Die Morphologie (Formenlehre) des Verbs ist im Deutschen im Vergleich zu vielen anderen Sprachen sehr weit ausgebaut. Die konjugierten Verbformen werden nach folgenden Kriterien unterschieden:

- **Person:** 1. Person (Sprecher/Schreiber), 2. Person (Hörer/Leser), 3. Person (der, die oder das, worüber gesprochen oder geschrieben wird)
- **Numerus:** Singular, Plural
- **Tempus:** Präsens, Präteritum, Perfekt, Plusquamperfekt, Futur I, Futur II
- **Genus Verbi:** Aktiv, Passiv
- **Modus:** Indikativ, Konjunktiv, Imperativ

Verben werden weiterhin in **regelmäßige** (traditionell: *schwache*) sowie **unregelmäßige** (traditionell: *starke*) Verben unterschieden.

Regelmäßige Verben bilden ihr Präteritum durch Anhängen der Endung *-te-* an den Wortstamm (*lachen* – er *lachte*), unregelmäßige Verben hingegen verändern dabei ihren Stammvokal (*singen* – er *sang*).

Das Subjekt bestimmt Person und Numerus des Verbs:

> Der Mann *trinkt* ein Bier. (3. Person Singular)
> Wir *verreisen* morgen. (1. Person Plural)
> Sie *haben* alles vergessen. (3. Person Plural)

Das konjugierte Verb ist entweder eingliedrig:

> Wir *lachen*.

oder mehrgliedrig (Finitum und infiniter Teil):

> Wir *reisen* morgen *ab*. (trennbares Präfix)
> Der Zug *machte Halt*. (Verbzusatz)

Die infiniten (nicht konjugierten) Formen des Verbs sind:

– **Infinitiv** (traditionell: *Nennform, Grundform*):

> Sie will *essen*.
> das *Schreien* der Kinder

– **Partizip I** (traditionell: *Mittelwort*):

> die *essenden* Menschen
> die *Singenden*

– **Partizip II** (traditionell: *Mittelwort*):

> Sie haben *gegessen*.
> das *Gesungene*

Diese infiniten Formen können dekliniert werden, indem ein Artikelwort vorangestellt wird. Der Infinitiv wird dann zu einem Substantiv, die Partizipien zu Adjektiven:

> das *Singen*
> die *singenden* Kinder
> das *gesungene* Lied

Die Konjugation der regelmäßigen Verben

– Präsens:

	Aktiv	Passiv
Singular		
1. Person	*ich frage*	*ich werde gefragt*
2. Person	*du fragst*	*du wirst gefragt*
3. Person	*er/sie/es fragt*	*er/sie/es wird gefragt*
Plural		
1. Person	*wir fragen*	*wir werden gefragt*
2. Person	*ihr fragt*	*ihr werdet gefragt*
3. Person	*sie fragen*	*sie werden gefragt*

– Präteritum:

	Aktiv	Passiv
Singular		
1. Person	*ich fragte*	*ich wurde gefragt*
2. Person	*du fragtest*	*du wurdest gefragt*
3. Person	*er/sie/es fragte*	*er/sie/es wurde gefragt*
Plural		
1. Person	*wir fragten*	*wir wurden gefragt*
2. Person	*ihr fragtet*	*ihr wurdet gefragt*
3. Person	*sie fragten*	*sie wurden gefragt*

– Perfekt:

	Aktiv	Passiv
Singular		
1. Person	*ich habe gefragt*	*ich bin gefragt worden*
2. Person	*du hast gefragt*	*du bist gefragt worden*
3. Person	*er/sie/es hat gefragt*	*er/sie/es ist gefragt worden*
Plural		
1. Person	*wir haben gefragt*	*wir sind gefragt worden*
2. Person	*ihr habt gefragt*	*ihr seid gefragt worden*
3. Person	*sie haben gefragt*	*sie sind gefragt worden*

– Plusquamperfekt:

	Aktiv	Passiv
Singular		
1. Person	*ich hatte gefragt*	*ich war gefragt worden*
2. Person	*du hattest gefragt*	*du warst gefragt worden*
3. Person	*er/sie/es hatte gefragt*	*er/sie/es war gefragt worden*
Plural		
1. Person	*wir hatten gefragt*	*wir waren gefragt worden*
2. Person	*ihr hattet gefragt*	*ihr wart gefragt worden*
3. Person	*sie hatten gefragt*	*sie waren gefragt worden*

– Futur I:

	Aktiv	Passiv
Singular		
1. Person	*ich werde fragen*	*ich werde gefragt werden*
2. Person	*du wirst fragen*	*du wirst gefragt werden*
3. Person	*er/sie/es wird fragen*	*er/sie/es wird gefragt werden*
Plural		
1. Person	*wir werden fragen*	*wir werden gefragt werden*
2. Person	*ihr werdet fragen*	*ihr werdet gefragt werden*
3. Person	*sie werden fragen*	*sie werden gefragt werden*

– Futur II:

	Aktiv	Passiv
Singular		
1. Person	*ich werde gefragt haben*	*ich werde gefragt worden sein*
2. Person	*du wirst gefragt haben*	*du wirst gefragt worden sein*
3. Person	*er/sie/es wird gefragt haben*	*er/sie/es wird gefragt worden sein*
Plural		
1. Person	*wir werden gefragt haben*	*wir werden gefragt worden sein*
2. Person	*ihr werdet gefragt haben*	*ihr werdet gefragt worden sein*
3. Person	*sie werden gefragt haben*	*sie werden gefragt worden sein*

Es wird hier, wie allgemein üblich, von **sechs Tempora** (Zeitformen) des Deutschen ausgegangen, obwohl bekannt ist, dass die Formen des Futurs II (*ich werde gefragt haben, ich werde gefragt worden sein*) eher zum Bereich des Modus als dem des Tempus gehören. Denn ein Satz wie *Ich werde Peter gefragt haben* sagt im Grunde nichts darüber aus, *wann* das geschieht, sondern ist viel eher entweder eine *Absichtserklärung* oder eine *Hoffnung*, jeweils abhängig von der Situation und der Zielsetzung des Sprechers.

● Regeln für die Bildung der Tempusformen

– Das Präsens im Aktiv wird gebildet, indem man an den Stamm (Wurzel) des Verbs die Endung der jeweiligen Person anfügt. Den Stamm erhält man, wenn von der Infinitivform die Endung *-en* weggestrichen wird (*fragen* → *frag*):

1. Person Singular: ich *frage* – 1. Person Plural: wir *fragen*
2. Person Singular: du *fragst* – 2. Person Plural: ihr *fragt*
3. Person Singular: er/sie/es *fragt* – 3. Person Plural: sie *fragen*

Das Präsens im Passiv wird aus den Präsensformen von *werden* und dem Partizip II gebildet:

ich *werde gefragt*

– Das Präteritum im Aktiv wird gebildet, indem man zwischen Stamm und Personalendung ein *-t-* einfügt (in der 2. Person Singular und Plural *-te-*):

1. Person Singular: ich *fragte* – 1. Person Plural: wir *fragten*
2. Person Singular: du *fragtest* – 2. Person Plural: ihr *fragtet*
3. Person Singular: er/sie/es *fragte* – 3. Person Plural: sie *fragten*

Das Präteritum im Passiv wird aus den Präteritumsformen von *werden* und dem Partizip II gebildet:

ich *wurde gefragt*

– Das Perfekt im Aktiv wird gebildet mit dem Präsens der Hilfsverben *haben* und *sein* [S. 163f.] und dem Partizip II des entsprechenden Verbs. *Haben* überwiegt dabei:

ich *habe gefragt*

Das Perfekt im Passiv wird aus den Präsensformen von *sein*, dem Partizip II des entsprechenden Verbs und *worden* gebildet:

ich *bin gefragt worden*

– Das Plusquamperfekt im Aktiv wird gebildet mit dem Präteritum der Hilfsverben *haben* und *sein* und dem Partizip II des entsprechenden Verbs:

ich *hatte gefragt*

Das Passiv entsteht durch die Präteritumsformen von *sein*, das Partizip II des entsprechenden Verbs und *worden*:

ich *war gefragt worden*

– Das Futur I im Aktiv wird gebildet mit den Präsensformen von *werden* und dem Infinitiv des Verbs:

ich *werde fragen*

Das Passiv wird mit den Präsensformen von *werden*, das Partizip II des entsprechenden Verbs und *werden* im Infinitiv gebildet:

ich *werde gefragt werden*

– Das Futur II im Aktiv wird gebildet mit den Präsensformen von *werden*, das Partizip II des entsprechenden Verbs und *haben*:

ich *werde gefragt haben*

Das Passiv wird mit den Präsensformen von *werden*, dem Partizip II des entsprechenden Verbs, *worden* und *sein* gebildet:

ich *werde gefragt worden sein*

– Das Partizip II wird durch Anhängen von *-t* an den Verbstamm (bei *-t* oder *-d* am Ende: *-et*) gebildet; häufig tritt die Vorsilbe *ge-* hinzu [S. 151ff.]:

gefragt
gearbeitet

– Besonderheiten der Bildung:

In der 2. Person Singular, der 3. Person Singular sowie der 2. Person Plural wird im Präsens und Präteritum ein *-e-* eingefügt, wenn der Verbstamm auf *-d* oder *-t* auslautet.

Präsens: du *redest,* er *redet,* ihr *redet*
du *arbeitest,* er *arbeitet,* ihr *arbeitet*

Präteritum: du *redetest,* er *redete,* ihr *redetet*
du *arbeitetest,* er *arbeitete,* ihr *arbeitetet*

Ebenso: *baden, bluten, fasten, retten, trösten* usw.

Ebenso wird in der 2. Person Singular, der 3. Person Singular sowie der 2. Person Plural ein *-e-* eingefügt, wenn der Verbstamm auf *-m* oder *-n* endet und diesem *-m* oder *-n* ein weiterer Konsonant vorausgeht (mit Ausnahme von *l* oder *r*):

du *atmest,* er *atmet,* ihr *atmet*
du *zeichnest,* er *zeichnet,* ihr *zeichnet*
Aber: du *filmst,* er *lernt*

Die 2. Person Singular wird auf *-t* verkürzt, wenn der Stamm auf *-s, -ss, -ß, -x* oder *-z* endet:

du *beweist, du hasst, du grüßt, du mixt, du heizt*

Verben auf *-eln* verlieren in der 1. Person Singular das *-e-*:

wechseln – ich *wechsle*

In der gesprochenen Sprache geschieht das auch bei Verben mit der Endung *-ern*:

ich *ändre,* ich *rudre*

Bei einzelnen Verben gibt es Doppelformen im Präteritum:

backen: er *backte*/er *buk* (veraltet)
senden: er *sendete*/er *sandte*
wenden: er *wendete*/er *wandte*

Bei einigen Verben wirken regelmäßige und unregelmäßige Verbform bedeutungsdifferenzierend. Dabei steht die regelmäßige Verbform stets mit einer Akkusativergänzung (traditionell: *transitives Verb*), während das unregelmäßige Verb ohne Akkusativergänzung auftritt:

erschrecken:	Sie *erschreckte* die Kinder.
	Er *erschrak* über die Nachricht.
hängen:	Michaela *hängte* das Bild an die Wand.
	Das Bild *hing* seit Jahren dort.
wenden:	Klaus *wendete* das Auto.
	Er *wandte* sich ihr zu.

● Die Konjugation der unregelmäßigen Verben

Eine große Zahl der Verben im Deutschen bildet die konjugierten Formen (Tempusformen) durch einen Wechsel des Stammvokals (Ablaut):

singen – er *sang* – er hat *gesungen*

Ihr Partizip II endet auf *-en* und nicht auf *-(e)t* wie bei den regelmäßigen Verben. Diese Klasse der Verben nennen wir *unregelmäßige Verben.*

Weitere Unterscheidungsmerkmale gegenüber den regelmäßigen Verben sind:

– Die 1. Person und die 3. Person Singular Präteritum sind endungslos:

ich/er *sang*
ich/er *rief*

– Bei einigen unregelmäßigen Verben tritt in der 2. Person und der 3. Person Singular zusätzlich ein Wechsel des Stammvokals auf: entweder in der Form *a* → *ä*, *o* → *ö*, *au* → *äu* oder durch einen Wechsel von *e* bzw. *ä* oder *ö* zu *i* bzw. *ie*:

	ich trage	–	*du trägst*	–	*er trägt*
(falsch:	*ich frage*	–	**du frägst*	–	**er frägt*
korrekt:	*ich frage*	–	*du fragst*	–	*er fragt*)
	ich stoße	–	*du stößt*	–	*er stößt*
	ich laufe	–	*du läufst*	–	*er läuft*
	ich helfe	–	*du hilfst*	–	*er hilft*
	ich esse	–	*du isst*	–	*er isst*
	ich gebäre	–	*du gebierst*	–	*sie gebiert*
	erlöschen		–		*es erlischt*

– Liste der unregelmäßigen Verben:

In der folgenden Liste werden die wichtigsten unregelmäßigen Verben der deutschen Sprache in alphabetischer Reihenfolge aufgeführt.

Dabei werden die drei Stammformen genannt:

Infinitiv – Präteritum – Partizip II

Zusätzlich werden angegeben:

- in der Spalte „Infinitiv" die 3. Person Singular Präsens, wenn ein Vokalwechsel eintritt,

- in der Spalte „Infinitiv" eine Worterklärung, wenn das gleiche Verb noch eine andere Bedeutung hat (z. B. *bewegen*: „veranlassen"; *schaffen*: „gestalten" usw.),

- in der Spalte „Präteritum" mögliche Doppelformen (*molk/melkte, scholl/schallte* usw.),

- ebenso in der Spalte „Präteritum" die Form des Konjunktivs II (K II), wenn ein Vokalwechsel auftritt,

- ebenso Angaben darüber, ob die Form veraltet, literarisch oder nur noch regional verbreitet ist,

- in der Spalte „Partizip II" die Angabe, ob *haben* oder *sein* gebraucht wird.

Infinitiv	Präteritum	Partizip II
befehlen *(er befiehlt)*	*befahl* K II: *befähle/beföhle* (veraltet)	*(hat) befohlen*
beginnen	*begann* K II: *begänne/begönne* (selten)	*(hat) begonnen*
beißen	*biss*	*(hat) gebissen*
bewegen (= „veranlassen")	*bewog* K II: *bewöge* (veraltet)	*(hat) bewogen*

Infinitiv	Präteritum	Partizip II
biegen	*bog* K II: *böge* (veraltet)	*(hat) gebogen* (den Nagel) *(ist) gebogen* (um die Ecke)
bieten	*bot*	*(hat) geboten*
binden	*band* K II: *bände* (veraltet)	*(hat) gebunden*
bitten	*bat* K II: *bäte*	*(hat) gebeten*
blasen *(er bläst)*	*blies*	*(hat) geblasen*
bleiben	*blieb*	*(ist) geblieben*
braten *(er brät)*	*briet*	*(hat) gebraten*
brechen *(er bricht)*	*brach* K II: *bräche*	*(ist) gebrochen* (Eis) *(hat) gebrochen* (Wort, Abkommen)
dreschen *(er drischt)*	*drosch, drasch* (veraltet) K II: *drösche/dräsche* (veraltet)	*(hat) gedroschen*
empfangen *(er empfängt)*	*empfing*	*(hat) empfangen*
empfehlen *(er empfiehlt)*	*empfahl* K II: *empfähle/empföhle* (veraltet)	*(hat) empfohlen*
empfinden	*empfand* K II: *empfände*	*hat empfunden*
erlöschen *(die Kerze erlischt)*	*erlosch* K II: *erlösche*	*(ist) erloschen*
erschrecken *(er (er)schrickt/* *(er)schreckt)*	*erschrak/erschreckte*	*(ist) erschrocken* (der Angeklagte... über das Urteil) *(hat) erschreckt* (die Diagnose... den Patienten)
essen *(er isst)*	*aß* K II: *er äße*	*(hat) gegessen*

Infinitiv	Präteritum	Partizip II
fahren *(er fährt)*	*fuhr* K II: *führe*	*(ist) gefahren* (nach München) *(hat) gefahren* (das Auto)
fallen *(er fällt)*	*fiel*	*(ist) gefallen*
fangen *(er fängt)*	*fing*	*(hat) gefangen*
finden	*fand* K II: *fände*	*(hat) gefunden*
fliegen	*flog* K II: *flöge* (veraltet)	*(ist) geflogen* (Inge... mit dem Flugzeug) *(hat) geflogen* (der Pilot...das Flugzeug)
fliehen	*floh* K II: *flöhe* (veraltet)	*(ist) geflohen*
fließen	*floss* K II: *flösse* (veraltet)	*(ist) geflossen*
fressen *(er frisst)*	*fraß* K II: *fräße*	*(hat) gefressen*
frieren	*fror* K II: *fröre* (veraltet)	*(hat) gefroren*
gebären *(sie gebiert/gebärt)*	*gebar* K II: *gebäre*	*(hat) geboren*
geben *(er gibt)*	*gab* K II: *gäbe*	*(hat) gegeben*
gehen	*ging* K II: *ginge*	*(ist) gegangen*
gelingen	*gelang* K II: *gelänge*	*(ist) gelungen*
genießen	*genoss* K II: *genösse* (veraltet)	*(hat) genossen*
geschehen *(es geschieht)*	*geschah* K II: *geschähe*	*(ist) geschehen*
gewinnen	*gewann* K II: *gewänne/gewönne* (veraltet)	*(hat) gewonnen*
gießen	*goss* K II: *gösse* (veraltet)	*(hat) gegossen*
gleiten	*glitt*	*(ist) geglitten*

Infinitiv	**Präteritum**	**Partizip II**
graben *(er gräbt)*	*grub* K II: *grübe* (veraltet)	*(hat) gegraben*
greifen	*griff*	*(hat) gegriffen*
haben	*hatte*	*(hat) gehabt*
halten *(er hält)*	*hielt*	*(hat) gehalten*
hängen	*hing/hängte*	*(hat) gehangen* (die Lampe an der Decke) *(hat) gehängt* (den Mantel in den Schrank)
hauen	*hieb/haute*	*(hat) gehauen*
heben	*hob* K II: *höbe* (veraltet)	*(hat) gehoben*
heißen	*hieß* K II: *hieße*	*(hat) geheißen*
helfen *(er hilft)*	*half* K II: *hälfe/hülfe*	*(hat) geholfen*
klingen	*klang* K II: *klänge*	*(hat) geklungen*
kneifen	*kniff*	*(hat) gekniffen*
kommen	*kam* K II: *käme*	*(ist) gekommen*
kriechen	*kroch* K II: *kröche* (veraltet)	*(ist) gekrochen*
laden (= „aufladen") *(er lädt)*	*lud* K II: *lüde* (veraltet)	*(hat) geladen*
laden (= „einladen") *(er lädt)*	*lud* K II: *lüde* (veraltet)	*(hat) geladen*
lassen *(er lässt)*	*ließ*	*(hat) gelassen*
laufen *(er läuft)*	*lief*	*(ist) gelaufen*
leiden	*litt*	*(hat) gelitten*
lesen *(er liest)*	*las* K II: *läse* (veraltet)	*(hat) gelesen*
liegen	*lag* K II: *läge*	*(hat) gelegen* (Gegenstand) *(ist) gelegen* (Ortsbeschreibung)

Infinitiv	**Präteritum**	**Partizip II**
lügen	*log* K II: *löge* (veraltet)	*(hat) gelogen*
mahlen	*mahlte* (Präteritum regelmäßig)	*(hat) gemahlen*
melken *(er milkt* [veraltet] */melkt)*	*molk/melkte* K II: *mölke* (veraltet)/ *melkte*	*hat gemolken/gemelkt*
messen *(er misst)*	*maß* K II: *mäße* (veraltet)	*hat gemessen*
misslingen	*misslang* K II: *misslänge*	*(ist) misslungen*
nehmen *(er nimmt)*	*nahm* K II: *nähme*	*(hat) genommen*
pfeifen	*pfiff*	*(hat) gepfiffen*
pflegen (die Ruhe/ die Tradition)	*pflog* (literarisch)/ *pflegte* K II: *pflöge* (veraltet)	*(hat) gepflogen/gepflegt* (die Ruhe/die Tradition)
quellen *(es quillt)*	quoll K II: *quölle* (veraltet)	*(ist) gequollen*
raten *(er rät)*	*riet*	*(hat) geraten*
reiben	*rieb*	*(hat) gerieben*
reißen	*riss*	*(hat) gerissen* (sich...ein Loch) *(ist) gerissen* (das Seil)
reiten	*ritt*	*(ist) geritten* (zum Feld) *(hat) geritten* (ein Pferd)
riechen	*roch* K II: *röche* (veraltet)	*(hat) gerochen*
ringen	*rang* K II: *ränge* (veraltet)	*(hat) gerungen*
rufen	*rief*	*(hat) gerufen*
salzen	*salzte* (Präteritum regelmäßig)	*(hat) gesalzen/gesalzt* *(ist) gesalzen* (figurativ)
saufen *(er säuft)*	*soff* K II: *söffe* (veraltet)	*(hat) gesoffen*

Infinitiv	**Präteritum**	**Partizip II**
schaffen (= „gestalten“)	*schuf* K II: *schüfe*	*(hat) geschaffen*
schallen *(erschallen)*	*scholl/schallte* K II: *schölle* (veraltet)	*(hat) geschallt*
scheiden	*schied*	*(ist) geschieden* (= „verlassen“) *(hat) geschieden* (= „trennen“)
scheinen	*schien*	*(hat) geschienen*
scheißen	*schiss*	*(hat) geschissen*
scheren (= „abschneiden“)	*schor* K II: *schöre* (veraltet)	*(hat) geschoren*
schieben	*schob* K II: *schöbe*	*(hat) geschoben*
schießen	*schoss* K II: *schösse*	*(hat) geschossen*
schinden	*schindete/schund* (veraltet) K II: *schindete/schünde* (veraltet)	*(hat) geschunden*
schlafen *(er schläft)*	*schlief*	*(hat) geschlafen*
schlagen *(er schlägt)*	*schlug* K II: *schlüge* (veraltet)	*(hat) geschlagen*
schleichen	*schlich*	*(ist) geschlichen*
schleifen (= „scharf machen“)	*schliff*	*(hat) geschliffen*
schließen	*schloss* K II: *schlösse*	*(hat) geschlossen*
schmeißen	*schmiss*	*(hat) geschmissen*
schmelzen *(er schmilzt)*	*schmolz* K II: *schmölze* (veraltet)	*(ist) geschmolzen*
schnauben	*schnob/schnaubte* K II: *schnöbe* (veraltet)/ *schnaubte*	*(hat) geschnoben/geschnaubt*
schneiden	*schnitt*	*(hat) geschnitten*

Infinitiv	**Präteritum**	**Partizip II**
schrecken *(er schrickt/schreckt)*	*schrak/schreckte*	*(ist) geschrocken* (aus dem Schlaf) *(hat) geschreckt* (ihn...die Drohung)
schreiben	*schrieb*	*(hat) geschrieben*
schreien	*schrie*	*(hat) geschrien*
schreiten	*schritt*	*(ist) geschritten*
schweigen	*schwieg*	*(hat) geschwiegen*
schwellen (= „anschwellen“) *(er schwillt)*	*schwoll*	*(ist) geschwollen*
schwimmen	*schwamm* K II: *schwämme* (veraltet)/ *schwömme* (veraltet)	*(ist) geschwommen* (an das Ufer) *(hat) geschwommen* (den ganzen Tag)
schwingen	*schwang* K II: *schwänge* (selten)	*(hat) geschwungen*
schwören	*schwor/schwur* (veraltet) K II: *schwöre/schwüre* (veraltet)	*(hat) geschworen*
sehen *(er sieht)*	*sah* K II: *sähe*	*(hat) gesehen*
sein *(er ist)*	*war* K II: *wäre*	*(ist) gewesen*
singen	*sang* K II: *sänge*	*(hat) gesungen*
sinken	*sank* K II: *sänke* (veraltet)	*(ist) gesunken*
sitzen	*saß* K II: *säße*	*(hat) gesessen* (oberdeutsch: *(ist) gesessen*)
spalten	*spaltete* (Präteritum regelmäßig)	*(hat/ist) gespalten/gespaltet*
spinnen	*spann* K II: *spänne/spönne* (veraltet)	*(hat) gesponnen*
sprechen *(er spricht)*	*sprach* K II: *spräche*	*(hat) gesprochen*
sprießen	*spross* K II: *sprösse* (veraltet)	*(ist) gesprossen*

Infinitiv	Präteritum	Partizip II
springen	*sprang* K II: *spränge*	*(ist) gesprungen*
stechen *(er sticht)*	*stach* K II: *stäche* (veraltet)	*(hat) gestochen*
stecken (= „sich in einer Situation befinden")	*stak/steckte* K II: *stäke* (veraltet)/ *steckte*	*(hat) gesteckt*
stehen	*stand* K II: *stände/stünde*	*(hat) gestanden* (oberdeutsch: *(ist) gestanden*)
stehlen *(er stiehlt)*	*stahl* K II: *stähle* (veraltet)	*(hat) gestohlen*
steigen	*stieg*	*(ist) gestiegen*
sterben *(er stirbt)*	*starb* K II: *stürbe*	*(ist) gestorben*
stinken	*stank*	*(hat) gestunken*
stoßen *(er stößt)*	*stieß*	*(hat) gestoßen* (die Kugel) *(ist) gestoßen* (auf Öl, Widerstand)
streichen	*strich*	*(hat) gestrichen* (Farbe) *(ist) gestrichen* (Vogel)
streiten	*stritt*	*(hat) gestritten*
tragen *(er trägt)*	*trug* K II: *trüge*	*(hat) getragen*
treffen *(er trifft)*	*traf* K II: *träfe*	*(hat) getroffen*
treiben	*trieb*	*(hat) getrieben* (der Wind) *(ist) getrieben* (der Luftballon)
treten *(er tritt)*	*trat* K II: *träte*	*(hat) getreten* (den Mann) *(ist) getreten* (in den Dreck)
trinken	*trank* K II: *tränke*	*(hat) getrunken*
tun	*tat* K II: *täte*	*(hat) getan*

Infinitiv	Präteritum	Partizip II
verderben *(er verdirbt)*	*verdarb* K II: *verdürbe* (veraltet)	*(ist) verdorben* (Käse) *(hat) verdorben* (sich den Magen)
vergessen *(er vergisst)*	*vergaß* K II: *vergäße*	*(hat) vergessen*
verlieren	*verlor* K II: *verlöre* (veraltet)	*(hat) verloren*
verlöschen *(es verlischt)*	*verlosch* K II: *verlösche* (veraltet)	*(ist) verloschen*
verzeihen	*verzieh*	*(hat) verziehen*
wachsen *(er wächst)*	*wuchs* K II: *wüchse* (veraltet)	*(ist) gewachsen*
waschen *(er wäscht)*	*wusch* K II: *wüsche* (veraltet)	*(hat) gewaschen*
weben	*wob* (literarisch)/ *webte* K II: *wöbe* (veraltet)	*(hat) gewoben/gewebt*
weichen (= „nachgeben“)	*wich*	*(ist) gewichen*
werben *(er wirbt)*	*warb* K II: *würbe*	*(hat) geworben*
werden *(er wird)*	*wurde/ward* (literarisch) K II: *würde*	*(ist) geworden*
werfen *(er wirft)*	*warf* K II: *würfe*	*(hat) geworfen*
wiegen	*wog* K II: *wöge* (literarisch)	*(hat) gewogen*
zeihen	*zieh/zeihte* K II: *ziehe*	*geziehen/gezeiht*
ziehen	*zog* K II: *zöge*	*(hat) gezogen* (die Karre) *(ist) gezogen* (aufs Land)
zwingen	*zwang* K II: *zwänge*	*(hat) gezwungen*

Die Verben *backen* (*backte/buk*), *brennen* (*brannte*), *bringen* (*brachte*), *denken* (*dachte*), *dürfen* (*durfte*), *kennen* (*kannte*), *können* (*konnte*), *mögen* (*mochte*), *müssen* (*musste*), *nennen* (*nannte*), *rennen* (*rannte*), *senden* (*sandte/sendete*), *sollen* (*sollte*), *wenden* (*wandte/wendete*), *winken* (*winkte*), *wissen* (*wusste*) und *wollen* (*wollte*) gehören zu den regelmäßigen Verben.

Fragen hat das regelmäßige *fragte* statt des früheren *frug* im Präteritum.

– Besonderheiten der unregelmäßigen Verben:

Häufig werden unterschiedliche Präteritumsformen gebildet, um unterschiedliche Bedeutungen auszudrücken:

schaffen: Er *schuf* ein Meisterwerk. – Sie *schaffte* viel.

schmelzen: Er *schmelzte* das Eisen. – Der Schnee *schmolz*.

stecken: Sie *steckte* die Fahrkarte in den Entwerter. – Die Fahrkarte *stak/steckte* im Entwerter.

wiegen: Er *wog* das Geld. – Sie *wiegte* das Kind.

Die infiniten Verbformen

Zu den infiniten Verbformen gehören:

- der Infinitiv
- das Partizip I
- das Partizip II

– Infinitiv I:

Der **Infinitiv I** (Infinitiv Aktiv) ist – im Unterschied zu den konjugierten Verbformen – nicht in Person, Numerus, Tempus, Modus und Genus des Verbs bestimmt. Er ist die Stammform jedes Verbs und wird gebildet durch Anhängen von *-en* an den Verbstamm (Wurzel): Lautet diese Wurzel auf *-er* oder *-el* aus, ist die Endung nur *-n*:

loben, arbeiten
zittern, lächeln

Eine Ausnahme bilden die Verben *sein* und *tun*.

– Infinitiv II:

Der Infinitiv II (Infinitiv Aktiv + Partizip II) wird gebildet mit dem Infinitiv I der Verben *haben* oder *sein* sowie dem Partizip II des jeweiligen Verbs:

gelobt haben, gearbeitet haben
gegangen sein, geschwommen sein

Diese Form wird zur Bildung des Perfekts und Plusquamperfekts sowie des Futurs II der Verben benutzt:

Er *hat* sie *gelobt*. (Perfekt)
Er *wird* sie gestern *gelobt haben*. (Futur II)

Diese **Infinitiv-II-Form** tritt nicht auf bei den *Modalverben* im Deutschen. Dort wird die Perfektform (traditionell: *Ersatzinfinitiv*) aus der Perfektform von *haben* und dem Infinitiv des Verbs sowie dem Infinitiv des Modalverbs gebildet. Im eingeleiteten Nebensatz werden dabei häufig Fehler begangen, etwa:

*..., weil er sie gestern *sprechen gekonnt hat.*
oder: *..., obwohl sie ihn nicht mehr *hat sehen gewollt.*

Beide Formen sind falsch. Richtig ist:

..., weil er sie gestern *hat sprechen können*.
..., obwohl sie ihn nicht mehr *hat sehen wollen*.

Beim Perfekt der Modalverben steht also im Haupt- wie im eingeleiteten Nebensatz der Infinitiv des Modalverbs am Satzende, direkt davor der Infinitiv des Verbs. Ein Partizip II gibt es hier nicht! Steht hingegen das Modalverb allein – gewissermaßen als Vollverb –, so wird das Partizip II gebraucht:

Das habe ich nicht *gewollt*.

– Infinitiv Passiv:

Neben den Infinitivformen im Aktiv gibt es bei den passivfähigen Verben [S. 181ff.] auch Infinitive. Zu unterscheiden sind dabei das *werden*-Passiv (traditionell: *Vorgangspassiv*) sowie das *sein*-Passiv (traditionell: *Zustandspassiv*).

- *werden*-Passiv:

  gelobt werden (Partizip II des Verbs + Infinitiv I von *werden*)
  gelobt worden sein (Partizip II + Infinitiv II von *werden* ohne *ge-* + *sein*)

- *sein*-Passiv:

  gelobt sein (Partizip II des Verbs + Infinitiv I von *sein*)
  gelobt gewesen sein (Partizip II des Verbs + Infinitiv II von *sein* + *sein*)

– Einfacher und erweiterter Infinitiv:

Der einfache Infinitiv tritt in Tempusformen sowie bei Modalverben auf:

Er wird *fahren*.
Er muss *fahren*.
Er will *fahren*.
Er soll *fahren*.

Außerdem bei den Modalitätsverben [S. 168f.]:

Sie *scheint* *zu schlafen*.
Das Haus *droht* *einzustürzen*.

Beim erweiterten Infinitiv mit *zu* gibt es zusätzliche Ergänzungen oder Angaben:

Sie behauptete *ihn nicht zu kennen*.
Wir versprachen *pünktlich zu sein*.

Seit der Rechtschreibreform von 1998 muss – im Gegensatz zur früheren Regelung – beim erweiterten Infinitiv kein Komma mehr gesetzt werden. Damit wird die Unterscheidung zwischen einfachem und erweitertem Infinitiv bei der Interpunktion aufgehoben:

Er versprach *zu kommen*.
Er versprach *morgen um zehn Uhr zu kommen*.

Will der Schreiber semantisch gliedern, kann er ein Komma setzen:

Er versprach, auf jeden Fall morgen um zehn Uhr zu kommen.

Ein Komma ist jedoch obligatorisch, wenn Missverständnisse ausgeschlossen werden sollen:

> Er versprach, *ihr zu helfen*. (= er will *ihr* helfen)
> Er versprach ihr, *zu helfen*. (= er verspricht ihr, *anderen* zu helfen.)

Besonderheiten des Infinitivs

Der Infinitiv ohne *zu* steht bei den Modalverben *dürfen, können, mögen, müssen, sollen, werden, wollen* sowie *bleiben* und *lassen*:

> Sie darf *rauchen*.
> Er will *schwimmen*.
> Die Kinder werden *kommen*.
> Das Auto bleibt *stehen*.

Weiterhin steht der Infinitiv ohne *zu* bei den Verben der sinnlichen Wahrnehmung *fühlen, hören, sehen* und *spüren*:

> Die Kinder hören die Eltern *kommen*.
> Ich höre das Meer *rauschen*.
> Wir sehen sie *wegfahren*.

Ebenso bei einigen Verben der Bewegung wie *fahren, gehen, kommen* sowie, vor allem in der gesprochenen Sprache, bei *finden, haben, legen, machen, schicken* und *sein*:

> Wir gehen *schwimmen* (= zum Schwimmen).
> Sie fahren *einkaufen* (= zum Einkaufen).
> Karin legt sich *schlafen*.
> Der Vater schickt den Sohn Bier *holen*.

Ein grammatischer Streitfall ist nach wie vor der Gebrauch des *zu* bei dem Verb ***brauchen***. Heißt es korrekt:

> „Du *brauchst* das nicht *zu* machen!"
> Oder: „Du *brauchst* das nicht machen!"?

Korrekt ist nur die erste Form, also mit *zu*!

Das Modalverb *brauchen* + *zu* tritt hier an die Stelle des verneinten oder einschränkenden *müssen*:

> Du *musst* das *nicht* machen. →
> Du *brauchst* das nicht *zu* machen.

Einige schwierige und deshalb häufig falsch gebrauchte Infinitivformen sind:

lernen:	Müllers Tochter hat Klavier *spielen gelernt*.
lehren:	Klaus hat sie Klavier *spielen gelehrt*. (Akkusativ!)
helfen:	Ich *helfe* ihm das Bett *tragen*.
	Sie hat ihm *geholfen* Latein *zu lernen*.

Funktionen des Infinitivs

Der Infinitiv hat keine eigene Bedeutung. Er ist Teil des Verbalkomplexes [S. 79]:

Wir können *Ski fahren*.
Hans schien es *zu genießen*.

Oder Ergänzung oder Angabe zum Verb:

Klaus ging *Bier holen*.
Sie arbeitete anstatt *sich zu erholen*.

Oder Attribut zu einem Substantiv:

seine Art *zu diskutieren*

Oder Attribut zu einem Adjektiv/Partizip:

begabt große Leistungen *zu vollbringen*
gezwungen die nächsten Wochen das Bett *zu hüten*

– Korrelate:

Bei einigen Infinitiven gibt es so genannte *Korrelate* (vor allem Präpositionaladverbien wie *daran*, *darauf* oder *dazu*, daneben *es*), niemals jedoch bei Verben mit dem Infinitiv ohne *zu*. Einige häufig gebrauchte Verben mit Korrelaten sind:

es: *(es) ablehnen, (es) aufgeben, (es) aushalten, (es) bedauern, (es) lieben, (es) übernehmen, (es) verantworten, (es) vergessen, (es) vermeiden, (es) vorziehen*

Er hat es aufgegeben seine Kinder *zu erziehen.*
Wir *ziehen (es) vor* in München *zu wohnen.*

daran: *daran denken, sich dessen/daran erinnern, jemanden daran hindern*

Die Eltern *denken* daran nach Rom *zu fahren.*

darauf: *es darauf absehen, sich darauf beschränken, darauf bestehen, darauf verzichten*

Der Lehrer *besteht darauf* die Klausurarbeit *nachzuholen.*

dazu: *dazu beitragen, dazu dienen, jemanden dazu überreden*

Klaus hat *dazu beigetragen* die Opfer der Hochwasserkatastrophe *zu unterstützen.*

– Das Partizip I:

Das **Partizip I** (traditionell und falsch: *Partizip Präsens* bzw. *Partizip der Gegenwart* genannt, weil es zeitunabhängig gebraucht wird) wird durch Anhängen von *-d* an den Infinitiv (Stammform) gebildet.

Grundsätzlich kann zu jedem Verb ein Partizip I gebildet werden; Ausnahmen sind semantischer Natur (**bekommend* u. a.).

In Verbindung mit einem Verb wird das Partizip I nicht verändert:

Er kam *lächelnd* auf uns zu.

Steht das Partizip I jedoch vor einem Substantiv, wird es wie ein Adjektiv behandelt und dekliniert:

der *lächelnde* Mann, die *diskutierenden* Frauen

Wird es hinter ein Substantiv gestellt – als Apposition [S. 91f.] –, so bleibt es unverändert:

Die Frauen, *diskutierend*, gingen ins Nachbarzimmer.

Partizipien können erweitert werden:

Der Mann, *freundlich lächelnd*, begrüßte die Gäste.

Nachgestellte Appositionen können wieder vor das Substantiv gestellt werden und werden dann dekliniert:

der *freundlich lächelnde* Mann

– Das Gerundivum:

Aus dem Lateinischen wurde die dem Partizip I ähnliche Form des Gerundivums (Partizip der Zukunft) in die deutsche Sprache übernommen. Es steht vor dem Substantiv und wird aufgelöst durch *müssen* bzw. *können* (abhängig von der Sprecherintention):

eine *zu lösende* Aufgabe (= eine Aufgabe, die gelöst werden muss bzw. kann)

ein *zu reparierendes* Auto (= ein Auto, das repariert werden muss oder kann)

– Die Funktion des Partizips I:

Das **Partizip I** – als Attribut – beschreibt einen Sachverhalt als zeitlich neutral, im Prozess befindlich und vom Subjekt aus betrachtet. Es ist zeitidentisch mit dem Verb des Satzes.

– Das Partizip II:

Das **Partizip II** wird bei den regelmäßigen Verben [S. 129ff.] durch Anhängen von *-t* an den Verbstamm (bei auslautendem *-d* oder *-t* lautet die Endung *-et*) gebildet.

Bei den unregelmäßigen Verben wird *-en* an den Stamm angehängt sowie ein Vokalwechsel vollzogen. Bei zahlreichen Verben beider Kategorien gibt es außerdem das Präfix *ge-*.

Hier sind einige Beispiele:

regelmäßig:	*gebaut*, *gelenkt*, *gearbeitet*
unregelmäßig:	*geschwommen*, *gesungen*, *gelaufen*
ohne Präfix *ge-*:	*erzählt*, *bestellt*, *einstudiert*, *misslungen*

Häufig herrscht Unsicherheit, wann das Partizip II **mit** *ge*-Präfix und wann **ohne** gebildet wird.

Hier folgt eine Übersicht:

Partizip II mit ge- (Verben mit Betonung auf der 1. Silbe)			**Partizip II ohne ge- (Verben, die nicht auf der 1. Silbe betont werden)**		
einfache Verben	**Verben mit trennbarem Präfix**	**Verben mit untrennbarem 1. Glied**	**Verben mit untrennbarem Präfix**	**Fremdwörter auf *-ieren* u. a.**	**Verben mit einem trennbaren und einem untrennbaren Glied**
gebaut *gedrückt* *gegangen* *gegessen* *gehandelt* *gesehen* *getrennt*	*abgetrennt* *angeboten* *angesehen* *eingedrückt* *kennen gelernt* *nachgeschlagen* *spazieren gegangen* *teilgenommen*	*gedemütigt* *gefrühstückt* *gekennzeichnet* *gemaßregelt* *gerechtfertigt*	*bestellt* *berufen* *entgangen* *verboten* *versammelt* *vollbracht* *widersprochen* *zerschlagen* *zertrennt*	*ausradiert* *demonstriert* *einstudiert* *lackiert* *parfümiert* *prophezeit* *sortiert* *studiert*	*abbestellt* *anerzogen* *anvertraut* *einverleibt* *nachbewilligt*

Treffen zwei Verben bzw. Partizipien aufeinander, werden sie seit 1998 in jedem Fall getrennt geschrieben:

kennen gelernt, spazieren gegangen, sitzen geblieben.

– Besonderheiten der Bildung des Partizips II:

Verben mit dem Präfix *durch-, hinter-, über-, um-, unter-* und *wieder-* bilden oft zwei Partizipformen und unterscheiden damit Bedeutungen.

Dabei gilt: Wird das Präfix betont (und ist damit trennbar), wird das Partizip auf *ge-* gebildet; wird aber der Stamm betont, entfällt *ge-* (vgl. *dúrchlaufen → (ist) dúrchgelaufen; durchlaúfen → (hat) durchlaúfen*).

Die **Partizipien** nicht passivfähiger Verben mit *haben*-Perfekt sowie imperfektive **Bewegungsverben** [S. 164] mit *sein*-Perfekt können nicht als Attribut gebraucht werden. Falsch sind daher:

* die *gekommenen* Gäste
* das *gelaufene* Bier
* das *gerannte* Kind

Wird aber diesen nicht korrekten Formen eine Richtungsbestimmung hinzugefügt, ist die Struktur durchaus akzeptabel:

die *ins Haus* gekommenen Gäste, das *über die Tischdecke* gelaufene Bier, das *über die Straße* gerannte Kind

Ebenfalls können die meisten reflexiven Verben nicht wie ein Adjektiv gebraucht werden:

Die Frau *hat sich gewaschen*.
→ *Die *sich gewaschene* Frau.

Die Freunde *haben sich getroffen*.
→ *Die *sich getroffenen /getroffen habenden* Freunde.

Jene Partizipien, die, wie erwähnt, attribuiert und wie Adjektive gebraucht werden können, sind auch substantivierbar:

die *flüchtenden* Menschen → die *Flüchtenden*
die *gestorbenen* Eltern → die *Gestorbenen*

– Die Funktion des Partizips II:

Das **Partizip II** ist, ebenso wie das Partizip I, zeitlich neutral, jedoch – im Gegensatz dazu – nicht im Prozess befindlich, sondern abgeschlossen: in der Vergangenheit, Gegenwart oder Zukunft. Zur zeitlichen Verdeutlichung sind deshalb temporale Angaben nötig.

Dazu drei Beispiele:

Vergangenheit: Die *letztes Jahr produzierten* Autos werden ins Werk zurückgerufen.

Gegenwart: Die *heute produzierten* Autos werden nach Japan geliefert.

Zukunft: Die *im kommenden Monat produzierten* Autos werden doppelt lackiert.

Abgeschlossen darf also nicht mit *vergangen* verwechselt werden, sondern kennzeichnet einen Zustand als Abschluss eines Geschehens, das sich in Vergangenheit, Gegenwart oder Zukunft ereignen kann.

– Partizipialkonstruktionen bei Subjektgleichheit:

In Angabesätzen [S. 101ff.] erscheinen Partizipialkonstruktionen als Verkürzungen von Konditionalsätzen:

Wenn wir voraussetzen, dass uns die Arbeit gelingt, werden wir sehr bekannt werden.
→ *Vorausgesetzt*, dass uns die Arbeit gelingt, werden wir sehr bekannt werden.

Ebenso bei Konsekutivsätzen und Temporalsätzen:

Ich freue mich, *dass ich Sie hier gesehen habe.*
→ Ich freue mich *Sie hier gesehen zu haben*. (ohne Komma!)

Während er an der Wand stand, beobachtete er die Gäste.
→ *An der Wand stehend* beobachtete er die Gäste.
(kein Komma!)

Trennbare und untrennbare Verben

Neben den einfachen Verben (*gehen, schlafen, essen* usw.) gibt es in der deutschen Sprache zusammengesetzte und abgeleitete Verben. Deren erste Glieder sind – im Gegensatz zu zusammengesetzten und abgeleiteten Substantiven oder Adjektiven – teilweise trennbar.

trennbar: *abfahren, ankommen, weglaufen*

untrennbar: *entkommen, erleben, verfallen*

Die Trennung erfolgt nur bei den konjugierten Verbformen, also nicht im Infinitiv oder bei den Partizipien. Außerdem tritt sie lediglich bei der Erst- und Zweitstellung des Verbs im Satz [S. 109ff.] auf, nicht aber bei der Endstellung:

Erststellung: *Fährt* er morgen nach Paris *ab*?

Zweitstellung: Er *fährt* morgen nach Paris *ab*.

Endstellung: ..., weil er morgen nach Paris *abfährt*.

Steht das Verb mit trennbarem Präfix im Infinitiv oder Partizip II, wird das erste Glied durch *zu* (Infinitiv) oder *-ge-* (Partizip II) vom Verbstamm getrennt:

Er hat versprochen nächste Woche *anzukommen.*
Er ist letzte Woche *angekommen.*

– Trennbarkeit und Untrennbarkeit:

Als Kennzeichen der Unterscheidung gilt die Betonung (´). Wird die erste Silbe (Präfix) betont, ist das Verb trennbar, wird hingegen die Stammsilbe betont, ist das Verb untrennbar.

untrennbar: *beláden, entkómmen, erlében, gelíngen, vergében, zerstóren, missáchten*

trennbar: *ánkommen, ábfahren, úmfallen, wégläufen, zurückkehren*

Untrennbar sind demnach:

beachten, befragen, bezahlen, entdecken, enttäuschen, erbauen, ernähren, erziehen, gefallen, getrauen, hintertreiben, misslingen, missachten, misstrauen, überbrücken, verachten, verheiraten, zerbrechen, zerstören

Hierzu gehören auch die Fremdwörter:

dekonstruieren, desorganisieren, demotivieren, disqualifizieren, dissoziieren, indoktrinieren, infiltrieren, rekonstruieren

Trennbar sind:

ableiten, abkürzen, anfahren, ankommen, aufsteigen, aufheben, ausarbeiten, aushecken, beibringen, durchgreifen, mitteilen, mitessen, nachschlagen, nachfragen, überbetonen, vorschlagen, vorlesen, zulangen, zugeben

Außerdem:

darstellen, einwenden, dabeisitzen, daherreden, dahingehen, daransetzen, dazulernen, emporkommen, fehlschlagen, forttragen, herstellen, hinlaufen, losfahren, niederschlagen, weitergehen, wiederkommen, widerspiegeln, zusammenfassen, zurechtbiegen

Deutlich wird, dass Präpositionen (*an, auf, bei* usw.) oder Adverbien (*hin-, dazu-, weiter-* usw.) mit eigener Bedeutung die trennbaren ersten Silben (Präfixe) bilden, hingegen Wörter, die ihre ursprüngliche Bedeutung verloren haben (*ent-, zer-, ge-, ver-*), die Vorsilben der untrennbaren Verben ausmachen.

Eine Reihe von Vorsilben tritt sowohl in getrennter wie ungetrennter Form auf. Dazu gehört zunächst *miss-*: Bei einigen Verben ist die Vorsilbe unbetont und also untrennbar (*missachten, missbilligen, missbrauchen, missdeuten, missfallen, missglücken, misstrauen;* Partizip II-Formen: *missachtet, missbilligt, missbraucht, missdeutet, missfallen, missglückt, misstraut*), bei anderen ist sie zwar betont, aber dennoch untrennbar (*missbehagen, missbilden, missverstehen*). Allerdings wird hier fast ausschließlich die Partizip-II-Form verwendet (*missbehagt, missgebildet, missverstanden*).

Die korrekte Präsensform lautet:

Er *missversteht* sie.
(falsch ist: *Er *versteht* sie *miss.*)

Bei anderen Vorsilben markiert Trennbarkeit bzw. Nichttrennbarkeit einen Bedeutungsunterschied. In aller Regel bezeichnet die betonte und daher trennbare erste Silbe die konkrete Bedeutung des Verbs, die nicht betonte und damit untrennbare Vorsilbe die übertragene:

durchfahren	Er *fährt* trotz der Kontrollen einfach *durch*. (konkret) Er *durchfährt* alle Engpässe. (übertragen)
überlaufen	Das Wasser *läuft über*. (konkret) Er *überlief* die Abwehr des Gegners. (übertragen)
übersetzen	Der Fährmann *setzt* die Menschen *über*. (konkret) Die Frau *übersetzt* Shakespeare. (übertragen)
überziehen	Sie *zieht* einen Mantel *über*. (konkret) Dieter *überzieht* sein Konto. (übertragen)

untergraben	Sie *gräbt* den Dünger *unter*. (konkret) Er *untergräbt* ihr Vertrauen. (übertragen)
wiederholen	Sie *holt* den Titel *wieder* (= „zurück“). (konkret) Klaus *wiederholt* den Satz (= „noch einmal“). (übertragen)

c. Syntaktische Unterscheidung der Verben

Im Deutschen wird entsprechend der Kombinierbarkeit häufig zwischen *Vollverben* und *Hilfsverben* unterschieden. Vollverben werden gelegentlich auch Hauptverben genannt. Vollverben bestimmen die Aussage des Satzes wesentlich und eröffnen Valenzstrukturen, Hilfsverben werden zur Bildung der Tempora ❶, zum Ausdruck der Modalität ❷ sowie ❸ des Genus des Verbs verwendet.

Bei den Hilfsverben gibt es als Unterkategorie die modalen Hilfsverben (Modalverben), die Modalitätsverben sowie die Auxiliarverben. Funktionsverben dagegen verbinden sich regelmäßig mit Substantiven (plus Präposition) und verlieren dabei ihre ursprüngliche Bedeutung.

Vollverben:	*essen, gehen, schlafen, diskutieren*
Hilfsverben:	❶ *haben, sein, werden* ❷ **Modale Hilfsverben:** *dürfen, können, mögen, müssen, sollen, werden, wollen, brauchen* + *zu* **Modalitätsverben:** *drohen* + *zu, pflegen* + *zu, scheinen* + *zu* ❸ **Auxiliarverben:** *werden, sein* (+ Umschreibungen)
Funktionsverben:	*zur Diskussion stellen, Hilfe leisten*

● Vollverben

Vollverben bestimmen die Aussage eines Satzes und legen einen wesentlichen Teil der Satzstruktur fest. Sie sind konjugierbar und bilden zusammen mit dem infiniten Teil – Infinitiv sowie Partizip I und II – den *Verbalkomplex* [S. 79].

Vom finiten Verb aus werden *Valenzstrukturen* eröffnet, die auch gelegentlich *Satzbaupläne* genannt werden. Sie enthalten die obligatorischen und fakultativen Ergänzungen [S. 79ff.].

Hilfsverben

Der Kategorie der Hilfsverben werden in dieser Grammatik unterschiedliche Verbgruppen zugewiesen. Ihnen allen ist gemeinsam, dass sie stets gemeinsam mit Vollverben auftreten, nie – wie diese – allein. Die folgenden Gruppen gehören dazu:

– *Haben, sein, werden:*

Sie treten entweder (*haben, sein*) mit einem Partizip II der Vollverben oder mit einem Infinitiv der Vollverben (*werden*) auf und bilden die zusammengesetzten Tempora im Deutschen.

– *Dürfen, können, mögen, müssen, sollen, wollen, brauchen zu, werden:*

Diese modalen Hilfsverben dienen dem Ausdruck der Modalität im Deutschen. *Brauchen zu* ist die Ersatzform für *müssen* (negiert oder mit einer Modalpartikel).

Werden hat neben der Funktion der Bildung des Futurs I und Futurs II auch eine starke modale Komponente, wie die folgenden Sätze beweisen:

> Er *wird* (schon) kommen.
> Sie *wird* (sicher) nicht Nein sagen.

Der erste Satz drückt z. B., je nach Sprecherintention und Situation, eine Hoffnung, eine Beruhigung oder aber eine bange Erwartung aus, keineswegs eine Sicherheit, dass er wirklich kommt.

– *Drohen zu, pflegen zu, scheinen zu* usw.:

Diese Modalitätsverben haben gleich lautende Ensprechungen als Vollverben, stehen aber – im Gegensatz zu diesen – nur zusammen mit anderen Verben; sie haben ihre ursprüngliche Bedeutung weitgehend eingebüßt. Wir vergleichen:

> Er *droht* seinem Gegner. (Vollverb)
> Das Haus *droht* *einzustürzen.* (Modalitätsverb)

– *Werden, sein:*

Die beiden Auxiliarverben dienen in Verbindung mit einem Vollverb zur Bildung des *werden*-Passivs sowie des *sein*-Passivs.

Die Hilfsverben werden folgendermaßen konjugiert:

– Präsens Indikativ:

	haben	*sein*	*werden*
Singular			
1. Person	*ich habe*	*ich bin*	*ich werde*
2. Person	*du hast*	*du bist*	*du wirst*
3. Person	*er/sie/es hat*	*er/sie/es ist*	*er/sie/es wird*
Plural			
1. Person	*wir haben*	*wir sind*	*wir werden*
2. Person	*ihr habt*	*ihr seid*	*ihr werdet*
3. Person	*sie haben*	*sie sind*	*sie werden*

– Präteritum Indikativ:

	haben	*sein*	*werden*
Singular			
1. Person	*ich hatte*	*ich war*	*ich wurde*
2. Person	*du hattest*	*du warst*	*du wurdest*
3. Person	*er/sie/es hatte*	*er/sie/es war*	*er/sie/es wurde*
Plural			
1. Person	*wir hatten*	*wir waren*	*wir wurden*
2. Person	*ihr hattet*	*ihr wart*	*ihr wurdet*
3. Person	*sie hatten*	*sie waren*	*sie wurden*

– Perfekt Indikativ:

	haben	*sein*	*werden*
Singular			
1. Person	*ich habe gehabt*	*ich bin gewesen*	*ich bin geworden*
2. Person	*du hast gehabt*	*du bist gewesen*	*du bist geworden*
3. Person	*er/sie/es hat gehabt*	*er/sie/es ist gewesen*	*er/sie/es ist geworden*
Plural			
1. Person	*wir haben gehabt*	*wir sind gewesen*	*wir sind geworden*
2. Person	*ihr habt gehabt*	*ihr seid gewesen*	*ihr seid geworden*
3. Person	*sie haben gehabt*	*sie sind gewesen*	*sie sind geworden*

– **Plusquamperfekt Indikativ:**

	haben	*sein*	*werden*
Singular			
1. Person	*ich hatte gehabt*	*ich war gewesen*	*ich war geworden*
2. Person	*du hattest gehabt*	*du warst gewesen*	*du warst geworden*
3. Person	*er/sie/es hatte gehabt*	*er/sie/es war gewesen*	*er/sie/es war geworden*
Plural			
1. Person	*wir hatten gehabt*	*wir waren gewesen*	*wir waren geworden*
2. Person	*ihr hattet gehabt*	*ihr wart gewesen*	*ihr wart geworden*
3. Person	*sie hatten gehabt*	*sie waren gewesen*	*sie waren geworden*

– **Futur I Indikativ:**

	haben	*sein*	*werden*
Singular			
1. Person	*ich werde haben*	*ich werde sein*	*ich werde werden*
2. Person	*du wirst haben*	*du wirst sein*	*du wirst werden*
3. Person	*er/sie/es wird haben*	*er/sie/es wird sein*	*er/sie/es wird werden*
Plural			
1. Person	*wir werden haben*	*wir werden sein*	*wir werden werden*
2. Person	*ihr werdet haben*	*ihr werdet sein*	*ihr werdet werden*
3. Person	*sie werden haben*	*sie werden sein*	*sie werden werden*

– **Futur II Indikativ** (selten gebraucht!):

	haben	*sein*	*werden*
Singular			
1. Person	*ich werde gehabt haben*	*ich werde gewesen sein*	*ich werde geworden sein*
2. Person	*du wirst gehabt haben*	*du wirst gewesen sein*	*du wirst geworden sein*
3. Person	*er/sie/es wird gehabt haben*	*er/sie/es wird gewesen sein*	*er/sie/es wird geworden sein*

	haben	*sein*	*werden*
Plural			
1. Person	*wir werden gehabt haben*	*wir werden gewesen sein*	*wir werden geworden sein*
2. Person	*ihr werdet gehabt haben*	*ihr werdet gewesen sein*	*ihr werdet geworden sein*
3. Person	*sie werden gehabt haben*	*sie werden gewesen sein*	*sie werden geworden sein*
Imperativ	*habe!/habt!*	*sei!/seid!*	*werde!/werdet!*
Infinitiv II	*gehabt haben*	*gewesen sein*	*geworden sein*
Partizip	*habend/gehabt*	*seiend/gewesen*	*werdend/geworden (worden)*

Futur I und vor allem Futur II haben starke, gelegentlich deutlich überwiegende modale Anteile [S. 195f.].

– Konjunktiv I:

	haben	*sein*	*werden*
Singular			
1. Person	*ich habe*	*ich sei*	*ich werde*
2. Person	*du habest*	*du seiest*	*du werdest*
3. Person	*er/sie/es habe*	*er/sie/es sei*	*er/sie/es werde*
Plural			
1. Person	*wir haben*	*wir seien*	*wir werden*
2. Person	*ihr habet*	*ihr seiet*	*ihr werdet*
3. Person	*sie haben*	*sie seien*	*sie werden*

– Konjunktiv II:

	haben	*sein*	*werden*
Singular			
1. Person	*ich hätte*	*ich wäre*	*ich würde*
2. Person	*du hättest*	*du wärest*	*du würdest*
3. Person	*er/sie/es hätte*	*er/sie/es wäre*	*er/sie/es würde*

	haben	*sein*	*werden*
Plural			
1. Person	*wir hätten*	*wir wären*	*wir würden*
2. Person	*ihr hättet*	*ihr wäret*	*ihr würdet*
3. Person	*sie hätten*	*sie wären*	*sie würden*

– Die Funktion der Hilfsverben *haben, sein* und *werden*:

Mit *haben, sein* und *werden* werden die zusammengesetzten Tempora Perfekt, Plusquamperfekt, Futur I und Futur II gebildet. Dabei durchdringen sich häufig Zeitangaben, Angaben über den Aspekt des Geschehens (vollzogen/nicht vollzogen usw.) sowie Modales.

Haben wird im Perfekt und Plusquamperfekt verwendet:

– bei Verben mit einer Akkusativergänzung (so genannten *transitiven Verben*), die passivfähig sind:

> Sie *haben* eine Radtour *organisiert.*
> Wir *haben* ihn vom Flughafen *abgeholt.*

– bei Verben mit einer Akkusativergänzung, die nicht passivfähig sind:

> Er *hat* einen Preis *erhalten.*

– bei imperfektiven Verben, die einen Zustand/ein Geschehen ohne zeitliche Abgrenzung bezeichnen (Ausnahme: Bewegungsverben):

> Sie *hat* lange *gearbeitet.*

– bei reflexiven Verben:

> Er *hat* *sich rasiert.*

– bei reziproken Verben:

> Die Schwestern *haben* *sich begrüßt.*

– bei modalen Hilfsverben:

> Sie *hat* die Karten kaufen *wollen.*
> Er *hat* noch nicht aufstehen *dürfen.*

– bei unpersönlichen Verben:

Es *hatte* zwei Wochen *geregnet.*

Sein wird im Perfekt und Plusquamperfekt verwendet:

– bei Verben ohne Akkusativergänzung (so genannte *intransitive Verben*), die den Abschluss eines Geschehens oder einen neuen Zustand bezeichnen:

Wir *waren* *angekommen.*
Er *ist* schwer *erkrankt.*

Werden aber nicht die Veränderung, der Beginn oder der Abschluss eines Geschehens, sondern das Geschehen selbst oder die Verantwortung des Handelnden bezeichnet, steht ***haben***. Wir vergleichen:

Die Rose *hat* *geblüht.* (Geschehen)
Die Rose *ist* *erblüht.* (Beginn)
Die Rose *ist* *verblüht.* (Abschluss)

Der Pilot *hat* das Flugzeug *geflogen.* (Verantwortung)

– bei Verben der Bewegung, die eine Ortsveränderung bezeichnen:

Er *ist* nach Saarbrücken *gefahren.*
Sie *sind* durch den Saal *getanzt.*
Aber: Wir *haben* die ganze Nacht *getanzt.*
(keine Ortsveränderung)

– bei den Verben *sein, bleiben* und *werden*:

Ich *bin* in New York *gewesen.*
Sie *ist* im Haus *geblieben.*
Wir *sind* nie glücklich *geworden.*

– bei einigen zusammengesetzten oder abgeleiteten Verben, deren einfaches Verb mit *sein* gebildet wird:

Er *ist* die Strecke *abgewandert.*
Sie *ist* eine schlimme Verbindung *eingegangen.*
Ich *bin* die Aufgabe *losgeworden.*

Die Konjugation der modalen Hilfsverben

– Präsens Indikativ:

	dürfen	*können*	*mögen*
Singular			
1. Person	*ich darf*	*ich kann*	*ich mag*
2. Person	*du darfst*	*du kannst*	*du magst*
3. Person	*er/sie/es darf*	*er/sie/es kann*	*er/sie/es mag*
Plural			
1. Person	*wir dürfen*	*wir können*	*wir mögen*
2. Person	*ihr dürft*	*ihr könnt*	*ihr mögt*
3. Person	*sie dürfen*	*sie können*	*sie mögen*

– Präteritum Indikativ:

	dürfen	*können*	*mögen*
Singular			
1. Person	*ich durfte*	*ich konnte*	*ich mochte*
2. Person	*du durftest*	*du konntest*	*du mochtest*
3. Person	*er/sie/es durfte*	*er/sie/es konnte*	*er/sie/es mochte*
Plural			
1. Person	*wir durften*	*wir konnten*	*wir mochten*
2. Person	*ihr durftet*	*ihr konntet*	*ihr mochtet*
3. Person	*sie durften*	*sie konnten*	*sie mochten*

– Perfekt Indikativ:

	dürfen	*können*	*mögen*
Singular			
1. Person	*ich habe gedurft*	*ich habe gekonnt*	*ich habe gemocht*
2. Person	*du hast gedurft*	*du hast gekonnt*	*du hast gemocht*
3. Person	*er/sie/es hat gedurft*	*er/sie/es hat gekonnt*	*er/sie/es hat gemocht*
Plural			
1. Person	*wir haben gedurft*	*wir haben gekonnt*	*wir haben gemocht*
2. Person	*ihr habt gedurft*	*ihr habt gekonnt*	*ihr habt gemocht*
3. Person	*sie haben gedurft*	*sie haben gekonnt*	*sie haben gemocht*

– Plusquamperfekt Indikativ:

	dürfen	*können*	*mögen*
Singular			
1. Person	*ich hatte gedurft*	*ich hatte gekonnt*	*ich hatte gemocht*
2. Person	*du hattest gedurft*	*du hattest gekonnt*	*du hattest gemocht*
3. Person	*er/sie/es hatte gedurft*	*er/sie/es hatte gekonnt*	*er/sie/es hatte gemocht*
Plural			
1. Person	*wir hatten gedurft*	*wir hatten gekonnt*	*wir hatten gemocht*
2. Person	*ihr hattet gedurft*	*ihr hattet gekonnt*	*ihr hattet gemocht*
3. Person	*sie hatten gedurft*	*sie hatten gekonnt*	*sie hatten gemocht*

– Futur I Indikativ:

	dürfen	*können*	*mögen*
Singular			
1. Person	*ich werde dürfen*	*ich werde können*	*ich werde mögen*
2. Person	*du wirst dürfen*	*du wirst können*	*du wirst mögen*
3. Person	*er/sie/es wird dürfen*	*er/sie/es wird können*	*er/sie/es wird mögen*
Plural			
1. Person	*wir werden dürfen*	*wir werden können*	*wir werden mögen*
2. Person	*ihr werdet dürfen*	*ihr werdet können*	*ihr werdet mögen*
3. Person	*sie werden dürfen*	*sie werden können*	*sie werden mögen*
Infinitiv II	*gedurft haben*	*gekonnt haben*	*gemocht haben*
Partizip II	*gedurft*	*gekonnt*	*gemocht*

– **Präsens Indikativ:**

	wollen	*sollen*	*müssen*
Singular			
1. Person	*ich will*	*ich soll*	*ich muss*
2. Person	*du willst*	*du sollst*	*du musst*
3. Person	*er/sie/es will*	*er/sie/es soll*	*er/sie/es muss*
Plural			
1. Person	*wir wollen*	*wir sollen*	*wir müssen*
2. Person	*ihr wollt*	*ihr sollt*	*ihr müsst*
3. Person	*sie wollen*	*sie sollen*	*sie müssen*

– **Präteritum Indikativ:**

	wollen	*sollen*	*müssen*
Singular			
1. Person	*ich wollte*	*ich sollte*	*ich musste*
2. Person	*du wolltest*	*du solltest*	*du musstest*
3. Person	*er/sie/es wollte*	*er/sie/es sollte*	*er/sie/es musste*
Plural			
1. Person	*wir wollten*	*wir sollten*	*wir mussten*
2. Person	*ihr wolltet*	*ihr solltet*	*ihr musstet*
3. Person	*sie wollten*	*sie sollten*	*sie mussten*

– **Perfekt Indikativ:**

	wollen	*sollen*	*müssen*
Singular			
1. Person	*ich habe gewollt*	*ich habe gesollt*	*ich habe gemusst*
2. Person	*du hast gewollt*	*du hast gesollt*	*du hast gemusst*
3. Person	*er/sie/es hat gewollt*	*er/sie/es hat gesollt*	*er/sie/es hat gemusst*
Plural			
1. Person	*wir haben gewollt*	*wir haben gesollt*	*wir haben gemusst*
2. Person	*ihr habt gewollt*	*ihr habt gesollt*	*ihr habt gemusst*
3. Person	*sie haben gewollt*	*sie haben gesollt*	*sie haben gemusst*

– Plusquamperfekt Indikativ:

	wollen	*sollen*	*müssen*
Singular			
1. Person	*ich hatte gewollt*	*ich hatte gesollt*	*ich hatte gemusst*
2. Person	*du hattest gewollt*	*du hattest gesollt*	*du hattest gemusst*
3. Person	*er/sie/es hatte gewollt*	*er/sie/es hatte gesollt*	*er/sie/es hatte gemusst*
Plural			
1. Person	*wir hatten gewollt*	*wir hatten gesollt*	*wir hatten gemusst*
2. Person	*ihr hattet gewollt*	*ihr hattet gesollt*	*ihr hattet gemusst*
3. Person	*sie hatten gewollt*	*sie hatten gesollt*	*sie hatten gemusst*

– Futur I Indikativ:

	wollen	*sollen*	*müssen*
Singular			
1. Person	*ich werde wollen*	*ich werde sollen*	*ich werde müssen*
2. Person	*du wirst wollen*	*du wirst sollen*	*du wirst müssen*
3. Person	*er/sie/es wird wollen*	*er/sie/es wird sollen*	*er/sie/es wird müssen*
Plural			
1. Person	*wir werden wollen*	*wir werden sollen*	*wir werden müssen*
2. Person	*ihr werdet wollen*	*ihr werdet sollen*	*ihr werdet müssen*
3. Person	*sie werden wollen*	*sie werden sollen*	*sie werden müssen*
Infinitiv II	*gewollt haben*	*gesollt haben*	*gemusst haben*
Partizip II	*gewollt*	*gesollt*	*gemusst*

● Modalitätsverben

Eine Reihe von Verben wie *drohen, scheinen* usw. treten, neben ihrer Funktion als Vollverb (*Er droht ihr./Die Sonne scheint.*), in anderer Funktion als Modalitätsverb auf. Sie verbinden sich mit *zu* und dem Infinitiv eines Vollverbs.

Zu diesen Modalitätsverben gehören:

> *drohen (zu), gedenken (zu), haben (zu), pflegen (zu), scheinen (zu), vermögen (zu), versprechen (zu), wissen (zu)*

Dazu einige Beispiele:

> Er *gedachte* sie *zu enterben.*
> Sie *scheint* ihn nicht mehr *zu lieben.*
> Er *vermochte* die Katastrophe nicht *zu verhindern.*
> Er *weiß* sich *zu benehmen.*

Zu allen diesen Modalitätsverben gibt es Umschreibungen, die teilweise mit modalen Hilfsverben gebildet werden:

> Er *hatte vor* sie *zu enterben* / *wollte* sie *enterben.*
> *Anscheinend liebt* sie ihn nicht mehr.
> Er *konnte* die Katastrophe nicht *verhindern.*
> Er *kann* sich (gut) *benehmen.*

● **Auxiliarverben**

Zu den Auxiliarverben werden hier jene Hilfsverben gerechnet, die der Bildung der Formen des Passivs dienen. Dazu gehören *werden* und *sein* sowie die Ersatzformen *bekommen, erhalten* und *kriegen.* Sie werden mit dem Partizip II eines Vollverbs verbunden.

Werden dient zur Bildung des *werden*-Passivs (traditionell: *Vorgangspassiv*), *sein* zur Bildung des *sein*-Passivs (traditionell: *Zustandspassiv*). Beispiel:

> Das Auto *wird gewaschen.* (*werden*-Passiv)
> Das Auto *ist gewaschen worden*. (*werden*-Passiv)
>
> Das Fenster *ist geöffnet.* (*sein*-Passiv)
> Das Fenster *ist geöffnet gewesen*. (*sein*-Passiv)
>
> Ersatzformen: Sie *bekam/erhielt/kriegte* ein Auto geschenkt.
> → Ihr *wurde* ein Auto *geschenkt.*

Die Ersatzformen dienen dazu, Passivstrukturen zu vermeiden und den Text dadurch flüssiger zu machen. Die Verben *bekommen, erhalten* und *kriegen* treten dabei vor allem in der gesprochenen Sprache auf, *kriegen* gehört der salopp-umgangssprachlichen Stilebene an.

Funktionsverben

Eine wachsende Zahl von Verben der deutschen Sprache geht relativ feste Verbindungen mit Substantiven ein und verliert dabei fast völlig seine ursprüngliche Bedeutung. Bedeutungsträger wird das Substantiv des Funktionsverbgefüges.

Vor allem Texte der Medien, der Wissenschaft und der Technik sind davon geprägt. Zumeist gibt es ein einfaches Verb, das in seiner Bedeutung dem Funktionsverbgefüge entspricht und stilistisch gelungener ist. Wir vergleichen:

Er *stellt* das Problem *zur Diskussion*.
→ Er *diskutiert* das Problem.

Karla *brachte* ihren Ehemann *in Verlegenheit*.
→ Karla *machte* ihren Mann *verlegen.*

Aber bereits das erste Beispiel zeigt, dass zwischen Funktionsverbgefüge und einfachem Verb keine Synonymität besteht, sondern doch stilistische und sogar Bedeutungsunterschiede existieren. So verweist *ein Problem zur Diskussion stellen* auf den Anfang eines Geschehens, dagegen *ein Problem diskutieren* auf das Geschehen selbst.

Funktionsverbgefüge treten auf als

- **Präpositionalphrasen** (*zur Diskussion stellen*)
- **Akkusativphrasen** (*Sorgen bereiten*)

Funktionsverbgefüge können weder direkt erfragt noch durch ein Attribut erweitert werden; sie sind auch nicht durch ein Pronomen ersetzbar. Funktionsverbgefüge sind also teilweise oder ganz lexikalisiert. Hier die Proben:

Er *stellte* das Problem *zur Diskussion*.
**Wohin stellte er das Problem?* (Frage unmöglich!)

Das Problem *kam* im Bundestag *zur Sprache*.
**Das Problem kam im Bundestag zu einer großen Sprache.*
(Attribuierung unmöglich!)

Sein Vorschlag *fand Zustimmung*.
**Sein Vorschlag fand sie.* (Ersetzung durch ein Pronomen unmöglich!)

Hier folgt eineListe der häufigsten Funktionsverbgefüge:

Funktionsverb	Substantiv
bereiten	*eine Enttäuschung, Freude, Sorgen*
bleiben	*außer Betracht, in Betrieb, im Gespräch, in Kraft*
bringen	*zum Abschluss, zur Abstimmung, zur Anwendung, in Betrieb, in Bewegung, zum Durchbruch, in Erfahrung, zur Explosion, zu Fall, in Form, in Gang, Gefahr, in Gefahr, zur Geltung, ins Gespräch, zur Kenntnis, in Kontakt, unter Kontrolle, zum Lachen, Nachteile, in Ordnung, zur Raserei, ins Rollen, zur Ruhe, in Schwung, ins Spiel, zur Sprache, zum Stehen, in Stimmung, zur Überzeugung, in Umlauf, in Ordnung, in Verbindung, in Verlegenheit, zur Vernunft, zur Verzweiflung, zustande/zu Stande, zuwege/zu Wege, in Wut, in Zorn, in Zusammenhang*
fallen	*ins Auge, in Ohnmacht, zum Opfer*
führen	*Aufsicht, sich vor Augen, Gespräche*
geben	*Anlass, Anweisung, in Arbeit, den Auftrag, den Ausschlag, zur Bearbeitung, Gelegenheit, die Stimme, die Zusicherung*
gehen	*in Betrieb, in Druck, zu Ende, in Erfüllung, in Führung, vor Gericht, zugrunde/zu Grunde*
gelangen	*zur Vernunft, zur Überzeugung*
geraten	*in Abhängigkeit, in Angst, in Begeisterung, in Bewegung, in Ekstase, in Gefahr, ins Gerede, in Rückstand, ins Schleudern, in Vergessenheit, in Widerspruch, in Wut, in Zweifel*
haben	*die Absicht, Angst, Appetit, Beziehungen, Chancen, Einfluss, zur Folge, den Verdacht, zum Ziel, Zweifel*
halten	*Abstand, in Aufregung, eine Ansprache, in Betrieb, in Bewegung, in Gang, in Ordnung, in Stimmung, ein Versprechen*

Funktionsverb	Substantiv
kommen	*zum Abschluss, zur Abstimmung, zur Anzeige, zur Aufführung, zum Ausdruck, in Berührung, in Bewegung, zu Bewusstsein, zum Durchbruch, zur Einsicht, zur Entscheidung, zu dem Entschluss, zu dem Ergebnis, in Fahrt, in Form, infrage/in Frage, in Gang, in Gefahr, ins Geschäft, zu Hilfe, in Konflikt, in Kontakt, zu Ohren, ins Rollen, zur Ruhe, ins Schleudern, zum Schluss, in Schwung, zur Sprache, zur Überzeugung, in Verlegenheit, zur Vernunft, in Versuchung, zustande/zu Stande, zu Wort, in Wut, in Zorn*
lassen	*außer Acht, außer Betrieb, in Betrieb, in Ruhe, im Stich, in (im) Zweifel*
leisten	*Hilfe, Widerstand*
liegen	*auf der Hand, zugrunde/zu Grunde*
nehmen	*Abschied, sich in Acht, in Angriff, zum Anlass, in Anspruch, Anteil, in Betrieb, Einfluss, in Empfang, in Kauf, Rücksicht, Stellung, in Schutz*
sein	*in Abhängigkeit, in Arbeit, außer Atem, zu Besuch, außer Betrieb, in Betrieb, in Druck, im Einsatz, am Ende, zu Ende, im Entstehen, in Fahrt, im Fluss, in Form, in Gang, im Gespräch, im Irrtum, außer Kraft, in Kraft, in der Lage, im Recht, in Sicht, imstande/im Stande, in Stimmung, der Überzeugung, in Unordnung, in Wut, im Zweifel*
setzen	*in Betrieb, in Bewegung, in Beziehung, in Brand, in Erstaunen, in Gang, in Kenntnis, außer Kraft, in Kraft, Maßstäbe, sich zur Ruhe, instand/in Stand, in Umlauf, sich in Verbindung, sich zur Wehr, sich zum Ziel*
stehen	*vor dem Abschluss, unter Anklage, zur Auswahl, unter Beobachtung, in Berührung, in Beziehung, zur Debatte, zur Diskussion, unter Druck, in Einklang, zur Entscheidung, außerfrage/außer Frage, infrage/in Frage, in Kontakt, außer Kontrolle, Rede und Antwort, in Verbindung, zur Verfügung, zum Verkauf, zur Wahl, in Widerspruch, in Zusammenhang, außer Zweifel, in Zweifel*

Funktionsverb	Substantiv
stellen	*in Abrede, unter Anklage, den Anspruch, zur Auswahl, Bedingungen, unter Beweis, zur Debatte, zur Diskussion, Forderungen, infrage/in Frage, unter Kontrolle, auf die Probe, in Rechnung, zur Rede, unter Strafe, zur Verfügung, zur Wahl*
stoßen	*auf Ablehnung, auf Kritik*
treffen	*eine Absprache, eine Auswahl, eine Entscheidung, Maßnahmen, Vorsorge*
treten	*in Aktion, in Beziehung, in Kraft, in Verbindung, zutage/zu Tage*
versetzen	*in Angst, in Aufregung, in Begeisterung, in Furcht, in Schrecken, in Sorge, in Wut*
vertreten	*die Ansicht, die Meinung, die Position, den Standpunkt, die These*
ziehen	*in Betracht, Bilanz, ins Gespräch, die Konsequenzen, seine Lehren, zur Rechenschaft, zur Verantwortung, in Zweifel*

Die Semantik der modalen Hilfsverben

Die modalen Hilfsverben im Deutschen sind außerordentich vielfältig verwendbar. Sie dienen dazu, Absichten der Sprechenden und Aussagen über die Art und Weise des Geschehens zu formulieren.

Unterschieden wird zwischen einem *objektiven* (subjektbezogenen) und einem *subjektiven* (sprecherbezogenen/pragmatischen) Gebrauch der Modalverben. Wir vergleichen den Gebrauch beim modalen Hilfsverb *sollen*:

objektiver Gebrauch:	Karl *soll* ein Haus bauen.
subjektiver Gebrauch:	Karl *soll* den Mann ermordet haben. (= der Sprecher vermutet, dass Karl den Mann ermordet hat)

Die folgende Übersicht veranschaulicht den **objektiven** Gebrauch der modalen Hilfsverben im Deutschen:

Modalverb	Beispielsatz	Bedeutung	Andere Ausdrucksmöglichkeiten
müssen/ sollen	Karl *muss* nach Amerika fliegen.	Zwang durch Personen oder Institutionen	*X ist gezwungen,... X hat keine andere Möglichkeit, als...*
müssen/ sollen	Ich *muss* die Prüfung bestehen.	Notwendigkeit, Pflicht	*Es ist nötig, dass... X hat das zu machen/tun. X ist verpflichtet,...*
müssen/ sollen	Du *musst* unbedingt den Film sehen!	Aufforderung, Auftrag	*X soll dem Rat von Y folgen.*
nicht brauchen *(= müssen)*	Du *brauchst* das *nicht* zu machen!	Fehlen von Zwang, Pflicht oder Notwendigkeit	*X muss das nicht machen.*
brauchen + Modalpartikel *(= müssen)*	Du *brauchst nur* hinzugehen!	Veranlassung und Beruhigung	*X muss nur das tun, nichts sonst.*
dürfen/ können	Du *darfst* hier rauchen! *Darf* ich Sie begleiten?	Erlaubnis höfliche Bitte	*Es ist möglich, dass...* *Wäre es Ihnen recht, wenn ich...*
können	Er *kann* morgen kommen.	Möglichkeit, Berechtigung	*Es ist möglich, dass... Möglicherweise...*
können	Sibylle *kann* fünf Sprachen sprechen.	Fähigkeit	*X ist in der Lage,... X vermag...*
nicht können	Sie *kann* die Arbeit *nicht* schreiben.	Unmöglichkeit	*Es ist nicht möglich, dass...*
nicht können	Claudia *kann nicht* schwimmen.	Unfähigkeit	*Sie hat X nicht gelernt.*
mögen	Hans *mag* Ilse.	Zuneigung	*X liebt/schätzt Y.*
mögen (K II)	Fritz *möchte/ will* ein Auto.	Wunsch	*X hätte gern Y.*

Modalverb	Beispielsatz	Bedeutung	Andere Ausdrucksmöglichkeiten
wollen	Wir *wollen* ins Kino gehen. Sie *will* ein Leben lang auf ihn warten.	Absicht, Wille	*X hat die Absicht zu Y.*
wollen	Jetzt *wollen* wir noch schnell aufräumen.	Aufforderung	*Lasst uns noch schnell... Ich schlage vor, wir...*
wollen	Die Entscheidung *will* gut überlegt sein!	metaphorische Verwendung (eigentlich Absicht des Autors, nicht des Objekts!)	*Lasst uns die Entscheidung noch einmal überdenken!*
werden	Das Essen *wird* reichen.	zukünftiges Geschehen mit Vermutung	*Es ist genug zu essen da. Wir haben genug zu essen.*
werden	Sie *werden* das bis morgen erledigen!	nachdrückliche Aufforderung	*X muss das erledigen.*
werden (K II)	Fritz *würde* gern ein Auto haben.	Idee	

Hier eine Übersicht zum **subjektiven** Gebrauch der modalen Hilfsverben im Deutschen:

Modalverb	Beispielsatz	Bedeutung	Andere Ausdrucksmöglichkeiten
müssen	Heide *muss* den Mörder gesehen haben.	starke Vermutung	*Es ist nicht anders möglich, als dass Heide...*
sollen	Peter *soll* eine Million gewonnen haben.	skeptische Wiedergabe der Äußerung eines Dritten	*Man behauptet, dass Peter...*

Modalverb	Beispielsatz	Bedeutung	Andere Ausdrucksmöglichkeiten
dürfen (K II)	Das *dürfte* Franz gewinnen!	Vermutung/Annahme des Sprechers	*Ich glaube, dass Franz...*
können	Sie *kann* die Täterin gewesen sein.	Vermutung	*Es ist möglich, dass...* *Manches spricht dafür, dass...*
können (K II)	Sie *könnte* die Täterin gewesen sein.	schwache Vermutung	*Unter Umständen ist sie...*
mögen	Sie *mag* die Täterin gewesen sein.	sehr schwache Vermutung	*Wir können nicht ausschließen, dass..., aber...*
mögen	*Mag* er auch noch so klug sein, hier hat er versagt!	nicht wirksamer Gegengrund	*Wenn er auch klug ist, so...*
mögen	Mit wem *mag* er wohl telefonieren?	Unsicherheit, Ratlosigkeit	*Ich wüsste gern, mit wem er...*
werden (vgl. *dürfte*)	Franziska *wird* das erledigt haben. Paul *wird* das nicht so böse gemeint haben.	Vermutung	*Ich bin sicher, dass Franziska...* *Ich bin fest überzeugt, dass Paul...*
wollen	Monika *will* letzte Woche in Berlin gewesen sein.	skeptische Wiedergabe der Äußerung des Subjekts	*Monika behauptet, sie wäre letzte Woche in Berlin gewesen, aber ich glaube es nicht.*

Die Beispielsätze verdeutlichen die Möglichkeiten der modalen Hilfsverben, subjektive und objektive Aussagen zu formulieren und diese dabei zu charakterisieren und zu differenzieren. Sie spielen aufgrund dieser vielfältigen Möglichkeiten eine bedeutende Rolle bei der Realisierung von Sprechakten, besonders folgenden: auffordern, eine Möglichkeit ausdrücken, Wünsche formulieren, Vermutungen äußern, Skepsis gegenüber einer Aussage formulieren, auf Zukünftiges verweisen, Neugier artikulieren, eine Erlaubnis ausdrücken, Fähigkeiten und Nicht-Fähigkeiten artikulieren.

Persönliche und unpersönliche Verben

Die meisten Verben im Deutschen haben ein voll ausgebautes Konjugationsschema. Beispiele sind *essen*, *laufen* oder *wiederholen*. Diese Verben nennen wir *persönliche Verben*. Unpersönliche Verben können nur bestimmte Formen bilden. Dazu gehören:

– die **Witterungsverben**. Hier ist nur das Pronomen *es* korrekt:

> *es regnet, es schneit, es dämmert, es stürmt* usw.

Bei einigen dieser Verben ist auch ein Substantiv möglich; häufig handelt es sich um literarische oder metaphorische Wendungen:

> Der Morgen *dämmerte* herauf.
> Der Tag *reifte*.

– **Vorgangsverben**, die nicht passivfähig sind:

> Das Experiment *gelang*/*misslang* (nur 3. Person Singular)
> Nicht möglich: *Ich *gelang.*

> Ebenso: *sich ereignen, geschehen, glücken, passieren, widerfahren*

– einige **reziproke Verben** [S. 180]:

> Wir *trafen uns* am Skilift.
> → Ich *traf mich* mit ihm am Skilift.
> → *Wir *trafen uns* mit uns am Skilift.

– **„unechte" unpersönliche Verben:**

> Es *klingelt*. → Herr Bertram *klingelt.*

– **„unechte" unpersönliche Verben** (mit einer zusätzlichen Personenangabe im Akkusativ oder Dativ):

> Es *friert* mich. → Mich *friert*. (Akkusativ!)
> Ebenso (mit Akkusativ): *frösteln, hungern, jammern, reuen*

Zu folgenden Verben gehört eine Personenangabe im Dativ:

bangen, fehlen, gelingen, glücken, grauen (auch Akkusativ), *grausen* (auch Akkusativ)

Reflexive und reziproke Verben

– Reflexive Verben:

Reflexive Verben (*rückbezügliche Verben*) sind Verben, bei denen die Person, die mit der Ergänzung bezeichnet wird, identisch ist mit der Person des Subjekts:

Er schämt *sich*.

Die reflexiven Verben verfügen nur in der 3. Person über ein spezielles morphologisches Kennzeichen, nämlich das Reflexivpronomen *sich*. Bei der 1. und 2. Person Singular oder Plural wird das Personalpronomen der 1. und 2. Person benutzt. Die Bildung der zusammengesetzten Tempora Perfekt und Plusquamperfekt sowie des Infinitivs II geschieht mit dem Hilfsverb *sein*. Reflexive Verben können kein Passiv bilden; in einigen Fällen dienen Reflexivpronomen zur Bildung der Parallelformen des Passivs:

Das *verkauft sich* gut.

Die Formen der reflexiven Verben im Akkusativ und Dativ sind:

	Akkusativ	Dativ
Singular		
1. Person	*ich freue mich*	*ich widerspreche mir*
2. Person	*du freust dich*	*du widersprichst dir*
3. Person	*er/sie/es freut sich*	*er/sie/es widerspricht sich*
Plural		
1. Person	*wir freuen uns*	*wir widersprechen uns*
2. Person	*ihr freut euch*	*ihr widersprecht euch*
3. Person	*sie freuen sich*	*sie widersprechen sich*

Unterschieden werden obligatorische reflexive Verben (traditionell auch *„echte“ Reflexivverben* genannt) und reflexiv gebrauchte/partimreflexive Verben (traditionell auch *„unechte“ Reflexivverben* genannt). Bei den obligatorischen reflexiven Verben ist das Reflexivpronomen

Teil des Verbs und kann weder weggelassen noch gegen ein anderes Substantiv ausgetauscht werden. Dazu gehören (im Akkusativ):

> *sich auskennen, sich bedanken, sich beeilen, sich betrinken, sich bewahren, sich bewerben, sich entschließen, sich erholen, sich getrauen, sich irren, sich nähern, sich räuspern, sich scheuen, sich umblicken, sich verbeugen, sich verlieben, sich verspäten, sich weigern, sich zufrieden geben*

Im Dativ:

> *sich aneignen, sich anmaßen, sich einbilden, sich getrauen, sich vornehmen*

Reflexiv gebrauchte Verben sind dagegen solche, bei denen das Reflexivpronomen gegen andere Wortarten – Substantive, Personalpronomen – ausgetauscht werden kann. Das Reflexivpronomen ist hier Ergänzung und nicht Teil des Verbs. Hierzu gehören vor allem die Verben der Körperpflege:

> Ich kämme *mich*. → Ich kämme *ihm* die Haare.

Ebenso (mit Akkusativ):

> *sich anziehen, sich rasieren, sich retten, sich schminken, sich verändern, sich verletzen, sich verteidigen, sich waschen*

Mit Dativ:

> *sich erlauben, sich gefallen, sich gestatten, sich helfen, sich holen, sich kaufen, sich nutzen, sich schaden, sich widersprechen*

Bei einigen Verben gibt es zwischen Reflexivität und Nicht-Reflexivität Bedeutungsunterschiede:

sich verlassen: Ich *verlasse* *mich* auf dich. (= ich vertraue dir)
Karl *verlässt* seine Frau. (= Karl geht weg)

sich vorstellen: Ich *stelle* *mich* in der neuen Firma *vor.*
(= ich präsentiere mich)
Ich *stelle* *mir* seine Überraschung *vor.*
(= ich mache mir ein Bild)
Ich *stelle* *meinem Chef* meine Frau *vor.*
(= ich mache ihn mit ihr bekannt)

Als Parallelformen (traditionell: *Ersatzformen*) des Passivs treten einige pseudoreflexive Verben auf, z. B.:

Das Schloss *lässt sich* leicht öffnen.
(= das Schloss kann leicht geöffnet werden)

Auf diesem Stuhl *sitzt* es *sich* schlecht.
(= auf diesem Stuhl kann man schlecht sitzen)

Er *schreibt sich* Mayer mit „y".
(= er wird Mayer mit „y" geschrieben)

Das Motorrad *fährt sich* gut.
(= es kann gut gefahren werden)

–Reziproke Verben:

Genauer heißen diese Verben *reziprok gebrauchte Verben*, denn es handelt sich um reflexive Verben, bei denen aber mindestens zwei Personen benannt werden. Diese Verben kommen deshalb nur im Plural vor:

Wir *treffen uns* am Bahnhof.

→ Ich *treffe mich* mit ihm am Bahnhof. (2 Personen)
→ Ich *treffe mich* mit ihnen am Bahnhof. (mehrere Personen)
→ Wir *treffen uns* mit ihnen am Bahnhof. (mehrere Personen)

Auch hier gibt es wieder obligatorische reziprok gebrauchte Verben und partimreziproke Verben. Obligatorische reziprok gebrauchte Verben sind:

sich anfreunden, sich balgen, sich beratschlagen, sich duellieren, sich einigen, sich verfeinden

Partimreziproke Verben sind:

sich aussprechen, sich auseinander setzen, sich begegnen, sich besprechen, sich streiten, sich treffen, sich trennen, sich vertragen

Anstelle des *sich* kann bei reziproken Verben manchmal auch *einander* gebraucht werden. Dieser Ausdruck gehört zu einer gehobenen Stilebene (geschriebene Sprache):

Sie *trafen* *sich* am Bahnhof. → Sie *trafen* *einander* am Bahnhof.
Sie *vertrauten* *sich*. → Sie *vertrauten* *einander*.

d. Aktiv und Passiv

Undurchsichtige Kassen bei der CDU: Eine Million Mark aus einem Panzergeschäft floss auf ein Treuhandkonto der Partei (A)

Was war mit der Million im Koffer, die auf ein Treuhandkonto der CDU eingezahlt wurde, aber der Schatzmeisterei unbekannt ist? Warum fließt eine Million Mark Provisionsgeld, wenn Walther Leisler Kiep nach eigenen Aussagen bei dem Verkauf von 36 Panzern an Saudi-Arabien nicht behilflich war? Droht der CDU ein neuer Parteispendenskandal?
Das Geld sei „über ein Jahr" als Festgeld angelegt worden. Als sich nach 1992 abgezeichnet habe, dass Kiep nach mehr als zwanzig Jahren als CDU-Schatzmeister ausscheiden müsse, sei die Million aufgeteilt worden. Der langjährige Generalbevollmächtigte des Schatzmeisters, Uwe Lüthje, und seine „Weyrauch und Kapp GmbH" hätten „Sonderabschlussvergütungen" für „die lange Zeit der Zusammenarbeit und für besondere Erschwernisse" erhalten. „Die Sonderabschlussvergütung, als Anerkennung gedacht, wurde vom Treuhandkonto entnommen, das unsere GmbH zu Gunsten der CDU führte." Kiep habe das verfügt. „Alle erforderlichen Steuern" seien gezahlt worden.

(*Süddeutsche Zeitung*, 8. 11. 1999, S. 6)

Übers Ziel hinausgeschossen (B)

Die Augsburger Staatsanwaltschaft stochert seit vier Jahren bei ihren Ermittlungen gegen Karlheinz Schreiber in einem Schmiergeldsumpf und tut sich schwer, immer die Ruhe zu bewahren. Die Zeit läuft davon, 2001 könnte die absolute Verjährung drohen. Schreiber ist in Kanada, einer der Hauptverdächtigen ist auf der Flucht, womöglich beschützt von einflussreichen Freunden. In dieser Lage sind die Strafverfolger übers Ziel hinausgeschossen. Als wären sie die Kavallerie der Justiz, bliesen sie zum Angriff und wollten den früheren CDU-Bundesschatzmeister Walther Leisler Kiep festnehmen lassen. Der 73-Jährige galt bislang eher als Randfigur in dem Schmierenfall, die Einstellung des Verfahrens gegen ihn war nicht unwahrscheinlich. Doch neues, ihn vermeintlich belastendes Material war aufgetaucht, und Kiep wurde gleich zur Festnahme ausgeschrieben.

(*Süddeutsche Zeitung*, 8. 11. 1999, S. 4)

Wir haben vor uns zwei Texte, die am gleichen Tag in einer deutschen Tageszeitung zum Vorwurf der Augsburger Staatsanwaltschaft erschienen, der frühere Bundesschatzmeister der Christlich-Demokratischen Union, Walther Leisler Kiep, habe für die Vermittlung einer Lieferung von 36 Panzern an Saudi-Arabien im August 1991 Schmiergelder erhalten. Text A ist ein Bericht, Text B ein Kommentar.

Beide Texte unterscheiden sich wesentlich in ihrer sprachlichen Gestaltung. Während Text A versucht, eine möglichst sachliche Darstellung des Geschehens damals – 1991 – und 1999 zu geben, hält der gleiche Autor in seinem Kommentar (Text B) mit seiner Meinung nicht hinter dem Berg. Die Staatsanwaltschaft sei „über das Ziel hinausgeschossen" und habe zu hart reagiert, indem sie einen Haftbefehl ausstellte und den Verdächtigen verhaften lassen wollte. Dass der Haftbefehl, unmittelbar nachdem sich Leisler Kiep selbst der Polizei gestellt hatte, außer Vollzug gesetzt wurde, hält der Journalist für „keine Sternstunde der Staatsanwaltschaft".

Beide Texte unterscheiden sich vor allem im Gebrauch der Verben: In Text A gibt es zahlreiche Passiv-Formen (*eingezahlt wurde, sei aufgeteilt worden* usw.), im zweiten Text dominiert das Aktiv (*stochert, sitzt, bliesen zum Angriff*), lediglich zwei Passiv-Formen (*beschützt, wurde ausgeschrieben*) erscheinen. Würden jetzt, wie es traditionell im Unterricht geschieht, die Passiv-Formen im Text in das Aktiv umgeformt, sähe der Text nicht nur anders aus, sondern es müssten die handelnden Personen genannt werden, die das Geld eingezahlt oder aufgeteilt haben. Die aber kennt der Journalist (noch) nicht oder – Variante 2 – er kennt sie durchaus, will (oder darf) sie aber nicht nennen, weil er sonst möglicherweise selbst wegen falscher Verdächtigungen beschuldigt würde.

Das ist bei Text B – Kommentar – völlig anders. Hier äußert der Journalist frei seine Meinung über die Staatsanwaltschaft und nimmt Stellung. Dies geschieht weitgehend im Aktiv.

Damit sind gleich zwei wichtige Funktionen des Passivs im Deutschen bezeichnet: Während die Aktiv-Form des Verbs immer benutzt wird, wenn der Handelnde genau bezeichnet wird (*Lüthje hat „Sonderabschlussvergütungen" erhalten*), wird das Passiv bewusst verwendet, wenn die handelnden Personen nicht bekannt sind oder bewusst verschwiegen werden sollen.

Weitere Funktionen werden später genannt; hier sind zunächst die Formen des Verbs im Passiv:

	Aktiv	***werden*-Passiv (Vorgangspassiv)**	***sein*-Passiv (Zustandspassiv)**
Präsens	*ich beschuldige*	*ich werde beschuldigt*	*ich bin beschuldigt*
Präteritum	*ich beschuldigte*	*ich wurde beschuldigt*	*ich war beschuldigt*
Perfekt	*ich habe beschuldigt*	*ich bin beschuldigt worden*	*ich bin beschuldigt gewesen*
Plusquamperfekt	*ich hatte beschuldigt*	*ich war beschuldigt worden*	*ich war beschuldigt gewesen*
Futur I	*ich werde beschuldigen*	*ich werde beschuldigt werden*	*ich werde beschuldigt sein*
Futur II	*ich werde beschuldigt haben*	*(ich werde beschuldigt worden sein)*	*(ich werde beschuldigt gewesen sein)*

Persönliches *werden-* und *sein*-Passiv sind nur bei Verben mit einer Akkusativergänzung möglich.

Zur Bildung der Passivformen: [S. 181ff.]. Die traditionellen Termini *Vorgangspassiv* und *Zustandspassiv* sind irreführend und deshalb nicht zu empfehlen.

Das *werden*-Passiv bezeichnet einen Sachverhalt als geschehensbezogen und im Prozess befindlich, das *sein*-Passiv dagegen als geschehensbezogen und abgeschlossen (Resultat). Die Passiv-Formen treten in Textsorten der geschriebenen Sprache weit häufiger auf als in der gesprochenen Sprache.

Die Funktionen von Aktiv und Passiv

Die Schulgrammatik lehrt, dass das Passiv die Umkehrung des Aktivs sei:

> Klaus *wäscht* das Auto. (Aktiv)
> Das Auto *wird* (von Klaus) *gewaschen*. (Passiv)

Dabei werde die Akkusativergänzung des Aktiv-Satzes (*das Auto*) zum

Subjekt des Passiv-Satzes; umgekehrt erscheine das Subjekt des Aktiv-Satzes (*Klaus*) als Präpositionalphrase des Passiv-Satzes; im Regelfall werde diese Angabe des Handelnden weggelassen, weil es hier um den Vorgang gehe und der Handelnde weniger wichtig sei.

Diese formale Sichtweise wird hier abgelehnt; dagegen wird die besondere Funktion der Passiv-Form betont, die häufig für bestimmte Textsorten charakteristisch ist. Beim Passiv wird der Akzent auf das durch das Verb bezeichnete Geschehen gelegt; die im Aktiv zentrale handelnde Person oder abstrakte Größe ist zweitrangig. Die wesentlichen Funktionen des *werden*-Passivs sind:

- Der Handelnde ist **nicht bekannt**:

  Die Bank in Neustadt *wurde überfallen*.
  (Die Polizei sucht den Täter.)

- Das Geschehen ist **alltäglich**; jeder weiß, was passiert. Der Handelnde braucht deshalb nicht genannt zu werden:

  Die Leitzinsen *wurden* um 1 % *erhöht*.
  (Jeder weiß, dass die Zentralbank dafür verantwortlich ist; der Vorgang ist wichtig, nicht der Handelnde.)

- Der Handelnde ist bekannt, **soll** aber aus politischen oder taktischen Gründen **nicht genannt werden**:

  Das Ergebnis der Untersuchungen im Mordfall X *wird* nächste Woche *mitgeteilt*.
  (Die Polizei kennt den Täter, will den Namen aber noch nicht mitteilen, um die Komplizen auch noch fassen zu können.)

- Die Aussage soll **allgemein gültig** sein, sich also vom individuellen Fall unterscheiden:

  Die Geschäfte *werden* um 20 Uhr *geschlossen*.
  (= alle Geschäfte verfahren so)

– Angabe des Handelnden beim Passiv:

Dennoch wird häufig wieder der Handelnde in Passiv-Sätzen angegeben. Dies bewirkt dann eine besondere Betonung. Dabei werden die Präpositionen *von, durch* und *mit* in unterschiedlicher Bedeutung verwendet. Am häufigsten wird *von* gebraucht:

von (Angabe des Handelnden):	Das Tor *wurde von Müller geschossen.* Die Urkunde *wurde vom Minister überreicht.*
durch (Angabe des Vermittlers statt des Verursachers):	Der Brief *wird durch Boten überbracht.* Dresden *wurde durch Bomben zerstört.*
mit (Angabe des bewirkenden Mittels):	Sauerstoff *wird mit Stickstoff verbunden.*

– Passiv in Textsorten:

Werden-Passiv und, in geringerer Häufigkeit, *sein*-Passiv treten vor allem in bestimmten Textsorten auf, bei denen die Darstellung des Prozesses oder des Ergebnisses des Vorgangs, also der Endzustand, im Vordergrund stehen. Solche Textsorten sind:

- fachsprachliche Darstellungen der Naturwissenschaften, der Geschichte oder der Technik
- Texte der Medien, insbesondere Berichte über Vermutungen, und Hypothesen, die noch nicht bewiesen werden können
- Verordnungen und Erlasse

Parallelformen des Passivs

Texte mit häufig gebrauchtem *werden*-Passiv wirken hölzern und sperrig. Deshalb gibt es eine Reihe von *Parallelformen* (traditionell: *Passiv-Ersatzformen*), die passivische Inhalte in anderer sprachlicher Gestalt ausdrücken. Dazu gehören:

man	Hier kann *man surfen.* → Hier kann/darf *gesurft werden.*
bekommen/erhalten/kriegen + Partizip II (nur in der gesprochenen Sprache)	Sie *erhielt* 1000,– DM *geschenkt*. → Ihr *wurden* 1000 DM *geschenkt.*
erfahren/finden/kommen + Substantiv (Funktionsverbgefüge)	Er *erfuhr* große *Unterstützung*. → Er *wurde* sehr *unterstützt.*

reflexive Verben	Das Auto *verkauft sich* gut. → Das Auto kann gut *verkauft werden.*
sich lassen + Infinitiv	Das *lässt sich regeln*. → Das kann *geregelt werden.*
sein/bleiben/stehen/gehen + ***zu*** + Infinitiv	Das *bleibt abzuwarten*. → Das muss *abgewartet werden.*
Adjektive mit der Endung ***-bar, -lich*** und ***-fähig***	Der Plan ist *realisierbar*. → Der Plan kann *realisiert werden.* Der Kranke ist *transportfähig*. → Der Kranke kann *transportiert werden.*
es gibt/es gilt/es heißt + ***zu*** + Infinitiv	*Es gibt* viel *zu tun*. → Es muss viel *getan werden.* Jetzt *heißt es* alle Kräfte *zu mobilisieren*. → Jetzt müssen alle Kräfte *mobilisiert werden.*
Gerundivum	ein noch *zu diskutierendes* Problem → ein Problem, das noch *diskutiert werden* muss
gehören + Infinitiv	Das *gehört verboten*. → Das muss *verboten werden.*

Unpersönliches Passiv

Formen wie *es wurde gelacht, der Toten wurde gedacht, der Freundin wurde geholfen, es wurde dem Retter gedankt* usw. sind Formen des unpersönlichen Passivs. Sie treten lediglich in der 3. Person Singular Neutrum (*es*) auf und erlauben die Bildung eines *werden*-Passivs auch bei Verben ohne Akkusativergänzung oder mit Genitiv-, Dativ- oder Präpositionalergänzung. An die Stelle des *es* an der Satzspitze können auch eine adverbiale Angabe oder *man* treten:

Es wurde viel gelacht.

→ *Auf der Party* wurde viel gelacht.
→ *Man* lachte viel auf der Party.

Besonderheiten beim Gebrauch des Passivs

Die Bildung des persönlichen *werden-* und *sein*-Passivs ist, wie beschrieben, auf Verben mit einer Akkusativergänzung beschränkt. Weitere Verben, die kein persönliches Passiv bilden können, sind:

- modale Hilfsverben:

Ich *will* sie sehen.
→ *Sie *wird* sehen *gewollt.*

- Verben mit Infinitiv ohne *zu* (*führen, hören, sehen, lassen, spüren*):

Er *hört* sie singen.
→ *Sie *wird* singen *gehört.*

- reflexive Verben:

Sie *kämmt sich* die Haare.
→ *Ihre Haare *werden* von ihr *gekämmt.*

- Verben mit Maß- und Mengenangaben:

Der Mann *wiegt* 100 Kilogramm.
→ *100 Kilogramm *werden* von dem Mann *gewogen.*

- *kennen, wissen, können*:

Er *kann* Französisch.
→ *Französisch *wird* von ihm *gekonnt.*

- *es gibt*:

Es gibt Probleme.
→ *Probleme *werden gegeben.*

- Pseudo-Akkusativergänzungen:

Er schüttelt *den Kopf*.
→ *Der Kopf *wird* von ihm *geschüttelt.*

e. Zeit und Tempus

Allgemein gilt, dass es im Deutschen sechs Tempora (Zeitformen) gibt und dass alle diese Tempora etwas mit Zeit und Zeitbestimmung zu tun haben. Ein Satz freilich wie

Letzte Woche wird er in New York angekommen sein.

ist klugen Schülern nur schwer zu erklären, denn ihnen dürfte kaum einleuchten, warum das Futur II etwas bezeichnet, was längst geschehen ist und sich also keineswegs erst in der Zukunft ereignet. Fragen diese klugen Lernenden dann noch weiter, muss der Grammatiker/Lehrer einräumen, dass in der Verbform eigentlich überhaupt nichts Zeitliches stecke, vielmehr etwas Aspektbezogenes, nämlich der Ausdruck einer Abgeschlossenheit; der Zeitbezug hingegen werde durch die Temporalangabe *letzte Woche* markiert. Im Übrigen sei der ganze Satz eher eine Vermutung als eine Aussage über Zukünftiges: Deutlich werde das, wenn man ein Modaladverb bzw. Modalwort wie *möglicherweise* oder *sicherlich* oder eine Modalpartikel wie *wohl* einfüge. Am Ende der Erläuterung stellt sich dann häufig die Frage: Ist das Futur II überhaupt ein Tempus?

Beim Futur I ist das Problem ähnlich, wenngleich weniger dramatisch. Natürlich signalisiert der Satz

Sie wird die Sache morgen regeln.

im Regelfall Zukünftiges, doch kann er in anderen Kontexten und variierender Akzentsetzung eine *Hoffnung* oder möglicherweise eine *Drohung*, vielleicht aber auch nur eine *Vermutung* ausdrücken. Zudem ist der zukünftige Sachverhalt, zumal in der gesprochenen Sprache, auch mit der Präsensform auszudrücken:

Sie regelt die Sache morgen.

Wozu braucht man also das Futur I? Oder genauer: Welchen Anteil an der Verbform des Futurs I hat der Zeitbezug, wie viel dagegen haben Vermutung, Hoffnung oder Enttäuschung?

Vollends problematisch verhält sich das Präsens, das zeitlich kaum zu definieren ist. Zwar signalisiert diese Verbform, dass ein Geschehen überhaupt zeitlich festgelegt ist. Konkret kommen aber beliebige Zeitpunkte, Zeiträume oder Zeitstufen in Frage. Ein Satz wie

Er lebt seit Jahren in Kiel.

drückt weder einen Anfang, noch ein Ende, noch einen Zeitpunkt in der Vergangenheit, Gegenwart oder Zukunft aus, sondern lediglich eine Dauer, die durch die Temporalangabe (*seit Jahren*) verstärkt wird, möglicherweise aber auch überhaupt erst begründet wird. Was also drückt die Verbform des Präsens aus?

Über den Unterschied der Tempora Präteritum und Perfekt ist, zumal seit THOMAS MANNS Vorrede zum *Zauberberg*, in der er den Erzähler den „raunenden Beschwörer des Imperfekts" nennt, heftig debattiert und in einem Punkt zumindest Klarheit geschaffen worden: Das Erzähltempus der geschriebenen Sprache, zumal der schönen Literatur, ist das Präteritum, jenes der Textsorten der gesprochenen Sprache das Perfekt. Wie aber verhält es sich dann mit dem Schluss der *Leiden des jungen Werther*, wo GOETHE im letzten Satz bewusst das Perfekt gebraucht: „Nachts gegen eilfe ließ er ihn an die Stätte begraben, die er sich erwählt hatte. Der Alte folgte der Leiche und die Söhne, Albert vermocht's nicht. Man fürchtete für Lottens Leben. Handwerker trugen ihn. Kein Geistlicher hat ihn begleitet." Die Perfektform im letzten Satz bricht die Erzählform des Präteritums: Sie schließt nicht nur, auch wegen der Verbklammer, den Text ab, sondern setzt einen deutlichen Akzent: Die Kirche will den Selbstmörder nicht, sie ächtet ihn!

Es dürfte deutlich geworden sein, dass sich im Tempussystem des Deutschen sehr unterschiedliche Funktionen verbergen: Bezeichnung zeitlicher Gegebenheiten, Aspektangaben, modale Implikationen und semantische Akzentuierungen, keineswegs also nur Zeitinhalte. Umgekehrt ist es nun aber so, dass diese zeitlichen Bestimmungen auch mit einer Vielzahl anderer sprachlicher Mittel realisiert werden können, z.B.:

Temporaladverbien:	*morgen, bereits, abends*
substantivische Temporalangaben:	*nächste Woche, Sonnabend, Mittag*
Adjektive oder Partizipien:	*der frühe Beginn, die kommende Woche, das vergangene Jahr*
Substantive:	*die Renaissance, das Alter*
Konjunktionen mit Zeitbezug:	*als, nachdem, während, wenn*
Präpositionen mit Zeitbezug:	*nach, in, am*
modale Hilfsverben:	*werden*

Funktionen der Tempora

Das Tempussystem der Verben im Deutschen ist bereits bekannt [S. 187f.]. Hier nun sollen – vor dem Hintergrund der gerade gegebenen Erläuterungen – die wichtigsten Funktionen der Tempora in der deutschen Sprache beschrieben werden. Entscheidend ist dabei, dass die oft in Lehrwerken, Grammatiken oder im Unterricht getroffenen Gleichsetzungen deutscher und lateinischer Termini (Fachwörter) aus funktionaler Sicht abgelehnt werden. So sind *Gegenwart* und *Präsens* nicht identisch, da das Präsens auch Vergangenes und Zukünftiges ausdrücken kann, daneben auch eine Vermutung:

Er kommt. (Gegenwart)
Er kommt morgen. (Zukunft)
Er kommt 1918 aus dem Krieg zurück. (Vergangenheit)
Er kommt (wohl) um neun. (Vermutung)

Ebenso ist es beim Perfekt, das Vergangenes wie Zukünftiges ausdrücken kann:

Er ist gestern in Berlin angekommen. (Vergangenheit)
Morgen hat er die Arbeit abgeschlossen. (Zukunft)

Nur Präteritum und Plusquamperfekt drücken in jedem Fall Vergangenes aus; man kann auch sagen, die *Aktzeit* liegt hier vor dem *Sprechzeitpunkt.* Futur I und Futur II dagegen enthalten neben zeitlichen Aspekten stets modale Elemente, wie unsere Beispiele gezeigt haben.

Zu unterscheiden sind also stets *Zeitformen* (Tempora) von den *Zeitstufen.* Im Deutschen stehen sechs Zeitformen den drei universalen Zeitstufen gegenüber:

Zeitformen	Zeitstufen
Präsens, Präteritum, Perfekt, Plusquamperfekt, Futur I, Futur II	Gegenwart, Vergangenheit, Zukunft

Hier werden nun im Einzelnen die wichtigsten Funktionen der Tempora im Deutschen beschrieben.

– Präsens:

Das Präsens benutzt man, um ein Geschehen zu kennzeichnen, das zum Sprechzeitpunkt andauert, also weder Anfang noch Ende kennt:

Der Vater *liest* die Zeitung.

Mit einer temporalen Angabe lässt sich diese Dauer begrenzen:

Beginn: Der Vater *liest* *seit einer Stunde* die Zeitung.
Ende: Der Vater *liest* die Zeitung *bis um vier Uhr.*

Im Präsens formuliert man allgemein gültige Aussagen:

> Giftschlangen *sind* gefährlich.

Das Präsens drückt in Verbindung mit einer Temporalangabe ein zukünftiges Geschehen aus:

> *Nächste Woche fährt* sie nach Saarbrücken.

Das Präsens drückt, in Verbindung mit einer Temporalangabe, ein vergangenes Geschehen aus (*historisches Präsens*):

> Thomas Mann *stirbt 1955* in Zürich.
> Günter Grass *erhält 1999* den Nobelpreis für Literatur.

Als *episches Präsens* wird die Form in der Literatur gebraucht, um eine Schilderung besonders lebhaft und wirkungsvoll zu gestalten:

> Lottchen liegt apathisch im Bett. Sie schläft. Sie schläft viel. „Schwäche", hat Hofrat Strobl heute mittag gesagt. Der Herr Kapellmeister sitzt am Kinderbett und blickt ernst auf das kleine, schmale Gesicht hinunter. Er kommt seit Tagen nicht mehr aus dem Zimmer. Beim Dirigieren läßt er sich vertreten. Eine Bettstatt ist für ihn vom Boden heruntergeholt worden. Nebenan läutet das Telefon. Resi kommt auf Zehenspitzen ins Zimmer. „Ein Ferngespräch aus München!" flüstert sie. „Ob Sie sprechbereit sind!"
>
> (Erich Kästner: *Das doppelte Lottchen*, Zürich 1949, S. 140)

Das Präsens taucht in Schlagzeilen der Presse auf:

> Münchner Schulen *planen* gemeinsames Sommerfest!

Das Präsens kann auch eine Aufforderung ausdrücken:

> Du *gehst* jetzt sofort ins Bett!

Das Präsens drückt (häufig zusammen mit einer Modalpartikel) eine Vermutung oder auch Unsicherheit aus:

> Klaus *ist* (*wohl/vielleicht/ja*) in der Disko.

Dabei entscheidet die Wahl der Partikel, ob eine Aussage sicher, unsicher oder auch nur vermutet ist.

– Das Präteritum:

Beim **Präteritum** ist es eindeutig: die Aktzeit liegt immer *vor* dem Sprechzeitpunkt, das Geschehen/die Handlung ist also vergangen:

> Er *kam* sehr spät nach Hause.
> Sie *war* lange krank.

Im Gegensatz zum Perfekt hat das Präteritum keine modale Komponente, es ist also immer wirklich.

Das Präteritum ist die charakteristische Erzählform in der schönen Literatur, wie das Beispiel aus Goethes *Werther* gezeigt hat. Hier ist eine andere Textstelle:

In Grauschteen, von wo wir herkommen, war alles anders, auch mit dem Kunsthonig war es anders: Jedem Haushalt wurde jede Woche eine Scheibe zugeteilt. Ich war fünf Jahre alt und durfte unsere Scheibe aus dem Dorfladen holen, und ich hielt meinen Daumen dabei so, daß eine Spur von der graugelben Masse an ihm klebenblieb, wenn die Krämerin sie mit dem Spatel auf den Teller klatschte. Den bekleckten Daumen durfte ich ablecken, aber ich durfte ihn unterwegs nicht in die Masse stippen, um mich zu laben. Gott sieht den Sünder, Gott sieht alles, sagte meine Mutter. Sünde und Unsünde hingen von einer Bewegung meines Daumens ab.

(Erwin Strittmatter: *Der Laden*, Köln 1989, S. 11)

Das Präteritum drückt in der gesprochenen Sprache eine besonders lebhafte Erinnerung oder nachdrückliche Frage aus:

> Was *wollte* ich gleich sagen?
> Wer *bekam* die Cola?

Bei den Hilfsverben *haben*, *sein* und *werden* sowie bei den modalen Hilfsverben [S. 165ff.] dominiert auch in der gesprochenen Sprache das Präteritum:

Ich *hatte* Glück bei der Prüfung.
Er *wurde* Meister im Skateboard-Fahren.
Wir *wollten* ins Kino gehen.

Das Präteritum ist das Tempus der *erlebten Rede*:

Der Passagier fragte den Schaffner: „*Ist* der Zug schon weg?“ (direkte Rede)
→ Der Passagier fragte den Schaffner, ob der Zug schon weg *sei*. (indirekte Rede)
→ *War* der Zug schon weg? (erlebte Rede)

– Perfekt:

Die Funktion des **Perfekts** ergibt sich aus der Präsensform der Hilfsverben *haben* und *sein*, die zeitlich nicht festgelegt ist, sowie dem Partizip II des Verbs, das Abgeschlossenheit signalisiert.

Das Perfekt drückt daher den Vollzug einer Handlung aus. Die Handlung kann dabei sowohl ❶ *vor* dem Sprechzeitpunkt – also in der Vergangenheit – als auch ❷ *nach* dem Sprechzeitpunkt liegen – also in der Zukunft. Sie kann aber auch unmittelbar ❸ an den Sprechzeitpunkt *heranreichen* oder sogar ❹ mit ihm *zusammenfallen*, wobei häufig eine temporale Angabe verstärkend benutzt wird. Hier die Beispiele:

❶ Er *hat* *letzte Woche* die Prüfung *bestanden*. (Tatsache)
❷ Er *hat* *morgen* die Prüfung *bestanden*. (Vermutung/Hoffnung)
❸ Er *hat* *gerade* die Prüfung *bestanden*.
❹ Er *hat* *in diesem Augenblick* *angerufen*.

Deutlich wird, dass die Verbform lediglich den Vollzug der Handlung ausdrückt, also das Abgeschlossene. Die Zeitstufe wird mit einer adverbialen Angabe bezeichnet (*letzte Woche, morgen, gerade*).

Das Perfekt ist die charakteristische Erzählform der gesprochenen Sprache:

Wir *haben* den Mann erst gar nicht *erkannt*, dann aber doch *gewusst*, wer er ist. Das *ist* der Mann *gewesen*, der morgens immer in der Straßenbahn *gesessen* und die Zeitung *gelesen hat*.

Wichtig ist die Perfektform, um eine Einstellung zum Geschehen auszudrücken. Dies geschieht einmal durch eine Modalpartikel mit einer Temporalangabe:

> Elisabeth *hat morgen bestimmt* die Arbeit *abgeschlossen*.
> (Sicherheit, in anderem Kontext auch Hoffnung)
> Elisabeth *hat morgen wohl* die Arbeit *abgeschlossen*.
> (Vermutung)

Oder die Einstellung wird durch ein Modalverb und den Infinitiv II ausgedrückt; es handelt sich also um die Wiedergabe der Äußerung eines Dritten:

> Peter *soll* seine Frau *betrogen haben*.
> → Man sagt, Peter *habe* seine Frau *betrogen.*

Das **Perfekt** ist also mit dem Präteritum nicht austauschbar, sondern tritt in völlig anderer Funktion in unterschiedlichen Textsorten auf. Es ist vor allem durch den Aspekt des Vollzogenen bzw. Abgeschlossenen gekennzeichnet, und zwar in Vergangenheit, Gegenwart und Zukunft.

– Plusquamperfekt:

Das **Plusquamperfekt** bezeichnet – wie das Präteritum – immer Vergangenes, aber im Gegensatz zum Präteritum auch immer das Abgeschlossene einer Handlung. Der *Sprechzeitpunkt* liegt also deutlich später als die *Aktzeit*:

> Letzte Woche *hatten* wir eine Party *veranstaltet*.

Im Verhältnis zum Präteritum drückt das Plusquamperfekt ein früheres Geschehen aus, eine Art *Vorvergangenheit.* Bei der temporalen Konjunktion *nachdem* [S. 325] wird das deutlich. Der Nebensatz steht im Plusquamperfekt, der Hauptsatz im Präteritum (Consecutio Temporum/Zeitenfolge):

> *Nachdem* sie *gegessen hatten*, *gingen* sie in die Disko.

Das Plusquamperfekt hat, ebenso wie das Präteritum, keine modale Komponente.

– Futur I:

Man kann im Futur I in der *geschriebenen Sprache* in erster Linie eine zeitliche Aussage erkennen. Hier bezeichnet die Verbform Zukünftiges:

Der Bundeskanzler *wird* Japan *besuchen*.

Vor allem in der *gesprochenen Sprache* jedoch hat das Futur I eine modale Funktion, die vom Kontext bestimmt wird:

Er *wird* sie *wiedersehen*. (Hoffnung)

Er *wird* das *schaffen*. (Hoffnung/Vermutung)

Der Direktor *wird* die Schule *besuchen*.
(Erwartung/Drohung)

Ich *werde* dich nie *verlassen*! (Versprechen)

Tritt noch eine Modalangabe (Adverb, Modalwort, vor allem eine Modalpartikel) hinzu, ist die Aussage rein modal und zeitlich neutral:

Der *wird* das *schon* *schaffen*! (Vertrauen)

Das *wird* *vielleicht* eine Katastrophe *werden*.
(Sorge/Warnung)

Das *wird* *doch* noch *gelingen*! (Hoffnung)

Diese modale Komponente wird auch in Leerformeln, Floskeln und Worthülsen der öffentlichen Sprache, vor allem der Politiker, deutlich. Eigentlich wird Gegenwärtiges bezeichnet, doch vor allem Zustimmung erwartet. Hier ein Redner:

Sie *werden* mir nicht *vorwerfen*, meine Damen und Herren, dass ich an dem Skandal Schuld habe!

– Futur II:

Das Futur II drückte ursprünglich Abgeschlossenheit zu einem zukünftigen Zeitpunkt aus:

Er *wird* Tokio (morgen) *erreicht haben*.

In der Gegenwart aber ist die Form sowohl in Textsorten der geschriebenen wie der gesprochenen Sprache ausschließlich modal zu verstehen:

Klaus *wird* den Fall *geregelt haben*. (Vermutung/Hoffnung)

Das Flugzeug *wird* letzte Woche in Paris *gelandet sein*. (Vermutung)

Daher gehört das Futur II im Grunde zum Bereich der Modalität und nicht zu den Tempora des Deutschen.

f. Modalität und Konjunktiv

In der deutschen Sprache gibt es zahlreiche Möglichkeiten, um eine Aussage zu differenzieren und zu färben. Eine Bitte wird anders formuliert als ein Befehl, ein Kompliment anders als eine Enttäuschung. Wenn etwas als wirklich oder wahr gilt, wird eine andere Form gewählt, als wenn etwas nur als Behauptung gilt, wahrscheinlich oder unsicher ist.

Um diese Unterschiede auszudrücken, gibt es die sprachlichen Mittel der Modalität, also der Art und Weise des Ausdrucks. Die dazugehörige Frage lautet *wie?*.

Differenzierungen im modalen Ausdruck sind möglich mit verschiedenen Wortarten ❶ sowie dem Modus des Verbs ❷:

❶ Wortarten (lexikalisch-pragmatische Mittel der Modalität):
- modale Hilfsverben: *dürfen, können, mögen, müssen, sollen, wollen, brauchen zu, werden*
- Modalitätsverben: *scheinen zu, drohen zu*
- Modaladverbien: *irgendwie, nahezu, fast*
- Modalwörter: *sicher, tatsächlich, bestimmt*
- Modalpartikeln: *denn, doch, schon, ja*
- Modalangaben: *meines Erachtens, in aller Form*
- Modalsätze: *Je besser er arbeitet, desto früher besteht er die Prüfung.*

❷ Bei der Kategorie Modus (Art und Weise) des Verbs unterscheiden wir:
- Indikativ: Peter *fährt* nach München.
- Konjunktiv I: Karin sagt, dass Peter nach München *fahre*.
  Er *habe* heute keine Zeit.

- Konjunktiv II: In Paris *wären* wir glücklicher.
  Wenn sie doch einmal pünktlich *käme*!

- Imperativ: *Komm* doch morgen, bitte!
  Lasst uns endlich anfangen!

Die Konjunktivformen I und II sind wichtige sprachliche Mittel, um die Modalität der Aussagen zu bestimmen.

Das Formensystem des Konjunktivs

Das Formensystem des Indikativs (traditionell: *Wirklichkeitsform*) ist bekannt [S. 131ff.]. Hier folgt nun das Formensystem des Konjunktivs (traditionell: *Möglichkeitsform*).

– Konjunktiv I:

	regelmäßiges Verb	**unregelmäßiges Verb**	**modales Hilfsverb**	**Hilfsverben**		
ich	*lebe*	*komme*	*wolle*	*sei*	*habe*	*werde*
du	*lebest*	*kommest*	*wollest*	*sei(e)st*	*habest*	*werdest*
er/ sie/es	*lebe*	*komme*	*wolle*	*sei*	*habe*	*werde*
wir	*leben*	*kommen*	*wollen*	*seien*	*haben*	*werden*
ihr	*lebet*	*kommet*	*wollet*	*seiet*	*habet*	*werdet*
sie	*leben*	*kommen*	*wollen*	*seien*	*haben*	*werden*

Diese Formen kommen in korrekter Form bei **Redewiedergaben** (indirekte Rede) in Texten der *geschriebenen* Sprache vor.

In der *gesprochenen* Sprache werden vor allem die Formen der 2. Person Singular und Plural als veraltet empfunden und deshalb häufig durch die Form *würde* + Verb ersetzt [S. 203].

– Konjunktiv II:

	regelmäßiges Verb	unregelmäßiges Verb	modales Hilfsverb	Hilfsverben		
ich	*lebte*	*käme*	*wollte*	*wäre*	*hätte*	*würde*
du	*lebtest*	*kämest*	*wolltest*	*wärest*	*hättest*	*würdest*
er/ sie/es	*lebte*	*käme*	*wollte*	*wäre*	*hätte*	*würde*
wir	*lebten*	*kämen*	*wollten*	*wären*	*hätten*	*würden*
ihr	*lebtet*	*kämet*	*wolltet*	*wäret*	*hättet*	*würdet*
sie	*lebten*	*kämen*	*wollten*	*wären*	*hätten*	*würden*

Die Konjunktivformen werden durch Anfügen eines *-e* an den Verbstamm gebildet: beim Konjunktiv I an die Präsensform: *leb* + *e* → *lebe*, beim Konjunktiv II an die Präteritumsform: *kam* + *e* → *käme* (Umlaut).

Der Konjunktiv I wird deshalb traditionell (und falsch!) *Konjunktiv Präsens* bzw. *Gegenwart*, der Konjunktiv II auch *Konjunktiv Präteritum* bzw. *Vergangenheit* genannt. Falsch ist dies deshalb, weil die Funktion des Konjuntivs I nur selten etwas mit dem Präsens bzw. der Gegenwart zu tun hat, ebenso wie der Konjunktiv II keineswegs auf das Präteritum oder die Vergangenheit beschränkt werden kann.

Ist nun bei einem Verb vor dem einzufügenden *-e-* bereits ein auslautendes *-e-* vorhanden oder folgt eines, so gibt es kein Doppel-*e*, sondern nur eines (er *lebe, lebte*).

Beim Konjunktiv I gibt es – im Unterschied zum Indikativ Präsens – keinen Umlaut bei der 2. und 3. Person Singular der unregelmäßigen Verben: *waschen* – du *wäschst* (Indikativ) – du *waschest* (Konjunktiv I). Ebenso gibt es keinen *e/i*-Wechsel: *nehmen* – du *nimmst* (Indikativ) – du *nehmest* (Konjunktiv I).

Beim Konjunktiv II der unregelmäßigen Verben lautet der Stammvokal um:

er *fuhr*/ *kam*/ *hob*/ *sang* – er *führe*/ *käme*/ *höbe*/ *sänge*
(Indikativ) (Konjunktiv II)

Einige dieser umlautenden Formen sind heute veraltet und werden deshalb nicht mehr verwendet, z. B. sie *schwämme* u. Ä.

Funktionen des Konjunktivs I und des Konjunktivs II

– Konjunktiv I:

Zur Erinnerung: Der Indikativ wird als Normalform und in seiner Aussage neutral beschrieben. Im Regelfall beinhaltet er eine Aussage, die wirklich oder wahr ist. Der Konjunktiv I hat andere Funktionen. Hier zunächst ein Textbeispiel:

Antonita

Manchmal dachte ich, ich wäre besser nie wieder aufgetaucht. Dachte, schon den Paß hätte ich erst gar nicht auslösen dürfen in LA BUENA SOMBRA. Ganz wegbleiben hätte ich sollen. Zusammenbleiben? Ein einziges Mal war Antonita aufs Zusammenbleiben zu sprechen gekommen, zuletzt, kurz vor meiner Abreise. Ob ich nicht länger bleiben könne jetzt, wo sie sich freigemacht habe; und – leiser, fast wie zu sich – ob ich nicht überhaupt dableiben wolle, hatte sie gefragt. Ich müsse zurück, hatte ich erwidert. Die Zeitung; und die Familie – Ich hatte die Familie beiläufig erwähnt: sie hatte mich nie danach gefragt, und ich hatte nie etwas anderes vorgegeben. Es verlangte mich aber, daß ich es ausspräche und daß sie es höre.

(Paul Nizon: *Diskurs in der Enge,* Frankfurt a. M. 1990, S. 85)

Es gibt eine Reihe von Konjunktiv-Formen im Text:

Konjunktiv I: ich *könne, sie habe, ich wolle, ich müsse, sie höre*
Konjunktiv II: ich *wäre, ich hätte, ich spräche* aus

Der Konjunktiv I ist die korrekte Form der Redewiedergabe (indirekte Rede), also der Kennzeichnung der Äußerungen einer dritten Person.

– Direkte Rede (Florian zu Ilka):

Ich *komme* morgen zu dir nach Berlin.

– Redewiedergabe (Ilka zu Petra):

Florian sagt, *dass* er morgen zu mir nach Berlin *komme*.
Oder: Florian sagt, er *komme* morgen zu mir nach Berlin.
(ohne Konjunktion)

– **Erweiterung** (Petra zu Klaus und Jürgen):

> Ilka erzählt, *dass* Florian *gesagt habe*, *dass* er morgen zu ihr nach Berlin *fahre*.
> **Oder:** Ilka erzählt, Florian *habe gesagt*, er *fahre* morgen zu ihr nach Berlin. (ohne Konjunktion)

Bei der Redewiedergabe wechselt die Person: Der Sprecher der direkten Rede (Florian) erscheint in der 3. Person Singular (*er*), die Angesprochene der direkten Rede (Ilka) wird zur Berichtenden und steht im Subjekt (1. Person Singular). Bei der Erweiterung tritt der Wechsel zur 3. Person Singular ein:

- Florian zu Ilka: *Ich* komme morgen zu *dir* nach Berlin.
- Ilka zu Petra: Florian sagt, *er* komme morgen zu *mir* nach Berlin.
- Petra zu Klaus und Jürgen:

Ilka erzählt, *Florian* habe gesagt, er komme morgen zu *ihr* nach Berlin.

> In Texten der geschriebenen Sprache (Presse, schöne Literatur usw.) ist die Verwendung des **Konjunktivs I** bei der Redewiedergabe obligatorisch: Nur dann wird deutlich, wer gemeint ist. In der gesprochenen Sprache dagegen steht der Konjunktiv I in Konkurrenz mit dem Konjunktiv II, der *würde*-Form sowie dem Indikativ, weil beim Sprechen Gestik (Handbewegungen) und Mimik (Gesichtsausdruck) klären können, welche Person gemeint ist. Es muss aber dann die Konjunktion *dass* oder ein Verb des Sagens oder Denkens im Satz erscheinen:
>
> Er sagt, *dass* sie morgen *komme/käme/kommen würde/kommt.*

Sind die Formen des Konjunktivs I und des Indikativs Präsens identisch (z. B. *wir kommen*), wird der Konjunktiv II in der geschriebenen Sprache benutzt, um die Redewiedergabe zu kennzeichnen (Ersatzregel):

> Er sagt, dass wir morgen *kommen*.
> → Er sagt, dass wir morgen *kämen*.

Als Regel gilt also: Sind **Konjunktiv I** und **Indikativ Präsens** identisch, muss die Konjunktiv-II-Form gebraucht werden, um die Wiedergabe der Rede eines Dritten zu kennzeichnen. Dies betrifft die 1. Person Singular und Plural (*ich lachte, wir kommen*) sowie die 3. Person Plural (*sie rufen*).

Der Konjunktiv I wird daneben dann benutzt, wenn *Wünsche* oder *Aufforderungen* ausgedrückt werden. Dies gilt vor allem für die Sprache der schönen Literatur:

> Edel *sei* der Mensch, hilfreich und gut!
> (Goethe, *Das Göttliche*)
> Ein Redner *sei* kein Lexikon!
> (Tucholsky, *Ratschläge für einen guten Redner*)

Aber auch in der Alltagssprache gilt Konjunktiv I bei Aufforderungen:

> Man *nehme* etwas Zucker, mehrere Limonen und etwas Rum!
> *Schließe* doch endlich jemand das Fenster!
> *Kehre* jeder vor seiner eigenen Tür!

Die Wiedergabe der Rede eines Dritten ist auch ohne *dass* möglich. Voraussetzung dafür ist ein Verb des Sagens oder Denkens:

> Sie *sagt, dass* sie morgen ins Kino *gehe*.
> → Sie *sagt*, sie *gehe* morgen ins Kino.

Bei den Texten der Wissenschaftssprache tritt der Konjunktiv I im Passiv auf, ebenso in Parallelformen (*man*).

> Gegeben *sei* das Dreieck ABC...
> Es *sei* vorausgesetzt, dass...
> Man *lege* das Messgerät an die Stromquelle...

– Konjunktiv II:

Der **Konjunktiv II** ist die Ausdrucksform des Nicht-Realen, also des Irrealis. Wenn wir etwas formulieren wollen, was (noch) nicht wirklich oder nur vorgestellt ist, oder was wir uns wünschen bzw. was nur unter bestimmten Bedingungen geschehen kann, benutzen wir den Konjunktiv II.

Der folgende Text von Bertolt Brecht spricht vom *Irrealen*, modern ausgedrückt: vom *Virtuellen.* Es handelt sich um irreale Konditionalsätze:

Wenn die Haifische Menschen wären

„Wenn die Haifische Menschen wären", fragte Herrn K. die kleine Tochter seiner Wirtin, „wären sie dann netter zu den kleinen Fischen?" „Sicher", sagte er. „Wenn die Haifische Menschen wären, würden sie im Meer für die kleinen Fische gewaltige Kästen bauen lassen, mit allerhand Nahrung drin, sowohl Pflanzen als auch Tierzeug. Sie würden sorgen, daß die Kästen immer frisches Wasser hätten, und sie würden überhaupt allerhand sanitäre Maßnahmen treffen. Wenn zum Beispiel ein Fischlein sich die Flosse verletzen würde, dann würde ihm sogleich ein Verband gemacht, damit es den Haifischen nicht wegstürbe vor der Zeit. Damit die Fischlein nicht trübsinnig würden, gäbe es ab und zu große Wasserfeste; denn lustige Fischlein schmecken besser als trübsinnige."...

(Bertolt Brecht: *Kalendergeschichten,* in: Ders.: Ausgewählte Werke in sechs Bänden, Bd. 5, Frankfurt a. M. 1997, S. 226)

Bei verneinten irrealen Konditionalsätzen heißt es:

Wenn sie aufgepasst *hätte*, *wäre* der Unfall nicht passiert.

Umgekehrt steht *sonst/anderenfalls*:

Sie hatte aufgepasst, *sonst wäre* ein Unfall passiert.

Der Konjunktiv II wird neben den Konditionalsätzen in anderen Kontexten verwendet:

– in irrealen Wunschsätzen (mit oder ohne *wenn*):

Wenn es nur schon morgen *wäre*!/ *Wäre* es nur schon morgen!

Dabei wird meistens eine Modalpartikel (*doch/nur*) verwendet.

– in irrealen Vergleichssätzen (*als ob/als*):

Er sieht aus, *als ob* er betrunken *wäre*.
Sie benimmt sich, *als wäre* sie eine Diva.

– in höflicher ❶ oder vorsichtiger Redeweise ❷:

❶ *Dürfte* ich bitte Ihren Pass sehen?
Würden Sie mir bitte das Buch geben?

❷ Das *würde* ich nicht machen.
Das *könnte* stimmen.
Ich *säße* lieber vorne.

– In der gesprochenen Sprache tritt bei irrealen Konditionalsätzen immer häufiger statt des Konjunktivs II die Form *würde* + Infinitiv auf. Vor allem umlautende Formen (*flöge, schwämme*) werden so vermieden:

Wenn er jetzt nach Berlin *fliegen würde*, *wäre* alles in Ordnung.

– in irrealen Konsekutivsätzen (*Folgesätzen*):

Die Konjunktionen [S. 318ff.] sind: *dass/als dass*, die Korrelate *so* oder *zu*:

Peter redete *so* schnell, *dass* die Zuhörer ihn fast nicht *verstanden hätten*.

Die Leistung war *zu* schlecht, *als dass* sie *hätte* akzeptiert werden *können*.

Tritt die erwartete Folge nicht ein, steht *ohne dass*:

Sie nahm Medikamente, *ohne dass* es ihr besser *gegangen wäre*.
Er redete viel, *ohne dass* er etwas *gesagt hätte*.

Bei Subjektgleichheit im Haupt- und Nebensatz kann der Satz zum Infinitivsatz [S. 99f.] verkürzt werden:

Er redete viel *ohne etwas zu sagen*. (ohne Komma!)

Die bereits dargestellte Ersatzregel trifft nur in der 1. Person Singular und Plural sowie der 3. Person Plural (*sie*) zu. Die am häufigsten gebrauchte Form der Redewiedergabe aber ist die 3. Person Singular (*er/sie/es*). Wenn also die Ersatzregel nicht greift und es trotzdem heißt *Er sagt, dass sie krank wäre* statt *Er sagt, dass sie krank sei*, so kann die (falsche) Meinung zugrunde liegen, der Konjunktiv I sei veraltet oder gar überflüssig, oder es soll ausgedrückt werden, dass der Sprecher bezweifelt, dass die Aussage wahr ist.

Man benutzt daher den **Konjunktiv I**, um die Rede eines Dritten ohne Kommentar wiederzugeben, aber den **Konjunktiv II**, wenn man bezweifelt, dass die Aussage wahr ist, also die Aussage kommentiert wird.

Beispiel:

Friedrich sagt, dass Klaus krank *sei*. (= Redewiedergabe)
Friedrich sagt, dass Klaus krank *wäre*. (= er glaubt aber, dass das nicht stimmt, sondern Klaus nur simuliert)

● **Hat der Konjunktiv ein voll ausgebautes Konjugationssystem?**

Im Gegensatz zum Indikativ hat der Konjunktiv nur ein teilweise ausgebautes Verbparadigma. Den sechs Tempora im Indikativ stehen nur drei Stufen im Konjunktiv gegenüber. Die traditionelle Lehre, die Formen *er wäre* oder *sie hätte* seien Konjunktiv Präteritum, muss aufgegeben werden, wie das folgende Beispiel zeigt:

❶ Hans sagt, dass Stefanie krank *sei*. (= H. berichtet davon)
❷ Hans sagt, dass Stefanie krank *wäre*. (= H. glaubt nicht daran).

Der Unterschied zwischen Satz ❶ und Satz ❷ ist nicht zeitlicher, sondern modaler Natur, denn man kann in beiden Sätzen die gleichen Temporalangaben einsetzen, ohne dass einer der Sätze falsch wäre. Hier die Probe:

❶ Hans sagt, dass Stefanie *heute/die ganze Woche/morgen* krank *sei*.

❷ Hans sagt, dass Stefanie *heute/die ganze Woche/morgen* krank *wäre*.

Zeitliche Differenzierungen innerhalb des Konjunktivs sind in drei Stufen möglich:

- Konjunktiv I/II der Verlaufsstufe
- Konjunktiv I/II der Vollzugsstufe
- Konjunktiv I/II der Erwartungsstufe

Im Einzelnen:

Die Verlaufsstufe bei Konjunktiv I und II wird mit den Standardformen gebildet. Beide Formen dienen dazu, etwas zeitlos Ablaufendes, das zum *Sprechzeitpunkt* gültig ist, in der indirekten Rede wiederzugeben bzw. zu kommentieren:

Wiedergabe: er *mache* / *gehe* (Konjunktiv I)

Kommentar: er *machte* / *ginge* (Konjunktiv II)

Beispiel:

Sie sagt, dass er jetzt nach Haus *gehe* / *ginge*.
Er sagt, dass sie nun einen Fehler *mache* / *machte*.

Bezieht sich die wiedergegebene oder kommentierte Äußerung auf etwas, das *vor* dem Sprechzeitpunkt liegt (also bereits vergangen ist), sind die Formen *habe/hätte* bzw. *sei/wäre* + Partizip II des Verbs zu gebrauchen (Vollzugsstufe):

Wiedergabe: er *habe gemacht/ sei gegangen* (Konjunktiv I)

Kommentar: er *hätte gemacht/ wäre gegangen* (Konjunktiv II)

Beispiel:

Sie sagt, dass er gestern nach Haus gegangen *sei* / *wäre*.
Er erklärt, dass sie freibekommen *habe* / *hätte*.

Bezieht sich aber die wiedergegebene oder kommentierte Äußerung auf etwas, das erst *nach* dem Sprechzeitpunkt eintritt, so sind die Formen *werde/würde* + Infinitiv bzw. *werde/würde* + Infinitiv II (selten) zu verwenden (Erwartungsstufe):

Wiedergabe: er *werde machen/gehen* bzw. *gemacht haben/gegangen sein*
Kommentar: er *würde machen/gehen* bzw. *gemacht haben/gegangen sein*

Beispiel:

Sie sagt, dass er morgen nach Hause *gehen werde/gegangen sein werde*.
Sie sagt, dass er morgen nach Hause *gehen würde/gegangen sein würde*. (selten!)

Damit stehen sich gegenüber:

Direkte Rede (Indikativ)	**Indirekte Rede (Konjunktiv)**
Indikativ Präsens Aktiv Peter sagt: „Heute *gehe* ich in die Disko.“	**Konjunktiv I/II der Verlaufsstufe** Hans sagt, dass er heute in die Disko *gehe / ginge / gehen würde*.
Indikativ Präteritum Aktiv Hans sagt(e): „Gestern *war* ich in der Disko.“	**Konjunktiv I/II der Vollzugsstufe** Hans sagt(e), dass er gestern in der Disko *gewesen sei / wäre*.
Indikativ Perfekt Aktiv Hans sagt(e): „Die CD *habe* ich noch nie *gehört*.“	**Konjunktiv I/II der Vollzugsstufe** Hans sagt(e), dass er die CD noch nie *gehört habe / hätte*.
Indikativ Plusquamperfekt Aktiv Hans sagt(e): „Ich *hatte* dieses Problem nicht *erwartet*.“	**Konjunktiv I/II der Vollzugsstufe** Hans sagt(e), dass er dieses Problem nicht *erwartet habe / hätte*.
Indikativ Futur I Aktiv Hans sagt: „Morgen *werde* ich nach Berlin *fahren*.“	**Konjunktiv I/II der Erwartungsstufe** Hans sagt, dass er morgen nach Berlin *fahren werde / würde*.
Indikativ Futur II Aktiv Hans sagt: „Nächstes Jahr *werde* ich das Abitur *bestanden haben*.“	**Konjunktiv I/II der Erwartungsstufe** Hans sagt, dass er nächstes Jahr die Prüfung *bestanden haben werde / würde*.
***werden*-Passiv** Hans sagt: „Heute *werde* ich *eingeladen*.“	**Konjunktiv I/II der Verlaufsstufe** Hans sagt, dass er heute *eingeladen werde / würde*.
***sein*-Passiv** Hans sagt: „Heute *bin* ich *eingeladen*.“	**Konjunktiv I/II der Verlaufsstufe** Hans sagt, dass er heute *eingeladen sei / wäre*.

Direkte Rede (Indikativ)	**Indirekte Rede (Konjunktiv)**
werden-**Passiv** **Indikativ Präteritum / Perfekt / Plusquamperfekt** Hans sagt: „Letzte Woche *wurde* ich *eingeladen* / *bin* / *war* ich *eingeladen worden*."	**Konjunktiv I / II der Vollzugsstufe** Hans sagt, dass er letzte Woche *eingeladen worden sei* / *wäre*.
sein-**Passiv** **Indikativ Präteritum / Perfekt / Plusquamperfekt** Hans sagt: „Letzte Woche *war* ich *eingeladen* / *bin* / *war* ich *eingeladen gewesen*."	**Konjunktiv I / II der Vollzugsstufe** Hans sagt, dass er letzte Woche *eingeladen gewesen sei* / *wäre*.
werden-**Passiv** **Indikativ Futur I / II** Hans sagt: „Nächste Woche *werde* ich *eingeladen werden* / *eingeladen worden sein*."	**Konjunktiv II der Erwartungsstufe** Hans sagt, dass er nächste Woche *eingeladen werden werde* / *würde* / *eingeladen worden sein werde* / *würde*.
sein-**Passiv** **Indikativ Futur I / II** Hans sagt: „Nächste Woche *werde* ich *eingeladen sein* / *eingeladen gewesen sein*."	**Konjunktiv II der Erwartungsstufe** Hans sagt, dass er nächste Woche *eingeladen sein werde* / *würde* / *eingeladen gewesen sein werde* / *würde*.

Das **Verb-Konjugationssystem** im Indikativ findet keine direkte Entsprechung im Konjunktiv.

Den sechs Tempora dort stehen drei Zeitstufen gegenüber: *Verlaufsstufe, Vollzugsstufe, Erwartungsstufe.* Sie betreffen Gegenwart, Vergangenheit und Zukunft.

Empfehlungen zum Gebrauch des Konjunktivs

Die Lernprobleme beim Konjunktiv-Gebrauch im Deutschen sind zahlreich. Hier geben wir deshalb einige Empfehlungen für den guten Sprachgebrauch:

– In Textsorten der *geschriebenen* Sprache wird bei der Redewiedergabe (indirekte Rede) der Konjunktiv I verwendet; sind die Formen des Konjunktivs I und des Indikativs Präsens identisch, weicht man auf den Konjunktiv II aus (*Ersatzregel*).

– In Textsorten der *gesprochenen* Sprache (Gespräch, Monolog usw.) stehen bei der Redewiedergabe Konjunktiv I, Konjunktiv II, Indikativ und *würde*-Form nebeneinander. Die *würde*-Form dominiert bei den Vollverben. Wichtig ist, dass die einleitende Konjunktion *dass* deutlich macht, es handele sich um die Wiedergabe der Rede eines Dritten.

– In bewusst gewählter und sprachlich gelungener Ausdrucksweise steht der Konjunktiv II anstelle des Konjunktivs I dann, wenn der Sprecher/die Sprecherin sich vom Inhalt des Wiedergegebenen distanzieren will oder zumindest Zweifel hegt, ob der Inhalt wahr ist:

Sie sagt, er *sei* in der Schule *gewesen.* (neutral)
Sie sagt, er *wäre* in der Schule *gewesen.* (Zweifel)

– Um Nicht-Reales, Wünsche, irreale Vergleiche oder Bedingungen auszudrücken, benutzt man den Irrealis (Konjunktiv II):

Nicht-Reales:	Er *wäre* gern *gekommen.*
Wünsche:	*Hätte* ich sie nur nicht *belogen*!
Vergleich:	Er keuchte, als ob er zehn Kilometer *gerannt wäre*.

Irrealer Konditionalsatz:

Wenn ich *könnte*, *käme* ich morgen in die Schule.

Anders verhält es sich beim Konditionalsatz mit Indikativ:

Wenn er sich *anstrengt*, *könnte* er die Prüfung bestehen.

Die Ersatzregel betrifft nur die 1. Person Singular und Plural (*ich, wir*) sowie die 3. Person Plural (*sie*).

2. Das Substantiv

Gymnasiastin, 10. Klasse, Westdeutschland

Die Menschen in der ehemaligen DDR lehnten sich im Spätjahr 1989 gegen das Regime (SED) auf. Die Sozialistische Einheitspartei Deutschlands bestimmte das private und gesellschaftliche Leben eines Einzelnen (Kollektivum). Im Spätjahr 1989 begannen sich die Menschen gegen dieses Regime aufzulehnen und in den Montagsdemonstrationen in Leipzig zeigten sie ihre Wut über die Unterdrückung. Als am 9.11.1989 „endlich“ die Mauern fielen, war die „ganze Nation“ in einem Vereinigungstaumel, der vielleicht auch viele Politiker die richtigen Probleme nicht richtig erkennen ließ. Viele sagten, dass es zu schnell ging, andere sagten, dass diese Diktatur so schnell wie möglich aufhören sollte. Doch schon kurze Zeit nach dem Mauerfall und als die Wiedervereinigungseuphorie schon etwas abgeklungen war, machten sich Probleme breit. Nicht nur die rechtliche (staatliche) Wiedervereinigung war schwer zu organisieren, die Wiedervereinigung der Menschen, der gesamten Bevölkerung, war viel schwieriger, als man dachte. Die Menschen aus der DDR, die 40 Jahre um ihre eigene freie Meinung betrogen wurden, konnten sich nun entfalten. Vor allem bei den Jugendlichen kamen rechtsradikale Tendenzen zum Vorschein, da die 5 NBL (= neuen Bundesländer) jetzt mit ganz anderen Problemen konfrontiert wurden (Asylanten, Ausländer).

(*DeutschStunden.* Aufsätze.
Was Jugendliche von der Einheit denken, Berlin 1993, S. 95f.)

In unserem Text gibt es zahlreiche Substantive:

Menschen, DDR, Spätjahr, Regime, SED, Einheitspartei, Deutschland, Leben, Kollektivum, Montagsdemonstrationen, Leipzig, Wut, Unterdrückung, Mauern, Nation, Vereinigungstaumel, Politiker, Probleme, Diktatur, Zeit, Mauerfall, Wiedervereinigungseuphorie, Wiedervereinigung, Bevölkerung, Jahre, Meinung, Jugendlichen, Tendenzen, Vorschein, Bundesländer, Asylanten, Ausländer

Dieser farbige Text weist eine Fülle von einfachen (z. B. *Menschen*), zusammengesetzten (z. B. *Einheitspartei*) und abgeleiteten (z. B. *Demonstrationen*) Substantiven neben einer beträchtlichen Zahl von Neuwörtern (Neologismen) wie *Mauerfall* oder *Wiedervereinigungseuphorie* auf. Daneben gibt es Wörter, die nicht zur Standardsprache gehören, z. B. *Spätjahr, Asylant.*

a. Die Wortart

Substantive (auch *Nomen/ Nomina, Hauptwörter, Namenwörter* oder *Dingwörter* genannt) bezeichnen Personen, Dinge oder abstrakte Gegebenheiten und werden mit großem Anfangsbuchstaben geschrieben. Sie werden dekliniert (flektiert) und nach Genus (Maskulinum, Femininum, Neutrum), Kasus (Nominativ, Genitiv, Dativ, Akkusativ) sowie Numerus (Singular, Plural) unterschieden.

Substantive werden mit großem Anfangsbuchstaben geschrieben:

der Tisch, die Stadt

Sie sind entweder Gattungsnamen (*Nomina appellativa*), z. B.:

Tisch, Straße, Fußball usw.

oder Eigennamen (*Nomina propria*), z. B.:

Heidrun, Mont Blanc, New York usw.

Sie werden daneben

- häufig mit einem **Artikelwort** (*der* Mann, *die* Kinder, *einige* Zeitungen) verbunden, an dem das Genus (grammatische Geschlecht) verdeutlicht wird:

  der Tisch (Maskulinum)
  die Rose (Femininum)
  das Kissen (Neutrum)

- in der Regel **dekliniert** (flektiert), also in Kasus (Nominativ, Genitiv, Dativ, Akkusativ) und Numerus (Singular/Plural) verändert:

  der Tisch – des Tisches – dem Tisch – den Tisch
  das Kind – die Kinder

- zur Bezeichnung von **Lebewesen** (Menschen, Tiere oder Pflanzen), **konkreten** Dingen oder **abstrakten** Phänomenen (Ideen, Begriffe) gebraucht:

die Mutter, das Pferd, die Rose
der See, die Schule, das Auto
der Frieden, die Lösung
die Reinheit, die Einsamkeit

- als **Subjekt, Ergänzung, Angabe** oder **Attribut** gebraucht:

Subjekt:	*Der Lehrer* verteilt die Aufgaben.
Ergänzung:	Sie helfen *der alten Frau*.
Angabe:	*An der Ostsee* erholen wir uns.
Attribut:	Der Hut *des Vaters* gefällt mir.

Verben, Adjektive, Pronomen und andere Wortarten können durch Voranstellen eines Artikelworts substantiviert werden; sie werden dann großgeschrieben:

das Schwimmen, das Blau, das Ich, das Wenn und Aber,
das Wesentliche, das Schweigen

b. Die Kasus

Substantive werden im Deutschen nach den **vier Kasus** (*Nominativ, Genitiv, Dativ* und *Akkusativ*), traditionell auch *grammatische Fälle* genannt, sowie den **Numeri** (*Singular, Plural*) flektiert.

Diese Kasus-Numerus-Flexion nennt man auch *Veränderung*. Es gibt sie neben den Substantiven auch bei den Adjektiven, Artikelwörtern und Pronomen.

Die Kasus dienen dazu, die Beziehungen eines Substantivs – oder der anderen Wortarten – zu weiteren Elementen im Satz auszudrücken. Dafür gibt es *Flexionsendungen* (der Mann – des Mann*es*) oder auch Präpositionen (die Mutter – *zu* der Mutter).

Wir unterscheiden daher *reine Kasus* (Nominativ, Genitiv, Dativ, Akkusativ) und *präpositionale Kasus.*

Die reinen Kasus

Die einzelnen Kasus haben unterschiedliche Funktionen, die aber häufig nicht eindeutig zu unterscheiden sind. So ist der Nominativ der Kasus des Subjekts, der Akkusativ der Kasus der direkten Ergänzung. Verben mit einer Akkusativergänzung können ein Passiv bilden:

> Der Sieger *wird ausgezeichnet.*
> Die Bank *wurde überfallen.*

Als freie Angaben treten im Akkusativ auch Elemente auf wie:

> Er arbeitet *den ganzen Tag*.
> Sie haben *letztes Jahr* auf Mallorca Urlaub gemacht.

Der Genitiv tritt nur noch selten als Ergänzung oder Angabe auf, meist dagegen als Attribut eines Substantivs:

> Sie erinnern sich *des Unfalls*. (Genitivergänzung)
> Er bedarf *eines Arztes*. (Genitivergänzung)
> der Mantel *des Schülers* (Genitivattribut)

Der Dativ ist häufig der Kasus der Person, die das Ziel einer Handlung ist. Dies wird besonders deutlich bei dreiwertigen Verben, also Verben mit Subjekt, Dativ- und Akkusativergänzung. Hier drückt der Dativ die Person und der Akkusativ die Sache aus:

> Sie gibt *dem Mann* (Dativ) *den Schlüssel* (Akkusativ).

Die präpositionalen Kasus

Ähnlich der Valenz der Verben [S. 158] gibt es auch enge syntaktische Bindungen beim Substantiv: die Valenz der Substantive. Hier bindet also das Substantiv fest eine Präposition an sich, d. h., die Präposition ist nicht austauschbar und hat keine erkennbare eigene Bedeutung:

> die Hoffnung *auf* Rettung
> die Angst *vor* dem Gegner

Diese unveränderlichen präpositionalen Kasus bei einem regierenden Substantiv nennen wir *Präpositionalattribute.*

Hier folgt eine Liste wichtiger Präpositionalattribute:

Abhängigkeit von; Abkommen mit/über; Abneigung gegen; Abstimmung über; Achtung vor; Ähnlichkeit mit; Anerkennung durch; Angriff gegen; Angst vor; Anrecht auf; Anschluss an; Appetit auf; Ärger über; Ausflug nach/in/zu; Aussöhnung mit

Bedrohung durch; Bedürfnis nach; Begeisterung für; Begierde nach; Beitrag zu; Beliebtheit bei; Beratung durch; Bereitschaft zu; Bericht an/über/von; Beziehung mit/zu; Bitte um

Dank an; Dankbarkeit gegenüber; Diskussion mit/über; Drang nach; Drohung mit; Druck auf

Eid auf; Eifersucht auf; Einfluss auf; Einladung an/zu; Ekel vor; Empörung über; Entschuldigung für; Erinnerung an; Erzählung von/über

Fähigkeit zu; Förderung durch; Freude an/auf/über; Furcht vor

Gedenken an; Gespräch mit/über; Gier nach; Glaube an; Glückwunsch an/zu; Gruß an

Hass auf/gegen; Hilfe für; Hoffnung auf

Interesse an/für

Jagd auf; Jubel über

Kampf für/gegen; Konzentration auf; Kooperation mit; Kritik an/durch

Leistung für; Liebe zu; Lust auf

Macht über; Mahnung an; Mangel an; Misstrauen gegenüber; Mitteilung an/über; Mord an

Nachfrage nach; Neid auf/wegen; Neugier auf

Opfer an/für; Orientierung auf/über

Pfand für; Pflicht gegenüber; Polemik gegen; Preis für; Protest gegen; Prozess gegen

Rat an/für; Reichtum an; Ruf nach

Schande für; Schmerz über; Schreiben an; Schuld an; Schutz vor/gegen; Spaß an; Stellung zu; Stolz auf; Streben nach; Streit mit/um/über; Suche nach; Sucht nach

Talent zu; Trauer über; Treue zu; Trost für

Überblick über; Überfall auf; Übergabe an; Übersetzung aus/durch/in; Umfrage unter; Unterschrift unter; Urteil gegen/über/zu

Verdacht auf/gegen; Vergleich mit; Verhältnis zu/mit; Verrat von/an; Vertrauen auf/zu; Verwandtschaft mit; Verzeihung für; Verzicht auf; Vorschlag zu; Vorurteil gegen; Vorwand für

Warnung an/vor; Werbung um/für; Widerstand gegen; Wille zu; Wirkung auf; Wissen um; Wunsch nach

Zahlung an; Zerwürfnis mit; Zorn auf; Zufriedenheit mit; Zustimmung zu; Zutrauen zu; Zutritt zu; Zweifel an

Im Gegensatz zu den *festen* (gebundenen) Präpositionen bei den Präpositionalattributen gibt es weitere Kasus, bei denen die Präpositionen eine eigene Bedeutung haben (*freie* Präpositionen) [S. 330] und deshalb je nach Aussage auch verändert werden. Sie spezifizieren also das nachfolgende Substantiv:

das Treffen *in* / *vor* / *hinter* dem Haus

c. Die Deklination des Substantivs

Singular und Plural

Substantive können im Regelfall **Singular** (Einzahl) und **Plural** (Mehrzahl) bilden. Ausnahmen sind die *Singulariatantum* und *Pluraliatantum.*

Singular und Plural werden formal auf dreierlei Weise gebildet:

- durch die Endung und/oder Veränderung des Stammvokals:

Singular	Plural
Bleistift	*Bleistifte*
Wand	*Wände*
Fuß	*Füße*
Haus	*Häuser*

- durch den bestimmten Artikel:

der Bleistift — *die Bleistifte*
die Wand — *die Wände*
das Haus — *die Häuser*

- durch andere Artikelwörter oder Zahladjektive:

ein Stuhl — *drei Stühle*
irgendein Vogel — *zahlreiche Vögel*
mein Auto — *viele Autos*

Singulariatantum

Singulariatantum (Singular: *das Singularetantum*) sind Substantive, die nur im Singular vorkommen, also keinen Plural bilden.

Dazu gehören:

- Personennamen, Tiernamen, Stoffnamen, geographische Namen und Titel von Büchern, Stücken, Betriebsnamen, Maßangaben, feste und abstrakte Substantive, z. B.:

  Friedrich Schiller, Leo, Gold, New York, „Dantons Tod“, Bayer Leverkusen, Kilogramm, Weihnachten, der Fleiß

- Stoffnamen in Fachsprachen bilden z. T. Pluralformen:

  die Stähle, die Lände, die Hölzer

- Ebenso fremdsprachliche Maßangaben und Feminina auf *-e*:

  zwanzig *Dollars*, vier *Kaffee(s)*

- Ist nicht die Mengenangabe gemeint, sondern der konkrete Gegenstand, wird der Plural gebraucht:

  Sie hatte noch zwanzig *Pfennige*.
  Die *Gläser* gingen zu Bruch.

Pluraliatantum

Pluraliatantum (Singular: *das Pluraletantum*) sind Substantive, die ausschließlich im Plural auftreten.

Dazu gehören:

- Geographische Bezeichnungen: *die Vereinigten Staaten, die Niederlande, die Antillen, die Alpen*
- Personengruppen: *Eltern, Geschwister*
- Zeitbezeichnungen: *Ferien, Flitterwochen*

– Sammelnamen in Handel und Wirtschaft:	*Lebensmittel, Spirituosen*
– Rechtsbegriffe:	*Diäten, Alimente, Spesen*
– Krankheiten:	*Masern, Pocken*
– Sonstige:	*Eingeweide, Spaghetti, Unkosten* usw.

Die Deklination im Singular (Einzahl)

Wir unterscheiden drei Deklinationstypen, die man allerdings keinem bestimmten Genus zuordnen kann:

	Typ 1 Genitiv auf *-(e)s*	**Typ 2** Genitiv auf *-(e)n*	**Typ 3** Genitiv endungslos
Nom.	*der Baum* *das Bild*	*der Bär* *der Nachbar*	*die Stadt*
Gen.	*des Baum(e)s* *des Bildes*	*des Bären* *des Nachbarn*	*der Stadt*
Dat.	*dem Baum(e)* *dem Bild(e)*	*dem Bären* *dem Nachbarn*	*der Stadt*
Akk.	*den Baum* *das Bild*	*den Bären* *den Nachbarn*	*die Stadt*

Anmerkung: Die volle Form *-es* (Typ 1) steht vor allem bei Substantiven mit der Endung *-s, -ß, -x, -tsch* und *-z*:

des Flusses, des Harzes, des Hauses, des Matsches, des Reflexes, des Fleißes

Die volle Endung *-en* (Typ 2) steht vor allem bei Substantiven mit konsonantischem Auslaut:

des Menschen, des Narren

Ebenso bei Fremdwörtern auf *-and, -ant, -ent, -ik, -ist, -rg* und *-oge*:

des Chirurgen, des Christen, des Doktoranden,
des Katholiken, des Pädagogen, des Präsidenten

Eine Mischform gibt es aus Typ 1 und Typ 2, die im Genitiv, Dativ und

Akkusativ auf *-en* auslautet, aber zusätzlich noch im Genitiv ein *-s* anfügt:

> *der Buchstabe – des Buchstabens – dem Buchstaben – den Buchstaben*
>
> **ebenso:** *Friede, Funke, Glaube*

Im Dativ wird in der gesprochenen Sprache fast immer das *-e* am Ende weggelassen. In festen Wendungen (*im Falle, dass...*; *zu Kreuze kriechen*; *zu Hause sein* usw.) ist es hingegen erhalten geblieben.

Substantive und Deklinationstypen

Im Deutschen kann man (anders als etwa im Russischen) am Substantiv selbst nicht erkennen, ob es grammatisch männlich, weiblich oder sächlich ist.

Ebenso verhält es sich bei der Deklination. Es gibt nur Tendenzen, jedoch keine Regeln, die auf alle Substantive zutreffen. So gehören zwar alle Feminina zu Typ 3 (die *Tasche*, die *Blume*) und alle Neutra zu Typ 1 (das *Dach*, das *Haus*), aber Maskulina gehören einerseits zu Typ 1 (der *Baum*, der *Lehrer*), andererseits zu Typ 2 (der *Löwe*, der *Präsident*, der *Franzose*).

Schließlich gibt es noch Bedeutungsunterschiede:

> *der Lump* (schlechter Mensch) → Typ 2
> *der Lumpen* (dreckiges Tuch) → Typ 1
>
> **ebenso:** *Fels* → *Felsen, Tropf* → *Tropfen* usw.

Die Deklination im Plural (Mehrzahl)

Während es im Singular drei Deklinationstypen gibt, existieren im Plural fünf Typen und drei umlautende Deklinationstypen; andererseits sind die Pluralformen einfacher, weil (mit Ausnahme der Fremdwörter des Typs 5) lediglich im Dativ ein *-n* angehängt wird, das obendrein entfällt, wenn der Nominativ Plural auf *-n* oder *-s* auslautet. Wichtig ist deshalb die Kenntnis des Nominativs Plural des Substantivs, weil sie die Zuordnung zu einem der fünf Typen ermöglicht.

Wenn Unsicherheit über die Pluralform besteht, ist der Blick in ein Wörterbuch hilfreich.

	Typ 1 Nom. auf *-e*	**Typ 2** Nom. auf *-(e)n*	**Typ 3** Nom. auf *-er*	**Typ 4** Nom. endungslos	**Typ 5** Nom. auf *-s*
Nom.	*die Stoffe*	*die Schmerzen*	*die Felder*	*die Balken*	*die Sofas*
Gen.	*der Stoffe*	*der Schmerzen*	*der Felder*	*der Balken*	*der Sofas*
Dat.	*den Stoffen*	*den Schmerzen*	*den Feldern*	*den Balken*	*den Sofas*
Akk.	*die Stoffe*	*die Schmerzen*	*die Felder*	*die Balken*	*die Sofas*
	mit Umlaut		**mit Umlaut**	**mit Umlaut**	
Nom.	*die Kämme*		*die Bücher*	*die Vögel*	
Gen.	*der Kämme*		*der Bücher*	*der Vögel*	
Dat.	*den Kämmen*		*den Büchern*	*den Vögeln*	
Akk.	*die Kämme*		*die Bücher*	*die Vögel*	

Anmerkung: Bei Typ 1, 3 und 4 weisen einige Substantive den Umlaut auf. Bei Typ 2 heißt die Endung im Nominativ *-en*, wenn das Substantiv auf einen Konsonanten auslautet (außer *-l* und *-r*: *die Kartoffeln*, *die Vettern*). Endet das Substantiv hingegen mit einem Vokal, steht *-n*: *die Hasen*, *die Löwen* (außer bei *-au* und *-ei*: *die Pfauen*, *die Bäckereien*).

● Doppelformen bei der Pluralbildung

Es gibt im Deutschen bei einigen Substantiven unterschiedliche Pluralformen, ohne dass sich die Bedeutung verändert:

die Krane – die Kräne, die Magen – die Mägen,
die Schlucke – die Schlücke usw.

Doch gibt es andere Substantive, bei denen unterschiedliche Pluralformen Bedeutungsunterschiede markieren:

– Ohne Genusunterscheidung im Singular:

Hier spielen zumeist Fachsprachen eine große Rolle:

die Bank → *die Bänke* (Sitzgelegenheit)
die Banken (Geldinstitut)

der Druck → *die Drucke* (Bücher, Zeichnungen)
die Drücke (technisches Maß)

der Hahn → *die Hähne* (Tiere)
die Hahnen (Klemmvorrichtungen)

das Land → *die Länder* (geographisch-politische Struktur)
die Lande (geographische Region; vgl. *zu Wasser und zu Lande*)

die Mutter → *die Mütter* (Frauen, die Kinder haben)
die Muttern (Teile der Schrauben)

das Wasser → *die Wässer* (Sorten von Wasser; vgl. *Tafelwässer*)
die Wasser (allgemein die Gewässer)

– Mit Genusunterscheidung im Singular:

der Band → *die Bände* (Bücher)
die Bänder (Mittel zum Zusammenbinden)
das Band → *die Bande* (geistige Verbindungen, Fesseln)

der Flur → *die Flure* (Korridore)
die Flur → *die Fluren* (Felder und Wiesen)

die Steuer → *die Steuern* (Finanzabgaben)
das Steuer → *die Steuer* (Lenkvorrichtung bei Autos u. a.)

● Pluralbildung durch *-leute, -männer* und *-frauen*

Vor allem bei Berufsbezeichnungen und Tätigkeiten gibt es Sonderformen mit den genannten Wörtern:

der Fachmann → *die Fachleute*
der Kaufmann → *die Kaufleute*

aber: *die Hausfrau* → *die Hausfrauen*

Bei weiblichen Berufsbezeichnungen ist die alte Form mit der Endung *-in (Kaufmännin)* nicht mehr korrekt, sondern *-frau* (Plural für beide Geschlechter: *-leute*):

der Fachmann → *die Fachfrau* → *die Fachleute*
der Kaufmann → *die Kauffrau* → *die Kaufleute*

Auch umgekehrt:

die Hausfrau → *der Hausmann* → *die Hausleute*

Anmerkung: *Die Eheleute* meint ein verheiratetes Ehepaar, *die Ehemänner* die männlichen Individuen, *Ehefrauen* entsprechend das weibliche Element.
Soll die Einzelperson betont werden, so erscheint im Plural die Form *-männer* (*der Staatsmann* → *die Staatsmänner*).

Die Deklination der Fremdwörter

Aus den klassischen Sprachen Griechisch und Latein sind viele Fremdwörter in die modernen Sprachen, darunter das Deutsche, übernommen worden: *Philosophie, Medizin, Republik, Kardinal, Karenz, Medium, Meditation* und viele andere Wörter mehr.

Unter den modernen Sprachen war es im 18. Jahrhundert vor allem das Französische – häufig auf der Grundlage des Lateinischen – , das die deutsche Sprache prägte: *Couture, Parkett, Parlament, radikal, Mayonnaise* u. a.

Heute sind es aber überwiegend englische bzw. englisch-amerikanische Wörter, die die deutsche Sprache der Jugend bzw. der Popmusik prägen. Es besteht die Gefahr, dass durch immer neue Modewörter die deutsche Sprache unverständlich wird: *Outfit, Coolness, Shareholdervalue* usw.

Wir empfehlen einen behutsamen Umgang mit solchen neuen Wörtern: Sie sind keineswegs ein Beweis für beruflichen Erfolg oder Weltläufigkeit, sondern eher für wenig Sprachbewusstsein oder gar den Willen, andere Menschen aus dem Gespräch auszugrenzen. Häufig gibt es gute und verständliche deutsche Wörter, die die Dinge auch – und besser! – beim Namen nennen.

Die Deklination der Fremdwörter folgt jener der deutschen Substantive.

Der Singular der Fremdwörter

– Typ 1 (Genitiv auf *-(e)s*):

Nominativ:	*der Masseur*	*das Skateboard*
Genitiv:	*des Masseurs*	*des Skateboards*
Dativ:	*dem Masseur*	*dem Skateboard*
Akkusativ:	*den Masseur*	*das Skateboard*

Dem Typ 1 folgen fast alle Maskulina und Neutra unter den Fremdwörtern, weiterhin die Substantive mit der Endung *-or* (*Professor*) und *-iv* (*Konjunktiv*). Lautet der Wortstamm auf *-d* oder *-t* aus, wird aus Aussprachegründen bei mehrsilbigen Substantiven im Genitiv ein *-e-* eingefügt (*des Fabrikates*, manchmal auch: *des Fabrikats*).

– Typ 2 (Genitiv auf *-(e)n*):

Nominativ:	*der Praktikant*	*der Ökologe*
Genitiv:	*des Praktikanten*	*des Ökologen*
Dativ:	*dem Praktikanten*	*dem Ökologen*
Akkusativ:	*den Praktikanten*	*den Ökologen*

Zu diesem Deklinationstyp gehören alle Maskulina, die einen Beruf oder die Zugehörigkeit zu einer Gruppe bezeichnen. Die Endungen sind: *-and (Doktorand), -ant (Aspirant), -at (Kandidat), -ent (Dirigent), -ist (Dentist), -nom (Agronom), -oge (Politologe)* sowie einzelne Substantive wie *Philosoph, Pilot* u. a. Lautet der Stamm auf *-d/-t* aus, steht *-en.*

– Typ 3 (Genitiv endungslos):

Nominativ:	*die Epidemie*	*die Nation*
Genitiv:	*der Epidemie*	*der Nation*
Dativ:	*der Epidemie*	*der Nation*
Akkusativ:	*die Epidemie*	*die Nation*

Dazu gehören Fremdwörter auf *-age (Montage), -anz/-enz (Vakanz, Differenz), -e (Chance), -ie* [-iə] *(Familie), -ie* [-i:] *(Energie), -ik (Republik), -ion (Union), -(i)tät (Qualität), -ur (Karikatur)* und einige Maskulina und Neutra auf *-os/-us* (*der Mythos, der Egoismus, das Genus*).

– Doppelformen im Genitiv Singular:

Einige Fremdwörter mit der Endung *-s, -ß, -st, -t, -ei* und *-x* sowie andere Substantive haben Doppelformen im Genitiv Singular, z. B.:

der Atlas → *des Atlasses/Atlanten*
der Magnet → *des Magnets/Magneten*

Der Plural der Fremdwörter

Auch im Plural folgen Fremdwörter der Deklination deutscher Substantive:

– Nominativ Plural auf *-e*
(*der Pokal – die Pokale*):

Diesem Beispiel folgen Maskulina und Neutra auf *-al* (*der Pokal*), *-an* (*der Ozean*), *-ar* (*das Exemplar*), *-ier* (*das Turnier*), *-iv* (*das Motiv*), *-on* (*der Baron*) sowie Maskulina auf *-är* (*der Funktionär*), *-in* (*der Termin*) und Neutra auf *-ell* (*das Modell*), *-ent* (*das Dokument*), *-il* (*das Konzil*).

– Nominativ Plural auf *-(e)n* (*die Etage – die Etagen*):

Nahezu alle Feminina unter den Fremdwörtern gehören zu dieser Gruppe, lediglich die auf Vokal auslautenden Substantive bilden den Plural auf *-s* (*Sofa, Metro, Kamera, Boa, Kino* usw.). Die Pluralendung *-(e)n* haben feminine Substantive mit der Endung *-age* (*Etage*), *-anz* (*Instanz*), *-e* (*Chance*), *-enz* (*Differenz*), *-ie* [iə] (*Familie*), *-ie* [i:] (*Epidemie*), *-ik* (*Chronik*), *-ion* (*Nation*), *-(i)tät* (*Universität*) und *-ur* (*Frisur*).
Einige Maskulina auf *-and* (*Konfirmand*), *-at* (*Soldat*), *-ist* (*Christ*), *-it* (*Antisemit*), *-nom* (*Astronom*), *-et* (*Athlet*), *-oge* (*Pädagoge*) und *-soph* (*Philosoph*) gehören ebenfalls in diese Gruppe.

– Nominativ Plural auf *-er*:

Nur wenige Fremdwörter gehören in diese Gruppe:

das Hospital → *die Hospitäler*
das Regiment → *die Regimenter*

– Nominativ Plural auf *-s*:

Diese Pluralform ist weit verbreitet unter den Fremdwörtern und gewinnt immer mehr an Bedeutung. Vor allem Wörter aus dem Englischen und Amerikanischen finden sich hier: *der Airport, der Airbag, das Baby, die City, der Cocktail, der Jet, der Crash, das Meeting, der* (oder: *das*) *Shuttle, die Story, das Weekend* usw.
Dies gilt auch für aus dem Französischen stammende Wörter: *der Attaché, das Bulletin, das Detail, das Mannequin, die Saison, das Varietee.*

Ausnahmen: Einige Fremdwörter bilden ihre Pluralformen auf *-a*: *das Abstraktum – die Abstrakta, das Maskulinum – die Maskulina, das Minimum – die Minima, das Visum – die Visa, das Antibiotikum – die Antibiotika* (falsch sind daher Formen wie **die Visas* oder **das Antibiotika*).

– Abweichende Formen:

-en:	*das Album*	→	*die Alben*
	das Datum	→	*die Daten*
-i:	*das Cello*	→	*die Celli*
	der Gondoliere	→	*die Gondolieri*
-es:	*der Appendix*	→	*die Appendizes*
	der Pater	→	*die Patres*

– Doppelformen:

der Atlas	→	*die Atlanten/Atlasse*
der Balkon	→	*die Balkons/Balkone*
das Examen	→	*die Examen/*Exam*ina*
der Kaktus	→	*die Kakteen/Kaktusse*
das Komma	→	*die Kommas/Kommata*
das Tempo	→	*die Tempi/Tempos*
das Thema	→	*die Themen/Themata*

Die Deklination der Eigennamen

Eigennamen dienen der Bezeichnung von Personen, Familien- oder Vornamen, Bergen, Flüssen und Seen, Schiffen, Zügen, Flugzeugen und Völkern und stehen zumeist im Singular. Sie sind endungslos, wenn sie ohne Artikel stehen, lediglich im Genitiv steht ein *-s*.

Einige Beispiele:

Peters Geburtstag, *Grönlands* Bevölkerung usw.

Endet der Wortstamm auf *-s, -ß, -z* oder *-x*, ist folgende Genitivform möglich (Voranstellung und Apostroph):

Hans' Arbeit, *Fritz'* Erfolg, *Marx'* Schriften

In der gesprochenen Sprache setzt sich jedoch immer mehr der Dativ mit *von* durch:

der Erfolg *von* Fritz
die Schriften *von* Marx

Werden Eigennamen zusammen mit einem Artikelwort gebraucht, wird der Name nicht dekliniert:

die Musik *des* jungen *Mozart*

Ebenso bei Appositionen:

die Armeen *des* prächtigen *Sultans Suleiman*

Bei mehreren Namen einer Person wird nur der letzte Name dekliniert; daneben gibt es auch *von*:

Rainer Maria *Rilkes* Geburtstag
der Geburtstag *von* Rainer Maria Rilke

Im Regelfall steht im Plural ein *-s* bei Familiennamen sowie bei Vornamen:

die Müllers, die Manns, die Peters

Bei Verkleinerungsformen auf *-chen* oder *-lein* steht ebenfalls ein *-s*:

die Kläuschens

● Die Deklination geographischer Namen

Die meisten Ländernamen werden ohne Artikel gebraucht:

Deutschland, China, Australien, Israel

Bei einigen Ländernamen wird der bestimmte Artikel vorangestellt, teilweise aber auch schon weggelassen:

(*der*) *Irak,* (*der*) *Iran,* (*der*) *Libanon,* (*die*) *Schweiz*

Im Plural stehen:

die Vereinigten Staaten von Amerika, die Niederlande,
die Vereinigten Arabischen Emirate

Beim Genitiv wird ein *-s* an den Namen angefügt:

Hessens Regierung, *Italiens* Wein, *Chinas* Bevölkerung

Bei einigen Völker- und Städtenamen gibt es Veränderungen:

Afghanistan → *die Afghanen*
Ecuador → *die Ecuadorianer*
Guatemala → *die Guatemalteken*
Piemont → *die Piemonteser*
Kairo → *die Kairoer/Kairiner*
Neapel → *die Neapolitaner*
Tokio → *die Tokioter* (selten: *die Tokioer*)
Venedig → *die Venezianer*

Die meisten Völkernamen aber lauten im Plural regelmäßig auf *-(e)n*, ebenso im Genitiv Singular:

des Briten → *die Briten*
des Chinesen → *die Chinesen*
des Deutschen → *die Deutschen*
des Ungarn → *die Ungarn*

Die Deklination von Kurz-, Silben- und Abkürzungswörtern

Kurzwörter und Silbenwörter werden unterschiedlich dekliniert:

Nominativ Singular	Genitiv Singular	Nominativ Plural
der Bus	*des Busses*	*die Busse*
die Lok	*der Lok*	*die Loks*
der Macho	*des Machos*	*die Machos*
der Trafo	*des Trafos*	*die Trafos*
die Uni	*der Uni*	*die Unis*
der Vopo	*des Vopos*	*die Vopos*

Dagegen werden Abkürzungswörter, die einzeln buchstabiert werden, nicht dekliniert:

Nominativ Singular	Genitiv Singular	Nominativ Plural
die AG	*der AG*	*die AG*
die CD	*der CD*	*die CD*
der Pkw/PKW	*des Pkw*	*die Pkw*

In der gesprochenen Sprache wird heute aber häufig im Plural zur Verdeutlichung ein *-s* angefügt:

die CD-ROM → die CD-ROMs

Wegfall der Deklination

Häufig tauchen deklinierte und nicht deklinierte Wortformen nebeneinander im Sprachgebrauch auf und die Entscheidung, welche davon korrekt ist, fällt schwer. Wir vergleichen:

die neue Ausgabe des *Bertelsmann(s)*, die letzten Tage des *Mai(s)*, vier *Glas/Gläser* Bier, der Präsident der *Israeli(s)*

Hier herrscht eine gewisse Toleranz; freilich gilt, dass in der geschriebenen Sprache die deklinierte Form vorgeschrieben ist, während in der gesprochenen Sprache zunehmend unflektierte Formen dominieren.

Grundsätzlich sind unflektierte Formen zugelassen bei:

– Eigennamen:

die Gedichte *des* jungen *Heine*, die Schriften *des* großen *Nietzsche*, der Chef *des* *Kreml(s)*

– Mengenbezeichnungen:

zwei *Kaffee(s)*, drei *Pfennig(e)*, zwei *Glas* Bier

– Währungen (obligatorisch):

Sie verdiente 3000 *Mark*.

aber: Bei fremden Währungen wird dekliniert (Er verdient 400 *Dollars*/2000 *Euros*.).

– Maßangaben:

das Ausschenken eines *Liters* Wein/*Liter* Weines
der Kauf eines *Kilos* Fleisch/eines *Kilo* Fleisches

– Wortpaaren:

die Verbindung zwischen *Mann* und *Frau*

– Wochentagen und Monaten:

der Regen des *April(s)*, am Vorabend des *Karfreitag(s)*

– Kunstepochen:

Bach, der Meister des *Barock(s)*

Bei Substantiven mit *-(e)n* im Dativ Plural ist die deklinierte Form obligatorisch:

Hunderte von *Kilometern*
Preissenkung bei *Schuhen*

Deshalb sind folgende Rundfunkmeldungen grammatisch falsch:

*Schnee auf 2000 *Meter* Höhe
*ein Stau von 20 *Kilometer* Länge
korrekt: Schnee auf 2000 *Metern* Höhe
ein Stau von 20 *Kilometern* Länge

Die Deklination der substantivierten Verben, Adjektive und Partizipien

Substantivierte Verben, Adjektive und Partizipien werden im Regelfall wie die Deklinationstypen 1 und 2 behandelt. Eine Ausnahme bildet der Akkusativ bei Typ 2 (Singular auf *-e*):

Kasus (Fall)	Typ 1	Typ 2
Nominativ	*das Singen*	*das Schöne/Gesprochene*
Genitiv	*des Singens*	*des Schönen/Gesprochenen*
Dativ	*dem Singen*	*dem Schönen/Gesprochenen*
Akkusativ	*das Singen*	*das Schöne/Gesprochene*

Substantivierte Pronomen, Zahladjektive, Adverbien, Präpositionen und Konjunktionen werden dagegen nicht dekliniert; der Kasus wird nur am Artikel deutlich:

Nominativ	Genitiv	Dativ	Akkusativ
das Es	*des Es*	*dem Es*	*das Es*
die Vier	*der Vier*	*der Vier*	*die Vier*
das Morgen	*des Morgen*	*dem Morgen*	*das Morgen*
das Auf	*des Auf*	*dem Auf*	*das Auf*
das Wenn und Aber	*des Wenn und Aber*	*dem Wenn und Aber*	*das Wenn und Aber*

d. Das Genus des Substantivs

Genus (grammatisches Geschlecht) und *Sexus* (natürliches Geschlecht) stehen im Deutschen – wie in zahlreichen anderen Sprachen – nicht in einem 1:1-Verhältnis.

So gibt es Substantive im Neutrum, die eindeutig weibliche Personen repräsentieren:

das Mannequin, das Mädchen, das Fräulein

Andererseits gibt es feminine Substantive, die (im Allgemeinen eher) Männer bezeichnen:

die Wache, die Patrouille, die Streife

Am Substantiv ist also das grammatische Geschlecht (Genus) nur in Ausnahmefällen erkennbar. Dies sind vor allem abgeleitete Substantive mit den folgenden Endungen:

Genus	Endung	Beispiel
Femininum	*-in*	*die Lehrerin*
	-heit	*die Schönheit*
	-keit	*die Freundlichkeit*
	-schaft	*die Nachbarschaft*
	-ung	*die Betreuung*
Neutrum	*-lein*	*das Büchlein*
	-chen	*das Bäumchen*
	-le	*das Blümle*
	-icht	*das Dickicht*

Das Genus der Konkreta und Abstrakta

Feminina sind im Regelfall:

– Namen von Schiffen und Flugzeugen:

die „Europa", die „Hanseatic", die „Boeing 747"

aber: *der „Airbus"* (Zusammensetzung)

– Namen von Blumensorten und Bäumen mit der Endung *-e*:

die Rose, die Orchidee, die Eiche, die Buche

– Namen von Zigarettenmarken:

die „Marlboro", die „Kent", die „Reval"

– Namen substantivierter Zahlen:

die Drei, die Tausend, die Fünfzig

– Namen von Vögeln und ausländischen Flüssen auf *-a* und *-e*:

die Meise, die Möwe, die Wolga, die Seine, die Themse

Neutra sind im Regelfall:

– Namen von Hotels, Gaststätten und Kinos:

das „Adlon", das „Waldorf Astoria",
das „Tusculum", das „Theatiner"

aber: *der „Bayrische Hof"* (weil: *der Hof*), *der „Löwe"*

– Namen der meisten chemischen Elemente, Metalle und Medikamente:

das Calcium, das Helium, das Aluminium, das Uran, das Aspirin, das Penicillin

aber: *der Phosphor, der Schwefel, der Sauerstoff* (Zusammensetzung)

– Namen von Buchstaben, Sprachen und technischen Größen:

das B, das Französische, das Watt

– Substantivierungen von Verben, Adjektiven und anderen Wortarten:

das Schwimmen, das Schöne, das Wenn und Aber

– Verkleinerungsformen auf *-chen*, *-lein* und *-le*:

das Häuschen, das Entlein, das Häusle

– Namen von Kollektivbegriffen mit der Vorsilbe *Ge-*:

das Gebirge, das Gewitter, das Gelände
(negativ:) *das Geschrei, das Gejammer*

– Namen von Bieren, Wasch- und Reinigungsmitteln:

das „Veltins“, das „Erdinger“, das „Persil“, das „Ajax“
(auch ohne Artikel)

● Das Genus der Eigennamen

Bei den Personennamen stimmen natürliches und grammatisches Geschlecht überein:

der Florian, die Gabriele
(bei Verkleinerungsformen steht *das*: *das Hänschen, das Peterlein)*

Die meisten Länder- und Kontinentbezeichnungen werden ohne Artikel gebraucht, doch sind sie im Regelfall Neutra:

(das) Frankreich, (das) Afrika

aber: *der Irak, der Libanon, die Schweiz*
(häufig auch ohne Artikel: *Irak, Iran, Libanon)*

Enden Länder- und Regionennamen auf *-a*, *-au*, *-e*, *-ei* oder *-ie*, sind sie feminin:

die Toskana, die Wachau, die Provence, die Slowakei, die Normandie

Das Genus der Fremdwörter

Maskulina sind Substantive mit der Endung:

-and (lat.):	*der Doktorand*
-ant (lat.):	*der Fabrikant*
-är (frz.):	*der Aktionär, der Millionär*
-ast (gr.-lat.):	*der Gymnasiast*
-at (lat.-frz.):	*der Bürokrat*
-ent (lat.):	*der Referent*
-et (gr.-lat.):	*der Athlet*
-eur/-ör (frz.):	*der Amateur, der Likör*
-ier (frz.):	*der Bankier*
-iker (gr.-lat.):	*der Fanatiker*
-ist (gr.-lat.-frz.):	*der Pianist*
-loge (gr.):	*der Ideologe*
-or (lat.):	*der Doktor*
-us (gr.-lat.):	*der Egoismus*

Feminina sind Substantive mit der Endung:

-a (gr.-lat.):	*die Ballerina*
-ade (frz.):	*die Promenade*
-age (frz.):	*die Etage*
-aise/-äse (frz.):	*die Mayonnaise/Majonäse*
-ance (frz.):	*die Renaissance*
-aine (frz.):	*die Fontaine*
-anz (frz.):	*die Bilanz*
-ät (lat.):	*die Fakultät*
-elle (frz.):	*die Bagatelle*
-enz (lat.):	*die Differenz*
-ette (frz.):	*die Toilette*
-euse (frz.):	*die Masseuse*
-ie (frz.):	*die Kolonie*
-ie (lat.):	*die Folie*
-iere (frz.):	*die Bonbonniere*
-ik (fr.-lat.):	*die Klinik*
-ille (frz.):	*die Bastille*
-ine (lat.-frz.):	*die Terrine*
-ion (lat.-frz.):	*die Kalkulation*
-isse (frz.):	*die Kulisse*
-itis (frz.):	*die Arthritis*
-ive (lat.-frz.):	*die Alternative*
-ose (frz.):	*die Arthrose*

-sis/-se (gr.):	*die Katharsis, die Exegese*
-ur (lat.):	*die Karikatur*
-üre (frz.):	*die Broschüre*

Neutra sind Substantive mit der Endung:

-eau/-o (frz.):	*das Tableau, das Büro*
-ett (frz.):	*das Ballett*
-il (lat.-frz.):	*das Ventil*
-in (gr.-lat.):	*das Benzin*
-ing (engl.):	*das Meeting*
-ium (lat.):	*das Gremium*
-ma (gr.):	*das Asthma, das Komma*
-(m)ent (lat.-gr.):	*das Dokument, das Patent*
-ment (frz.):	*das Appartement*
-um (lat.):	*das Zentrum*

● Das Genus der Kurz- und Abkürzungswörter

Das Genus der Kurz- und Abkürzungswörter entspricht dem des entsprechenden nicht gekürzten Wortes:

die Lok	←	*die Lokomotive*
die Uni	←	*die Universität*
der PKW	←	*der Personenkraftwagen*

Gelegentlich gibt es Assoziationen oder Versinnbildlichungen:

der BMW	←	*der Wagen*
die CD-ROM	←	*die Scheibe*

● Das Genus der Komposita (Zusammensetzungen)

Ein *Kompositum* besteht im Regelfall aus Grundwort und Bestimmungswort; häufig ist es mehrfach gegliedert.

Bestimmungswort		**Grundwort**
Haus	–	*tür*

Das hinten stehende Grundwort bestimmt das Genus, daher:

das Rennauto, der Betonmischer, die Lichtmaschine

e. Funktionen des Substantivs

Substantive werden zur Bezeichnung von Lebewesen, konkreten Dingen und abstrakten Phänomenen gebraucht.

Sie bilden im Regelfall das Subjekt (*Satzgegenstand*) und prägen, zusammen mit dem Verb als Valenzträger, die Aussage des Satzes.

Im Text formen sie, häufig ersetzt durch das Personalpronomen (*er, sie, es* usw.), das *Thema* bzw. *Rhema* des Satzes, also das Bekannte bzw. Neue der Information. Dabei kennzeichnen der bestimmte Artikel + Substantiv (*der Tisch*) in aller Regel das Bekannte bzw. bereits Erwähnte, hingegen der unbestimmte Artikel + Substantiv (*ein Tisch*) das Neue bzw. noch nicht Erwähnte [S. 56f.].

Zusammen mit dem Artikel individualisieren Substantive die Aussage (*der Baum* = „ein bestimmter Baum“) oder generalisieren sie (*ein Baum* = „irgendein beliebiger Baum“).

3. Das Adjektiv

Aus einer Kosmetikwerbung

Mit den wertvollen Extrakten des Shiitake-Pilzes wirkt die intensive Pflege gleich zweifach: Der „Lifting-Effekt" sorgt für klare Konturen und pflanzliche Pflegestoffe wirken gegen Falten. Verwenden Sie diese reichhaltige Crème als tägliche Intensivpflege oder als aufbauende Kurpflege. Nehmen Sie gleich Ihre Probe zur Hand und sprüren Sie bereits beim ersten Auftragen das wohltuende Gefühl auf Ihrer Haut. Sie erhalten Forti-Lift von Serum Végétal zum einmaligen Einführungspreis von jetzt nur 24,50 DM statt später DM 49,–. Sie sparen 50 %.

(Yves Rocher, *Infopost* 10/99)

In unserem Text finden sich zahlreiche Adjektive (das Wort stammt aus dem Lateinischen und bedeutet „das Beigefügte"). In anderen Grammatiken wird auch vom *Eigenschaftswort* oder *Artwort* gesprochen. Die Adjektive im Text sind:

wertvoll, intensiv, zweifach, klar, pflanzlich, reichhaltig, täglich, aufbauend, erste, wohltuend, einmalig

a. Die Wortart

Adjektive charakterisieren und identifizieren Personen oder Gegenstände. Sie machen Texte anschaulich und färben die Aussage. Adjektive stehen entweder vor einem Substantiv bzw. anderen substantivierten Wortarten *(attributive Stellung)* oder bei einem Verb *(prädikative Stellung)*. In attributiver Stellung werden sie dekliniert, in prädikativer Stellung bleiben sie unverändert. In beiden Stellungen ist das Adjektiv steigerbar *(komparierbar)*.

attributiv: mit *wertvollen* Extrakten
pflanzliche Pflegestoffe
prädikativ: Die intensive Pflege wirkt gleich *zweifach*.

In der **Werbesprache** wird gelegentlich das Adjektiv unflektiert hinter das Substantiv gesetzt: *Sonne pur, Urlaub voll.*

Diese Formen gehören nicht zur Standardsprache, auch wenn es historische Vorbilder gibt, die mit der Nachstellung des Adjektivs eine besondere Wirkung erzielten: *Röslein rot* (Goethe, *Heidenröslein*).

b. Die Deklination des Adjektivs

Deklination des attributiven Adjektivs

Das attributive Adjektiv wird nach verschiedenen Mustern dekliniert:

❶ **„starke"** Deklination: Adjektive ohne Artikel
❷ **„schwache"** Deklination: Adjektive nach dem bestimmten Artikel
❸ **„gemischte"** Deklination: Adjektive nach dem unbestimmten Artikel

Hier die Übersicht:

		Singular			Plural
		Mask.	**Fem.**	**Neutr.**	
Nom.	❶	*schneller*	*schnelle*	*schnelles*	*schnelle*
	❷	*der schnelle*	*die schnelle*	*das schnelle*	*die schnellen*
	❸	*ein schneller*	*eine schnelle*	*ein schnelles*	*meine schnellen*
Gen.	❶	*schnellen*	*schneller*	*schnellen*	*schneller*
	❷	*des schnellen*	*der schnellen*	*des schnellen*	*der schnellen*
	❸	*eines schnellen*	*einer schnellen*	*eines schnellen*	*meiner schnellen*
Dat.	❶	*schnellem*	*schneller*	*schnellem*	*schnellen*
	❷	*dem schnellen*	*der schnellen*	*dem schnellen*	*den schnellen*
	❸	*einem schnellen*	*einer schnellen*	*einem schnellen*	*meinen schnellen*
Akk.	❶	*schnellen*	*schnelle*	*schnelles*	*schnelle*
	❷	*den schnellen*	*die schnelle*	*das schnelle*	*die schnellen*
	❸	*einen schnellen*	*eine schnelle*	*ein schnelles*	*meine schnellen*

Zur Interpretation:

Bei der „starken" Deklination übernimmt das artikellose Adjektiv die Endung des bestimmten Artikels *der/die/das/die* (Plural). Lediglich beim Genitiv Singular Maskulinum und Neutrum lautet die Endung nicht -*(e)s* wie beim Artikel *des*, sondern -*(e)n*, und zwar deshalb, weil -*(e)s* bereits als Endung beim Substantiv auftaucht und nicht doppelt markiert werden muss:

schnellen Pferdes

Bei der „schwachen" Deklination lautet – und daher kommt die Bezeichnung – die Endung fast durchgängig *-en* (wie bei den „schwachen" Substantiven). Ausnahmen sind der Nominativ Maskulinum, Femininum und Neutrum sowie der Akkusativ Femininum und Neutrum, die auf *-e* enden:

Nominativ:	der/die/das	*schnelle*	Mann/Frau/Kind
Akkusativ:	die/das	*schnelle*	Frau/Kind

Bei der „gemischten" Deklination treten Elemente der starken wie der „schwachen" Deklination auf: Im Plural ist die „gemischte" Deklination formidentisch mit der „schwachen" Deklination, im Singular ebenfalls, lediglich Nominativ Maskulinum sowie Nominativ und Akkusativ Neutrum folgen der „starken" Deklination, weil die Flexionskennzeichnung am Artikelwort *ein* fehlt.

- **Wann „stark", wann „schwach", wann „gemischt"?**

Typ A: Dem Typ A („starke" Deklination) folgen Adjektive ohne Artikelwort (beim Nullartikel), nach *deren, dessen* sowie nach den unflektierten Formen *manch, solch, welch, etwas, mehr* sowie *viele, wie viele, zwei, zehn* (nur Plural):

manch *großes* Ereignis, etwas *trockener* Wein, zwei *kleine* Frauen, wie viele *schwere* Stunden, mit manchem *guten* Freund, trotz vieler *vergeblicher* Anrufe, welch *ungewöhnliches* Licht

Typ B: Dem Typ B („schwache" Deklination) entsprechend werden Adjektive flektiert, wenn sie nach einem bestimmten Artikel sowie vergleichbaren Artikelwörtern wie *dieser, jener, jeder, derselbe, jeglicher, mancher, irgendwelcher, alle* (nur Plural) und *solche* (meist nur Plural) mit allen ihren Entsprechungen im Femininum und Neutrum stehen:

im Auftrag des *berühmten* Komponisten, wegen jeder *wichtigen* Adresse, mit allen *angenehmen* Erinnerungen, gegen das *große* Elend, manches *neue* Ereignis

Typ C: Dem Typ C („gemischte" Deklination) entsprechend werden Adjektive dekliniert nach dem unbestimmten Artikel *ein/eine/ein, kein/keine/kein*, den Possessiva *mein, dein, sein, unser, euer, ihr* und *manch ein, solch ein, welch ein* sowie *irgendein* (nur im Singular), schließlich *manche, einige, etliche, mehrere* (nur im Plural):

mein *kleines* Kind, mit euren *schönen* Blumen, trotz unserer *großen* Erfolge, solch eine *faszinierende* Frau, trotz mehrerer *wirklicher* Fehler, mit einigen *guten* Freunden

Probleme bei der Adjektivdeklination

Häufig herrscht Unklarheit darüber, ob es ***viele neue Freunde*** oder *viele neuen Freunde, einige gute Bücher* oder *einige guten Bücher, manche interessante* oder *interessanten Filme* heißen muss.
Die Regel lautet, dass beim bestimmten Artikel *der/die/das/die* (Plural) sowie vergleichbaren Artikelwörtern, die ein *Gesamtes* bzw. *das Ganze* umfassen, die „schwache" Deklination angewendet wird:

Nominativ: die/diese/meine/alle *neuen* Freunde
Dativ: mit den/diesen/meinen/allen *guten* Freunden

Handelt es sich jedoch um ein Artikelwort, das eine *unbestimmte Anzahl* bzw. *Menge* oder nur einen *Teil des Ganzen* umgreift, so werden die Adjektive nach Typ A („stark") dekliniert:

Nominativ: viele/einige/etliche/mehrere *neue* Freunde
Dativ: mit vielen/einigen/etlichen/mehreren *neuen* Freunden.

- *Mancher/manche/manches/manche* bezeichnen – wie *einige, mehrere* usw. – eine Teilmenge, also einen Teil des Ganzen. Jedoch wird diese Teilung, anders als bei *einige*, als wichtig angesehen. Im Singular werden dabei mehr die Einzelteile, im Plural hingegen wird die Gesamtmenge betont. Deshalb wird das Adjektiv im Singular wie nach bestimmtem Artikel („schwach") flektiert, im Plural hingegen wie nach unbestimmtem Artikel („gemischt"). Wir vergleichen:

Singular: manches *schöne* Haus, mit manchem *großen* Mann, mancher *interessante* Film

Plural: manche *schönen* Häuser, mit manchen *großen* Männern, manche *interessanten* Filme.

Im Genitiv Plural werden nachfolgende Adjektive entweder wie nach einem bestimmten Artikel („schwach") oder einem Nullartikel [S. 268ff.] („stark") dekliniert. Dieser dominiert die „schwache" Deklination, weil eine doppelte „starke" Markierung unnötig, ja übertrieben ist:

trotz mancher *interessanten / interessanter* Diskussionen

- Bei *solcher* nach *mancher* im Plural wird hingegen „stark" flektiert:

der Wert mancher *solcher* Weine

- Bei *irgendwelcher/irgendwelche/irgendwelches* und *irgendwelche* ist es ähnlich. Im Singular folgt das Adjektiv „schwach" dekliniert, im Plural dominiert die „schwache" Deklination, die „starke" Form (wie nach dem Nullartikel) ist jedoch zulässig:

Singular: irgendwelcher *unverständliche* Quatsch

Plural: irgendwelche *schönen/schöne* Reisen
trotz irgendwelcher *schönen/schöner* Reisen

- *Jeder/jede/jedes* kommen nur im Singular vor und betonen die einzelnen Elemente einer vorhandenen Menge, *alle* (nur im Plural vorkommend) hingegen die Gesamtmenge selbst:

Jeder ist wahlberechtigt. – *Alle* sind wahlberechtigt.

Folgt ein Substantiv, wird im Maskulinum und Neutrum im Regelfall *jedes* gebraucht, bei Substantiven, die den Genitiv Singular auf *-(e)s* bilden, ist auch *jeden* möglich, weil eine doppelte Markierung der „starken" Deklination als übertrieben empfunden wird. Wir vergleichen:

die Front *jedes* Hauses
auch: die Bilanz *jedes/jeden* Monats

Nachfolgende Adjektive werden „schwach" flektiert:

die Analyse jedes *neuen* Problems
mit jedem *ehrgeizigen* Kandidaten

Ebenso bei *aller* im Singular:

die Quelle *allen/alles* Ärgers

Nur im Plural kommt *aller* vor:

die Quelle *aller neuen* Übeltaten
trotz *aller großen* Anstrengungen

- Adjektive mit der Endung *-el* (z. B. *dunkel, komfortabel*) verlieren bei der Deklination wie auch bei der Steigerung (*Komparation*) das *-e*:

Das Hemd ist *dunkel*.
→ ein *dunkles* Hemd
→ ein *dunkleres* Hemd

- Bei Adjektiven, die auf *-er* (*heiter*) oder *-en* (*verwegen, golden*) enden, wird das *-e* in deklinierten oder gesteigerten Formen in der gesprochenen Sprache getilgt, in der geschriebenen jedoch beibehalten:

ein *heit(e)rer* Tag, der *heit(e)re* Tag

Gibt es aber einen Diphthong im Stamm (z. B. bei *teuer*), entfällt auch in der geschriebenen Sprache das *-e*:

ein *teurer* Anzug (nicht: ein *teuerer* Anzug)

- Mehrere aufeinander folgende Adjektive werden gleich dekliniert, im Dativ wird das zweite Adjektiv auch „schwach“ flektiert, um hyperkorrekte Doppelkennzeichnungen zu vermeiden:

ein *großer attraktiver* Mann
mit *gutem nahrhaftem/nahrhaften* Essen
in *schönem, bemerkenswertem/bemerkenswerten* Zustand

- Folgt auf die Adjektive *beide, anderer, folgender, sämtlicher, mancher, verschiedener, vieler* und *weniger* ein weiteres Adjektiv, gilt die gleiche Regel:

der *andere gute* Rotwein
mit *verschiedenem italienischem/ italienischen* Käse

Eine Ausnahme bildet wiederum der **Genitiv Plural.** Hier stehen die „schwache“ und die „starke“ Deklination beim zweiten oder allen weiteren Adjektiven nebeneinander; empfohlen wird in dieser Grammatik die „schwache“ Form, weil die Doppelmarkierung übertrieben ist, daher:

die Wahlentscheidung *vieler enttäuschten* Menschen
(auch: die Wahlentscheidung *vieler enttäuschter* Menschen)

die Operation *beider gebrochenen* Arme
(auch: die Operation *beider gebrochener* Arme)

die Qualität *mancher alten* Bücher
(auch: die Qualität *mancher alter* Bücher)

- Nach *zwei* und *drei* wird das Adjektiv im Genitiv Plural „stark“ flektiert, in der gesprochenen Sprache setzt sich immer mehr die „schwache“ Deklination durch. Wir vergleichen:

geschriebene Sprache:	der Besuch zweier *guter* Freunde
gesprochene Sprache:	der Besuch zweier *guten* Freunde

- Bei artikellosen Adjektiven in der Apposition (Rechtsattribut, im Kasus mit dem vorausgehenden Substantiv übereinstimmend [S. 124]), wird „stark“ flektiert:

Der Beitrag wurde von Herrn Mühl, *früherem* Bürgermeister von Heersbach, verfasst.

Mit Artikel („schwach“ flektiert):

Der Beitrag wurde von Herrn Mühl verfasst, dem *früheren* Bürgermeister von Heersbach.

Die Deklination substantivierter Adjektive und Partizipien

Dem Typ A („starke“ Deklination) entsprechend werden substantivierte Adjektive nach *ein, mein, dein, sein, ihr, unser, euer, ihr, mir, viel, wenig, etwas* und *nicht* dekliniert:

ein *Schlechtes*, mir *Schuldigem*, der Gegner unseres *Ersten*

Dem Typ B („schwache“ Deklination) entsprechend werden substantivierte Adjektive nach dem bestimmten Artikel *der/die/das/die* sowie den vergleichbaren Artikelwörtern *dieser, jener, derjenige* sowie *wir, ihr, zwei* und *drei* dekliniert:

> die *Anwesenden*, wir *Deutschen*, die Biografie zweier *Verurteilten* (auch: *Verurteilter*), dir zuverlässigem *Begleiter*

Bei *irgendwelcher* gibt es auch hier doppelte Formen:

> irgendwelche *Bekannten / Bekannte*
> trotz irgendwelcher *Bekannten / Bekannter*
>
> irgendwelche *Abgeordneten/Abgeordnete*
> trotz irgendwelcher *Abgeordneten/Abgeordneter*

c. Die Steigerung des Adjektivs

Die **Deklination** des attributiv verwendeten Adjektivs und die **Komparation** (Steigerbarkeit) des attributiv wie prädikativ gebrauchten Adjektivs sind charakteristische Eigenschaften dieser Wortklasse.

Nahezu alle Adjektive können gesteigert werden; Ausnahmen gibt es wegen semantischer Beschränkungen: *blind, dreifach, eckig, erstklassig, fertig, ganz, halb, heutig, leer, misslungen, mündlich, rund, schriftlich, schwanger, stumpf, tot* usw. Es wäre auch unsinnig, von einem *eckigeren Haus*, einer *runderen Kugel* oder einer *schwangereren Frau* zu sprechen.

Weiterhin sind alle jene Adjektive nicht steigerbar, die in ihrer Grundform (*Positiv*) bereits eine Höchststufe ausdrücken: *maximal, minimal, optimal, individuell, individualisiert, objektiv, subjektiv* usw. Falsch sind daher:

> *das *maximalste* Ergebnis, *der *optimalste* Kick,
> *zur *vollsten* Zufriedenheit, *die *objektivste* Methode,
> *die *einzigste* Lösung usw.

Diese Formen, die täglich vorkommen, sind Ausdruck einer um sich greifenden Übertreibungsmanie. Sie sollten nicht verwendet werden.

Auch die Steigerbarkeit der Farbadjektive ist umstritten; eindeutig ist lediglich, dass fremdsprachige Farbadjektive (*rosa*, *beige* usw.) weder deklinierbar noch steigerbar sind. Während manche Grammatiker *blauer als* oder der *schwärzeste Tag* als korrekt darstellen, wird in dieser Grammatik die Steigerbarkeit von Farbadjektiven als sprachlich nicht korrekt bezeichnet. Was wäre *gelber als gelb*, wenn nicht eine Übertreibung oder aber Ausdruck von Fantasielosigkeit und Mangel an Differenzierungsvermögen?

Eine Ausnahme bildet der metaphorische Gebrauch von Farbadjektiven nicht nur in der Dichtung, sondern auch bei bewusster sprachlicher Gestaltung *(schwärzeste Träume)*.

In der gesprochenen wie geschriebenen Standardsprache empfiehlt sich anstelle der Steigerung von Farbadjektiven der Gebrauch differenzierender Adjektive. Wir veranschaulichen dies am Beispiel *rot*:

> ein *intensives* Rot, ein *blasses* Rot, ein *leuchtendes* Rot, *bordeauxrot, karmesinrot, blutrot, burgunderrot, feuerrot, rostrot* usw.

– Schema der Komparation:

	Markierung	attributiv	prädikativ
Positiv (Grundstufe)	keine	die *nette* Frau	*schön*
Komparativ (1. Steigerungsstufe)	Endung *-er*	die *nettere* Frau	*schöner*
Superlativ (2. Steigerungsstufe)	Endung *-(e)st*	die *netteste* Frau	*am schönsten*

– Unregelmäßige Steigerungsformen:

gern	–	*lieber*	–	*liebst-*
gut	–	*besser*	–	*best-*
viel	–	*mehr*	–	*meist-*
wenig		*weniger*	–	*wenigst-*
		minder	–	*mindest-*
spät	–	*später*	–	*spätest-/letzt-*

– Umlaut bei der Komparation:

Im Allgemeinen tritt der Umlaut beim Komparativ und Superlativ überall auf, wo er möglich ist (Ausnahme: *schlank, rund*).

Beispiele:

alt	–	*älter*	–	*ältest-*
groß	–	*größer*	–	*größt-*
klug	–	*klüger*	–	*klügst-*

Aus *a/o/u* werden im Komparativ und Superlativ *ä/ö/ü*:

***a* → *ä*:** *alt, arg, arm, hart, kalt, krank, lang, nah, scharf, schwach, stark, warm*
***o* → *ö*:** *grob, groß, hoch*
***u* → *ü*:** *dumm, gesund, jung, klug, kurz*

– Einige Adjektive werden mit oder ohne Umlaut gesteigert:

nass → *nasser* → *nassest-*
nass → *nässer* → *nässest-*

Ebenso: *blass, gesund, glatt, schmal, fromm*

– Bei *hoch* und *nahe* werden Vokal und Auslautkonsonant verändert:

hoch	–	*höher*	–	*höchst-*
nah(e)	–	*näher*	–	*nächst-*

Weitere Besonderheiten der Steigerung:

– Bei Adjektiven auf *-el* fällt im Komparativ regelmäßig das *-e* aus, bei Adjektiven auf *-en* und *-er* kann es ausfallen:

dunkel	→	*dunkler*	→	*dunkelst-*
bescheiden	→	*bescheid(e)ner*	→	*bescheidenst-*
teuer	→	*teu(e)rer*	→	*teuerst-*

– Bei zusammengesetzten Adjektiven wird in aller Regel das letzte (bzw. zweite) Glied gesteigert; ansonsten gilt, dass jenes Glied gesteigert wird, das steigerbar ist. Doppelte Steigerung (1. und 2. Glied) ist falsch:

letztes Glied:	der *neumodischste* Anzug der *bitterböseste* Streich die *hochfliegendsten* Erwartungen
erstes Glied:	die *bestmögliche* Entscheidung, der *höchstbesoldete* Beamte, die *höchstrichterliche* Entscheidung, das *schwerstverständliche* Wort, die *weitestreichenden* Pläne
falsch:	*die *größtmöglichste* Freiheit *die *weitestreichendsten* Pläne *die *schwerstverständlichsten* Aufgaben *die *höchstmöglichste* Leistung *das *meistgelesenste* Buch

- Adjektive auf *-los* können nicht gesteigert werden, z. B. *bargeldlos, fettlos, kinderlos, schonungslos.* Ebenso verhält es sich mit verneinten Adjektiven, die die Vorsilbe *-un* haben, z. B. bei *unlösbar, unrettbar, ungenießbar.*

- Übertreibungen mit Adjektivformen im Superlativ sollten vermieden werden. Die einfache Form ist besser:

mit *freundlichsten* Grüßen → mit *freundlichen* Grüßen.

In der **Jugendsprache** sind Steigerungsformen als Ersatz für Superlative üblich: *supertoll, megageil, supermegacool, saugut, todschick, echt fetzig, klasse* usw.

Sie mögen für die Benutzer besonders attraktiv und aussagekräftig sein, doch sollte bedacht werden, dass Erwachsene diese Formen teilweise nicht kennen oder auch ablehnen. Sie können daher lediglich als Jargon der Jugendsprache akzeptiert werden.

Wer als Jugendlicher also ein wirkliches Gespräch sucht und auch von Erwachsenen verstanden werden will, sollte deshalb eher standardsprachliche Ausdrücke wählen.
Ebenso ist die Verwendung solcher Adjektive in der Werbesprache abzulehnen, weil sie vage sind und kaum Differenzierungen erlauben.

Der Positiv (Grundstufe)

Mit dem Positiv werden Eigenschaften von Personen und Gegenständen ausgedrückt:

> Hans ist *intelligent*.
> Der Stuhl ist *bequem*.

Mit *so/ebenso...wie* wird Gleiches verglichen:

> Das Haus ist *so*/ *ebenso* *groß* wie unseres.

Bei Zahladjektiven drückt *so...wie* Ungleichheit aus:

> Er ist doppelt *so* *schwer* *wie* ich.
> Das ist hundertmal *so* *interessant* *wie* diese Ausstellung.

Der Komparativ (1. Steigerungsstufe)

Der **Komparativ** wird durch Anhängen der Endung *-er* an den Stamm des Adjektivs gebildet. Er dient im Regelfall dem Vergleich der Eigenschaften zweier oder mehrerer Personen oder Gegenstände (relativer Komparativ). Die Binnenkonjunktion lautet *als*:

> *größer als* sein Bruder, *interessanter als* der Gegenvorschlag
> (falsch: **größer wie/ als wie* sein Bruder)

Die Deklination des Adjektivs im Komparativ folgt jener im Positiv: der *größere* Wagen – des *größeren* Wagens – dem *größeren* Wagen – den *größeren* Wagen.

Besonderheiten des Komparativs:

- *Ersterer* und *Letzterer* sind Synonyme für *der zuerst Erwähnte* bzw. *der zuletzt Erwähnte*:

> Wir haben die Städte Wien, Linz und Graz besucht.
> – *Erstere* hat mich vor allem fasziniert.
> Alle vier Bewerber überzeugten.
> – Aber *Letzterer* war ausgezeichnet.

– Einige Steigerungsformen müssen genau interpretiert werden:

ein *jüngerer* Mann	= er ist in Wahrheit nicht mehr jung
eine *ältere* Dame	= sie ist aber noch nicht wirklich alt, also keine alte Dame
eine *niedrigere* Inflationsrate als 1999	= sie ist in Wahrheit noch immer sehr hoch
ein *geringeres* Minuswachstum	= die Verluste sind noch immer beträchtlich
nichts *leichter* als das!	= am leichtesten, besonders leicht

– Eine nur noch in festen Wendungen auftretende Entsprechung für *als* ist *denn*: *mehr denn je.*

– Neben dem relativen Komparativ gibt es auch den absoluten Komparativ, der fast nur attributiv vorkommt. Hier gibt es kein Vergleichsobjekt und damit auch kein *als*:

ein *neueres* Modell von BMW
eine *größere* Untersuchung
eine *bessere* Wohngegend

– Beim proportionalen Vergleich stehen *je...desto/umso*:

Je *schöner* sie wird, *umso* *umschwärmter* ist sie.

Der Superlativ (2. Steigerungsstufe/Höchststufe)

Mit dem **Superlativ** wird eine Höchststufe bezeichnet:

die *schönste* Frau
das *beste* Ergebnis

Er wird gebildet durch Anhängen der Endung *-(e)st* an den Stamm des Adjektivs. Ob die Endung *-est* oder *-st* lautet, ist nicht immer eindeutig.

Obligatorisch steht die Endung *-est* bei einsilbigen oder endbetonten zweisilbigen Adjektiven, deren Stamm auslautet auf *-d, -t, -s, -sch, -ss, -ß, -sk, -x* oder *-z*:

> das *gesündeste* Kind, am *festesten*, die *rascheste* Entscheidung, am *fixesten*, das *stolzeste* Ergebnis

Ebenso wird die Form gebildet, wenn das Adjektiv auf *-los* oder *-haft* auslautet:

> der *verantwortungsloseste* Wissenschaftler
> die *gewissenhafteste* Krankenschwester

- Alle anderen, vor allem die stammbetonten Adjektive, bilden ihren Superlativ mit der Endung *-st*:

> am *schnellsten*, das *klügste* Resultat, die *sympathischste* Frau

- Die Adjektive mit einem Diphthong oder Vokal/Diphthong + *–h* haben in der geschriebenen Sprache häufig die Endung *-est*, in der gesprochenen Sprache nur *-st*:

> der *treu(e)ste* Verbündete, das *froh(e)ste* Ereignis

- Der absolute Superlativ kommt nur attributiv vor:

> das *beste* Ergebnis, die *neu(e)ste* Kollektion

Dagegen lautet der relative Superlativ so:

> am *besten von* allen Schülern, am *schnellsten von* allen

Verstärkend kann beim **absoluten Superlativ** *weitaus, mit Abstand, bei weitem, aller-, denkbar* gebraucht werden:

> *das weitaus/mit Abstand/denkbar/bei weitem gelungenste* Rockkonzert

Hier kann auch der Positiv (Grundstufe) unter Hinzufügung von *besonders, überaus, höchst, erstaunlich, sehr* verwendet werden:

> Das war ein *besonders/überaus/sehr/höchst/erstaunlich gelungenes* Rockkonzert.

Es gibt noch weitere, inzwischen lexikalisierte Ersatzformen für den Superlativ nach dem Modell *bienenfleißig* (= „fleißig wie eine Biene, sehr fleißig“). Sie färben die Sprache und sind sehr ausdrucksstark:

blutjung (= „sehr jung“), *steinalt, taufrisch, kerngesund, steinreich, federleicht, todsicher, spottbillig, mäuschenstill, stockfinster, schneeweiß, baumlang, samtweich, bildschön*

Dieses Modell wird auch in der Werbesprache verwendet:

ofenfrisch, aprilfrisch (= „sehr frisch“), *fangfrisch*

d. Attributiv und prädikativ verwendete Adjektive

Drei Gruppen werden hier unterschieden:

- attributiv und prädikativ gebrauchte Adjektive
- nur attributiv gebrauchte Adjektive
- nur prädikativ gebrauchte Adjektive

Die meisten Adjektive können sowohl attributiv wie prädikativ verwendet werden. Sie werden dekliniert und können gesteigert werden:

attributiv: der *große* Tisch
prädikativ: Der Tisch ist *groß*.

– Deklination:

der *große* Tisch → des *großen* Tisches → dem *großen* Tisch(e) → den *großen* Tisch

– Komparation:

das *kluge* Mädchen – Das Mädchen ist *klug*.
das *klügere* Mädchen – Das Mädchen ist *klüger*.
das *klügste* Mädchen – Das Mädchen ist *am klügsten*.

Besonderheiten:

– Bei Maßangaben gibt es semantische Einschränkungen, weil Erwartungen und Normen in der Gesellschaft Sprachgewohnheiten entwickelt haben:

richtig	**falsch (weil im Widerspruch zur Erwartung)**
Er ist 1.90 m *groß*.	*Er ist 1.90 m *klein.*
Sie ist 80 kg *schwer*.	*Sie ist 80 kg *leicht.*
Der Turm ist 300 m *hoch*.	*Der Turm ist 300 m *tief.*
Das Rohr ist 50 cm *weit*.	*Das Rohr ist 50 cm *eng.*
Die Strecke ist 3 km *lang*.	*Die Strecke ist 3 km *kurz.*
Herr Müller ist 70 Jahre *alt*.	möglich: Herr Müller ist 70 Jahre *jung.* (ironisch oder anerkennend gemeint)

- Zahlreiche Adjektive (*dankbar* + Dativ, *schuldig* + Genitiv) haben Ergänzungen bei sich [S. 79ff.]:

  Er ist *seiner Frau dankbar.*
  Sie ist *des Verbrechens schuldig.*

● Nur attributiv verwendete Adjektive

Mehrere semantisch definierte Gruppen von Adjektiven können nur attributiv, also bei einem Substantiv, gebraucht werden. Dazu gehören:

- Stoffadjektive: *hölzern, eisern, seiden, kupfern, steinern, wollen*

  die *hölzernen* Löffel – *Die Löffel sind *hölzern.*
  (= die Löffel sind aus Holz)
  das *eiserne* Denkmal – *Das Denkmal ist *eisern.*
  die *steinernen* Zeugnisse – *Die Zeugnisse sind *steinern.*

Anmerkung: In übertragener Bedeutung sind diese Adjektive zur Charakterisierung von Menschen geeignet:

  Der Mann ist *hölzern*. (= er ist steif und spricht nicht gern)
  Der Sportler ist *eisern*. (= er hält durch)

- Adjektive in übertragener Bedeutung:

  ein *hoher* Politiker – *Der Politiker ist *hoch.*
  eine *tiefe* Bedeutung – *Die Bedeutung ist *tief.*

- von Adverbien abgeleitete Adjektive mit lokaler und temporaler Bedeutung:

die *dortige* Regierung – *Die Regierung ist *dortig.*
der *hintere* Zahn – *Der Zahn ist *hinter.*
der *heutige* Außenminister – *Der Außenminister ist *heutig.*

– Herkunftsbezeichnungen:

die *Berliner* Mauer – *Die Mauer ist *berlinerisch.*
der *Pariser* Eiffelturm – *Der Eiffelturm ist *pariserisch.*
der *Dresdner* Stollen – *Der Stollen ist *dresdnerisch.*

Aber: Abgeleitete Herkunftsbezeichnungen auf *-isch* sind attributiv wie prädikativ verwendbar:

das *bayerische* Bier – Das Bier ist *bayerisch.*
die *italienische* Pizza – Die Pizza ist *italienisch.*

● Nur prädikativ verwendete Adjektive

Eine kleinere Anzahl von Adjektiven kann nur prädikativ verwendet werden, steht also nie vor einem Substantiv. Dazu gehören: (mir ist) *angst,* (ihr ist) *bange, egal, einerlei, entzwei,* (er ist ihm) *gram,* (das ist) *schade,* (er ist) *schuld*:

Das ist ihm *egal*.
Mir ist *angst* und *bange*.
Das ist ihm schon lange *leid*.
Ihr ist das *einerlei*.

Aber: Das tut mir *Leid*. (Großschreibung!)
Er machte ihr *Angst* und *Bange*.

● Exkurs zum Gebrauch des Adjektivs bei zusammengesetzten Substantiven

Im Zuge einer weiteren Ökonomisierung der Gegenwartssprache ist die Komposition, also hier die Bildung zusammengesetzter Substantive, ein wesentlicher Aspekt. Häufig werden charakterisierende oder klassifizierende Adjektive vor das Kompositum gestellt, etwa nach dem Beispiel:

hell + Haustür → helle Haustür

Es scheint aber kaum jemandem aufzufallen, dass dabei häufig die Grundregel für die Zusammensetzung von Substantiven verletzt wird, die besagt, dass sich das Adjektiv stets auf das hinten stehende *Grund-*

wort beziehen muss, sich keineswegs aber auf das im Kompositum vorn stehende *Bestimmungswort* beziehen kann. Deshalb ist *schneller Langstreckenläufer* richtig, weil *schnell* sich auf *Läufer* bezieht, nicht auf *Langstrecke*: *ein schneller Läufer auf der Langstrecke.*

Falsch ist hingegen *der linke Mittelfeldspieler Schuster*, weil *Schuster* kein linker Spieler ist, sondern vornehmlich im linken Mittelfeld spielt. Solche Fehlkoppelungen gibt es heute in Hülle und Fülle, besonders jedoch in der Sprache der Medien:
Da ist von der *erweiterten Vorstandssitzung*, von *internationalen Wettbewerbsgründen*, von *hohen Investitionsplänen*, von einem *russischen Botschafterwechsel*, von einem *alternativen Nobelpreisträger*, von der *deutschen Sprachwissenschaft*, vom *geheimen Wahlrecht*, von der *französischen Weinproduktion* oder *Sprachentwicklung*, vom *Bürgerlichen Gesetzbuch* und *atlantischen Störungsausläufern* sowie – gewissermaßen als Krönung – vom *vierstöckigen Hausbesitzer* oder der *verheirateten Inspektorwohnung* – die Rede, obwohl es sich um eine Sitzung des erweiterten Vorstands und nicht umgekehrt, um Gründe des internationalen Wettbewerbs und nicht um internationale Gründe des Wettbewerbs handelt usw.

Solche Fehlkoppelungen fordern den aufmerksamen und kritischen Benutzer der deutschen Sprache geradezu heraus. Die Leserinnen und Leser dieser Grammatik der deutschen Sprache sollten diese Herausforderung annehmen und im alltäglichen Sprachgebrauch wachsamer sein.

e. Die Valenz des Adjektivs

Wie beim Verb und beim Substantiv gibt es auch beim Adjektiv Ergänzungen. Grundlage ist die Valenzbildung [S. 79ff.]. Wir unterscheiden analog zu den Ergänzungsklassen beim Verb:

- Genitivergänzung
- Dativergänzung
- Akkusativergänzung
- Präpositionalergänzung
- Situativergänzung
- Richtungsergänzung
- Einordnungsergänzung
- Artergänzung
- Infinitivergänzung
- Vergleichsergänzung (nur beim Adjektiv)

Genitivergänzung

Er war sich *seines Erfolges* *sicher.* (*sicher sein* + Genitiv)
→ der sich *seines Erfolges* *sichere* Mann
Sie ist sich *ihrer Wirkung* *sicher.*

Weitere Adjektive: *bedürftig, bewusst, fähig, ledig, mächtig, voll, würdig* (+ Genitiv)

Dativergänzung

Sein Freund ist *mir* *bekannt.* (*bekannt sein* + Dativ)
→ sein *mir* *bekannter* Freund
Sie ist *ihm* seit langem *fremd.*

Weitere Adjektive mit Dativergänzung:

ähnlich, angemessen, behilflich, begreiflich, bequem, böse, dankbar, ergeben, erklärlich, erwünscht, fern, gefährlich, gehorsam, gemäß, gerecht, gesinnt/gesonnen, gleich(gültig), günstig, hörig, klar, lästig, lieb, möglich, nahe, nützlich, peinlich, recht, schädlich, schuldig, teuer, treu, überlegen, verbunden, verhasst, wert, wichtig, willkommen

Akkusativergänzung

Karl ist *das Kritisieren* *leid.* (*leid sein* + Akkusativ)
→ der *das Kritisieren* *leid* seiende Karl (ungebräuchlich!)

Ebenso: *gewohnt, müde, satt, wert*

Präpositionalergänzung

Ines ist *von ihrem Vater* *abhängig.*
(*abhängig sein* + Präpositionalergänzung mit *von*)
→ die *von ihrem Vater* *abhängige* Ines

Weitere Adjektive mit Präpositionalergänzungen sind z. B.:

alt (an), *angenehm* (für), *anständig* (zu), *arm* (an), *aufgeschlossen* (für), *begabt* (in), *begierig* (auf), *bekannt* (mit), *beliebt* (bei), *bereit* (zu), *besessen* (von), *besorgt* (um), *bitter* (für), *blind* (gegen/gegenüber), *böse* (zu), *dankbar* (für), *ehrlich* (zu), *einverstanden* (mit), *entfernt* (von), *erfreulich* (für), *fähig* (zu), *fern* (von), *fertig* (mit/zu), *frech* (zu), *frei* (von), *geeignet* (für/zu), *gefährlich* (für), *gerecht* (zu), *gespannt* (auf), *glücklich* (über), *gut* (für/zu), *gespannt* (auf), *herzlich* (zu), *höflich* (zu), *interessant* (für), *intim* (mit), *kombinierbar* (mit), *krank* (vor), *kritisch* (gegenüber), *verständlich* (für), *voll* (von), *zufrieden* (mit)

● **Situativergänzung**

Der Schauspieler ist *in München* *ansässig.*
(*ansässig sein* + Situativergänzung)
→ der *in München* *ansässige* Schauspieler

Weitere Adjektive: *anwesend, bekannt, daheim, erfahren, heimisch, tätig, wohnhaft*

● **Richtungsergänzung**

Margot ist *aus Berlin* *gebürtig.*
→ die *aus Berlin* *gebürtige* Margot

Weitere Adjektive: *befahrbar*, (in/aus Richtung...) *stammend, herkommend, kommend* (aus)

● **Einordnungsergänzung**

Ihr Sohn ist *als Professor* *tätig.*
→ ihr *als Professor* *tätiger* Sohn

Weitere Adjektive: *angestellt* (als), *eingestellt* (als), *bekannt* (als), *verdächtig* (als)

● **Artergänzung**

Silke ist *bekannt* *als rechtsradikal*.
→ die *als rechtsradikal* *bekannte* Silke

Weitere Adjektive: *tätig* (künstlerisch), *engagiert*

● **Infinitivergänzung**

Gabriele ist *arbeiten* *gewohnt.*
→ die *arbeiten* *gewohnte* Gabriele

Weitere Adjektive: *gewillt, gesinnt/gesonnen*

Vergleichsergänzung

Äquivalenz weitere Formen: *so...dass* *so...wie*	Verena ist *ebenso* / *so* schön *wie* ihre Mutter. die *wie ihre Mutter schöne* Verena Er ist *so stark*, *dass* er Bäume ausreißen könnte. Wir haben das Problem *so schnell* gelöst, *wie* sie es nie gekonnt hätten.
Nichtäquivalenz (Komparativ)	Wir sind *schneller als* unsere Gegner. Verstärkung: *weitaus, viel, erheblich, beträchtlich, bedeutend, ungleich* Abschwächung: *geringfügig, wenig, minimal, unwesentlich, ein bisschen* Proportionalität: *je...desto* (*Je* bunter das Bild (ist), *desto* mehr mag ich es.)
Äquivalenz (Superlativ)	Sie ist die *begabteste* Schülerin *von allen*. Sie ist *von allen* die *begabteste* Schülerin. Sie ist *am begabtesten von allen*.

f. Das Zahladjektiv

Zwei Hauptgruppen werden unterschieden:

- **Kardinalzahlen** (Kardinalia/Grundzahlen):

  eins, fünfzehn, achthundert

- **Ordinalzahlen** (Ordinalia/Ordnungszahlen):

  der erste, fünfzehnte, achthundertste

Sondergruppen sind:

- **Bruchzahlen:** *viertel, achtel, zehntel*
- **Gattungszahlen:** *zweierlei, dreierlei, zehnerlei*
- **Vervielfältigungszahlen** und **Wiederholungszahlen:** *zweimalig, dreifach, zehnfach*
- **Einteilungszahlen:** *erstens, zweitens, zehntens*
- **unbestimmte Zahladjektive:** *einzeln, paar, viel, zahlreich*

Diese Zahladjektive werden vor allem attributiv, teilweise auch prädikativ verwendet und antworten auf die Frage *wie viel?* (Singular) und *wie viele?* (Plural):

> *fünfzehn* Männer, das *zehnte* Kind, ein *achtel* Liter,
> der *dreifache* Olympiasieger, *zweitens* behandeln wir...,
> ein *paar* Zeilen

Die Kardinalzahlen

Kardinalzahlen bezeichnen eine exakte und zählbare Menge oder Anzahl von Personen, anderen Lebewesen oder Gegenständen. Sie können absolut oder attributiv gebraucht werden. Zusammen mit der Nachsilbe *-mal* bilden sie Zahladverbien (*einmal, zehnmal* usw.).

– Bildung der Kardinalzahlen:

Wir unterscheiden:

- einfache Kardinalzahlen: *eins, acht, zwölf*
- zusammengesetzte Kardinalzahlen: *vierundzwanzig, zweihundertachtunddreißig*
- abgeleitete Kardinalzahlen: *dreißig, achtzig*
- Kombination von Kardinalzahlen: *sechs Milliarden, drei Billionen*

– Besonderheiten der Bildung:

Die zusammengesetzten Kardinalzahlen oberhalb der Zahl *zwanzig* (althochdeutsch: *zweinzug* = „zwei Zehner") werden durch Voraussteilen der Einerzahl vor die Zehnerzahl gebildet; in den meisten Nachbarsprachen (Englisch, Französisch, Russisch) ist es genau umgekehrt:

> *vier* + *zwanzig* = *vierundzwanzig*
> Vergleiche: *twenty* + *four* = *twenty-four* (engl.)

In der gesprochenen Sprache überwiegen Kurzformen wie *hundert, tausend* und *hunderttausend* statt *einhundert, eintausend* und *einhunderttausend*:

> Noch *hundert* Seiten, dann habe ich den Roman durch.

Hier ein Überblick über die Kardinalzahlen:

0–10	*null, eins, zwei, drei, vier, fünf, sechs, sieben, acht, neun, zehn*
11–20	*elf, zwölf, dreizehn, vierzehn, fünfzehn, sechzehn, siebzehn, achtzehn, neunzehn, zwanzig*
21–30	*einundzwanzig, zweiundzwanzig,...dreißig*
40–90	*vierzig, fünfzig, sechzig, siebzig, achtzig, neunzig*
101–110	*(ein)hundert(und)eins, (ein)hundert(und)zwei,... (ein)hundert(und)zehn*
121–125	*(ein)hunderteinundzwanzig, (ein)hundertzweiundzwanzig,...(ein)hundertfünfundzwanzig*
200–900	*zweihundert, dreihundert,...neunhundert*
1001–1005	*(ein)tausend(und)eins, (ein)tausend(und)zwei,... (ein)tausend(und)fünf*
1021–1025	*(ein)tausendeinundzwanzig, (ein)tausendzweiundzwanzig,...(ein)tausendfünfundzwanzig*
1100–1105	*(ein)tausendeinhundert, (ein)tausendeinhunderteins, (ein)tausendeinhundertzwei,...(ein)tausendeinhundertfünf*
1200–1900	*(ein)tausendzweihundert, (ein)tausendreihundert,... (ein)tausendneunhundert*
2000–9000	*zweitausend, dreitausend,...neuntausend*
10000–90000	*zehntausend, zwanzigtausend,...neunzigtausend*
100000–900000	*(ein)hunderttausend, zweihunderttausend,... neunhunderttausend*

Die folgenden Substantive sind Feminina:

1.000.000	*eine Million, zwei Millionen, dreihundert Millionen...*
1.000.000.000	*eine Milliarde, zweihundert Milliarden...*
1.000.000.000.000	*eine Billion, vierhundert Billionen...*

Die weiteren Kardinalzahlen sind:

eine Billiarde (1000 Billionen), *eine Trillion* (1000 Billiarden), *eine Trilliarde* (1000 Trillionen), *eine Quadrillion* (1000 Trilliarden), *eine Quintillion* (1 Million Quadrillionen), *eine Sextillion* (eine Million Quintillionen) usw.

– Deklination der Kardinalzahlen:

– ***eins*****:** Nur die Kardinalzahl *eins* wird vollständig dekliniert: ohne Artikel wie *kein*, nach einem Artikelwort wie ein Adjektiv.

Beispiele:

eines Mannes, *einer* Frau, gegen *einen* Konkurrenten, wegen meines *einen* Fußes, dieser *eine* Lehrer, mit *einem* VW

Anmerkung: In der gesprochenen Sprache wird im Nominativ und Akkusativ Neutrum Singular *eins* statt *eines* verwendet.

Beim Zählen heißt es stets *eins, zwei, drei, vier...* usw.

Dagegen steht das unflektierte *ein* bei zusammengesetzen Zahlen ab *einundzwanzig*, bei Bruchzahlen sowie vor *bis* bzw. *oder* mit nachfolgendem Substantiv:

Da hast du *einunddreißig* Euro.
Er trinkt *ein* Viertel Wein.
Die Schule dauert bis *ein* Uhr.
Wir fahren *ein* oder *zwei* Stunden bis dorthin.

Aber *eins*:

ohne Substantiv: *Eins* Komma *sechs null neun* Kilometer sind eine Meile.
Zahlenangaben: Es ist Viertel vor *eins*. (Zeitangabe ohne „Uhr")

- ***zwei, drei:*** Die Kardinalzahlen *zwei* und *drei* werden nur im Genitiv dekliniert, und auch dies beschränkt sich weitgehend auf die geschriebene Sprache und wird oft bereits als gespreizt oder veraltet empfunden:

  das Treffen *zweier* Außenminister
  die Benotung *dreier* Examensarbeiten

Als Ausweichmöglichkeit bietet sich eine Umschreibung mit der Präposition *von* sowie die Verwendung eines Artikels wie *der* oder *dieser* an:

  das Treffen *von* *zwei* Außenministern
  das Treffen *der* *drei* Außenminister

Ein nachfolgendes Adjektiv wird stark flektiert:

  das Treffen *zweier hochrangiger* Beamter
  der Duft *zweier* roter Rosen

- ***beide:*** Werden zwei bekannte Lebewesen oder Gegenstände benannt, kann auch *beide* gewählt werden; *beide* verweist also im Text zurück auf bereits Gesagtes:

  Wir haben *zwei neue Schüler* in der Klasse. *Beide* kommen aus Russland.

Besonderheiten bei der Deklination:

Ein nachfolgendes Adjektiv wird „schwach“ flektiert:

  Beide *großen* Nationen verfolgen das gleiche Ziel.

Nach *unser, euer, uns, euch, dies, alles* und *alle* wird *beide* „stark“ flektiert, nach *wir, ihr* und *sie* schwankt die Deklination; die „starke“ Deklination dominiert aber:

  Wir *beide* gehen jetzt ins Kino. („stark“)
  Ihr *beiden/beide* macht das jetzt! („schwach“/„stark“)
  Sie *beide* sind gemeint! („stark“)
  Alle *beide* waren krank. („stark“)

- ***zwei* bis *zwölf:*** Werden die Zahlen *zwei* bis *zwölf* wie ein Substantiv gebraucht, werden sie in der geschriebenen Sprache auch im Dativ häufig dekliniert. Dabei handelt es sich oft um feste Wendungen:

Die Schüler gingen *zu zweien*. (gesprochene Sprache: *zu zweit*)
Das Kind ist *auf allen vieren* gekrochen.
Ich habe *mit dreien* aus der Gruppe gesprochen.
Wir fahren zu *fünfen* in den Urlaub.

– Substantivierung von Kardinalzahlen:

Alle Kardinalzahlen können wie ein Substantiv gebraucht und dekliniert werden: Das betrifft sowohl die Zahlen *eins* bis *eine Billion* wie die Kollektiva *Dutzend*, *Schock* und (veraltet) *Mandel*:

Sie geht auf die *Sechzig* zu.
Die Milliarde ist bereits überschritten.
Sie hatte drei *Dutzend* Eier in ihrem Korb.

Ein nachfolgendes Adjektiv wird, der Regel entsprechend, „schwach" flektiert:

die Millionen *Deutschen*

Bei der Angabe der **Jahreszahl** gibt es zwei Möglichkeiten:

Im Jahre 1999 (in Worten: *neunzehnhundertneunundneunzig*)
1999 (in Worten: *neunzehnhundertneunundneunzig*)

Achtung: Falsch ist die dem Englischen entlehnte Angabe der Jahreszahl mit *in*:

**In 1999* hatten wir ein Rekordjahr.

Von den Kardinalzahlen *hundert*, *tausend* sowie *zehn-/hunderttausend* können Neutra gebildet werden, ebenso von *dutzend*:

Das Hundert ist voll.
Das Dutzend ist geschafft.
Zu *Hunderttausenden* wurden die Bisons abgeschossen.

Aber: *die Million*, *die Milliarde*, *die Billion*

Folgt ein Adjektiv, wird dies wie die Kardinalzahl dekliniert. In der geschriebenen Sprache hingegen folgt der Genitiv in der „starken" Flexion:

Tausende *katholischer* Christen hatten sich auf dem Petersplatz in Rom versammelt.
Millionen *gläubiger* Moslems aus der ganzen Welt pilgern jedes Jahr nach Mekka.

Gesprochene Sprache:

Dutzende *braune* Kühe weideten auf der Bergwiese.

Die Ordinalzahlen

Ordinalzahlen (Ordnungszahlen) legen eine bestimmte Stelle oder einen genauen Fixpunkt in einer geordneten und zählbaren Reihe von Personen oder Gegenständen fest.
Sie stehen zumeist vor einem Substantiv (attributiv) (der *erste* Tag, der *dritte* Mann) oder werden substantiviert gebraucht (der *Vierte*). Sie können dekliniert, aber nicht gesteigert werden. Man fragt nach ihnen mit *der/die/das Wievielte?*

Man bildet Ordnungszahlen durch Voranstellen eines Artikelworts (z. B. *der/die/das*) vor die entsprechende Kardinalzahl und das Anhängen von *-t* (bis 19)/ *-st* (ab 20) + *e*:

der *zweite*, der *sechste*, der *zwanzigste*,
der *fünfundfünfzigste*

Aber: der *erste*, der *dritte*, der *sieb(en)te*

Dekliniert werden die Ordnungszahlen wie alle anderen Adjektive (hier Nominativ und Dativ Singular):

„schwach“: der *große*, *erste* Preis – dem *großen*, *ersten* Preis
„stark“: ein *großer*, *erster* Preis – einem *großen*, *ersten* Preis
„gemischt“: *großer*, *erster* Preis – *großem*, *erstem* Preis

Genitiv:

Wir gedachten des *zweihundertfünfzigsten* Geburtstags von Johann Wolfgang von Goethe.
Die Schüler der *siebten* Klasse machen einen Ausflug.

Besonderheiten:

- Ordnungszahlen schreibt man auch, indem man einen Punkt hinter der entsprechenden Kardinalzahl setzt:

  2. = *der zweite...*
  45. = *die fünfundvierzigste...*
  101. = *das hunderterste...*

- Bei zusammengesetzen Ordnungszahlen wird nur das letzte Glied dekliniert:

  Dienstag, der *einunddreißigste* August

- Herrschernamen, Papstnamen und Geschlechtsfolgen in Königshäusern schreibt man mit römischen Ziffern und Punkt:

  Richard III. = *Richard der Dritte*
  Johannes XXIII. = *Johannes der Dreiundzwanzigste*
  Otto I. = *Otto der Erste*

- Die Datumsangabe folgt dem Kasus der Tagesangabe, also:

  Am Montag, dem 27. September 2000, findet das Fest statt.
  oder: *Montag, den* 27. September 2000, findet das Fest statt.

- Minutenangaben:

In der offiziellen Sprache – auf Bahnhöfen oder Flughäfen sowie bei Radioansagen – heißt es (Minuten nach den Stunden):

9.15 Uhr = *neun Uhr fünfzehn (Minuten)*
21.32 Uhr = *einundzwanzig Uhr zweiunddreißig (Minuten)*
0.05 Uhr = *null Uhr fünf (Minuten)*

In der gesprochenen und geschriebenen Alltagssprache werden die Minuten vor den Stunden gezählt, ebenso geschieht dies bei Bruchzahlen, wenn die Stunde in Segmente von 15 Minuten geteilt wird; die Wörter *Minuten* und *Stunde* werden dabei meist weggelassen:

9.15 Uhr = *Viertel nach neun/viertel zehn*
21.32 Uhr = *zweiunddreißig Minuten nach neun (Uhr)*
oder (besser): *zwei Minuten nach halb zehn (Uhr)*
0.05 Uhr = *fünf Minuten nach zwölf (Uhr)/nach Mitternacht*

Der kürzeste Zeitabstand entscheidet dabei; vgl. folgendes Beispiel:

11.05 Uhr = fünf (Minuten) nach elf (Uhr)
11.10 Uhr = zehn nach elf
11.15 Uhr = Viertel nach elf/viertel zwölf
11.20 Uhr = zehn vor halb zwölf/zwanzig nach elf
11.25 Uhr = fünf vor halb zwölf
11.30 Uhr = halb zwölf
11.35 Uhr = fünf nach halb zwölf
11.40 Uhr = zehn nach halb zwölf/zwanzig vor zwölf
11.45 Uhr = Viertel vor zwölf/drei viertel zwölf
11.50 Uhr = zehn vor zwölf
11.55 Uhr = fünf vor zwölf
12.00 Uhr = zwölf (Uhr), Mittag

- Soll eine gleichmäßige Verteilung innerhalb einer Reihe/Serie bezeichnet werden, steht *jede-*, ersatzweise *alle,* + Kardinalzahl:

jeden vierten Monat – *alle vier* Monate

Aber: Bei allen anderen Angaben, die nicht einer strengen Serie entsprechen, ist diese Austauschbarkeit nicht gegeben:

jeder dritte Mann – *alle* drei Männer (nicht identisch!)

- *zu zweien/ zu zweit*:

In der Standardsprache heißt es zur Bezeichnung der Zahl der Mitglieder einer Gruppe: *zu zweien, zu vieren, zu zehnen* usw.

In der gesprochenen Sprache wird dagegen *zu zweit, zu viert, zu zehnt* bevorzugt.

- Mathematische Aufgaben:

$5 + 7 = 12$	*fünf und/plus sieben ist (gleich) zwölf*
$7 - 5 = 2$	*sieben minus/weniger fünf ist (gleich) zwei*
$5 \times 8 = 40$	*fünf multipliziert mit/mal acht ist (gleich) vierzig*
$40 : 8 = 5$	*vierzig dividiert durch/geteilt durch acht ist (gleich) fünf*
$5^3 = 125$	*fünf hoch drei ist (gleich) (ein)hundertfünfundzwanzig*
$\sqrt{9} = 3$	*Quadratwurzel (oder: zweite Wurzel) aus neun ist (gleich) drei*

Bruchzahlen

Mit *halb, viertel, sechzehntel, zweiunddreißigstel* usw. werden Teile vom Ganzen bezeichnet. Wir nennen sie **Bruchzahlen**:

Sie kaufte *ein halbes* Pfund Butter.
Er bestellte *ein Viertel* Wein (= ein Viertelliter).
Sein Nachbar trank *eine Halbe* (= ein Bier im Bayrischen).
Die *Zweiunddreißigstel* prägen diese Komposition.
Man nehme *ein Drittel* Milch und *zwei Drittel* Mehl.

Bruchzahlen bestehen aus *Zähler* und *Nenner*. Der Zähler ist eine Kardinalzahl (z. B. *ein, zwei, acht*), der Nenner eine Ordinalzahl mit der Endung *-el*. Sie werden attributiv verwendet und können substantiviert werden. Sie werden nicht flektiert:

ein viertel Liter/ *ein Viertel*
drei achtel Zentner/ *drei Achtel*
drei hunderteintel/drei Hunderteintel
sechs millionstel/sechs Millionstel

aber: *ein halb/eine Halbe*

Zum Gebrauch der Bruchzahlen:

- Bruchzahlen dienen in erster Linie für Maß- und Mengenangaben (Länge, Höhe, Gewicht, Druck usw.):

  ein *drei viertel* Meter, ein *halbes* Pfund Käse,
  fünfeinviertel Atmosphären Druck, *dreieinhalb* Stunden

- Bruchzahlen können in Ziffern ausgedrückt werden und werden dann in unterschiedlicher Weise gelesen:

  6,75 Meter → *sechsdreiviertel Meter*
  → oder: *sechs Meter fünfundsiebzig*
  → oder: *sechs Komma fünfundsiebzig Meter*

- In der gesprochenen Sprache steht für *eineinhalb* oft auch *anderthalb*:

  1,50 Meter = *anderthalb Meter*

Vervielfältigungs- und Wiederholungszahlen

Vervielfältigungszahlen bezeichnen die Anzahl der Lebewesen oder Gegenstände, die in einer bestimmten Ordnung oder Gesamtheit vorhanden sind.

Sie werden durch Anhängen des Suffixes *-fach* (z. B. *achtfach, hundertfach*) an die entsprechende Kardinalzahl gebildet und können attributiv wie prädikativ verwendet werden. Die Substantivierung ist möglich.

Beispiele:

Mit einem *hundertfachen* Jubel wurde der Sieg beantwortet.
Das kostet heute das *Zehnfache* des gestrigen Preises.
Sie brachten ein *dreifaches* „Hoch!" auf ihn aus.

Besonderheiten:

Neben *zweifach* gibt es auch *doppelt*, doch sind beide Vervielfältigungszahlen nicht immer identisch, wie das Beispiel zeigt:

ein *doppelter* Kognak ≠ ein *zweifacher* Kognak
(= 1 großer Kognak) (= 2 Kognaks)

Doppelt bezeichnet also die Wiederholung des Gleichen, *zweifach* hingegen das Verschiedenartige zweier Tatbestände, deshalb:

Er wurde *doppelt* bestraft.
(= wegen des gleichen Verbrechens zweimal)

Er wurde *zweimal* bestraft.
(= wegen zweier verschiedener Verbrechen)

Oft aber ist der Bedeutungsunterschied nicht erkennbar, weshalb beide Zahladjektive nebeneinander verwendet werden können:

Die Concorde erreichte die *zweifache*/*doppelte* Schallgeschwindigkeit.

Wegen der günstigen Windverhältnisse schaffte der Ballon diesmal die *zweifache*/*doppelte* Wegstrecke.

Wichtig ist die Unterscheidung von **Wiederholungszahlen** und **Vervielfältigungszahlen**. Wiederholungszahlen enden auf *-malig*, z. B. *fünfmalig*, *achtmalig*, und können dekliniert werden, Vervielfältigungszahlen enden hingegen auf *-fach* und können ebenfalls dekliniert werden.

Während Vervielfältigungszahlen das Neben- oder Miteinander innerhalb einer Ordnung bezeichnen, betonen die Wiederholungszahlen das zeitliche Nacheinander. Wir vergleichen:

- Vervielfältigungszahl:

  der *dreifache* Olympiasieger (= in einem Jahr)

- Wiederholungszahl:

  der *dreimalige* Olympiasieger (= bei drei Olympischen Spielen nacheinander)

Das Adverb der Wiederholungszahl lautet *einmal*, *zweimal*, *dreimal* usw.

Einteilungszahlen

Einteilungszahlen gliedern das Nacheinander von Einzelpunkten innerhalb einer Ordnung, zum Beispiel bei Kapiteln in einer wissenschaftlichen Arbeit oder bei der Gliederung einer Tagesordnung. Sie lauten *erstens*, *zweitens*,... *zehntens* usw. und werden gebildet durch Anhängen von *-ens* an den Stamm der jeweiligen Ordinalzahl.

Beispiel:

Erstens bin ich dagegen und *zweitens* werde ich einen Alternativvorschlag machen.

Anmerkung: Aus Gründen der Ökonomie werden Einteilungszahlen auch als Ziffer mit Punkt geschrieben:

1. = *erstens*, *10.* = *zehntens* usw.

Mehrere Einteilungszahlen hintereinander werden immer häufiger in wissenschaftlichen Arbeiten zur Untergliederung der Kapitel benutzt. Wir nennen dieses Verfahren auch *Dezimalisierung*:

2.3.7 (= Hauptkapitel 2, Unterkapitel 3, Absatz 7) u. Ä.

Man sollte aber darauf achten, nicht zu viele Stellen vorzusehen, weil sonst leicht Verwechslungen auftreten.

Die unbestimmten Zahladjektive

An der Grenze zu den Artikelwörtern befindet sich die Gruppe der **unbestimmten Zahladjektive** (Indefinita). Formal verhalten sie sich wie Adjektive, sie sind also deklinierbar und in der Regel attributiv wie prädikativ zu verwenden, können allerdings nicht gesteigert werden.

Zur Gruppe der unbestimmten Zahladjektive gehören:

ander-, einzeln-, ein bisschen, etwas, ganz, gesamt-, halb, ein paar, sämtlich-, sonstig-, übrig-, ungezählt-, vereinzelt-, verschieden-, viel-, wenig-, zahllos-, zahlreich-

Der Gebrauch der unbestimmten Zahladjektive:

- Am häufigsten werden *viel* und *wenig* verwendet. Beide Wörter sind attributiv wie prädikativ verwendbar, können gesteigert und dekliniert werden:

die *vielen* / *wenigen* Schüler
viele / *wenige* Schüler
Die *wenigsten* wissen, dass...
Sie sind *viele*.
Ich stimme mit ihm in *vielem* überein.
Sie singt heute schon um *vieles* besser.
Er kann mit *wenigem* auskommen

Steht ein Artikelwort voran, werden *viel* bzw. *wenig* häufig nicht flektiert:

Sie erfuhr *viel* Zustimmung.
Wenig Geld war noch da.

Anmerkung: Der Unterschied von *viele* und *viel* ist wichtig. Wir vergleichen:

viele jüngere Damen (= eine Anzahl jüngerer Damen)
viel jüngere Damen (= sie waren erheblich jünger als andere Damen)

- Die Fügung *ein paar* bedeutet *einige*, also eine unbestimmte Anzahl von Dingen oder Lebewesen; der Ausdruck ist auf den Plural beschränkt. Im Zusammenhang mit Personen wird *einige* empfohlen:

einige Zuschauer, aber: *ein paar* Pferde

Dagegen bezeichnet *ein Paar* zwei gleiche Elemente:

ein Paar Schuhe, *zwei Paar* Socken

Unsicherheit besteht häufig bei der Deklination des nachfolgenden Adjektivs. In der geschriebenen Standardsprache heißt es:

ein paar *neuer* Strümpfe
ein *neues* Paar Strümpfe

Dagegen dominiert in der gesprochenen Sprache beim unbestimmten Zahladjektiv die unflektierte Form:

ein paar *neue* Strümpfe

- *etwas/nichts*: Nach *etwas/nichts* in attributiver Verwendung wird das folgende Adjektiv stark flektiert:

etwas/nichts *Wichtiges*

4. Die Artikelwörter

Wenn Jungs sich begrüßen...

Wir Mädchen wissen: Jungs haben Angst vor zu viel Nähe. Nicht nur die Nähe zu uns, auch untereinander. Jungs fassen sich zwar an, aber das ist ganz anders als bei uns. Wenn Jungs miteinander umgehen, könnte man manchmal glauben, gleich gibt es eine Schlägerei. Macht es Spaß, einem anderen so in den Rücken zu hauen, dass er fast zusammenbricht, und dabei rau zu bellen: „Hey, Alter, was geht ab"? Ist es ein gutes Gefühl, sich gegenseitig zu boxen und in die Rippen zu knuffen?... Uns Mädchen erinnern diese Begrüßungsrituale manchmal an Steinzeitmenschen...

(*jetzt.* Süddeutsche Zeitung, 19. 7. 1999, S. 17)

In unserem Text sind verschiedene Artikelwörter enthalten:

die, das, eine, einem, den, ein, die, diese

a. Die Wortart

Artikelwörter (traditionell: *Geschlechtswörter,* heute: *Determinativa*) sind regelmäßige Begleiter eines Substantivs. Sie verdeutlichen das Genus (grammatische Geschlecht) des jeweiligen Substantivs (Maskulinum, Femininum, Neutrum) und signalisieren entweder Bekanntheit (bestimmter Artikel: *die* Frau) oder Unbekanntheit (unbestimmter Artikel: *eine* Frau). Eine dritte Funktion der Artikelwörter ist ihre Rolle im Text: Sie verweisen entweder auf bereits vorher Gesagtes oder Geschriebenes (bestimmte Artikel, Demonstrativa) oder auf nachfolgende Informationen (unbestimmte Artikel, Indefinita [S. 55ff.]).

Unter der Wortart *Artikelwörter* werden unterschiedliche Wortklassen zusammengefasst, weil sie sich syntaktisch gleich verhalten, nämlich wie der bestimmte Artikel *(der, die, das; die)* oder der unbestimmte Artikel *(ein, eine, ein).*

Zu den Artikelwörtern gehören:

- die **bestimmten** Artikel: *der, die, das; die* (Plural)
- die **unbestimmten** Artikel: *ein, eine, ein*

● der **Nullartikel:**	Ø
● die **Demonstrativa** (traditionell: *hinweisende Fürwörter*):	*dieser, jener, derjenige; derselbe, solcher, solch ein, so ein* (mit allen Formen); betontes *der, die, das*
● die **Possessiva** (traditionell: *besitzanzeigende Fürwörter*):	*mein, dein, sein, ihr, unser, euer, ihr, dessen, deren* (mit allen Formen)
● die **Interrogativa** (traditionell: *Fragefürwörter*):	*was für ein, welcher, welch ein, wessen, wie viel(e)* (mit allen Formen)
● die **Indefinita** (traditionell: *unbestimmte Fürworter*):	*aller, alle, all die, ein wenig, einiger, etlicher, irgendein, irgendwelcher, jeder, lauter, mancher, mehrere* (mit allen Formen)
● die **negativen** Artikelwörter:	*kein, keine, kein*

b. Die Deklination der Artikelwörter

Die meisten Artikelwörter werden wie Adjektive ohne Artikel dekliniert:

Kasus (Fall)	**Singular**			**Plural**
	Maskulinum	Femininum	Neutrum	
Nom.	*dies er*	*dies e*	*dies es*	*dies e*
Gen.	*dies es*	*dies er*	*dies es*	*dies er*
Dat.	*dies em*	*dies er*	*dies em*	*dies en*
Akk.	*dies en*	*dies e*	*dies es*	*dies e*

Anmerkung: Der Genitiv Singular im Maskulinum und Neutrum lautet auf *-es* im Unterschied zum Adjektiv ohne Artikel (Endung: *-en*).

Verschiedene Artikelwörter weichen von diesem Grundtyp ab, und zwar

– der bestimmte Artikel *der:*

Kasus (Fall)	**Singular**			**Plural**
	Maskulinum	Femininum	Neutrum	
Nom.	*d er*	*d ie*	*d as*	*d ie*
Gen.	*d es*	*d er*	*d es*	*d er*
Dat.	*d em*	*d er*	*d em*	*d en*
Akk.	*d en*	*d ie*	*d as*	*d ie*

– der unbestimmte Artikel *ein*, die Artikelwörter *irgendein/kein* sowie die Possessiva *mein, dein* usw.:

Kasus (Fall)	**Singular**			**Plural**
	Maskulinum	Femininum	Neutrum	
Nom.	*mein*	*mein e*	*mein*	*mein e*
Gen.	*mein es*	*mein er*	*mein es*	*mein er*
Dativ	*mein em*	*mein er*	*mein em*	*mein en*
Akk.	*mein en*	*mein e*	*mein*	*mein e*

– das Demonstrativum *derjenige* bzw. *derselbe:*

Kasus (Fall)	**Singular**			**Plural**
	Maskulinum	Femininum	Neutrum	
Nom.	*derselb e*	*dieselb e*	*dasselb e*	*dieselb en*
Gen.	*desselb en*	*derselb en*	*desselb en*	*derselb en*
Dat.	*demselb en*	*derselb en*	*demselb en*	*denselb en*
Akk.	*denselb en*	*dieselb e*	*dasselb e*	*dieselb en*

c. Besonderheiten der Deklination

- Der unbestimmte Artikel *ein/eine/ein* sowie *irgendein* haben keine Pluralformen. Im Plural steht stattdessen entweder der Nullartikel, z. B.:

  ein Baum – Ø Bäume, *eine* Tasche – Ø Taschen,
  ein Kind – Ø Kinder

oder *irgendwelche:*

  irgendein Mann – *irgendwelche* Männer

- *Mehrere* kann nur im Plural verwendet werden:

  In anonymen Anrufen bei *mehreren* Zeitungsredaktionen hat sich ein Mann zu dem Anschlag bekannt.

Von diesem Indefinitpronomen ist der Komparativ von *viel* zu unterscheiden:

1989 fanden *mehr* Vorträge statt als im Vorjahr.

- *Einige, etliche* und *alle* stehen im Plural. Sie sind im Singular nur verwendbar bei

- Stoffbezeichnungen:

Einiges Öl war schon ausgeflossen.
Etliches Mehl war verschüttet.

- Abstrakta, die physikalisch (d.h. im Hinblick auf Größe, Gewicht, Länge, Druck usw.) nicht messbar sind:

Der Kellner Paul hat *etliches* Geld veruntreut.
Aller Ruhm ist dahin.

Alle ist in der Umgangssprache häufig austauschbar mit *ganz:*

Der *ganze* Ruhm ist vergessen.

- *Jeder* wird im Plural durch *alle* ersetzt:

Fast *jeder* Bundesbürger möchte ein zweites Auto erwerben.
Fast *alle* Bundesbürger möchten ein zweites Auto erwerben.

- Die Artikelwörter *dessen* und *deren* werden nicht dekliniert; sie richten sich in Genus und Numerus – anders als beispielsweise im Französischen – nach dem Substantiv im übergeordneten Satz, nicht nach dem Substantiv, vor dem sie stehen:

Das ist *Martins* Mutter. – Ich habe *dessen* Mutter noch nie gesehen.

Das ist *Inges* Vater. – Ich habe *deren* Vater noch nie gesehen.

d. Verschmelzungen der Artikelwörter

In der gesprochenen, gelegentlich auch in der geschriebenen Sprache treten häufig Verschmelzungen des bestimmten Artikels mit einer Präposition auf, besonders dann, wenn der Artikel nicht betont ist:

> *im* (= *in dem*) Garten, *am* (= *an dem*) Schwimmbad, *zum* (= *zu dem*) Kino, *zur* (= *zu der*) Disko, *beim* (= *bei dem*) Tanzen, *vom* (= *von dem*) Bahnhof aus, *aufs* (= *auf das*) Surfbrett, *unters* (= *unter das*) Auto

Im Einzelnen sind davon betroffen:

Artikelwort	Verschmelzungsform
der (+ Präposition)	*zur* (standardsprachlich)
das (+ Präposition)	*ans, ins, vors, aufs, hinters, ums, übers, unters, durchs, fürs* (nur in der gesprochenen Sprache)
dem (+ Präposition)	*am, im, beim, vom, zum* (standardsprachlich) *überm, unterm, hinterm, vorm* (nur in der gesprochenen Sprache)
den (+ Präposition)	*vorn, hintern, übern, untern* (nur in der gesprochenen Sprache; die Verwendung wird nicht empfohlen)

Der Gebrauch dieser Formen ist auf bestimmte Textsorten beschränkt. Sie treten vor allem in Dialogen, Berichten und Erzählungen der gesprochenen Sprache auf und sind insbesondere in der Jugendsprache beliebt und verbreitet. In der Zeitungssprache, der schönen Literatur sowie den Fachsprachen von Wissenschaft und Technik hingegen finden sie sich so gut wie nie.

Verschmolzene Formen sind stets unbetont, dagegen hat bei nicht verschmolzenen Formen der bestimmte Artikel häufig demonstrativen (hinweisenden) Charakter und wird deshalb betont:

> Wir gehen *ins* Kino. (unbetont)
> Wir gehen *in* *dás* Kino, in dem der neue „James Bond" läuft. (betont = *dasjenige* Kino)

Obligatorisch sind Verschmelzungen bei

– festen Verbindungen:

> jemanden *ans* Kreuz schlagen, *aufs* Land fahren, jemanden *beim* Lügen ertappen, jemanden *beim* Wort nehmen, jemanden *hinters* Licht führen, *ins* Abseits geraten, *ums* Leben kommen, etwas *übers* Knie brechen, jemanden *zum* Lachen bringen

– **Eigennamen:**

Köln *am* Rhein, Hotel *zur* Traube, *im* Nahen Osten

– dem **Superlativ** der Adjektive sowie bei **Zahladjektiven:**

am größten, *zum* Besten, *fürs* Erste, *zum* Zweiten

– **substantivierten Infinitiven:**

beim Surfen, *im* Laufen, Interesse *am* Reisen

e. Funktionen des bestimmten und unbestimmten Artikels und des Nullartikels

- **Genusverdeutlichung**

Die wichtigste Funktion des bestimmten und unbestimmten Artikels ist die Genusverdeutlichung, daneben die Klärung von Kasus und Numerus des nachfolgenden Substantivs:

der / *ein* Schrank: Maskulinum Nominativ Singular
der / *einer* Lampe: Femininum Genitiv/Dativ Singular
den / *meinen* Büchern: Neutrum Dativ Plural

Im Regelfall weist jedes Substantiv nur ein grammatisches Geschlecht (Genus) auf, doch gibt es einige Substantive mit schwankendem Genus:

der / *das* Radar, *die* / *das* Cola, *der* / *das* Joghurt

Wichtig ist diese Funktion der Genusverdeutlichung vor allem bei Homonymen, also Wörtern unterschiedlicher Bedeutung bei gleicher Schreibweise, z. B.

der *Leiter* (Vorgesetzter), aber: *die* Leiter (Gerät zum Hinaufsteigen)
der Band (Buch), aber: *das* Band (Schnur), *die* Band (Kapelle)

- **Identifizierung durch den bestimmten Artikel**

Im Text steht der bestimmte Artikel vor einem Substantiv, wenn sich dieses eindeutig auf eine Person oder einen Gegenstand bezieht, es also identifiziert:

Harry, hol' schon mal *den* Wagen!

Ebenso:

Hier ist *das* Haus, das wir suchen.

Verstärkt werden kann die Aussage durch ein Demonstrativum:

Wir haben *diesen* Mann gefunden.
Er fährt *dasselbe* Auto auch privat.
Siehst du *dás* Mädchen dort? (betont)

Der bestimmte Artikel dient ebenso der Identifizierung

– bei **geographischen Namen:**

die Anden, *der* Orion, *die* Niederlande, *der* Irak, *die* Bundesrepublik Deutschland, *der* Rhein, *die* Normandie, *das* Engadin, *der* Balkan

Anmerkung: Bei einigen maskulinen Ländernamen besteht allerdings immer häufiger die Neigung, den Artikel wegzulassen:

(*der*) Irak, (*der*) Libanon, (*der*) Sudan, (*der*) Iran

– bei **Mengenangaben:**

Die Orangen kosten 1,50 Euro *das* Kilo.
Der Wagen fährt 180 Kilometer *die* Stunde.
(Artikel austauschbar durch *pro*)

– bei **Superlativen:**

Das ist *die* tollste
Band weit und breit.

– bei Angaben von **Berufen, Tätigkeiten, Titeln** mit Attribut:

der Dichter Goethe
der Direktor der Sparkasse
die Professorin der Germanistik
der Pilot der Maschine

– bei **bekannten Persönlichkeiten:**

der Schröder, *die* Minelli, *der* Clinton, *der* Schumacher

Achtung: Bei nicht prominenten weiblichen Personen kann diese Verwendung des bestimmten Artikels negativ gemeint sein oder so verstanden werden:

Die Meyer (redet ununterbrochen).

Anmerkung: Bei Geschlechts- oder Verwandschaftsbezeichnungen sowie Titeln entfällt der Artikel, weil der Titel zum Namen gehört und kein Attribut hat:

Herr Schröter, *Frau* Hopf, *Bruder* Klaus, *Präsident* Jelzin, *Königin* Elisabeth

● **Nichtidentifizierung oder Klassifizierung durch den unbestimmten Artikel**

Manchmal stehen im Text der unbestimmte Artikel oder Indefinita am Anfang des Satzes oder einer Passage, weil die Person oder der Gegenstand noch nicht bekannt sind und deshalb nicht identifiziert werden können. Bei der Wiederaufnahme (= nachfolgenden Erwähnung) stehen dann der bestimmte Artikel bzw. ein Pronomen. Beispiel:

Dort steht *ein* Mann. *Er* liest *eine* *Zeitung.* *Die* Zeitung kenne ich nicht.

In der Abfolge von Unbekanntem/Neuem, dem *Rhema* [S. 56f.], und Bekanntem, dem *Thema,* entwickelt sich der Text. Wir nennen dieses Zusammenwirken von unbestimmtem Artikel + Substantiv (Rhema) und bestimmtem Artikel + Substantiv (Thema) die *thematische Progression* (= „Voranschreiten") des Textes.

Daneben steht der unbestimmte Artikel bei der Klassifizierung von Personen oder Dingen:

Hans ist *ein* Fachmann. (auch negativ: Hans ist *kein* Fachmann.)
Das ist *ein* Rotwein aus dem Burgund.
Der Hund ist *ein* Säugetier. (auch ohne Artikel: Hunde sind *Säugetiere.*)

Ebenso bei Verben wie *haben, bekommen, sich wünschen* usw.:

Wir *haben* *einen* neuen Nachbarn. (auch Plural: Wir haben *neue Nachbarn.*)
Sie *bekommt* *eine* Ausbildungsstelle.
Sie *wünscht sich* *eine* neue Aufgabe.

● **Der Nullartikel als Ausdruck des Ungegliederten oder Unbegrenzten**

Substantive werden ohne Artikel vor allem verwendet

– bei **Stoffbezeichnungen** im Singular, besonderen **Vorlieben** und **Abstrakta:**

Wir brauchen *Beton*.
Sie trinkt gern *Mineralwasser*.
Kinder brauchen *Liebe*.
Alle wollen *Frieden*.
Hans liebt *Musik*.

– bei **festen Verbindungen** von Verb + Substantiv:

Sie *holt* *Atem*.
Wir *haben* *Durst*.
Er *fährt* *Auto*.

– bei **Gattungsbezeichnungen** im Plural:

Delphine sind *Meeressäuger*.
Wir sind *Schülerinnen*.
Auf dem Tisch stehen *Früchte*.

– bei Angaben von **Wochentagen, Monatsnamen** und **Jahreszeiten** mit *sein, werden* oder *haben:*

Heute *ist* *Sonntag*.
Bald *ist* *Frühling*.
Es *wird* *Winter*.
Wir *haben* jetzt bald *September*.

Achtung: Bei identifizierenden Angaben muss der bestimmte Artikel stehen:

Heute *ist der 27. September.*

– bei **Zwillingsformeln:**

Ebbe und *Flut*, *Mann* und *Frau*, weder *Fisch* noch *Fleisch*

– bei **Indefinita:**

Sie weiß *lauter* interessante *Dinge.*
Er kennt *manch* gutes Buch.
Sie haben *irgendein* Geheimnis.

– bei **Namen** ohne Attribut:

Müllers fahren nach Amerika.

Anmerkung: Gehört ein Titel zum Namen, steht ebenfalls kein Artikel:

Doktor Leineweber, Professor Marti

– bei **vorangestelltem Genitiv:**

Das ist *Inges Geschenk.*

– bei **Berufsangaben:**

Sie ist *Schauspielerin*.
Er ist *Schreiner*.

● **Weitere Funktionen der Artikelwörter**

– Qualifizieren und quantifizieren:

Mit Wörtern wie *solch ein, so ein* können Aussagen genauer bestimmt, also *qualifiziert* werden:

Solch ein / *so ein* stürmisches Wetter hatten wir noch nie!

Ebenso mit dem Fragefürwort:

Welch eine / *was für eine* Überraschung!

Welcher *(welche/welches/welche)* und ***was für ein*** *(eine/ein/welche)* werden häufig verwechselt. Doch sie sind nicht identisch: *Welcher* usw. fragt nach einzelnen Elementen einer Klasse/Kategorie, *was für ein* usw. nach der Klasse/Kategorie selbst. Wir vergleichen:

A: *Welches* Surfbrett gehört dir? Das blaue oder das rote?
B: Das blaue.

Hier wird nach einem einzelnen Gegenstand aus einer Klasse von bekannten Gegenständen gefragt, die hier aus zwei Elementen, einem blauen und einem roten Surfbrett, besteht. Im folgenden Beispiel wird dagegen nach einer ganzen Klasse gefragt, die viele einzelne Elemente umfasst:

A: Ich möchte mir ein Auto kaufen.
B: *Was für ein(e)s?*
A: Einen VW.

Mit anderen Artikelwörtern kann man eine genaue Anzahl oder eine unbestimmte Menge bezeichnen, also *quantifizieren,* vor allem mit *alle, jeder, einige, etliche, viele, manche/manch ein* und *irgendein/irgendwelche:*

Alle Schüler waren zur Abschlussfeier gekommen.
Einige Jungen haben schon eine feste Freundin.
Jedes Kind wollte mitmachen.
Irgendein Pferd war ausgebrochen und rannte auf der Autobahn herum.

Immer wieder treten Unsicherheiten auf, wenn ein **Adjektiv** zwischen einem Artikelwort und einem Substantiv steht. Wie wird es dekliniert, welche Endung erhält es also? Wir vergleichen:

Die/diese/alle/dieselben *schönen* Blumen
aber: einige/etliche/mehrere *schöne* Blumen

Die Regel lautet: Bei identifizierenden, also die Person/den Gegenstand genau beschreibenden bzw. die gesamte Anzahl

angebenden Artikelwörtern (*die, alle* usw.) wird das Adjektiv **„schwach"** flektiert (*schönen*), bei ungenauen oder nur eine Teilmenge bezeichnenden Artikelwörtern (*einige, etliche* usw.) hingegen **„stark"** (*schöne*).
Die schwache Deklination des Adjektivs tritt also auf nach *der, die, das, die* (Plural), *derjenige, derselbe, dieser, jeder, jener, alle* (nur Plural) und *solcher.*
Die starke Deklination des Adjektivs finden wir hingegen nach *manch, solche, viel, wenige, mehr, etwas, viele, etliche, mehrere* und *einige.*
Die gemischte Deklination des Adjektivs tritt schließlich nach *ein, eine, kein, keine, mein, dein, sein, manch ein, solch ein, welch ein, irgendein* (nur Singular) auf:

kein *großer* Mann – keine *großen* Männer

– Angabe von **Besitzverhältnissen:**

Mit Artikelwörtern der 1., 2. und 3. Person Singular und Plural (*mein, dein, sein, ihr, unser, euer, ihr*) in allen ihren Formen werden Besitzverhältnisse ausgedrückt:

mein Buch, *ihr* Kleid, *unsere* neuen Fahrräder

Nachfolgende Adjektive folgen der gemischten Deklination:

ihr *schöner* Hund, unsere *schönen* Hunde

Beim Relativanschluss wird das Relativpronomen zur Angabe der Besitzverhältnisse verwendet:

Das ist *sein* Auto. – Das ist der Mann, *dessen* Auto ich kaufe.

Gelegentlich werden **Possessiva** und **Demonstrativa** verwechselt:

Claudia begegnete *ihrer* Freundin und *ihrem* / *deren* Mann.

Handelt es sich um den Mann der Freundin, ist *deren* eindeutig; bei *ihrem* bleibt ungewiss, ob möglicherweise Claudias Mann gemeint ist.

– Negation mit *kein:*

Neben der Negationspartikel *nicht* [S. 348f.] wird auch *kein* (mit allen Deklinationsformen) zur Verneinung einer Aussage benutzt. Es steht, wenn im nicht verneinten Satz *ein, eine, ein* gebraucht wird, also vor einem Substantiv:

Das ist *ein* schönes Haus. – Das ist *kein* schönes Haus.

Anmerkung: Soll die verneinte Form betont werden, wird häufig *nicht ein* verwendet:

Nicht éine Mark hat er gespendet!
Nicht irgendéin Hotel sollte es sein.

Kein wird auch bei festen Verbverbindungen gebraucht:

Er *hat Hunger.* – Er *hat* *keinen* *Hunger.*

Ebenso gilt dies im Plural, wenn die nicht verneinte Aussage ohne Artikel gebraucht wird:

Sie hat *Millionen* gewonnen. – Sie hat *keine* *Millionen* gewonnen.

Schließlich wird *kein* bei der verneinten Angabe des Berufs, der Nationalität, der Funktion, des Titels oder der Weltanschauung verwendet:

Sie ist *Ärztin.* – Sie ist *keine* *Ärztin.*
Wir sind *Deutsche.* – Wir sind *keine* *Deutschen.*
Er ist *Präsident.* – Er ist *kein* *Präsident.*
Sie sind *Christen.* – Sie sind *keine* *Christen.*
Er ist *Atheist.* – Er ist *kein* *Atheist.*

Die Unterscheidung von ***nicht*** und ***kein*** [S. 116ff.] ist häufig schwierig.
Als Faustregel gilt, dass *nicht* die gesamte Aussage (Satzverneinung), *kein* hingegen nur einen Teil (Satzteilverneinung) verneint und deshalb häufig durch *sondern* ergänzt wird:

Er ist *nicht* Lehrer.
aber: Er ist *kein* Lehrer, *sondern* Psychologe.

5. Das Pronomen

Mein Vater, Steve Biko

Samora Biko kann sich nicht erinnern: Er weiß nicht, wie sein Vater gerochen hat, wie seine Stimme klang, ob er oft verzweifelt war. Er war ein Jahr und zwei Monate alt, als seiner Mutter die Nachricht überbracht wurde, ihr Mann sei in der Haft verstorben. Später erfuhr Samora: Er ist von Polizisten totgeprügelt worden. In einer Zelle qualvoll an einer Kopfverletzung verendet. Manchmal sieht sich Samora Fotos von der Beerdigung seines berühmten Vaters an. 15.000 Menschen, die Steve Biko zu Grabe tragen, eine Protestversammlung gegen die Apartheid. Aus aller Welt kamen Beileidsbekundungen. „Ich denke, dass dieser Mord eine der grausamsten Taten des Regimes war", sagt Samora merkwürdig emotionslos, wenn er diese Bilder sieht... Vor zwei Jahren ist Samora mit seinen beiden Brüdern und seiner Mutter zu Anhörungen der Wahrheitskommission gegangen, die die Verbrechen der Apartheid aufarbeiten sollte. Ein Folterer seines Vaters hatte einen Amnestieantrag gestellt. „Ein unscheinbarer Mann. Ich wollte ihm in die Augen schauen, wollte wissen, ob er Schuld empfindet. Eine Stunde lang habe ich ihn angestarrt – er hat nicht zurückgeschaut." In diesen Momenten hat Samora nur Hass gefühlt. Seine Familie hat sich gegen den Amnestieantrag gewehrt und der Folterer wurde später zu 200 Jahren Gefängnis verurteilt. „Wir wollten jemanden, der sagt: Ich war es, ich habe ihn getötet, es tut mir Leid – aber denjenigen gibt es nicht."...

(*jetzt.* Süddeutsche Zeitung, 20. 9. 1999, S. 6)

In unserem Text treten verschiedene Pronomen (Singular: *das Pronomen*, Plural: *die Pronomen/Pronomina*, traditionell: *Fürwörter*) auf, z. B.:

sich, er, die, ich, ihm, ihn, jemanden, der, es, mir

Zur Wortart *Pronomen* gehören:

- **Personalpronomen** (persönliche Fürwörter): *ich, du, er, sie, es, wir, ihr, sie; Sie* (mit allen Formen)
- das Pronomen *es*
- **Reflexivpronomen** (rückbezügliche Fürwörter): *mich, dich, sich; uns, euch, sich*
- **Relativpronomen** (bezügliche Fürwörter): *der, die, das; die; welcher, welche, welches; welche*
- substantivisch gebrauchte **Indefinitpronomen** (unbestimmte Fürwörter): *etwas, man, jemand, niemand, nichts*
- substantivisch gebrauchte **Interrogativpronomen** (Fragefürwörter): *wer, was, was für einer, was für welche*

a. Personalpronomen

Personalpronomen sind Wörter, die anstelle von Substantiven im Text stehen und Lebewesen, Dinge oder abstrakte Phänomene bezeichnen. Sie sind *deiktische* (= „hinweisende"/„zeigende") Elemente.

Die Deklination in der 1. und 2. Person

Kasus (Fall)	**1. Person**		**2. Person**		**Höflichkeitsform**
	Singular	Plural	Singular	Plural	Singular/Plural
Nom.	*ich*	*wir*	*du*	*ihr*	*Sie*
Gen.	*meiner*	*unser*	*deiner*	*euer*	*Ihrer*
Dat.	*mir*	*uns*	*dir*	*euch*	*Ihnen*
Akk.	*mich*	*uns*	*dich*	*euch*	*Sie*

Das Formensystem ist vollständig ausgebaut, einzelne Formen (*mich, dich, uns, euch*) werden auch als Reflexivpronomen verwendet.

Für die Gegenwartssprache, zumal in ihrer gesprochenen Form, ist es charakteristisch, dass das **Personalpronomen im Genitiv** immer häufiger durch eine präpositionale Ergänzung ersetzt wird:

Ich erinnere mich *deiner.* → Ich erinnere mich *an dich.*
Sie gedachten *ihrer.* → Sie dachten *an sie.*

Der Genitiv tritt heute überwiegend nur noch als Attribut auf. Beim Genitiv (*meiner, deiner* usw.) im Zusammenhang mit *-halben -wegen* und *-willen* wird aus Aussprachegründen *-(e)t* eingeschoben:

Meinetwegen können wir losfahren.
Er hat das alles um *unseretwillen* getan.

Funktionen der Personalpronomen in der 1. und 2. Person

- Mit dem Pronomen der **1. Person Singular und Plural** verweist der Sprecher/die Sprecherin auf sich selbst bzw. auf die Gruppe, der er/ sie angehört. KARL BÜHLER [S. 22f.] spricht von der *Ausdrucksfunktion* der Sprache.

In bestimmten Textsorten – vor allem in der Sprache der Politik sowie der Wissenschaften – steht häufig ***wir***, wenn *ich* gemeint ist. Während ein Forscher z. B. in einem Aufsatz dadurch seine Person zurückstellt und seine Thesen objektiviert, demonstriert ein Politiker, dass hinter seinen Aussagen die ganze Partei steht.

In der Sprache der Wissenschaft, die um Sachlichkeit und Allgemeingültigkeit bemüht ist, ist das Personalpronomen der 1. Person Singular grundsätzlich nicht akzeptabel (* *Ich* meine...), weshalb entweder ins Passiv ausgewichen (Das Ergebnis *wurde* in mehreren Aufsätzen dokumentiert...) oder *wir* gebraucht wird (*Pluralis Modestiae:* „Plural der Bescheidenheit“): *Wir* haben in mehreren Versuchsreihen herausgefunden, dass...

In früherer Zeit gebrauchten auch Fürsten in offiziellen Reden die 1. Person Plural (*Pluralis Majestatis*):

> *Wir*, Friedrich, König von Preußen...

Vereinzelt wird ***wir*** in der Sprache der Erwachsenen gegenüber Kleinkindern sowie des Pflegepersonals und der Ärzte gegenüber Patienten gebraucht. Im Grunde nehmen sie damit ihre Gesprächspartner nicht recht ernst:

> Na, wie alt sind *wir* denn?
> Jetzt essen *wir* aber alles schön auf!
> Tag, Herr Müller, wie geht es *uns* denn heute?
> Wo tut es *uns* denn weh?

Kinder, Jugendliche oder Patienten sollten diesen Sprachgebrauch nicht akzeptieren!

- Mit dem **Personalpronomen der 2. Person** wird auf den Partner im schriftlichen wie mündlichen Dialog verwiesen. KARL BÜHLER [S. 22f.] nennt das die *Appellfunktion* der Sprache.

  Seit dem Inkrafttreten der Rechtschreibreform werden *du* und *ihr* mit allen ihren Formen stets kleingeschrieben, auch in der Anrede in Briefen. In festen Gefügen („mit jemandem auf *Du* und *Du* stehen") sowie bei substantivierten Pronomen („jemandem das *Du* anbieten") bleibt die Großschreibung jedoch erhalten.

Das **Duzen** – jemanden mit *Du* anreden – ist normal unter Kindern und Jugendlichen; bei Erwachsenen ist es Ausdruck enger Verbundenheit.

In Gewerkschaften sowie in so genannten „linken" Parteien ist die *du*-Anrede nach wie vor üblich, an den Universitäten hingegen nur noch unter Studierenden, selten hingegen im Dialog zwischen Studierenden und Professoren. Hier dominiert die Höflichkeitsform *Sie*.

Diese Anredeweise (Signal der Distanz) mit allen ihren Deklinationsformen wird stets großgeschrieben, z. B. in Briefen.

Die Deklination in der 3. Person

Kasus (Fall)	**Singular**			**Plural**
	Maskulinum	Neutrum	Femininum	
Nom.	*er*	*es*	*sie*	*sie*
Gen.	*seiner*	*seiner*	*ihrer*	*ihrer*
Dat.	*ihm*	*ihm*	*ihr*	*ihnen*
Akk.	*ihn*	*es*	*sie*	*sie*

Funktionen der Personalpronomen in der 3. Person

- Das Personalpronomen der 3. Person Singular und Plural wird vor allem verwendet, um Substantive zu ersetzen, den Text dadurch lebendiger zu gestalten und Wiederholungen zu vermeiden:

  Der Mann – *er*, das Schloss – *es*, die Fahne – *sie*

- Entsprechend ist die Funktion des Personalpronomens im Text. Es verweist auf ein vorausgehendes Substantiv im Text, also auf eine Vorinformation. Das Pronomen dient hier als *Anapher* [S. 305]. Beispiel:

  Eine Frau wartet am Bahnhof. *Die Frau* trägt ein Kostüm. *Sie* ist unruhig.

Diese Funktion sichert den syntaktischen (formalen) und semantischen (inhaltlichen) Zusammenhang des Textes.

- Das Personalpronomen der 3. Person dient als Mittel, Personen und Gegenstände zu benennen. Karl Bühler nennt dies die *Darstellungsfunktion* der Sprache [S. 22f.]. Diese deiktische (= „zeigende“) Funktion ist im Text besonders wichtig:

  Wer ist *der Mann*? *Er* kommt aus München.

Kongruenzprobleme (Übereinstimmung von Subjekt und Verb)

Stehen zwei Subjekte nebeneinander, folgt das Verb im Plural [S. 121ff.]:

Er und *sie* *haben* das Rockkonzert besucht.

Außerdem:

ich und *du* (= „wir") → *Ich* und *du* *gehen* ins Kino.
du und *er* (= „ihr") → *Du* und *er* *geht* ins Kino.
ich und *er* (= „wir") → *Ich* und *er* *gehen* ins Kino.
ich und *ihr* (= „wir") → *Ich* und *ihr* *gehen* ins Kino.
ich und *sie* (= „sie") → *Ich* und *sie* *gehen* ins Kino.
du und *sie* (= „ihr") → *Du* und *sie* *geht* ins Kino.

Das Pronomen es

Zunächst einige Beispiele zum Gebrauch des Pronomens *es*:

❶ Das Haus ist schön. *Es* gefällt uns sehr.
❷ *Es* regnet draußen.
❸ *Es* wurde mit Raissas Tod gerechnet.
❹ Ich dulde *es* nicht, dass hier geraucht wird.

In jedem dieser Sätze hat *es* eine andere Funktion, die deutlich wird, wenn man ausprobiert, ob das Wort weggelassen werden kann, ohne dass ein fehlerhafter Satz entsteht, oder ob *es* an der Spitze des Satzes stehen kann.

In Satz ❶ kann *es* nicht getilgt werden und kann sowohl an der Spitze wie auch in der Mitte des Satzes stehen. Es ist Pronomen und damit Stellvertreter für ein Substantiv im Nominativ (Subjekt). In Satz ❷ darf *es* nicht gestrichen werden, außerdem kann das Pronomen am Satzende stehen. *Es* fungiert hier als formales Subjekt, weil es inhaltlich leer, aber unverzichtbar ist. In Satz ❸ wird *es* gestrichen, wenn der Satz umgestellt wird:

Mit Raissas Tod wurde gerechnet.

Es ist hier lediglich Platzhalter (Korrelat), besetzt die Subjektstelle und verweist auf eine nachfolgende Information. In Satz ❹ darf *es* nicht gestrichen werden, kann aber auch nicht an der Spitze des Satzes stehen.

Es verweist in diesem Objektsatz lediglich auf eine nachfolgende Information *(dass hier geraucht wird)*.

Das **Pronomen** ***es*** tritt in der deutschen Sprache in drei Funktionen auf:

- *Es* steht als **Prowort** (Stellvertreter) für ein Substantiv im Nominativ oder Akkusativ Neutrum. *Es* ist hier austauschbar, kann aber nicht weggelassen werden:

  Wo steht *das Haus?* – *Es* steht gegenüber.
  Ich habe *das Auto* gekauft. – *Es* ist blau.

- *Es* steht als **Platzhalter** (Korrelat). *Es* ist hier nicht austauschbar, kann aber manchmal weggelassen werden:

  Es haben sich mehrere Unfälle auf der A9 ereignet.
  Auf der A9 haben sich mehrere Unfälle ereignet.

- *Es* fungiert als **formales Subjekt** oder **Objekt** und kann weder ausgetauscht noch weggelassen werden:

  Es hat gestern geschneit.

  *Der Schnee hat gestern geschneit. (falsch!)
  *Gestern hat geschneit. (falsch!)

Im Einzelnen:

– *Es* als Prowort:

Es als Stellvertreter für Neutra im Nominativ und Akkusativ:

Nominativ: *Das Zimmer* gefällt mir. – Ja, *es* gefällt mir auch. Aber *es* ist mir zu teuer.

Es steht anstelle des Substantivs *das Zimmer*; damit ist eindeutig, was gemeint ist. Dieser Bezug muss bei der pronominalen Ersetzung immer deutlich sein, um Missverständnisse zu vermeiden.

Akkusativ: *Das Mädchen* weint. – Ich beruhige *es*.

Es als Stellvertreter für eine Art- oder Einordnungsergänzung (bei *sein*, *werden*, *bleiben*):

Die Kinder finden *den Film spannend.* Der Lehrer findet *es* nicht.
Die Mutter ist *Lehrerin* und die Tochter wird *es* auch.
Sie ist musikbegeistert und bleibt *es* auch weiterhin.

– *Es* als Platzhalter (Korrelat) im einfachen Satz oder im Satzgefüge:

Es ist gerade ein Fax angekommen.
Ein Fax ist gerade angekommen.

Es vertritt hier die Stelle des Subjekts; bei der Umformung des Satzes entfällt diese Funktion und *es* wird gestrichen. Ähnlich verhält es sich beim so genannten unpersönlichen Passiv:

Es wird hier immer wieder eingebrochen.
Hier wird immer wieder eingebrochen.

Dabei stimmt das Subjekt – nicht der Platzhalter *(es)* – mit dem Verb formal überein:

Es herrschten am Abend fürchterliche *Wetterverhältnisse*.
Fürchterliche Wetterverhältnisse herrschten am Abend.

Ähnlich verhält es sich in Fällen, bei denen *es* ein syntaktisches Objekt vertritt. Hierzu gehören alle Verben des Sich-Befindens:

Es friert/hungert/schüttelt mich/ihn.
Mich/ihn friert/hungert/schüttelt (*es*).
Es graust/schwindelt mir.
Mir graust/schwindelt (auch: *mich*).

Es als Platzhalter bei Subjekt- oder Objektsätzen:

Subjektsatz: *Es* ist anstrengend, dass du immer die gleichen Geschichten erzählst.
Anstrengend ist, dass du immer wieder die gleichen Geschichten erzählst.

Es vertritt hier die Subjektposition und verweist auf den Inhalt des *dass*-Satzes. Bei der Umstellung entfällt *es.*

Objektsatz: Ich bedaure (*es*) sehr, dass sie nicht kommt.

Es vertritt die Objektposition und verweist auf den nachfolgenden *dass*-Satz. *Es* kann nicht an der Satzspitze stehen.

Anmerkung: Bei einer Reihe von Verben ist *es* fakultativ, es kann also weggelassen werden:

(*es*) bedauern, (*es*) begrüßen, (*es*) erlauben, (*es*) bezweifeln, (*es*) erwarten, (*es*) wünschen u. Ä.

Bei anderen Verben ist *es* hingegen obligatorisch, d. h. unverzichtbar:

Sie hat *es* darauf abgesehen, ihn zu heiraten.

Es darf bei diesen Sätzen nicht an der Satzspitze stehen und kann auch nicht weggelassen werden. Ebenso:

es zu etwas bringen, *es* gut meinen, *es* anlegen auf etwas u. Ä.

Diese Funktion ist generell wichtig im Textzusammenhang; *es* verweist – wie die Präpositionaladverbien – auf eine **nachfolgende Information** (kataphorische Funktion):

Ich begrüße *es*, *dass sie studieren will.*
**Es* begrüße ich, dass sie studieren will. (falsch!)
Dass sie studieren will, begrüße ich.

– *Es* als formales Subjekt oder Objekt:

Es regnet/blitzt/donnert/hagelt/schneit heute.
Heute regnet/blitzt/donnert/hagelt/schneit *es*.

Hier ist *es* nicht Platzhalter, sondern formales Subjekt; das Pronomen muss deshalb auch in der Satzmitte bzw. am Satzende stehen und darf nicht weggelassen werden. Zu dieser Gruppe gehören die so genannten *Witterungsverben* (*regnen* usw.). Ähnlich syntaktisch verhalten sich Verben, die Geräusche ausdrücken. Hier ist *es* Satzglied, weil es ausgetauscht werden kann:

Es klingelt/kracht/läutet/zwitschert.
Eben klingelt *es*.
Hans klingelt.

In zahlreichen festen (lexikalisierten) Verbverbindungen hingegen ist *es* formal ein Objekt. *Es* ist Teil des Verbalkomplexes und kein Satzglied:

es eilig/gut/leicht/schlecht/schwer haben
es aufrichtig/ernst/gut/übel/schlecht meinen
es sich einfach/leicht/schwer/kompliziert machen
es müde/leid/los/satt/überdrüssig/zufrieden sein

Ich habe *es* eilig.
Er hat *es* immer schwer gehabt.
Sie meinen *es* aufrichtig.
Wir haben *es* uns zu leicht gemacht.
Ich bin *es* leid.

b. Reflexivpronomen

Reflexivpronomen (traditionell: *rückbezügliche Fürwörter*) stellen zusammen mit dem Verb eine Verbindung von der Ergänzung zum Subjekt her. Sie stimmen im Allgemeinen mit dem Subjekt des gleichen Satzes in Person und Numerus überein, nicht aber im Kasus.

Ein Beispiel:

Ich wasche *mich* und kämme *mir* die Haare.

Die Reflexivverben *waschen* und *kämmen* werden folgendermaßen konjugiert:

Ich *wasche* *mich* und ich *kämme* *mir* die Haare.
Du *wäschst* *dich* und du *kämmst* *dir* die Haare.
Er/sie/es *wäscht* *sich* und er/sie/es *kämmt* *sich* die Haare.

Wir *waschen* *uns* und wir *kämmen* *uns* die Haare.
Ihr *wascht* *euch* und ihr *kämmt* *euch* die Haare.
Sie *waschen* *sich* und sie *kämmen* *sich* die Haare.

Die Deklination der Reflexivpronomen

Reflexivpronomen treten im Genitiv, Dativ und Akkusativ auf:

Kasus (Fall)	**Singular**			**Plural**		
	1. Pers.	2. Pers.	3. Pers.	1. Pers.	2. Pers.	3. Pers.
Gen.	*meiner*	*deiner*	*seiner* (Mask./Neutr.) *ihrer* (Fem.)	*unser*	*euer*	*ihrer*
Dativ	*mir*	*dir*	*sich*	*uns*	*euch*	*sich*
Akk.	*mich*	*dich*	*sich*	*uns*	*euch*	*sich*

Funktionen der Reflexivpronomen

Bei den reflexiven Verben [S. 178ff.] war zwischen so genannten „echten" Reflexivverben (*sich beeilen, sich benehmen, sich schämen, sich weigern*) und „unechten" Reflexivverben (*sich anziehen, sich kämmen, sich waschen*) unterschieden worden.

Entsprechend gilt für das Reflexivpronomen, dass es nur bei den „echten" Reflexivverben nicht austauschbar ist, wohl aber bei den „unechten" und reziproken Verben (= mindestens zwei Personen sind am Geschehen beteiligt):

„Echt": Ich *weigere* *mich*. → *Ich *weigere* ihm. (falsch!)
„Unecht": Ich *wasche* *mich*. → Ich *wasche* *das Kind*.
Reziprok: Wir *treffen* *uns*. → Wir *treffen* *einen Freund*.

Als Regelfall gilt, dass sich das Reflexivpronomen stets auf das Subjekt des Satzes bezieht:

Er trifft *sich* mit seinem Freund.

Doch gibt es auch Fälle, bei denen das Reflexivpronomen mehrdeutig ist, d.h. sich sowohl auf das Subjekt als auch auf das Objekt beziehen kann, da das Genus identisch ist:

Der Vater lässt seinen Sohn für *sich* arbeiten.
(d.h. für den Vater oder für den Sohn)

(Hier empfiehlt sich eine Klarstellung, etwa durch Veränderung des Verbs (*befehlen* bzw. *erlauben/zulassen*) oder durch das Hinzufügen von *selbst* beim Subjekt.)

Das Reflexivpronomen steht auf dem Satzfeld [S. 112ff.] so weit wie möglich links:

Er hat *sich* seine Rente hart erarbeitet.
Nebensatz: ..., weil er *sich* seine Rente hart erarbeitet hat.
(stilistisch schlecht: ..., weil er seine Rente *sich* hart erarbeitet hat.)

Tritt eine Ergänzung hinzu, wechselt der Kasus des Pronomens:

Du wäschst *dich* jetzt!
Du wäschst *dir* jetzt die Hände!
Ich kämme *mir* die Haare.

Bei reziproken Verben wird in der gehobenen Sprache *einander* (falsch: **sich einander*) statt *sich* gebraucht:

Sie haben *sich* gestern getroffen.
Sie haben *einander* gestern getroffen.

Häufig bereitet das Wort ***selbst*** Schwierigkeiten. Wir vergleichen (beachte die unterschiedliche Betonung!):

❶ Ich habe mich *sélbst* nicht wieder erkannt.
❷ Ich *sélbst* habe das getan.
❸ *Selbst* ích habe das getan.

In Satz ❶ dient *selbst* der Verstärkung des Relativpronomens; grundsätzlich kann es weggelassen werden. In Satz ❷ hingegen ist *selbst* Gradpartikel [S. 348] und betont die Autor- bzw. Täterschaft des Subjekts. In Satz ❸ ist *selbst* ebenfalls Gradpartikel, betont aber das Nicht-Erwartete: *Gegen alle Erwartung habe sogar ich es getan.* Entsprechend verändert sich auch der Satzakzent.

c. Relativpronomen

Relativpronomen stehen im Nebensatz stellvertretend für Substantive oder substantivierte Verben, Adjektive usw. und leiten dadurch Relativsätze (Attributsätze) ein.

Die am häufigsten gebrauchten Relativpronomen sind die Artikelwörter *der, die, das,* seltener (und auf die geschriebene Sprache beschränkt) *welcher, welche, welches, welche* (Plural).

Die Deklination von *der, die, das*

Kasus (Fall)	**Singular**			**Plural**
	Maskulinum	Femininum	Neutrum	
Nom.	*der*	*die*	*das*	*die*
Gen.	*dessen*	*deren*	*dessen*	*deren*
Dativ	*dem*	*der*	*dem*	*denen*
Akk.	*den*	*die*	*das*	*die*

Die Deklination von *welcher, welche, welches*

Kasus (Fall)	**Singular**			**Plural**
	Maskulinum	Femininum	Neutrum	
Nom.	*welcher*	*welche*	*welches*	*welche*
Gen.	*dessen*	*deren*	*dessen*	*deren*
Dativ	*welchem*	*welcher*	*welchem*	*welchen*
Akk.	*welchen*	*welche*	*welches*	*welche*

Funktionen der Relativpronomen

Relativpronomen verbinden Haupt- und Relativsätze, indem ein Attribut des Hauptsatzes zum Nebensatz ausgeweitet wird:

Der *an der Ecke stehende* Mann...
Der Mann, *der* *an der Ecke steht,...*

Dessen und *deren* (Genitiv) in possessiver (= „besitzanzeigender") Funktion sind stets unveränderlich:

Die Frau, *deren* Auto beschädigt wurde, blieb unverletzt.
Der Mann, *dessen* Haus wir kaufen wollen, war nicht da.

Das nachfolgende Adjektiv wird dann aber stark flektiert:

Wegen deren *großem* Auftritt...

Deren steht entweder vor einem Substantiv oder allein in einem Anschlusssatz. In diesem Fall verweist es im Text **zurück** (anaphorische Funktion):

> Das ist *deren* Fahrrad.
>
> *Alle Hilfsaktionen* waren erfolgreich. Wir bedürfen *deren* nun nicht mehr.

Derer verweist als autonomes Wort im Text auf eine **nachfolgende** Information, hat also eine kataphorische (vorausweisende) Funktion. Es kann durch *derjenigen* ersetzt werden:

> Die Freude *derer*/ *derjenigen*, *die die Prüfung bestanden hatten*, war riesengroß.

Häufig stehen statt *wegen dessen/deren* die Pronominaladverbien *dessentwegen* bzw. *derentwegen*; ebenso: *um dessentwillen/derentwillen*:

> Die Summe, um *derentwillen* die Frau ermordet wurde, war lächerlich gering.

d. Substantivisch gebrauchte Indefinitpronomen

> Unter den Artikelwörtern waren bereits die attributiv gebrauchten Indefinita (*etliche, alle, einige, manche, jeder* usw.) behandelt worden.
>
> Nun geht es um die substantivisch gebrauchten, also autonom stehenden **Indefinitpronomen** (traditionell: *unbestimmte Fürwörter*). Sie sind entweder Maskulina *(man, (irgend)jemand, irgendwer, niemand)* oder Neutra *(etwas, nichts)*.

Die Deklination der Indefinitpronomen

Kasus (Fall)	***man***	***jemand***	***niemand***
Nominativ	*man*	*jemand*	*niemand*
Genitiv	–	*jemandes*	*niemandes*
Dativ	*einem*	*jemandem/jemand*	*niemandem/niemand*
Akkusativ	*einen*	*jemanden/jemand*	*niemanden/niemand*

Man ist normalerweise undeklinierbar. Einen Genitiv gibt es nicht, für Dativ und Akkusativ wird die Form des unbestimmten Artikels *ein* übernommen.

Funktionen der substantivisch gebrauchten Indefinitpronomen

Man bezeichnet eine oder mehrere Personen, die nicht genau bekannt sind oder nicht identifiziert werden wollen bzw. sollen. *Man* dient deshalb auch als Passiv-Ersatzform [S. 185]:

> *Man* interessiert sich für den Rockstar.
> Das hat *einen* überhaupt nicht fasziniert.
> *Man* sagt, er sei pleite.

Jemand bzw. *niemand* werden in der gesprochenen Sprache im Dativ oder Akkusativ häufig nicht dekliniert; in der Schriftsprache ist jedoch die flektierte Form korrekt:

> geschriebene Sprache: Wir haben mit *niemandem* gesprochen.
> gesprochene Sprache: Wir haben mit *niemand* gesprochen.

Das Gleiche lässt sich bei einem nachfolgenden Adjektiv beobachten:

> geschriebene Sprache: Wir haben *jemand* Fremden gesehen.
> gesprochene Sprache: Wir haben *jemand* Fremdes gesehen.

Etwas, irgendetwas und *nichts* werden nicht dekliniert und das folgende Adjektiv wird stark flektiert:

> *etwas* Schönes, *nichts* Gutes usw.

e. Substantivisch gebrauchte Interrogativpronomen

Interrogativpronomen (Fragefürwörter) weisen in einem Fragesatz auf eine unbekannte Person oder Sache hin.

Neben den attributiv gebrauchten Interrogativpronomen *was für ein* bzw. *welcher*, die zu den Artikelwörtern gehören, gibt es noch die autonomen, also substantivisch gebrauchten Interrogativpronomen, die einen Ergänzungsfragesatz [S. 74f.] einleiten. Dazu gehören *wer* und *was* sowie *was für einer/eine/ein* und *was für welche*

Die Deklination der Interrogativpronomen

Kasus (Fall)	***wer*** (Person)	***was*** (Sache)
Nominativ	*wer*	*was*
Genitiv	*wessen*	*wessen*
Dativ	*wem*	–
Akkusativ	*wen*	*was*

Kasus (Fall)	**Singular**			**Plural**
	was für einer	***was für eine***	***was für ein(e)s***	***was für welche***
Nom.	*was für einer*	*was für eine*	*was für ein(e)s*	*was für welche*
Gen.	*was für eines*	*was für einer*	*was für eines*	*was für welche*
Dat.	*was für einem*	*was für einer*	*was für einem*	*was für welchen*
Akk.	*was für einen*	*was für eine*	*was für ein(e)s*	*was für welche*

Einige Beispiele:

Wem habt ihr geholfen?
Wessen Jacke ist das?
Was für einen habt ihr gesehen?
Was für welche kennt ihr?

Funktionen der substantivisch gebrauchten Interrogativpronomen

Substantivisch gebrauchte Interrogativpronomen leiten Ergänzungsfragen (*w*-Fragen) ein:

Was wird im Akkusativ und Dativ im Regelfall bei **Dingen** durch das Präpositionaladverb *wo(r)-* + Präposition ersetzt, also:

Worum geht es?
Wofür setzt ihr euch ein?
Woraus schließen Sie das?

Falsch, obwohl gebräuchlich:

> **Um was* geht es?
> **Für was* setzt ihr euch ein?
> **Aus was* schließen Sie das?

Korrekt ist diese Form nur bei **Personen**:

> *Um wen* geht es?
> *Für wen* setzt ihr euch ein?

Die Unterscheidung von ***was für ein/was für welche*** und ***welche*** lautet: *Was für ein* fragt allgemein nach einer Klasse, *welcher* fragt hingegen nach dem identifizierten Objekt bzw. der Person.

Einige Beispiele:

> *Was für ein(e)s* hast du? – Ein Auto.
> *Welches* gehört dir? – Das blaue.

> *Was für einer* ist er? – Ein guter Freund.
> *Welchen* (von beiden) hast du gesprochen? – Klaus Schmidt.

6. Das Adverb

Ich habe einen Traum

Auf meinen vielen Reisen hatte ich immer Bücher im Gepäck. Ich habe gerne gelesen, aus Gedichten allerdings habe ich mir nie allzu viel gemacht. Eine Zeile aber habe ich behalten. Sie lautet: Wer jetzt kein Haus hat, baut sich keines mehr. Dies gilt, auf besondere Weise, nun auch für mich, nach diesen Wochen, in denen so viel passiert ist.
Plötzlich bin ich keine Tennisspielerin mehr, dabei war Tennis bis eben noch mein Leben. Der Tisch ist abgeräumt, ich beginne damit, ihn neu zu decken. Dabei staune ich über mich selbst, wie leicht mir der Abschied gefallen ist. Zum Beispiel, wie wenig es mir bedeutete, auch die Sicherheit aufzugeben, die mir ein Tennisplatz bot. Wo auch immer in der Welt ich gespielt habe, ich konnte immer sagen, hier auf dem Tennisplatz kann mir nichts passieren...

Steffi Graf

(DIE ZEIT, *Leben*, 16. 9. 1999, S. 20)

In diesem Text über Steffi Grafs Abschied vom Tennissport gibt es zahlreiche Adverbien:

immer, gerne, allerdings, nie, allzu, viel, jetzt, mehr, nun, auch, so, plötzlich, dabei, eben, noch, damit, dabei, selbst, leicht, wenig, immer, hier

(*Gerne, viel, leicht* und *wenig* sind adverbial gebrauchte Adjektive [S. 311ff.])

a. Die Wortart

Adverbien (traditionell: *Umstandswörter*) bezeichnen temporale, lokale, kausale und modale Gegebenheiten. Beispiele sind *morgen, hier, darum* und *vielleicht*. Sie antworten auf *w*-Fragen *(wann? wo? warum? wie?)* und sind bis auf Ausnahmen nicht flektierbar. Steht ein Adjektiv bei einem Vollverb, wird es zum Adverb (Der Wagen fährt *schnell.*). Diese *Adjektiv-Adverbien* sind immer steigerbar.

Die Bildung der Adverbien

Wir unterscheiden nach der Wortbildung drei Gruppen von Adverbien:

Einfache Adverbien:	*bald, hier, gern, jetzt, morgen, weg, fort*
Zusammengesetzte Adverbien (ehemalige selbstständige Wörter, die als solche nicht mehr erkannt werden):	*berg(auf), außer(dem), trotz(dem), dort(hin), infolge(dessen), aller(orten), bei(zeiten)*
Abgeleitete Adverbien (Grundwort + Vorsilbe oder Nachsilbe):	*himmel(wärts), furcht(bar), mehr(fach), gewisser(maßen), un(gern), probe(weise), größten(teils), gleicher(maßen)*

Besonderheiten:

- Die Endung *-s* wird häufig an Substantive mit zeitlicher Bedeutung angefügt; dadurch entstehen *Temporaladverbien*:

  montags, *morgens*; gelegentlich auch: *sommers*, *winters*

Hierzu gehört auch *öfters.*

- Mit der Einfügung der Silbe *-er* (ehemaliger Genitiv) sowie dem Anhängen von *-weise* an Adjektive und Substantive entstehen Adverbien. Diese Analogiebildung ist in der Gegenwartssprache äußerst produktiv:

Adjektive:

erfreulicherweise, *glücklicherweise*,
traurigerweise, *interessanterweise*

Substantive:

scheibchenweise
stundenweise
eimerweise

- Ebenso verhält es sich mit der Silbe *-wärts*, die an Adverbien, Präpositionen und Substantive angehängt wird, wodurch Adverbien entstehen:

  abwärts, aufwärts, heimwärts, rückwärts, stadtwärts, talwärts, vorwärts usw.

Anmerkung: Das Adverbsuffix *-wärts* wird heute, zumal in der Werbesprache, auch anders verwendet:

**frischwärts*

Diese Form entspricht nicht der Standardsprache.

Vorkommen der Adverbien

Adverbien kommen sowohl als Satzglieder wie auch als Attribut vor. Bei Satzgliedern sind Ergänzungen und Angaben [S. 79 u. 85] zu unterscheiden:

- Ergänzungen:

  Wir wohnen *dort*. (Situativergänzung)
  Fahr mit ihm *hinauf*! (Richtungsergänzung)

- Angaben:

  Wir sind *abwärts* gefahren. (Lokalangabe)
  Wir haben ihn *vergebens* gebeten. (Modalangabe)
  Meine Freundin kommt *morgen*. (Temporalangabe)

- Attribute:

  die Hoffnung *darauf* (Präpositionaladverb zum Substantiv)
  die Frau *dort* (Lokaladverb zum Substantiv)
  der Ausflug *gestern* (Temporaladverb zum Substantiv)
  darüber glücklich sein (Präpositionaladverb zum Adjektiv)

Komparation der Adverbien

Adjektiv-Adverbien werden wie Adjektive gesteigert, also durch Anhängen der Endung *-er* beim *Komparativ* (1. Steigerungsstufe) sowie in der Regel von *am* und der Endung *-sten* beim *Superlativ* (2. Steigerungsstufe):

Klaus schwimmt *schnell*.
Michaela schwimmt *schneller*.
Peter schwimmt *am schnellsten*.

(**Anmerkung:** Neben der Superlativform *am schönsten* gibt es, vor allem in der gesprochenen Sprache, auch *aufs Schönste, aufs Beste* usw.)

– *Bald, gern, oft, sehr, viel, wenig* und *wohl* können gesteigert werden:

Positiv	Komparativ	Superlativ
bald	*eher*	*am ehesten*
gern	*lieber*	*am liebsten*
oft	*öfter / häufiger*	*am häufigsten*
sehr/viel	*mehr*	*am meisten*
wenig	*weniger / minder*	*am wenigsten / mindest*
wohl	*besser / wohler*	*am besten / am wohlsten*

– Immer häufiger, zumal in Briefen, finden sich Formen wie *höflichst, freundlichst, herzlichst*:

Ich darf Sie *höflichst* um Entschuldigung bitten.
Er behandelte sie *freundlichst*.

Es empfiehlt sich, stattdessen die Grundformen (*höflich, freundlich, herzlich*) zu benutzen. Sie sind stilistisch besser, weil sie Übertreibungen vermeiden:

Ich darf Sie *höflich* um Entschuldigung bitten.
Er behandelte sie *sehr freundlich*.

– Einige Adverbien bilden einen Superlativ mit der Endung *-ens*: *erstens, bestens, frühestens, höchstens, längstens, meist(ens), mindest(ens), nächstens, spätestens, wenigstens.*

b. Klassen der Adverbien

Unterschieden werden in der vorliegenden Grammatik vier Klassen von Adverbien: **Lokaladverbien, Temporaladverbien, Modaladverbien** und **Kausaladverbien.** Es folgt eine Liste der wichtigsten Vertreter:

lokal (Raum, Ort, Richtung)	**temporal** (Zeit)	**modal** (Art und Weise, Mittel)	**kausal** (Grund, Ursache)
abseits	*anfangs*	*allerdings*	*anderenfalls*
abwärts	*bald*	*anders*	*daher*
außen	*bisher*	*außerdem*	*darum*
auswärts	*damals*	*besonders*	*dennoch*
bergauf	*danach*	*bestens*	*deshalb*
da	*darauf*	*blindlings*	*doch*
dabei	*eben*	*dadurch*	*ehrenhalber*
darin	*einmal*	*damit*	*infolgedessen*
darauf	*einst*	*ebenfalls*	*jedenfalls*
dort	*gestern*	*ebenso/genauso*	*meinetwegen*
drüben	*häufig*	*gern(e)*	*sonst*
fern	*heute*	*heimlicherweise*	*trotzdem*
fort	*immer*	*kopfüber*	
hier	*jährlich*	*nur*	
hierher	*jetzt*	*rundheraus*	
irgendwo	*lange*	*so*	
links	*meistens*	*vergebens*	
oben	*montags* usw.		
rechts	*nachher*		
vorwärts	*niemals*		
weg	*noch*		
	oft		
	seitdem		
	sofort		
	täglich		
	vorher		
	wöchentlich		
	zuerst		
Frageadverb:	**Frageadverb:**	**Frageadverb:**	**Frageadverb:**
wo?	*wann?*	*wie?*	*warum?*
worauf?	*wie oft?*	*womit?*	*weshalb?*
wohin? usw.	*wie lange?*	*wodurch?*	*wieso?*

Präpositionaladverbien

Häufig wird in Grammatiken noch eine weitere Klasse unterschieden, die **Präpositionaladverbien**, die auch – obwohl irreführend – *Pronominaladverbien* genannt werden.

Sie werden durch eine Zusammenfügung der Adverbien *da*, *hier* oder *wo* mit Präpositionen wie *mit*, *auf* oder *gegen* gebildet.

Bei vokalischem Anlaut der Präposition wird ein *-r-* eingefügt. Sie sind, ihrer jeweiligen Bedeutung entsprechend, einer der vier erwähnten Klassen zugeordnet.

Adverb		Präposition
da(r)- *hier-* *wo(r)-*	+	*an* *auf* *aus* *bei* *durch* *für* *gegen* *hinter* *in* *mit* *nach* *neben* *über* *um* *unter* *vorn* *vor* *zu* *zwischen*

Mit den **Frageadverbien** *woran, wobei, womit, worüber* usw. werden konkrete Substantive oder Abstrakta erfragt:

Woran denkst du?
Wobei entspannst du dich am besten?
Worüber lachst du?

Standardsprachlich falsch sind daher:

***An was* denkst du?
* *Über was* lachst du?
**Mit was* beschäftigt sie sich?
**Bei was* wurde er erwischt?
**Nach was* hat er Sehnsucht?
**Für was* strengst du dich so an?

Bei Personen steht die entsprechende Präposition mit dem Personalpronomen:

Mit wem ist er verheiratet?
falsch: * *Womit* ist er verheiratet?

Für wen hat er die Rosen gekauft?
falsch: * *Wofür* hat er die Rosen gekauft?

Ebenso in Aussagesätzen:

Er freut sich *auf seine Freundin*.
falsch: *Er freut sich *darauf.*

Im Regelfall können sich alle Adverbien mit allen Präpositionen verbinden; nicht korrekt sind jedoch **hierhinter* und **wohinter.*

In der gesprochenen Sprache fällt häufig das *-a-* bei *dar-* weg (*dran, drüber, drunter, drin*):

Ich war *dran*.
Alles ging *drunter* und *drüber*.
Er packte noch einige Kilogramm *drauf*.
Endlich waren wir *drin*.
Sie macht sich nichts *draus*.

Diese Präpositionaladverbien spielen eine wichtige Rolle im Text, indem sie voraus- oder zurückverweisen, also auf nachfolgende Informationen oder auf bereits zuvor Gesagtes/Geschriebenes hinweisen. Sie haben damit eine *kataphorische* bzw. *anaphorische Funktion.*

Wir vergleichen:

Katapher: Der Redner erinnerte *daran*, *dass vor elf Jahren die Berliner Mauer fiel*.

Anapher: *Die Berliner Mauer fiel vor elf Jahren.* *Daran* erinnerte der Redner.

In der gesprochenen Sprache werden Präpositionaladverbien häufig getrennt: *Hier* will ich gar nichts *zu* sagen (statt: *Hierzu* will ich gar nichts sagen); *da* hat sie ihn *mit* erfreut (statt: *damit* hat sie ihn erfreut).

Die getrennten Formen sind standardsprachlich nicht korrekt.

● **Lokaladverbien**

Lokaladverbien bestimmen die äußeren Umstände von Herkunft, Ort und Richtung eines Geschehens näher. Sie sind damit wichtige Mittel der lokalen Deixis. Unterschieden werden *Ortsadverbien* und *Richtungsadverbien.*

– **Ortsadverbien** (einen Ort/eine Lage bezeichnend):

abseits, allenthalben, allseits, außen, da, dabei, darin, dort, draußen, drinnen (drin), drüben, fern, fort, hier, hinten, innen, irgendwo, links, mittendrin, nirgends/nirgendwo, oben, obenauf, rechts, überall, unten, vorn; Frageadverb: *wo?*

Ortsadverbien sind sowohl Ergänzungen und Angaben als auch Attribute zum Substantiv:

Ergänzung/Angabe:	Wir wohnen *dort oben*.
	Das Buch lag *darin*.
Attribut:	das Mädchen *da*, das Zimmer *unten*

– **Richtungsadverbien** (Herkunft oder Ziel einer Richtung bezeichnend):

abwärts, aufwärts, beiseite, bergab, bergauf, dorther, dorthin, heimwärts, herunter, hierher, hierhin, hinein, irgendwohin, nach, vorn/hinten/oben/unten, nirgendwoher, querfeldein, rückwärts, seitwärts, (von) überallher, umher, vorwärts; Frageadverb: *wohin, woher, von wo?*

Auch Richtungsadverbien treten im Satz entweder als Ergänzungen/Angaben oder als Attribute auf:

Ergänzung/Angabe:	Sie fahren *nach oben*.
	Wir gehen *vorwärts*.
Attribut:	die Straße *abwärts*, der Weg *links*

Lokaladverbien treten häufig als Oppositionspaare auf: *oben – unten, rechts – links, innen – außen, aufwärts – abwärts, nach vorn – nach hinten, vorwärts – rückwärts, hierhin – dorthin.*

Die Unterscheidung der richtungsweisenden Präfixe ***hin-*** und ***her-*** bereitet oft Schwierigkeiten. Häufig wird deshalb in der gesprochenen Sprache auf die verkürzte Form zurückgegriffen, die aber in der Standardsprache nicht korrekt ist:

rein (hinein und *herein), raus (hinaus* und *heraus),*
rüber (hinüber und *herüber)* usw.

In der Standardsprache bezeichnet *hin-* eine vom Sprecher/Schreiber **wegführende** Richtung, *her-* hingegen eine auf den Sprecher/Schreiber **zuführende** Richtung.

Geh *hinein*! (= der Sprecher ist außerhalb und fordert den Partner auf, in das Haus zu gehen)
Komm *herein*! (= der Sprecher ist im Haus und fordert den Partner auf, zu ihm ins Haus zu kommen)

Entsprechend: Geh *hinunter!* Komm *herunter!* Wir gingen *hinüber*. Sie kamen *herüber*.

Anmerkung: Bei der übertragenen, also nicht eindeutig lokalen Bedeutung überwiegt die Vorsilbe *-her*:

Michael hat den Text aus dem Internet *heruntergeladen.*
Sie wollten den Preis für das Rad unbedingt *herunterdrücken.*

In der gesprochenen Sprache werden *hin-* und *her-* häufig isoliert. In der geschriebenen Standardsprache sind diese Formen nicht korrekt:

Woher kommt er? – *Wo* kommt er *her*?
Wohin wollen Müllers? – *Wo* wollen Müllers *hin*?

In keinem Fall ist dies zulässig bei den Präpositionaladverbien:

Womit beschäftigst du dich? – * *Wo* beschäftigst du dich *mit?*
Hierfür gibt es eine Erklärung. – * *Hier* gibt es eine Erklärung *für.*

– *umher-* und *herum-*:

Die Adverbien *umher* und *herum* sind von ihrer Bedeutung her ursprünglich verschieden, werden aber in Verbindung mit Verben in der Umgangssprache oft gleich verwendet. *Umher* verweist auf eine ziel- und absichtslose Bewegung im Sinne von „hierhin und dahin“:

Da es ihm wieder besser ging,
wollte er heute etwas im Park *umhergehen.*
Der Vogel *flatterte* aufgeregt im Käfig *umher.*

Herum drückt hingegen eine kreisförmige Bewegung um einen Mittelpunkt aus:

Da vorne niemand aufmachte, ging er um das Haus *herum.*
Er fuhr einmal um den Häuserblock *herum,* um vielleicht doch noch einen Parkplatz zu finden.

Die genaue Unterscheidung zwischen beiden Adverbien ist jedoch nicht immer möglich, insbesondere dann nicht, wenn die Richtung der beschriebenen Bewegung bzw. Handlung nicht eindeutig bestimmt werden kann. Daher ist in vielen Fällen die Verwendung beider Wörter möglich:

Sie führte ihre Gäste im ganzen Haus *herum* / *umher.*
Auf dem Boden lagen überall Bücher *herum* / *umher.*

● Temporaladverbien

Temporaladverbien bestimmen Zeitpunkt, Zeitdauer oder die Wiederholung eines Sachverhalts, d. h., sie geben an, wann ein Ereignis oder eine Handlung stattfindet, wie lange das Geschehen andauert und ob und in welchen Abständen es sich wiederholt. Ist von mehreren nacheinander ablaufenden Ereignissen die Rede, so dienen Temporaladverbien dazu, deren zeitliche Reihenfolge zu präzisieren.

– Zeitpunkt:

Vergangenheit	Gegenwart	Zukunft
einst, früher, gestern	*jetzt*	*morgen, später*
damals, vorgestern, eben	*heute*	*bald, übermorgen*
vorhin, gerade	*nun*	*nachher, zukünftig*
vorher	*gerade*	*einst*

Das entsprechende Frageadverb lautet: *Wann? (Zu welchem Zeitpunkt?)*

Damals hat er noch gelacht.
Sie wollten *vorher* anrufen.
Sie sind *gerade* gekommen.
Jetzt ist Pause.
Wir werden *bald* abfliegen.
Im Internet wird es *zukünftig* völlig anders ablaufen.

Besonderheiten:

- *einst:* Das Adverb kann sowohl einen Zeitpunkt/eine Zeitdauer in der Vergangenheit wie auch in der Zukunft bezeichnen. Das Verb (Tempusform) und der Kontext sind deshalb für das Verständnis wichtig:

Vergangenheit:	*Einst* hatte er Ideale und wollte die Welt verändern.
Zukunft:	Sie wird *einst* die Firma ihres Vaters übernehmen. (auch: *dereinst*)

- *gerade (grade):* Das Adverb kann unmittelbar Vergangenes wie auch Gegenwärtiges bezeichnen:

unmittelbare Vergangenheit:	Sie sind *gerade* fertig geworden.
Gegenwart:	Tanja ist *gerade* bei der Arbeit.

- *gleich: Gleich* bezeichnet als Adverb unmittelbar Zukünftiges, als Adjektiv ist es ein Synonym für *egal:*

Adverb:	Meine Frau kommt *gleich*. (= sofort)
Adjektiv:	Ihm ist alles *gleich*. (= egal)

- *vorhin/vorher: Vorhin* bezeichnet einen vergangenen Zeitpunkt und steht im Vergleich zu *jetzt* (Gegenwart); *vorher* steht allein und bestimmt einen Zeitpunkt in der Vergangenheit:

vorhin:	*Vorhin* hat sie erklärt, sie wolle ihn verlassen, und *jetzt* sagt sie das Gegenteil.
vorher:	Wir haben *vorher* gefrühstückt. (= zuvor)

– Zeitdauer:

Temporaladverbien bestimmen die Dauer eines Geschehens:

bisher, immer, lange, nach, nicht (niemals), noch, seitdem, seither, stets usw.

Das entsprechende Frageadverb lautet: *wie lange?*

Sie arbeiteten *täglich* / *nachts* / *wochenlang* / *jahrelang*.
Wir haben uns *bisher* / *seither* / *stets* / *immer* / *zeitlebens* engagiert.
Er hat sich *dauernd* / *unentwegt* / *fortwährend* beschwert.

– Wiederholung:

Adverbien benennen einen immer wieder auftretenden Sachverhalt:

häufig, immer (wieder), manchmal, mehrmals, meist/meistens, oft/öfter, regelmäßig, sonntags, wöchentlich usw.

Das entsprechende Frageadverb lautet: *wie oft?*

Jutta geht *immer* / *manchmal* / *regelmäßig* / *oft* / *ununterbrochen* in dieses Restaurant.
Sie haben *sonntags* / *feiertags* / *täglich* geöffnet.
Michael fährt *häufig* / *öfter* / *jährlich* an die See.

Formen wie *öfters* (statt: *öfter*) oder *durchwegs* (statt: *durchweg*) treten zwar in der gesprochenen Sprache auf, sind aber nicht zu empfehlen.

Besonderheiten:

- *-täglich* und *-tägig*: Oft werden diese Ableitungen verwechselt, doch bezeichnen sie Unterschiedliches. Es folgen zwei Beispielsätze zur Unterscheidung:

Das Seminar findet *14-täglich* statt. (= alle 14 Tage, im Rhythmus von zwei Wochen)
Das *7-tägige* Seminar war sehr interessant. (= es hat sieben Tage gedauert)

Während ***-täglich*** also den Rhythmus bzw. die Wiederholung beschreibt, benennt ***-tägig*** die Dauer eines Geschehens.

- Um die Reihenfolge innerhalb eines Geschehens zu bezeichnen, gibt es folgende sprachliche Mittel:

  - *erstens, zweitens, drittens... (1., 2., 3. ...)*
  - *zum ersten Mal, zum zweiten Mal, zum letzten Mal*
  - *als Erstes, als Zweites, als Letztes*
  - *zuerst, anschließend, weiterhin, schließlich, zuletzt*

- *bisher* und *seither*: Die temporalen Adverbien *bisher* und *seither* werden oft fälschlich synonym gebraucht, obwohl sie unterschiedliche Aussagen über das Verhältnis eines Sachverhalts zu einem vergangenen Zeitpunkt machen. Zwischen den beiden Adverbien ist daher zu unterscheiden: *Seither* verlangt einen klar bestimmbaren Ausgangspunkt der Zeitperiode, über die eine Aussage getroffen wird:

  Die Nachbarin war im letzten Herbst gestorben.
  Seither stand die Wohnung leer.

Das Adverb *bisher* bedeutet hingegen „bis jetzt“, „bis zu diesem Zeitpunkt“, d. h., es bezieht sich auf eine Zeitspanne, deren Endpunkt die Gegenwart ist, deren Anfangspunkt in der Vergangenheit hingegen nicht näher bestimmt ist:

Der Wetterbericht sprach von Sturmböen.
Bisher war das Meer aber ziemlich ruhig.

Da *bisher* auf einen zurückliegenden Zeitraum verweist, sollte das mit ihm verbundene Verb stets in der Vergangenheitsform stehen:

also statt: **Bisher weist* der Politiker alle Vorwürfe zurück.
korrekt: *Bisher* *wies* der Politiker alle Vorwürfe zurück.

Im Rahmen einer um sich greifenden Unsitte, sprachliche **Übertreibungen** zu produzieren, die angeblich besonders wirkungsvoll sein sollen, gibt es auch hier ein abschreckendes Beispiel:

schlussendlich, letztendlich

Beide Formen sind Verdoppelungen und deshalb überflüssig. Sie bedeuten nichts anderes als *schließlich, zuletzt, endlich.* Diese einfachen Wörter sind für den Sprachgebrauch eher zu empfehlen.

- Von einigen Temporaladverbien wurden Adjektive abgeleitet, die zumeist nur **attributiv** (vor dem Substantiv) gebraucht werden können: *bald → baldig, einmal → einmalig* (auch prädikativ, weil bedeutungsverändernd), *einst → einstig, gestern → gestrig, heute → heutig, morgen → morgig, seither → seitherig, sofort → sofortig*

Besonderheit: *erst → erstmalig, täglich → täglich, nächtlich → nächtlich*

● **Modaladverbien**

Modaladverbien bezeichnen die Art und Weise (Modalität) oder das Mittel/Instrument eines Geschehens. Dazu gehören die *Adjektiv-Adverbien,* „echte" *Modaladverbien* sowie als Sondergruppe die *Modalwörter.*

– Adjektiv-Adverbien (adverbial gebrauchte Adjektive):

Zu dieser großen Gruppe gehören alle Adjektive, die in prädikativer Stellung bei einem Vollverb vorkommen. Diese Adjektiv-Adverbien können gesteigert werden:

Sie atmet *schnell* / *langsam* / *ruhig* / *hastig*.
Er atmet *schneller* / *langsamer* / *ruhiger* / *hastiger* als seine Schwester.

– „Echte" Modaladverbien:

Sie werden so genannt, weil sie nicht formidentisch mit Adjektiven sind. Es gibt mehrere Untergruppen:

Modaladverbien der Art und Weise und der Beurteilung:

anders, anstandslos, bestens, blindlings, damit, dadurch, dafür, ebenso, eilends, folgendermaßen, genauso, geradeheraus, gern, glattweg, hinterrücks, insgeheim, irgendwie, nebenbei, obendrein, rundweg, so, umsonst, unversehens, vergebens

Die entsprechenden Frageadverbien lauten: *wie?, womit?, wodurch?*

Sie haben das *anders* / *bestens* / *insgeheim* / *so* / *umsonst* / *vergebens* gemacht.
Der Minister unterstellte dem Oppositionsführer *glattweg* / *insgeheim* / *listigerweise* / *unversehens* / *vergebens* unredliche Motive

.

Modaladverbien der Verstärkung bzw. Abschwächung einer Aussage (nicht steigerbar!):

allerdings, auch (selbst), ausgerechnet, außerdem, besonders, eben (gerade), fast, genau, insgesamt, jedoch, mindestens, nahezu, nur, obendrein, selbst, sogar, weiterhin, wenigstens, zudem

Besonderheiten:

– *auch:* Vor einem Substantiv/Pronomen steigert *auch* die Aussage des Nominalkomplexes:

Auch Peter hat dafür gestimmt. (= gegen alle Erwartung)

Hier ist *auch* austauschbar mit *sogar.*

dagegen: Peter hat *auch* dafür gestimmt.

Hier ist *auch* austauschbar durch *ebenfalls.*

– *eben:* Als Modaladverb in verstärkender Aussage steht *eben* vor einem Substantiv (Pronomen):

Eben dieses Buch suche ich seit Monaten.

Hier ist *eben* durch *gerade/genau* austauschbar. Daneben gibt es das Temporaladverb *eben* (= soeben):

Eben ist das Flugzeug gelandet.

Weiterhin tritt *eben* als Adjektiv auf:

> Das Gelände war *eben*. (= *flach*)
> Sie fuhren auf einer *ebenen* Straße.

Schließlich gibt es *eben* auch als Modalpartikel [S. 343]:

> Das ist *eben* üblich.
> Er ist *eben* faul. (= daran kann man nichts ändern)

Der Satiriker Karl Valentin (1882–1948) hat diese Mehrfachfunktion in den Sprachwitz gekleidet:

> „Die *Ebene* ist *eben eben.*"

- *nur:* Auch *nur* dient zur Verstärkung, wenn es unmittelbar vor einem Substantiv/Pronomen steht:

> *Nur* Müller kennt sich hier aus. (= er allein)

Daneben steht *nur* in der Satzmitte und modifiziert die verbale Aussage:

> Sie ist *nur* zehn Minuten mit dem Auto gefahren.

– Modalwörter:

> **Modalwörter** sind weitgehend formal identisch mit den Modaladverbien, doch charakterisieren sie den Inhalt des gesamten Satzes, nicht nur – wie die Adverbien – den Nominalteil (*Nur* Hans kann das regeln.) oder den verbalen Teil des Satzes (Er hat das *nur* gehört.). Modalwörter werden deshalb auch *Satzadverbien* genannt, mit einer Entscheidungsfrage erfragt und können in einen Ergänzungssatz (*Subjektsatz* [S. 98ff.]) umgeformt werden.

Wir vergleichen:

> (A) Sie kommt *pünktlich* zur Gymnastik. (=Modaladverb)
> (B) Sie kommt *vermutlich* zur Gymnastik. (=Modalwort)

Satz (A) ist eine objektive Aussage über die Art und Weise des Geschehens, Satz (B) dagegen eine subjektive Vermutung; mit Proben (Ersetzungsprobe, Frageprobe, Verneinungsprobe) kann der Unterschied verdeutlicht werden. Entsprechend kann Satz (A) nicht in einen Ergänzungssatz umgewandelt werden, Satz (B) dagegen durchaus:

(A) *Es ist *pünktlich*, dass sie zur Gymnastik kommt.
(B) Man *vermutet*, dass sie zur Gymnastik kommt.
Es ist *vermutlich* so, dass sie zur Gymnastik kommt.

Weiterhin kann Satz (B) mit einer Entscheidungsfrage [S. 42] erfragt werden:

Kommt sie zur Gymnastik? – *Vermutlich*.

Nicht aber Satz (A):

Kommt sie zur Gymnastik? – **Pünktlich.*

Auch bei der Verneinung (Negation) wird der Unterschied deutlich:

Modaladverb:	Sie kommt *nicht* *pünktlich* zur Gymnastik.
Modalwort:	Sie kommt *vermutlich* *nicht* zur Gymnastik.
	*Sie kommt *nicht vermutlich* zur Gymnastik.

Die Negationspartikel *nicht* steht **vor** dem Modaladverb, aber **hinter** dem Modalwort.

Die Ursache ist die engere semantische Bindung des Adverbs an das Verb: Im deutschen Aussagesatz rücken bekanntlich jene Teile, die am engsten mit dem Verb verbunden sind, an das Satzende [S. 106f.].

Mit der *Negationsprobe* können daher auch nicht eindeutige Sätze geklärt werden:

Der Popstar tritt *nicht* *sicher* auf.
(= er tritt unsicher auf; → Adverb)

Der Popstar tritt *sicher* *nicht* auf.
(= es ist unwahrscheinlich, dass er auftritt; → Modalwort)

Die Klasse der Modalwörter ist sehr umfangreich; darunter sind einige identisch mit Modaladverbien: *natürlich, sicher, sicherlich, unbedingt, wahrhaftig, wahrscheinlich, wirklich, zweifellos* usw.

Erst durch die Anwendung der genannten Proben wird deshalb deutlich, worum es sich jeweils handelt.

– **Semantische Gliederung der Modalwörter:**

Verstärkung der Aussage:	*gewiss, natürlich, sicherlich, tatsächlich, unbedingt*
Relativierung der Aussage:	*freilich, zweifelsohne*
Distanzierung gegenüber der Aussage:	*scheinbar*
Zweifel am Inhalt der Aussage:	*angeblich, möglicherweise, vermutlich, womöglich*
Verneinung der Aussage:	*keineswegs, keinesfalls*
positive Hervorhebung:	*dankenswerterweise, glücklicherweise, hoffentlich*
bedauernde Hervorhebung:	*bedauerlicherweise, unglücklicherweise*

Scheinbar und ***anscheinend*** sind nicht identisch und dürfen daher beim Gebrauch nicht verwechselt werden. Wir vergleichen:

① Er ist *anscheinend* gesund. (= es hat den Anschein)
② Er ist *scheinbar* gesund. (= es ist in Wahrheit anders)

Satz ① drückt lediglich die Meinung des Sprechers aus: Er sagt, was er glaubt bzw. was er erfahren hat. Satz ② hingegen drückt den Zweifel des Sprechers aus; in Wahrheit zweifelt er daran, dass die Person gesund ist.

Die Modalwörter lassen sich auch anders klassifizieren, nämlich in eine Gruppe von Wörtern, die die unterschiedliche Gültigkeit einer Aussage betonen (*angeblich, möglicherweise, offenbar, sicherlich, vermutlich, wirklich*) und eine andere Gruppe von Modalwörtern, die die Aussage als wirklich/wahr verstehen und sie kommentieren (*bedauerlicherweise, glücklicherweise, hoffentlich, leider, sinnvollerweise, wunschgemäß* usw.). Wir vergleichen:

Sie sieht ihrer Schwester *angeblich* / *offenbar* / *wirklich* ähnlich.
Er schreibt *glücklicherweise* / *hoffentlich* / *leider* an seiner Examensarbeit.

– Modalwörter auf *-mäßig*:

Das Wortbildungselement (Morphem) *-mäßig* dient zur Bildung von Adverbien, die von einem Substantiv abgeleitet sind. Es bedeutet mit Bezug auf das Grundwort „in der Art wie, gemäß“ oder „im Hinblick auf“:

Gewohnheitsmäßig raucht er nach dem Essen eine Pfeife. (= „seiner Gewohnheit gemäß“)
In dieser Woche war sie *turnusmäßig* mit dem Putzen des Treppenhauses an der Reihe. (= „dem Turnus gemäß“)
Die Polizei stellte den Nachbarn *routinemäßig* einige Fragen. (= „der Routine gemäß“)

In der gesprochenen Sprache nimmt die Bildung von Adverbien mit *-mäßig* in letzter Zeit enorm zu, um eine Aussage zu einer bestimmten Größe oder einem bestimmten Begriff in Beziehung zu setzen:

Intelligenzmäßig war sie ihm weit überlegen. (= „in Bezug auf ihre Intelligenz“)
Die beiden waren *interessemäßig* ziemlich verschieden voneinander. (= „in Bezug auf ihre Interessen“)
Arbeitsmäßig war es toll, *freizeitmäßig* dagegen schlecht.

Weil diese Adverbien begrifflich unscharf und stilistisch misslungen sind, ist ihre Verwendung nicht zu empfehlen.

Kausaladverbien

Kausaladverbien bezeichnen den Grund, die Ursache, die Folge, die Bedingung oder den Zweck einer Aussage.

Dazu gehören u. a.:

also, anderenfalls, dadurch, daher, darum, demnach, demzufolge, dennoch, deshalb, deswegen, doch, ehrenhalber, folglich, infolgedessen, insofern, jedenfalls, seinetwegen, somit, sonst, trotzdem

Die entsprechenden Frageadverbien lauten: *warum, weshalb, weswegen, wieso?*

Grund:	*Darum* / *Deshalb* sind sie abgereist.
Gegengrund:	Sie schätzt den Sänger und *trotzdem* / *dennoch* / *nichtsdestoweniger* hat sie seine neue CD kritisiert.
Ursache:	*Seinetwegen* ist der Unfall passiert.
Folge:	Der Regen kam und *also* / *demzufolge* / *folglich* / *somit* konnten wir nicht weiterfahren.
Bedingung:	Sei still, *sonst* / *anderenfalls* gibt es Ärger! *Schlimmstenfalls* muss Peter ins Krankenhaus.

In der gesprochenen Sprache wird das Kausaladverb *trotzdem* häufig mit der adversativen Konjunktion *obwohl* verwechselt:

> Anne hat viel gegessen, *obwohl* sie keinen Hunger hatte.
> falsch: *Anne hat viel gegessen, *trotzdem* sie keinen Hunger hatte.
> richtig: Anne hatte keinen Hunger. *Trotzdem* hat sie viel gegessen.

c. Deklinierbarkeit der Adverbien

Bis auf sehr wenige Ausnahmen *(plötzlich, scheinbar, täglich)* sind Adverbien **nicht deklinierbar.** Falsch sind daher folgende Sätze, die in der gesprochenen Sprache gelegentlich auftauchen:

> *Er stieß die *zue* Tür auf. (richtig: *geschlossene*)
> *Seine *insgeheimen* Träume verriet er nicht. (richtig: *heimlichen*)
> *Die *beinahe* Kollision der Schiffe konnte verhindert werden. (richtig: *beinahe erfolgte*)

d. Funktionen der Adverbien

Adverbien beschreiben ein Geschehen näher, vor allem in zeitlicher und räumlicher Sicht sowie in der Angabe der Art und Weise und des Grundes. Daneben verknüpfen sie Sätze oder Satzteile und sind damit für den Textzusammenhang sehr wichtig.

7. Die Konjunktion

Die Revanche der roten Renner

Das Rennen in Monte Carlo entschied sich innerhalb weniger Minuten. Statt Schumacher zu jagen, wurde Mika Häkkinen nun von Irvine gescheucht. Der Ire brauchte gar nicht einmal viel zu riskieren, denn Häkkinen hatte seinen Boxenhalt erst noch vor sich... Und Michael Schumacher? Der hatte in der 41. Runde die Reifen gewechselt und nachgetankt. 9,9 Sekunden blieb er stehen, ohne die Führung zu verlieren. Danach ging es für ihn nur darum, den Wagen ins Ziel zu bringen. Ein Routinejob für eine erfahrene Kraft wie ihn, zumal sein Ferrari in diesem Jahr noch keinen Defekt zu beklagen hatte. Auch diesmal nicht. Wenn das so weitergeht, muss die Geschichte des italienischen Autos und seiner legendären Unzuverlässigkeit umgeschrieben werden.

(*Süddeutsche Zeitung*, 17. 5. 1999, S. 43)

Im Text über den Großen Preis von Monte Carlo in der Formel 1 sind verschiedene Konjunktionen zu finden:

statt...zu, denn, und, ohne...zu, zumal, wenn

a. Die Wortart

Konjunktionen sind Funktionswörter und verbinden Satzteile, z. B.

er *und* sie
sein Haus *oder* seine Wohnung

oder Sätze, z. B.

Sie liebt ihn, *doch* er liebt sie nicht.

Konjunktionen werden in zwei Klassen unterteilt:

- **koordinierende** (nebenordnende) Konjunktionen
- **subordinierende** (unterordnende) Konjunktionen

Koordinierende Konjunktionen verbinden Hauptsätze oder Nebensätze untereinander, also Sätze gleichen Ranges. In manchen Grammatiken werden sie auch *Konjunktoren* genannt.

Subordinierende Konjunktionen hingegen verbinden Haupt- und Nebensätze bzw. Infinitivsätze, also Sätze unterschiedlichen Ranges. Sie ordnen einen Neben- bzw. Infinitivsatz einem Wort im Hauptsatz unter. In manchen Grammatiken werden sie auch *Subjunktoren* genannt. Neben Konjunktionen, die aus einem Wort bestehen *(aber, wenn)*, gibt es auch mehrteilige Konjunktionen *(sowohl...als auch, entweder...oder)*.

Eine besondere Gruppe sind die *Satzteilkonjunktionen.*

b. Koordinierende Konjunktionen

Koordinierende Konjunktionen verbinden zwei Hauptsätze:

Er wollte sie treffen *und* er hatte Glück.

(Bei kopulativen Konjunktionen wie *und* bzw. *oder* steht kein Komma!)

Er wollte sie treffen, *aber* er hatte kein Glück.
Katja wollte verreisen, *doch* es war alles ausgebucht.

(Bei adversativen Konjunktionen muss ein Komma gesetzt werden!)

Koordinierende Konjunktionen verbinden zwei Nebensätze:

Sie wollten teilnehmen, *da* sie das Thema interessierte *und da...*

Sie verbinden Satzglieder, manchmal auch einzelne Wörter:

Ich wollte die Kinder *und* die Eltern abholen.
Wir werden ins Theater *und* danach essen gehen.
Ein netter, *aber* langweiliger Mann.

- **Liste der koordinierenden Konjunktionen:**

aber, bzw. (beziehungsweise), d. h. (das heißt), denn, doch, entweder...oder, jedoch, nämlich, nur, oder, sondern, sowie, sowohl... als auch, und, und zwar, weder...noch

c. Subordinierende Konjunktionen

Subordinierende Konjunktionen verbinden Sätze unterschiedlichen Ranges:

- **Haupt- und Nebensatz (Verb in Endstellung)**

Er sagt, *dass* sie kommt.
Sie will ihn sehen, *weil* sie ihn nicht vergessen kann.

Bei ***weil*-Sätzen** (z. T. auch bei *obwohl*-Sätzen) steht in der gesprochenen Sprache das Verb häufig an zweiter Stelle, also wie im Hauptsatz:

Sie will ihn sehen, *weil* (:) sie kann ihn nicht vergessen.
Er kam, *obwohl* (:) er war krank.

(**Achtung:** In der geschriebenen Sprache ist diese Stellung des Verbs falsch!)

- **Hauptsatz und mehrere (verschachtelte) Nebensätze**

Er behauptet, *dass* sie ihn mag, *weil* sie ihn seit Jahren trifft, *obwohl* sie ihn eigentlich nicht leiden kann.

- **Liste der subordinierenden Konjunktionen**

als, als dass, als ob, (an)statt dass, anstatt...zu, außer, außer dass, außer um zu, bevor, bis, da, damit, dass, ehe, falls, indem, insofern (als), je...desto/um so, je nachdem, kaum dass, nachdem, nur dass, ob, obwohl/obgleich, ohne dass/ohne...zu, seit(dem), so dass/sodass, sobald, sofern/solange, sooft, soviel, soweit, sowenig, sowie, statt dass/statt...zu (= anstatt dass), um so mehr als/um so weniger als, um...zu (= damit), während, weil, wenn auch...so... doch, wie, wie auch, wohingegen, zumal

d. Semantische Gruppen

Die koordinierenden und subordinierenden Konjunktionen lassen sich in mehrere semantische Gruppen unterteilen:

Bedeutung	Koordinierende Konjunktionen	Subordinierende Konjunktionen	Mehrteilige Konjunktionen
adversativ (Gegensatz)	*aber, jedoch, sondern, doch, allein*	*während*	*weder...noch*
alternativ (andere Möglichkeit)	*oder, beziehungsweise*		*entweder... oder*
Ersatz		*als dass, anstatt dass/ anstatt...zu*	
final (Zweck)		*außer um...zu, damit/um...zu, dass*	
kausal (Grund, Ursache)	*denn*	*da, weil, umso (mehr/weniger) ...als, zumal*	
komparativ (Vergleich, irrealer Vergleich)		*wie, als, als ob, als wenn*	
konditional (Bedingung, Wunsch)		*(außer) wenn, falls, ehe, sofern, wenn... doch/nur*	
Konkretisierung	*das heißt*	*insofern als, damit dass*	
konsekutiv (Folge)		*um...zu, so dass, damit...dass*	

Bedeutung	Koordinierende Konjunktionen	Subordinierende Konjunktionen	Mehrteilige Konjunktionen
konzessiv (Einräumung)		*obwohl, obgleich*	*wenn auch...so doch*
kopulativ (Verbindung)	*und*	*sowie*	*sowohl...als auch*
modal (instrumental, fehlender Begleitumstand)		*indem, dadurch, dann, ohne dass/ohne zu, ob, wie*	
proportional (Verhältnis)		*je (nachdem)*	*je...desto/um so*
restriktiv (Einschränkung)	*aber*	*außer dass, außer wenn, soviel, soweit*	
temporal (Zeit)			
Gleichzeitigkeit:		*als, seit(dem), solange, sooft, während, wenn*	
Nachzeitigkeit:		*bevor, bis, ehe, als*	
Vorzeitigkeit:		*nachdem, seit(dem), sobald, wenn, kaum dass*	

Die folgende Liste verdeutlicht den Gebrauch wichtiger koordinierender und subordinierender Konjunktionen in alphabetischer Reihenfolge (S = subordinierend, K = koordinierend).

Beachte, dass einige Konjunktionen mehrere Bedeutungen haben können!

aber (K)	
adversativ (Gegensatz)	Sie ging, *aber* wir blieben hier. Sie ging, *aber* kam nicht zurück. Sie konnte singen, *aber* war doch auch eine gute Schauspielerin. (= *allerdings*)
als (S)	
temporal	
Gleichzeitigkeit:	Er schlief, *als* wir anriefen.
Vorzeitigkeit:	*Als* der Film zu Ende war, gingen sie nach Hause.
modal	
komparativ:	Er lief schneller, *als* wir erwartet hatten.
Spezifizierung:	Sie hat ihren Lehrer *insofern* überzeugt, *als* er ihr am Ende zustimmte. Das Ergebnis der Untersuchung ist *umso* beunruhigender, *als* es unsere schlimmsten Erwartungen übertrifft. (= *zumal*)
konsekutiv *(als dass):*	Das Angebot ist zu verführerisch, *als dass* es stimmen könnte.
als ob (S)	
komparativ (irrealer Vergleich)	Sie trat auf, *als ob* sie Millionärin wäre.
bevor (S)	
temporal (Nachzeitigkeit; fakultatives Negationselement im Nebensatz, wenn Hauptsatz negiert)	Die Polizei hatte mehrere Warnschüsse abgegeben, *bevor* sie den Erpresser festnahm. Sie will ihn nicht heiraten, *bevor* er ihr (nicht) die Wahrheit gesagt hat.

bis (S)	
temporal (Nachzeitigkeit)	Ruf ihn nicht an, *bis* er sich entschuldigt hat!
da (S)	
kausal (bestimmter Grund)	Wir helfen ihm, *da* er (ja) schuldlos ist. (**Achtung:** Auf eine direkte Frage kann man nur mit *weil*, nicht mit *da* antworten: Warum kommt sie denn nicht? *Weil* sie krank ist; nicht: * *Da* sie krank ist.)
damit (S)	
final (Zweck)	Kommt bitte pünktlich, *damit* ihr den Anfang der Feier nicht verpasst!
Subjektgleichheit *(um zu)*	Kommt bitte pünktlich, *um* den Anfang der Feier nicht *zu* verpassen!
dass (S)	
Folge	Ich freue mich, *dass* er kommt.
modal *(dadurch...dass)*	Der Bau wurde *dadurch* möglich, *dass* die Stadt Zuschüsse erhielt.
modal *(damit...dass)*	Ihm konnte *damit* geholfen werden, *dass* er eine Spritze erhielt.
final	Sie gaben ihm zwanzig Mark, *dass* er sich etwas zu essen kaufen konnte.
denn (K)	Er weiß es, *denn* er hat es selbst gesehen.
doch (K)	
adversativ *(jedoch, aber)*	Wir können es bezahlen, *doch* wir wollen es nicht.
entweder...oder (K)	
alternativ	*Entweder* er strengt sich an *oder* er bleibt sitzen.

indem (K)	
modal/instrumental	Er erreichte sein Ziel, *indem* er alle Kräfte mobilisierte.
je...desto/umso (S)	
proportional	*Je* schneller sie läuft, *desto* / *umso* heftiger geht ihr Atem.
jedoch (K)	
adversativ	Sie wollte ihn umstimmen, *jedoch* er blieb stur.
kaum dass (S)	
temporal (Vorzeitigkeit)	*Kaum dass* wir sie gesehen hatten, verschwand sie auch schon.
nachdem (S)	
temporal (Vorzeitigkeit)	*Nachdem* wir den Film gesehen hatten, tranken wir noch ein Bier.
ob (S)	
modal (Unsicherheit, Zweifel)	Ich weiß nicht, *ob* Hans heute kommt.
obwohl (S)	
konzessiv	Wir gehen spazieren, *obwohl* es regnet.
oder (K)	
alternativ	Ich fahre nach Saarbrücken *oder* bleibe zu Hause.
ohne dass/ohne...zu (S)	
modal	Sie besuchte ihn, *ohne dass* er sie darum gebeten hatte. Sie besuchte ihn, *ohne* gebeten worden *zu* sein.
konsekutiv	Er verlor das Spiel, *ohne dass* er daran Schuld hatte.

seit(dem) (S)	
temporal	
Gleichzeitigkeit:	*Seit(dem)* er Lungenkrebs hat, raucht er nicht mehr.
Vorzeitigkeit:	*Seit(dem)* er geheiratet hatte, war er ein anderer Mensch.
so dass (S)	
konsekutiv	Wir hatten genug Geld, *so dass* wir alle einladen konnten.
sofern (S)	
konditional (= *wenn*)	*Sofern* sie unterschreibt, können wir buchen.
solange (S)	
temporal (Gleichzeitigkeit)	*Solange* du mitmachst, haben wir Erfolg.
sondern (K)	
adversativ	Er hat nicht seine Mutter gesprochen, *sondern* seine Tante.
sowohl...als auch (K)	
kopulativ	*Sowohl* sein Freund *als auch* seine Freundin kamen zum 16. Geburtstag.
und (K)	
kopulativ	Wir haben die Kathedrale gesehen *und* wir waren begeistert. (kein Komma!)
während (S)	
temporal (Gleichzeitigkeit)	*Während* wir aßen, spielte die Musik.
adversativ	Wir haben diskutiert, *während* die Mehrzahl schwieg.
Häufig sind temporale und adversative Bedeutung nicht eindeutig zu trennen:	Ich trank, *während* er aß.

weder...noch (K)	
adversativ	*weder* Fisch *noch* Fleisch (Satzteile) *Weder* hat er die mündliche Prüfung bestanden, *noch* hat er die Klassenarbeit mitgeschrieben. (Sätze; dabei Komma; vgl.: Er hat *weder* die mündliche Prüfung bestanden, *noch* hat er die Klassenarbeit mitgeschrieben.)
weil (S)	
kausal	Wir haben das getan, *weil* es notwendig war. Die Ernte war schlecht, *weil* es zu wenig geregnet hatte.
wenn (S)	
temporal (Gleichzeitigkeit)	Die Vorstellung beginnt, *wenn* das dritte Läuten zu hören ist.
konditional	Das Problem ist gelöst, *wenn* sie zustimmt. (= *falls*)
Temporale und konditionale Bedeutung sind gelegentlich nicht zu trennen:	Wir können eine Lösung finden, *wenn* er morgen kommt.
Wunsch (Konjunktiv II)	*Wenn* sie doch nur zu mir zurückkäme! *Wenn* doch nur schon Ferien wären!
wie (S)	
modal:	Er hat einen Vorschlag gemacht, *wie* niemand es erwartet hätte.
komparativ:	Er ist so alt, *wie* er ausschaut. Sie läuft genauso schnell *wie* ihr älterer Bruder.
zumal (S)	
kausal (zusätzlicher Grund):	Sie kann wegen ihrer Termine nicht kommen, *zumal* sie auch krank ist.

e. Satzteilkonjunktionen

Satzteilkonjunktionen verbinden Teile einfacher Sätze. Die häufigsten Konjunktionen sind *als* und *wie*:

> Ich sehe ihn *als* bedeutenden Mann.
> Er spricht hier *als* Wissenschaftler.
> Sie verhält sich *wie* erwartet.
> Er behandelt sie *wie* ein Kind.

f. Funktionen der Konjunktionen

Konjunktionen verbinden Satzteile und Sätze und sind damit wichtige Elemente der Textbildung. Gelegentlich sind ihre Bedeutungen erst im Kontext genau zu erkennen; häufig ist eine genaue Differenzierung nicht möglich. In der gesprochenen Sprache wird bei *weil*-Sätzen auch die Verb-Zweitstellung (Hauptsatz) gebraucht [S. 320]; in der geschriebenen Sprache ist das nicht zulässig.

8. Die Präposition

Die Gebührenzähler

Tim Mois rollt auf seinem Drehstuhl durch das Büro, auf der Suche nach dem einzigen Aschenbecher. In der einen Hand hält er eine Zigarette, deren Asche gleich auf den Boden fallen wird, in der anderen sein Handy. „Einen Moment noch, Entschuldigung." Er spricht mit einem Geschäftspartner... Die Idee von Tim und Thilo ist einfach: Jeden Tag suchen sie nach den billigsten Telefontarifen und stellen sie ins Internet...

(*jetzt.* Süddeutsche Zeitung, 15. 2. 1999, S. 26)

a. Die Wortart

In unserem Text kommen verschiedene Präpositionen vor:

auf, durch, nach, in, mit, ins

Präpositionen sind Funktionswörter, die Verbindungen zwischen Teilen des Satzes herstellen. Sie können weder dekliniert noch gesteigert werden, sind also nicht veränderbar. Sie stehen im Regelfall vor

- einem Substantiv: *auf* seinem Drehstuhl
- einem Adjektiv/Adverb: *zum* Billigsten, *nach* oben
- einem Pronomen: *mit* ihr

Einige Präpositionen können vor oder hinter einem Substantiv stehen (*nach* seiner Meinung – seiner Meinung *nach, wegen* ihres Erfolges – ihres Erfolges *wegen*); andere stehen nur hinter einem Substantiv (der Tradition *halber*, seiner Mutter *zuliebe*) und heißen deshalb auch *Postpositionen.*

Manchmal gibt es einen Wechsel der Kasusform: *entlang* des Flusses (Genitiv) – den Fluss *entlang* (Akkusativ). Andere Präpositionen umrahmen das Substantiv oder Pronomen (*um...herum, um...willen*). Man spricht dann von *Zirkumposition.*

Allgemein werden *freie* von *gebundenen* Präpositionen unterschieden:

Freie Präpositionen sind im Satz austauschbar; dabei wird die Aussage des Satzes verändert:

> Sie ist *in* dem Haus. – Er geht *vor* das Haus. – Das Flugzeug fliegt *über* das Haus. – *Hinter* dem Haus ist ein Fußballplatz. – *Neben* dem Haus steht ein Apfelbaum.

Zu den freien Präpositionen gehören die primären Präpositionen (*in*, *nach*, *für*, *aus* usw.) sowie die sekundären (abgeleiteten) Präpositionen (*angesichts*, *mangels*, *einschließlich* usw.).

Dagegen sind gebundene Präpositionen nicht austauschbar, sondern fest. Sie hängen von der Valenz des Verbs [S. 79ff.], des Substantivs [S. 212ff.] oder Adjektivs [S. 251ff.] ab und stehen unmittelbar nach diesen im Satz:

Verb: Das hängt *von* seiner Entscheidung ab.
Es fehlt *an* Geld.

Substantiv: Die Entscheidung *für* den Bau ist gefallen.
Der Hinweis *auf* den Mörder kam von Herrn Müller.

Adjektiv: Sie ist abhängig *von* ihm.
Sie ist interessiert *an* der Reise.
Er ist neugierig *auf* den Bericht.

Ebenso verhält es sich mit den Funktionsverbgefügen [S. 170ff.]:

> Er stellt das Problem *zur* Diskussion.
> Sie bringt ihre Freundin *in* Verlegenheit.
> Der Patient steht *unter* Beobachtung.

b. Liste der Präpositionen

Präpositionen bestimmen den Kasus der nachfolgenden Substantive, Adjektive, Artikelwörter oder Pronomen. Wir unterscheiden

- Präpositionen mit *einem* Kasus
- Präpositionen mit *zwei* Kasus
- Präpositionen *ohne* Kasusrektion

Präpositionen mit einem Kasus

– **Akkusativ** (*bis, durch, für, gegen, je, ohne, pro, um, wider*):

> *bis* nächsten Montag, *für* ihren Mann, *pro* Einwohner, *um* die Stadt

– **Dativ** (*ab, aus, außer, bei, entgegen, entsprechend, gegenüber, gemäß, mit, nach, nahe, seit, von, zu, zuliebe, zuwider*):

> *aus* dem Dorf, *entgegen* seiner Darstellung, *gemäß* der Erklärung, *von* ihm, ihr *zuwider*

– **Genitiv** (*abseits, abzüglich, angesichts, anhand, aufgrund, außerhalb, beiderseits, dank, diesseits, eingangs, einschließlich, entlang, hinsichtlich, infolge, innerhalb, jenseits, kraft, laut, mangels, mittels, oberhalb, seitens (vonseiten), statt (anstatt), trotz, um...willen, unterhalb, unweit, während, wegen*):

> *abseits* der Straße, *eingangs* des Dorfes, *infolge* seiner Krankheit, *kraft* seiner Vollmacht, *laut* (der) Erklärung, *statt* ihrer Mutter

Präpositionen mit zwei Kasus

Zu den Präpositionen, die sowohl den Dativ als auch den Akkusativ regieren, gehören *an, auf, hinter, neben, in, über, unter, vor, zwischen*:

> Er ist *in* der Stadt. (Dativ; Situativergänzung)
> Er geht *in* die Stadt. (Akkusativ; Richtungsergänzung)

Anmerkungen:

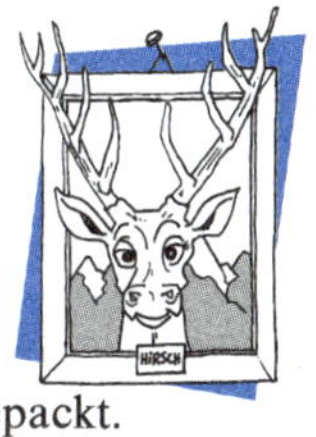

- Gelegentlich schwankt der Kasus bei diesen Präpositionen:

> Er hat das Bild *an* *den/dem* Nagel aufgehängt.
> Sie hat die Geschenke *in* *den/dem* Koffer eingepackt.
> Das Kind hat sich *in* *das/dem* Zimmer eingeschlossen.
> Sie haben *an* *das/dem* Haus eine Garage angebaut.

- In der gesprochenen Sprache wird bei *trotz, statt, wegen* und *während* statt des Genitivs immer häufiger der Dativ verwendet. In der geschriebenen Sprache ist diese Form jedoch nicht korrekt:

trotz seinem Plan, *trotz* alledem, *trotz* allem, *wegen* seinem Vater

- Ebenso wird der Dativ in den folgenden Fällen im Plural, dann aber ohne Artikel, gebraucht:

innerhalb vier Tagen, *mangels* Beweisen, *während* drei Monaten

- *Zufolge/zu(un)gunsten* regieren den Genitiv, wenn sie vor dem Substantiv stehen; stehen sie dahinter, wird der Dativ gebraucht:

Zugunsten seine*s* Sohnes entschied der Richter.
Seinem Plan *zufolge* ging alles gut.

- In der gesprochenen Sprache wird bei Lokalangaben häufig *von* + Dativ gebraucht:

südlich Münchens/ *von* München
seitlich des Tisches/ *von* dem Tisch

● **Präpositionen ohne Kasusrektion**

Präpositionen zwischen Zwillingsformeln bestimmen keinen Kasus:

Fragen *über* Fragen, Punkt *für* Punkt, Schlag *auf* Schlag, Zug *um* Zug

c. Verschmelzungen

Vor allem in der gesprochenen Sprache und in nicht betonter Funktion verschmelzen Präpositionen mit dem nachfolgenden Artikel:

an das → *ans*
an dem → *am*
bei dem → *beim*
in das → *ins*
in dem → *im*
von dem → *vom*
zu dem → *zum*
zu der → *zur*

Wird aber der Artikel betont, bleiben Präposition und Artikel getrennt:

Er geht *ins* Kino. (unbetont)
Er geht *in dás* Kino, in dem der neue „James Bond" läuft. (betont)

Nicht alle Verschmelzungen sind gutes Deutsch; *hintern, übern, untern* usw. sollten möglichst nicht verwendet werden.

d. Die Bedeutung der Präpositionen

Häufig bezeichnen Präpositionen räumliche Verhältnisse (*an* der Wand, *in* die Stadt, *zum* Bahnhof usw.), doch es gibt zahlreiche andere Inhalte, die mit Präpositionen ausgedrückt werden.

Hier sind die wichtigsten Präpositionen mit ihren Verwendungsmöglichkeiten in alphabetischer Reihenfolge aufgelistet:

Präposition	Bedeutung	Beispiel
ab (Dativ)	Ausgangspunkt (Ort) Ausgangspunkt (Zeit) Zahlenangaben	*ab* München *ab* der nächsten Woche *ab* 18 Jahren
als (ohne Kasus)	Komparativ	schöner *als*...
an (Dativ/ Akkusativ)	Richtung Ort Kontakt Zeitpunkt Superlativ	*an* die Nordsee *an* der Nordsee *an* die Wand/ *an* der Wand *am* Nachmittag, *am* Ende/ *an* Weihnachten (süddeutsch) *am* schönsten (ohne Kasus)
anstatt (vgl. *statt*)		
auf (Dativ/ Akkusativ)	Richtung Ort Zeit feste Verbindungen Gradangabe Sprachbezeichnung Maßangabe	*auf* den Bahnhofsvorplatz *auf* dem Bahnhofsvorplatz die Nacht von Montag *auf* Dienstag *Auf* morgen! *Auf* deinen Erfolg! *auf* das Genaueste *auf* das Beste *auf* Englisch *Auf* ein Pfund Mehl rechnet man 20 Gramm Hefe.

Präposition	Bedeutung	Beispiel
aus (Dativ)	Herkunft geschlossener Raum Material Grund, Ursache (wohl überlegt/lange vorbereitet; sonst *vor*)	*aus* Deutschland, *aus* der Schweiz *aus* dem Zimmer, *aus* der Flasche *aus* Metall, *aus* Holz *aus* Liebe, *aus* Überzeugung
bei (Dativ)	Ort Zeit Bedingung Zeit + Bedingung	*bei* seiner Familie *bei* Berlin *beim* Abendessen, *bei* Einbruch der Dunkelheit *bei* schwerer Erkältung, *bei* hohen Schulden *bei* schönem Wetter
bis (Akkusativ/ohne Kasusangabe)	Endpunkt Zeit Modalität (mit *zu* + Dativ) ungenaue Maßangabe	von München *bis* (nach) Saarbrücken *bis* 3 Uhr, *bis* morgen, *bis* Donnerstag *bis* auf den letzten Platz *bis* zur Erschöpfung 100 *bis* 130 Kilo
durch (Akkusativ)	Ort Dauer Urheber, Medium (Passiv)	*durch* Ungarn, *durch* die Tür die ganze Nacht *durch* *durch* Kolumbus entdeckt, *durch* Boten überbracht
entgegen (Dativ)	Richtung Opposition	Sie kam ihm *entgegen*. *entgegen* ihrem Wunsch
entlang (Genitiv/ Akkusativ)	Ort	*entlang* des Flusses den Fluss *entlang* (gesprochene Sprache: *entlang* dem Fluss (Dativ))
für	Zweck Modalität Zeit	*für* die Opfer *für* sein Alter ist er... *für* drei Monate
gegen (Akkusativ)	Ort/Richtung Zeit (ungenaue Angabe)	*gegen* die Wand *gegen* Mittag

Präposition	Bedeutung	Beispiel
gegenüber (Dativ)	Ort Verhaltensweise Vergleich	*gegenüber* der Bank *gegenüber* seinem Chef *gegenüber* seinem alten Auto ist das neue...
hinter (Dativ/ Akkusativ)	Ort/Richtung	*hinter* dem Haus/ *hinter* das Haus
in (Dativ/ Akkusativ)	Ort/Richtung Modalität Zeit (teilweise ungenau) Zustand	*in* der Stadt/ *in* die Stadt *in* einer angenehmen Stimmung *in* zwei Stunden, *im* Juli/ August *im* Zorn, *in* Zusammenarbeit mit...
mit (Dativ)	Mittel Zusammengehörigkeit	*mit* dem Auto *mit* unserem Vater
nach (Dativ)	Zeit Richtung Folge abstrakt	*nach* 14 Uhr *nach* Berlin/Russland die erste Straße *nach* rechts *nach* dem Urteil *nach* meiner Meinung/ meiner Meinung *nach*
ohne (Akkusativ)	Ausschließung	*ohne* ihn, *ohne* den Hund
seit (Dativ)	Zeit	*seit* vier Monaten
statt/anstatt (Genitiv)	Ersatz	*statt* des Buches *anstatt* seines Bruders
trotz (Genitiv)	Gegensatz	*trotz* seines Unfalls
über (Dativ/ Akkusativ)	Ort/Richtung Verbindung Zeit Maßangabe	*über* dem Fluss/ *über* den Fluss *über* das Telefon *über* Stuttgart *über* Weihnachten *über* 18 Jahre, *über* 100 Leute
um (Akkusativ)	Ort Zeit ungenaue Maßangabe	*um* den See (=„rundum“) *um* vier Uhr, *um* 1850 *um* die 1000 Euro

Präposition	Bedeutung	Beispiel
unter (Dativ/ Akkusativ)	Ort/Richtung Teil/Einzelheit abstrakt	*unter* dem Tisch/ *unter* den Tisch *unter* die/den Zuschauer(n) *unter* allen Umständen
unterhalb (Genitiv)	Ort	*unterhalb* des Berges
vor (Dativ/ Akkusativ)	Zeit Ort/Richtung Grund (kurzer Gefühlsausbruch)	*vor* 13 Uhr *vor* dem Bahnhof/ *vor* den Bahnhof *vor* Glück, *vor* Hunger
wegen (Genitiv)	Grund	*wegen* des Feiertags (gesprochene Sprache auch: *wegen dem* Feiertag) *seinetwegen*
zu (Dativ)	Ort/Richtung Zeit Modalität Maßangabe	*zu* Hause, *zum* Kino, *zu* ihr *zu* seiner Zeit, *zu* Ostern *zu* zweit, *zur* Erinnerung, *zu* Fuß zwei Karten *zu* 10 DM
zwischen (Dativ/ Akkusativ)	Ort/Richtung Zeit	*zwischen* den Bäumen/ *zwischen* die Bäume *zwischen* den Jahren *zwischen* acht und neun Uhr

Der Unterschied von ***zu*** und ***mit*** wird deutlich bei folgenden Sätzen:

> Deutschland hat ein gutes Verhältnis *zu* Frankreich.
> Müller hat ein Verhältnis *mit* seiner Sekretärin.

Zu signalisiert hier eine neutrale Beziehung, bei *mit* schwingt hingegen eine persönliche (manchmal eher zweifelhafte!) Bedeutung mit. Ebenso:

> Beziehungen *zu/mit*, Kontakte *zu/mit*
> (nur *zu*: Vertrauen *zu*)

e. Funktionen der Präpositionen

Präpositionen haben vor allem zwei Funktionen:

- Sie stellen Verbindungen zwischen Satzgliedern oder innerhalb eines Satzgliedes her:

  Das hängt *von* seiner Entscheidung ab.
  Sie meldet sich *wegen* des Todesfalls.
  Er geht arbeiten *trotz* seiner Erkältung.

- Sie bestimmen das Geschehen oder den Zustand näher:

  Er hat das *in* der Nacht erledigt.
  Sie kommen *mit* ihren Eltern.
  Die Stadt liegt *hinter* dem Berg.

Zahlreiche Präpositionen – die wir *sekundäre* Präpositionen nennen – haben eine klare und unverwechselbare Bedeutung und Funktion, z. B. *außerhalb, innerhalb, oberhalb, unterhalb, beiderseits, trotz, wegen.* Andere Präpositionen (*primäre* Präpositionen, z. B. *in*) haben je nach ihrer Verwendung unterschiedliche Bedeutungen, die nur im Kontext verstanden werden können.

Beim Passiv werden die Präpositionen *von, durch* und *mit* verwendet. Der Gebrauch ist unterschiedlich. Wird der Urheber/Handelnde bezeichnet, steht *von*:

Das wird *von* Klaus erledigt.
Die Sitzung wurde *vom* Präsidenten eröffnet.

Soll hingegen lediglich die Vermittlung bzw. die vermittelnde Person ausgedrückt oder benannt werden, steht *durch*:

Die Fahndungsmeldung wird *durch* das Fernsehen verbreitet.
Der Befehl wird *durch* den Soldaten ausgeführt.

Geht es schließlich nur um das Instrument, kann auch *mit* stehen:

Er wird *mit* dem Krankenwagen transportiert.

f. Lernprobleme

Besondere Schwierigkeiten bereiten die Präpositionen, die zwei Kasus regieren:

an, auf, hinter, neben, in, über, unter, vor, zwischen

Auf die Frage *„wo?"* folgt der Dativ (*an* dem Zug warten, *auf* der Bank arbeiten, *neben* dem Stadion parken), auf die Frage *„wohin?"* folgt der Akkusativ (*an* den Zug kommen, *auf* die Bank gehen, *neben* das Stadion fahren).

Eine weitere Schwierigkeit bereitet die semantische Unterscheidung, also der unterschiedliche Gebrauch entsprechend der Bedeutung im Kontext. Viele Präpositionen, die vor allem lokale (räumliche) Angaben (*auf* dem Boden) oder zeitliche Angaben (*in* zwei Stunden) vermitteln, haben daneben noch andere Bedeutungen:

lokal:	Ich lebe *in* München. Ich bin *in* der Küche.
lokal (abstrakt):	Sie ist *in* einer schwierigen Situation. Er ist *in* heller Aufregung.
temporal:	Er kommt *in* zwei Monaten. Der Mord geschah *in* der Nacht. Ich gehe *in* fünf Minuten.
Zustand:	Er hat es *in* heller Wut getan. Der Film entstand *in* Zusammenarbeit mit der Hochschule. Das Buch erscheint *in* überarbeiteter Fassung.

Folgen mehrere Präpositionen aufeinander, so bestimmt die zuerst stehende Präposition den Kasus des dominierenden Adjektivs.

Wir vergleichen:

von einem *mit* allen Informationen *ausgestatteten* Publikum

Und:

vor *mit* allen Informationen *ausgestattetem* Publikum

9. Die Partikeln

Szenen einer Ehe. Feierabend

Bürgerliches Wohnzimmer. Der Hausherr sitzt im Sessel, hat das Jackett ausgezogen, trägt Hausschuhe und döst vor sich hin. Hinter ihm ist die Tür zur Küche einen Spalt breit geöffnet. Dort geht die Hausfrau emsiger Hausarbeit nach. Ihre Absätze verursachen ein lebhaftes Geräusch auf dem Fliesenboden.

Sie Hermann...
Er Ja...
Sie Was machst du da?
Er Nichts...
Sie Nichts? Wieso nichts?
Er Ich mache nichts...
Sie Gar nichts?
Er Nein...
(Pause)
Sie Überhaupt nichts?
Er Nein..., ich sitze hier...
Sie Du sitzt da?
Er Ja...
Sie Aber irgendetwas machst du doch?
Er Nein...
(Pause)
Sie Denkst du irgendwas?
Er Nichts Besonderes...
Sie Es könnte ja nicht schaden, wenn du mal etwas spazieren gingest...
Er Nein, nein...
Sie Ich bringe dir deinen Mantel...
Er Nein, danke...
Sie Aber es ist zu kalt ohne Mantel...
Er Ich gehe ja nicht spazieren...
Sie Aber eben wolltest du doch noch...
Er Nein, du wolltest, dass ich spazieren gehe...
Sie Ich? Mir ist es doch völlig egal, ob du spazieren gehst...
Er Gut...
Sie Ich meine nur, es könnte dir nicht schaden, wenn du mal spazieren gehen würdest...
Er Nein, schaden könnte es nicht...
Sie Also was willst du denn nun?

Er	Ich möchte hier sitzen...
Sie	Du kannst einen **ja** wahnsinnig machen!
Er	Ach...
Sie	Erst willst du spazieren gehen..., dann wieder **nicht**..., dann soll ich deinen Mantel holen..., dann wieder **nicht**..., was **denn** nun?
Er	Ich möchte hier sitzen...
Sie	Und jetzt möchtest du plötzlich da sitzen...
Er	Gar nicht plötzlich..., ich wollte immer **nur** hier sitzen..., und mich entspannen...
Sie	Wenn du dich wirklich entspannen wolltest, würdest du nicht dauernd auf mich einreden...
Er	Ich sag **ja** nichts mehr... *(Pause)*
Sie	Jetzt hättest du **doch** **mal** Zeit, irgendetwas zu tun, was dir Spaß macht...
Er	Ja...
Sie	Liest du was?
Er	Im Moment **nicht**...
Sie	Dann lies **doch** **mal** was...
Er	Nachher, nachher vielleicht...
Sie	Hol dir **doch** die Illustrierten...
Er	Ich möchte erst noch etwas hier sitzen...
Sie	Soll ich sie dir holen?
Er	Nein, nein, vielen Dank...
Sie	Will der Herr sich **auch** **noch** bedienen lassen, was?
Er	Nein, wirklich **nicht**...
Sie	Ich renne den ganzen Tag hin und her... Du könntest **doch** **wohl** ein Mal aufstehen und dir die Illustrierten holen...
Er	Ich möchte jetzt **nicht** lesen...
Sie	Dann quengle **doch** **nicht** so rum...
Er	*(schweigt)*
Sie	Hermann!
Er	*(schweigt)*
Sie	Bist du taub?
Er	Nein, nein...
Sie	Du tust **eben** **nicht**, was dir Spaß macht..., stattdessen sitzt du da!
Er	Ich sitze hier, weil es mir Spaß macht...
Sie	Sei **doch** **nicht** gleich so aggressiv!
Er	Ich bin **doch** **nicht** aggressiv...
Sie	Warum schreist du mich dann so an?
Er	*(schreit)* Ich schreie dich **nicht** an!

(Loriot: *Menschen, Tiere, Katastrophen,* Stuttgart 1992, S. 42–45)

a. Die Wortart

In unserem Text kommen mehrere Partikeln vor:

überhaupt, doch, ja, mal, nicht, nur, denn, auch, wohl, eben

Partikeln sind unveränderliche Wörter, die die Aussage des Satzes näher bestimmen oder graduieren (= abstufen). Vor allem für emotional gefärbte Ausdrücke sind sie unverzichtbar, obwohl ihre eigene Bedeutung – mit Ausnahme der Negationspartikel *nicht* – eher gering ist.

Wir unterscheiden drei Klassen:

– **Modalpartikeln** (Abtönungspartikeln):

Das ist *doch* die Höhe!
Der ist *vielleicht* ein Idiot!
Das ist *ja* nicht zu glauben!

– **Gradpartikeln:**

Der Florian war *sogar* in Hollywood.
Sie kam *erst* nach einem Jahr wieder aus dem Krankenhaus.
Ich habe *bloß* höflich gefragt.

– **Negationspartikel *nicht*:**

Er hat sie *nicht* gesehen.
Sie meint *nicht* Josef, sondern seinen Freund.

b. Modalpartikeln

Modalpartikeln (Abtönungspartikeln) sind Wörter, die

- die Einstellung des Sprechers zur Aussage verändern bzw. färben:

Das ist *ja* die Höhe! (Empörung)

- nicht allein an der Spitze des Aussagesatzes stehen können:

Das geht *schon* in Ordnung.
(aber nicht: **Schon* geht das in Ordnung.)

– nicht erfragt werden können:

Der ist *vielleicht* schnell.
(aber nicht: * *Was* ist er schnell?)

– nicht verneint werden können:

Das ist *doch* Peter da drüben!
(aber nicht: *Das ist nicht *doch* Peter da drüben!)

– im Regelfall nicht betont werden; der Satzakzent (´) folgt unmittelbar danach:

Das ist *ja* ungláublich!

– sich nicht auf einzelne Wörter beziehen (z. B. Adverbien, Artikel), sondern auf den gesamten Satz:

Das ist *vielleicht* eine Katastrophe!

– die häufig gleich lautende Vertreter mit unterschiedlicher Bedeutung in anderen Wortarten haben:

Wort	Wortart	Beispiel
aber	a. Konjunktion	Er kommt, *aber* nur für einen Moment.
	b. Partikel	Der ist *aber* schnell!
denn	a. Konjunktion	Sie weiß es, *denn* sie hat ihn gesehen.
	b. Partikel	Was machst du *denn* hier?
doch	a. Konjunktion	Er fährt, *doch* sie bleibt.
	b. Adverb	Sie fährt und kommt *doch* bald wieder.
	c. Partikel	Das ist *doch* unglaublich!

Wort	**Wortart**	**Beispiel**
eben	a. Adverb	*Eben* ist Martin gelandet.
	b. Partikel	Das ist *eben* üblich!
ja	a. Satzäquivalent	Kommt sie? – *Ja,* sie kommt.
	b. Partikel	Der ist *ja* verrückt!
schon	a. Adverb	Sie sind *schon* da.
	b. Partikel	Ist *schon* gut!
vielleicht	a. Adverb	*Vielleicht* klappt es.
	b. Partikel	Die ist *vielleicht* gut!

Die Situation und der Kontext, vor allem aber die Aussageabsicht des Sprechers, entscheiden darüber, welche Bedeutung Modalpartikeln jeweils haben. Sie lassen feine Nuancen zu und sind deshalb besonders in der gesprochenen Sprache ebenso beliebt wie manchmal mehrdeutig.

Die häufigsten Modalpartikeln sind:

Partikel	**Interpretation**	**Beispiel**
aber	Überraschung	Das ist *aber* schön!
auch	Zweifel	Habt ihr es *auch* richtig verstanden?
bloß	Begrenzung	Was hat er *bloß*?
	Verstärkung der Aufforderung	Fahr *bloß* langsam!
denn	Interesse	Wie alt bist du *denn*?
doch	Verstärkung	Lass mich *doch* in Ruhe! Das ist *doch* unverschämt!
	Erwartung	Du schaffst das *doch* bis Montag?

Partikel	Interpretation	Beispiel
eben (= *halt)*	Einsicht in Unveränderliches	Das ist *eben* so!
eigentlich	bessere Einsicht	Das war *eigentlich* ein schöner Urlaub!
einfach	deutliche Aussage	Das ist *einfach* nicht wahr!
erst	Hervorhebung	Wie schnell ist *erst* Jürgen! Alle waren nett, und der Dr. Müller *erst*!
	Wunsch	Ach, wäre ich *erst* erwachsen!
etwa	Überraschung, Verärgerung	Rauchst du *etwa*? Er hat nicht *etwa* gelesen, sondern geschlafen.
ja	Überraschung	Der ist *ja* klasse!
	Überredung	Du weißt *ja*, dass wir morgen fahren wollen!
	Warnung	Komm *ja* nicht zu spät!
mal	Verstärkung einer Aufforderung	Gib mir *mal* das Messer!
nun	drängende Nachfrage	Gehen wir *nun* ins Kino?
nur	Warnung	Leih ihm *nur* kein Geld!
	Wunsch	Wenn sie *nur* bald käme!
	Interesselosigkeit	Lass ihn *nur* reden!
	Anteilnahme	Was ist *nur* mit Carmen los?

Partikel	Interpretation	Beispiel
ruhig	Verstärkung Beruhigung	Du kannst *ruhig* laut sein!
schon	Einschränkung	Das ist *schon* wahr!
	Beruhigung	Wir werden das *schon* schaffen!
überhaupt	genereller Zweifel	Kann er *überhaupt* schwimmen?
	allgemeine Aussage	Christine hat *überhaupt* keine Lust.
vielleicht	Verstärkung	Gabriele ist *vielleicht* schön!
wohl	Vermutung	Er ist *wohl* krank.
	Bitte	Könnte ich *wohl* mal die Milch haben?

Im Dialog erfüllen Modalpartikeln wichtige Funktionen:

- **Bedeutungsdifferenzierung und Ausdruck der Emotion**

Modalpartikeln färben und modifizieren die Aussage. Eine Warnung, Überraschung, Vermutung, Einschränkung, rhetorische Frage, ein Wunsch oder Kommentar können auf diese Weise wirkungsvoller werden. Modalpartikeln können grundsätzlich weggelassen werden, doch für die Kommunikation sind sie unverzichtbar. Sie prägen vor allem die gesprochene Sprache und sind nur im Textzusammenhang verständlich.

Es ist nicht ganz einfach, die jeweilige Funktion einer Partikel im Dialog festzustellen und Partikeln selbst richtig zu gebrauchen.

Zur Veranschaulichung der Wirkung von Partikeln gehen wir daher nun noch einmal von unserem Eingangsdialog aus und markieren zunächst die Modalpartikeln. Hier ein Ausschnitt:

Sie Aber irgendetwas machst du *doch*?
Er Nein...
(Pause)
Sie Denkst du irgendwas?
Er Nichts Besonderes...
Sie Es könnte *ja* *nicht* schaden, wenn du *mal* etwas spazieren gingest...
Er Nein, nein...
Sie Ich bringe dir deinen Mantel...
Er Nein, danke...
Sie Aber es ist zu kalt ohne Mantel...
Er Ich gehe *ja* *nicht* spazieren...
Sie Aber eben wolltest du *doch* noch...
Er Nein, du wolltest, dass ich spazieren gehe...
Sie Ich? Mir ist es *doch* völlig egal, ob du spazieren gehst...
Er Gut...
Sie Ich meine *nur*, es könnte dir *nicht* schaden, wenn du *mal* spazieren gehen würdest...

Danach sprechen wir den Text mit den Partikeln und stellen fest, dass die Sprache eher gespannt bis aggressiv ist und dass der Satzakzent (´) fast immer hinter der Partikel liegt:

> Es könnte *ja* nicht sch*á*den, wenn du mal etwas spazieren gingest...

Zur Probe sprechen wir den Text ohne Partikeln und stellen fest, dass der Dialog jetzt eher farblos und blass wirkt, fast langweilig. Die besondere „Stimmung“ des Dialogs ist verloren gegangen; jedenfalls fehlen das Drängen der Frau und das Resignative des Mannes:

> *Ich gehe nicht spazieren. – Aber eben wolltest du noch.*

Ein anderes Beispiel:

> Dann lies *doch* *mal* was! – *Dann lies was!*

Der erste Satz wirkt viel ausdrucksstärker, weil Partikeln benutzt werden.

Die Partikeln „würzen“ also den Text; sie machen ihn farbiger und plastischer und verdeutlichen, worum es den Gesprächsteilnehmern geht: Sie sind Hinweiswörter für die Absichten der Sprecher und reichern die einzelnen Aussagen mit Bedeutungsnuancen an.

Schließlich versuchen wir, die Partikeln durch andere zu ersetzen und beobachten dabei, wie sich die Aussage des Satzes jeweils verändert.

Dazu ist es stets nötig, den Satz laut zu sprechen, weil dabei die Veränderung am deutlichsten wird. Ein Beispiel:

Ich gehe *ja* nicht spazieren.	(Verstärkung)
Ich gehe *aber* nicht spazieren.	(Widerspruch)
Ich gehe *doch* nicht spazieren.	(Verstärkung)
Ich gehe *wohl* nicht spazieren.	(Unsicherheit)
Ich gehe *schon* nicht spazieren.	(Beruhigung)
Ich gehe *überhaupt* nicht spazieren.	(allgemeine Aussage)
*Ich gehe *ruhig* nicht spazieren.	(falsch!)

● Markierung einer Information

Wird eine Modalpartikel (z. B. *ja*) auf dem Satzfeld [S. 112ff.] verschoben, ändert sich die Bedeutung des Satzes. Der Akzent (´) liegt stets auf dem Wort unmittelbar hinter der Partikel; hier beginnt die neue Information (das *Rhema*).

Frau Müller hat gestern ihrer Tochter ein Fahrrad zum Geburtstag geschenkt.

Frau Müller hat *ja* géstern ihrer Tochter...
(und nicht vor einem Monat)

Frau Müller hat gestern *ja* ihrer Tóchter...
(und nicht ihrem Sohn)

Frau Müller hat gestern ihrer Tochter *ja* ein Fáhrrad...
(und kein Auto)

c. Gradpartikeln

Gradpartikeln nennen wir solche unveränderlichen Elemente der Sprache, die einen Teil der Aussage *quantifizieren*, also in Umfang oder Bedeutung unterschiedlich betonen. Daher stehen sie vor diesem Satzelement. Sie können weder ins Vorfeld des Satzes gestellt noch betont werden. Manchmal ist die Grenze zu gleich lautenden Adjektiven, Adverbien oder Modalpartikeln fließend.

Zu den Gradpartikeln gehören:

allein, auch, bloß, einzig, erst, gerade, ferner, noch, nur, schon, sehr, selbst, sogar, zu

Durch Verschiebungen auf dem Satzfeld können Gradpartikeln die Aussage je nach Absicht des Sprechers verändern, also intensivieren bzw. abschwächen:

Vera hat gestern Michael Jackson im Olympiastadion erlebt.
(= sie hat eine Karte bekommen)

Vera hat gestern *sogar* Michael Jackson im Olympiastadion erlebt. (= und nicht nur die anderen Popsänger)

Vera hat gestern Michael Jackson im Olympiastadion *sogar* erlebt. (= und nicht nur im Fernsehen gesehen)

d. Die Negationspartikel *nicht*

Mit der Negationspartikel *nicht* werden Aussagen verneint:

Er hat sie gesehen. → Er hat sie *nicht* gesehen.

Wird die gesamte Aussage verneint, steht die Negationspartikel am Satzende *(Satznegation):*

Er liest das Buch *nicht*.
Ihm schmeckt das Essen *nicht*.

Wird hingegen nur ein Teil der Aussage verneint, steht die Negationspartikel unmittelbar vor diesem Element; ein Anschluss mit *sondern* ist möglich:

> Er liest *nicht* das Buch, sondern die Zeitung.

(**Anmerkung:** Diese Regel gilt nicht bei valenzgebundenen Ergänzungen mit Präposition [S. 79ff.]).

Bei festen Verbverbindungen *(Schlange stehen, zur Diskussion stellen* u. Ä.) steht *nicht*:

> Die Menschen standen *nicht* Schlange.
> Er ist *nicht* Rad gefahren.

Bei *sein* und *werden* steht *nicht* bei nachfolgendem Substantiv ohne Artikel *(Satzverneinung)*, bei Satzteilverneinung auch *kein*, bei Verben wird *nicht* gebraucht:

> Er ist *nicht* Lehrer.
> Sie wird *nicht* Rechtsanwältin.
> (Er ist *kein* Lehrer, sondern Regisseur.)
> Sie hat das Stück *nicht* gesehen.

10. Die Satzäquivalente

a. Die Wortart

Satzäquivalente sind unveränderliche Wörter, die allein oder zusammen mit anderen Wörtern eine Äußerung formulieren.

Wir unterscheiden drei Bereiche:

- **Antwortwörter:**

  ja, nein, doch, hm

- **Reaktionswörter:**

  bitte, danke

- **Interjektionen (Ausrufewörter):**

  ah, ach, aua, bums, hoppla, plumps, psst usw.

b. Antwortwörter

Sie dienen als Antwort auf Entscheidungsfragen (Satzfragen):

Kommt er? → *Ja*, er kommt. / *Nein*, er kommt nicht.

Schläft sie nicht? (Negation) → *Doch*, sie schläft. / *Nein*, sie schläft nicht.

Mit *nein* wird bei einer positiv formulierten Frage ausgedrückt, dass das Gegenteil des Angenommenen der Fall ist.

Doch wird dagegen verwendet als Antwort auf eine negativ formulierte Frage; es bedeutet das Gegenteil des in der Frage negierten Sachverhalts. Hier bedeutet *nein* eine Bestätigung.

Die Antwortwörter können auch allein stehen:

> Fliegen wir morgen? – *Ja*/ *Nein*.
> Bist du mir böse? – *Ja*/ *Nein*.

Mit *hm* wird angedeutet, dass die Antwort unsicher ist:

> Gehen wir nun ins Kino? – *Hm*! (= „vielleicht“)

c. Reaktionswörter

Die Partikeln *bitte* und *danke* können unterschiedlich verwendet werden:

bitte:

- als Aufforderung:

> Darf ich Ihnen die Karte zeigen? – *Bitte*! (= „Ja!“)
> Darf ich Ihnen den Mantel abnehmen? – *Bitte*!

- als Einschub *(Kontaktparenthese)* bei einer höflichen Frage:

> *Bitte*, wie komme ich hier zum Theater?
> Wie komme ich hier, *bitte*, zum Theater?
> Wie komme ich hier zum Theater, *bitte*?

- als Nachfrage:

> *Bitte*, was hast du eben gesagt?
> Was hast Du, *bitte*, eben gesagt?
> Was hast du eben gesagt, *bitte*?

- als Zustimmung zu einem Angebot:

> Möchtest du noch ein Eis?
> – *Bitte*!/ *Bitte*, gern! (= „Ja!“)

danke:

- als Äußerung des Dankes:

> *Danke*, wir haben uns sehr gefreut!
> Wir haben uns sehr gefreut, *danke*!

– als höfliche Ablehnung eines Angebots:

Danke, ich möchte keinen Kuchen mehr!
Ich möchte keinen Kuchen mehr, *danke*!

– als Antwort auf eine Frage nach dem Gesundheitszustand:

Wie geht es dir denn jetzt? – *Danke*, sehr gut.

Wird nur mit *danke* geantwortet, ist die Antwort häufig unklar:

Wie geht es Ihnen? < *Danke*. (= „Gut.“)
Danke. (= „Es könnte besser sein.“)

d. Interjektionen

Interjektionen sind Ausrufewörter und drücken Empfindungen oder Stimmungen aus: Sie sind unveränderlich und ihre Zahl ist nahezu unbegrenzt.

Hier eine Auswahl der häufigsten Interjektionen:

– Angst oder Furcht (*uh, huh, oh, (o)weh):*

Uh, ist das dunkel hier!

– Freude *(juhu, hurra, ah):*

Juhu, wir haben gewonnen!

– Überraschung *(aha, nanu, ach nein, oje):*

Nanu, der war doch sonst immer pünktlich!

– Ärger *(ach, oho, hach, verdammt):*

Verdammt, das ging ins Auge!

– Ekel *(brr, igitt, ih, pfui Teufel):*

Ih, ist das glitschig!

V. Wortbildung

Seid mutig und seid stark!

Der erste Akt des Stücks, um das es hier geht, begann vor fast einem Vierteljahrhundert mit Hölle, Tod und Teufel. Man sah erbleichende Zeitungsverleger, taumelnde Buchverlagsmanager, schwankende Gestalten in den Zeitschriften-Imperialen und vom Schlag getroffene Papierfabrikanten. Es war ihnen gemeldet worden: Das Ende der Zeitung ist nah. Das Ende der Zeitschrift auch. Das Buch wird sowieso sterben. Und das papierlose Büro steht vor der Tür.

Und der Teufel? Hatte viele Namen. Hieß Microsoft oder Intel oder Mikroprozessor oder MS-DOS. Kaum jemand hatte je davon gehört, aber es ging das Gerücht um, es handle sich um Revolutionäre, welche die vor sich hinrostende Industriegesellschaft in den Orkus befördern und mit der Informationsgesellschaft ein nagelneues Zeitalter einläuten würden. Hard- und Softwarehersteller, vor allem aber Trendforscher, Modephilosophen, Zeitgeistredakteure, Management-Gurus und geklont aussehende Anzugträger, die sich „Consultants" nannten, zogen als Herolde des „Paradigmenwechsels vom Atom zum Bit" durch die Lande und verkündeten das Massensterben aller Unternehmen, die nicht sofort auf den neuen Trend reagieren würden...

Im dritten Akt sehen wir die Verleger und Papierhersteller nachdenklich auf und ab gehen, während sich die Bühne mit den aus allen Himmelsrichtungen zurückkehrenden Trend-Gurus und Klonen füllt. Sie sammeln sich zu einem neuen antiken Chor und murmeln das Mantra der Jahrtausendwende: „Internet und Multimedia, World Wide Web und E-Commerce, Electronic Business und Cybercash, Medienkonvergenz und Virtual Reality – wer nicht mitmacht, ist des Todes."...

Ich weiß nicht: Steht eine kritische Redaktion hinter diesem Informationsangebot oder eine PR-Agentur oder eine Marketingabteilung? Das Internet transportiert Wahrheiten, Wichtiges und Bedeutungsvolles genauso wie Klatsch, Tratsch, Lügen, Gerüchte und Scherze... Wenn die Menge an Information zu-, ihr Gehalt aber abnimmt, wenn die Informations- zur Desinformationsgesellschaft verkommt, wenn also Glaubwürdigkeit und Kompetenz zu knappen

Gütern werden, weil der Müll aus Infotainment, Werbung und PR inflationiert, dann sind Glaubwürdigkeit und Kompetenz eine Währung, die härter ist als die härteste Cyber-Währung, und es ist völlig egal, ob sie aus Papier ist oder aus Bits.

(Die Zukunft des Marketing? Die Zukunft ist Marketing! Ein gemeinsames Supplement zum Deutschen Marketingtag 1999 von *w&v werben und verkaufen*, *Süddeutsche Zeitung*, *media & marketing* und *Der Kontakter*, S. 64–67)

In unserem Text gibt es zahlreiche einfache und erweiterte Wörter. Zu den **einfachen Wörtern** gehören Verben wie z. B. *geht, ist* oder *sah*, Substantive wie z. B. *Tod, Ende* oder *Buch,* Adjektive wie z. B. *stark* oder *viel* sowie Pronomen wie *es* und *sie* usw. Zu den erweiterten Wörtern gehören vor allem **Zusammensetzungen** wie z. B. *Vierteljahrhundert* oder *Modephilosoph* und **Ableitungen** wie z. B. *mutig* oder *nachdenklich.*

1. Der Wortschatz

Der **Wortschatz** der deutschen Gegenwartssprache wird auf etwa 400 000 bis 500 000 Wörter geschätzt. Zu dieser bereits gewaltigen Zahl der *Gemeinsprache* – vor allem der Sprache der Literatur, der Alltagssprache sowie der Sprache der Medien – kommen noch einmal etwa 250 000 Wörter der *Fachsprachen* der Medizin, des Rechtswesens, der Natur- und Geisteswissenschaften hinzu.

Alle diese Wörter sind in den großen Wörterbüchern aufgelistet, von vielen Lesern ehrfürchtig bestaunt. In Wahrheit freilich gebrauchen die meisten Menschen noch nicht einmal mehr als 1000 bis 3000 Wörter in ihrem Leben, die für die Kommunikation ausreichen. Aber immer wieder treffen sie auf Wörter, die sie noch nicht gehört oder gelesen haben und deshalb auch nicht kennen oder verstehen. Dazu gehören vor allem die vielen Neuwörter *(Neologismen)* wie *Zeitgeistredakteure*, also Redakteure, die dem aktuellen Denken und Fühlen der Menschen nachspüren, oder aus dem Englischen übernommene Wörter *(Anglizismen)* wie *Consultants*, also Berater, oder *Electronic Business*, also Geschäftsverkehr per elektronischer Verbindung, und schließlich *Virtual Reality*, also die Welt des Virtuellen, nämlich der neuen technischen Medien wie Internet und Video.

a. Wortfamilien und Wortfelder

Um die Riesenmenge aller Wörter *(Lexeme)* der deutschen Sprache zu ordnen und damit überschaubar und verständlich zu machen, gibt es die Kategorien *Wortfamilie* und *Wortfeld.*

- In **Wortfamilien** werden Wörter gleicher Herkunft zusammengefasst und seit der Rechtschreibreform, dem Stammprinzip entsprechend, konsequent gleich geschrieben:

Zur Wortfamilie *fahren* gehören z. B.:

der Fahrer, die Fahrt, die Abfahrt, abfahren, wegfahren, das Verfahren, eine verfahrene Situation, fahrtüchtig, das Fahrwasser, die Fahrkarte, das Fährschiff, die Autofähre, das Radfahren usw.

- **Wortfelder** dagegen umfassen Wörter, die einen gleichen oder ähnlichen Bereich der Wirklichkeit – also eine Bedeutungseinheit – ausdrücken:

Zum Wortfeld *fahren* gehören etwa:

sich fortbewegen, chauffieren, lenken, steuern, reisen, auf der Reise sein, eine Reise machen, sich begeben nach, den Zug/Bus nehmen; umgangssprachlich auch: *gondeln, dampfen, brausen* usw.

b. Ein Beispiel: Die Wortfamilie *binden*

Wir wollen im Folgenden am Beispiel des unregelmäßigen Verbs *binden* (*binden – band – gebunden*) die Entwicklung der deutschen Sprache darstellen und zugleich die Bedeutung des Ablauts (*i – a – u* bei *binden*) für die Wortbildung im Deutschen erläutern:

Seit dem **Althochdeutschen** (ca. 500–1050 n. Chr.) gab es ein Verb *bintan,* das auf ein gotisches *bindan* zurückging. Dieses findet sich im Englischen als *bind* sowie im Schwedischen als *binda* noch heute wieder. Es bedeutet „binden“ bzw. „zusammenbinden“. Eine indogermanische Wurzel dazu lautet **bhendh-*. Sie ist nur erschlossen, also nicht tatsächlich belegt.

Seit dem **Mittelhochdeutschen** (1050–1350 n. Chr.) lautet das Verb *binden.* Zu dem heute gebräuchlichen (neuhochdeutschen) Verb gehören die ablautenden Substantive *Band* und *Bund*, natürlich auch die *Binde*, der *Binder* (= Krawatte), die *Bindung*, das *Angebinde* (= Blumenbukett) und schließlich die Präfixverben *verbinden*, *entbinden*, außerdem *(kurz) angebunden* (Ablaut), eine *bindende* Zusage, mir sind die Hände *gebunden* (= „ich kann nichts machen") und schließlich die Komposita *Bindeglied, Bindestrich, Bindfaden, Bindewort* usw. Weiterhin treten umlautende Formen wie *Bünde, Bündnis* und *Bündnerfleisch* auf.

All diese Wörter gehören zur Wortfamilie *binden.* Sie besteht somit aus ab- und umlautenden Formen, Ableitungen und Zusammensetzungen und lässt zahlreiche Beziehungen des Deutschen zu anderen germanischen Sprachen sichtbar werden. Die Zusammenstellung einer Wortfamilie kann also sprachgeschichtlich sehr faszinierend sein. Man muss nur auf Entdeckungsreise gehen! Versuche es doch selbst einmal mit anderen Wörtern (ggf. mithilfe eines Wörterbuchs)!

2. Die Struktur des Wortes

Ein Wort kann in weitere kleine Einheiten, die **Morpheme**, gegliedert werden. Morpheme sind die kleinsten bedeutungstragenden Einheiten, wobei auch eine grammatische Funktion (Ableitungssilbe, Endungen bei der Flexion von Substantiven usw.) die Bedeutung ausmachen kann.

Hier sind zwei Beispiele aus unserem Text:

Wahr – heit – en

Es gibt ein **Stammmorphem** (*Wahr-*), sodann ein **Wortbildungsmorphem** (*-heit-*) sowie ein **Flexionsmorphem** (*-en*).

er – bleich – end – e

Hier gibt es ein Stammmorphem (*-bleich-*), zwei Wortbildungsmorpheme (*er-*) sowie (*-end-*) und schließlich ein Flexionsmorphem (*-e*).

Wortbildungsmorpheme dienen der Bildung erweiterter Wörter (vor allem Zusammensetzungen und Ableitungen), Flexionsmorpheme drücken Genus, Kasus und Numerus aus und haben keine eigene Bedeutung. Beide zusammen werden auch *Affixe* genannt.

In der Übersicht:

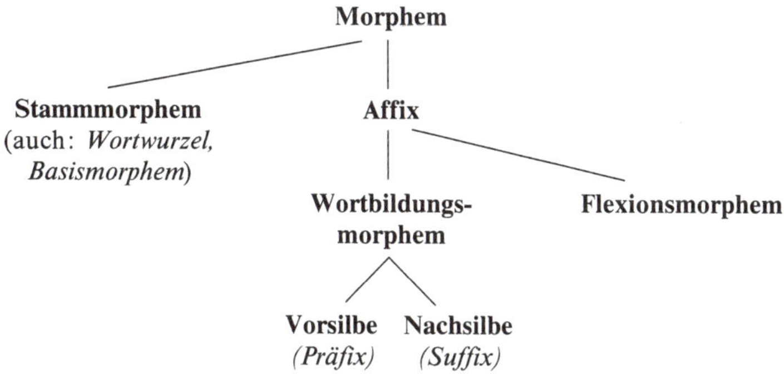

Wir veranschaulichen dieses Schema noch einmal am Beispiel *gehen*:

- Stammmorphem *geh-*: *gehen, Geher, Gehweg, Gang, Vorgang*
- Affixe:
  Präfix: *ergehen, vergehen, weggehen*
  Suffix: *gehen, Geher*

Ein Wort besteht somit aus einem Stammmorphem (*Haus*) oder – bei der Zusammensetzung – aus zwei oder mehr Stammmorphemen (*Zeit-schrift, Mikro-prozessor, Zeit-geist-redakteure*) oder auch aus Stamm-, Wortbildungs- und Flexionsmorphemen (*Des-information(s)-gesell-schaft*):

Formbildendes Präfix (Flexionsmorphem)	**Wortbildendes Präfix** (Wortbildungsmorphem)	**Stammmorphem**	**Wortbildendes Suffix** (Wortbildungsmorphem)	**Formbildendes Suffix** (Flexionsmorphem)
ge-		*-red-*		*-et*
ge-		*-troff-*	*-en-*	*-e*
		papier-	*-los-*	*-e*
	er-	*-bleich-*	*-end-*	*-e*
	ver-	*-künd-*	*-et-*	*-en*
	Ver-	*-leg-*		*-er*
	Auf-	*-bereit-*	*-ung(s)-an-lag-*	*-en*
	Glaub-	*-würd-*	*-ig-keit*	

Das Schema verdeutlicht, dass Stammmorpheme grundsätzlich eine Bedeutung tragen, die manchmal freilich erst erschlossen werden muss (*troff* ← *treff(en)*).

Wortbildungs- und Flexionsmorpheme hingegen sind funktionale Einheiten; sie sind an den Wortstamm gebunden und ergeben nur mit ihm zusammen eine Bedeutung. Mit Wortbildungsmorphemen kann z. B. die Verneinung ausgedrückt werden (*Recht – Unrecht, gelingen – misslingen*); mit Flexionsmorphemen werden die Kasusformen (*Haus – Hauses*), Singular und Plural (*Haus – Häuser*) sowie die Partizipien der Verben (*kommen – gekommen*) gebildet.

In zahlreichen zusammengesetzten Substantiven wird aus Aussprachegründen oder zum Zweck der Kennzeichnung der Grenze zwischen den einzelnen Wörtern ein **Fugenzeichen** (Kompositionsfuge) eingesetzt. In unserem Text gibt es dafür mehrere Beispiele:

Zeitungsverleger, Buchverlagsmanager, Informationsgesellschaft, Himmelsrichtungen, Informationsangebot, Bedeutungsvolles, Paradigmenwechsel, Desinformationsgesellschaft

Das häufigste Fugenzeichen ist das *-(e)s-*, die Genitiv-Endung bei Maskulina und Neutra. Häufig wird, um das Wort besser aussprechen zu können, dieses *-s-* aber auch an Feminina angehängt, obwohl es dort eigentlich grammatisch nicht hingehört. Besteht das Kompositum aus mehr als zwei Wörtern, markiert das Fugenzeichen die Hauptfuge:

Wiederaufbereitungsanlage

Neben dem *-(e)s-* gibt es im Deutschen noch andere Fugenzeichen (*-en-*, Plural: *-er-*) sowie *-e-*. Hier sind weitere Beispiele:

-s-: *Ganztagsschule* (Genitiv Singular Maskulinum)
-es-: *Tagesanbruch* (Genitiv Singular Maskulinum)
-en-: *Paradigmenwechsel* (Genitiv Plural)
-er-: *Häuserreihen* (Genitiv Plural)
-e-: *Hundesteuer* (Genitiv Plural)

Ein regelhaftes Verhalten des Fugenzeichens ist nicht festzustellen. Vielmehr dominiert eine gewisse Willkür, ob nun ein Fugenzeichen im zusammengesetzten Substantiv erscheint oder nicht:

Arbeitgeber – Arbeitsvertrag – Arbeiterversicherung
Vermögensteuer – Vermögenssteuer

3. Wortbildungsmittel der deutschen Sprache

Aus einfachen Substantiven, Verben und Adjektiven werden durch **Erweiterung**, **Umbildung**, **Kürzung** und **Terminologisierung** neue Wörter im Deutschen gebildet:

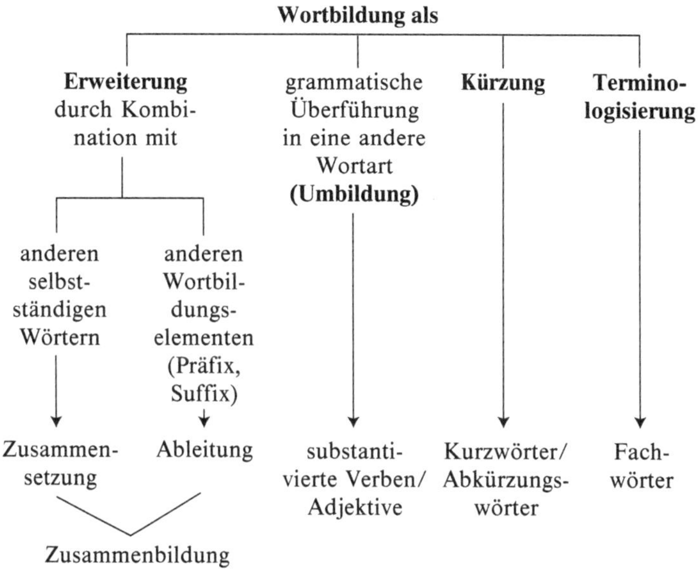

a. Wortbildung durch Zusammensetzung

Zwei oder mehrere selbstständige und bedeutungstragende Wörter (vor allem Substantive, Adjektive, Verben) werden zusammengesetzt und bilden ein **Kompositum** (Plural: *die Komposita*):

Papier + *Fabrikant* → *Papierfabrikant*
Buch + *Verlag* + Manager → *Buchverlagsmanager*

Dabei bestimmt das letzte, also am Ende stehende Wort (das **Grundwort**) Wortart und Genus des Kompositums. Deshalb heißt es *der Papierfabrikant*, weil *Fabrikant* das Grundwort ist. Davor, getrennt durch die Hauptfuge mit oder ohne Fugenzeichen, steht das **Bestimmungswort**. Es bestimmt die Bedeutung des Kompositums genauer und trägt zumeist den Akzent des zusammengesetzten Wortes. Wir vergleichen:

Bestimmungswort	**Grundwort**	**Bedeutung des Kompositums**
das Viertel-	*-jahrhundert*	ein Viertel des Jahrhunderts
die Zeitungs-	*-verleger*	die Verleger von Zeitungen
die Papier-	*-fabrikanten*	die Fabrikanten von Papier
der Mikro-	*-prozessor*	der mikroskopisch kleine Prozessor
die Industrie-	*-gesellschaft*	die Gesellschaft, die durch Industrie bestimmt wird
das Massen-	*-sterben*	das Sterben in Massen
das Informations-	*-angebot*	das Angebot an Information
der Software-	*-hersteller*	der Hersteller von Software
das Info- (*Info*rmation)	*-tainment* (Enter*tainment*)	die Unterhaltung mit Informationen gemischt

Bei allen Beispielen aus unserem Text ist erkennbar, dass das vorn stehende Bestimmungswort die Bedeutung des dahinter stehenden Grundwortes näher bestimmt, sie manchmal auch einschränkt. Englischsprachige Wörter werden im Regelfall diesem Schema angepasst. Diese Art der Zusammensetzung wird *Determinativkompositum* genannt: Der vorn stehende Teil determiniert das hinten stehende Grundwort und bestimmt damit die Gesamtbedeutung. Diese Art der Bildung von Komposita ist am häufigsten.

Daneben gibt es weitere Kompositionsarten:

- **Kopulativkompositum** (Additionswort, Reihenwort)
- **exozentrisches Kompositum**
- **verdunkeltes Kompositum**
- **Verstärkungskompositum**

Das Kopulativkompositum

Beim **Kopulativkompositum** sind die einzelnen Bestandteile gleichberechtigt; es gibt also kein Grund- und Bestimmungswort. Theoretisch können daher auch beide Bestandteile der Zusammensetzung gegeneinander ausgetauscht werden:

Radiowecker – *Weckerradio*
Bettcouch – *Couchbett*

Ähnlich verhält es sich mit Farbadjektiven:

blauweiß – *weißblau*
rotgrün – *grünrot*

Doch hat sich in zahlreichen Fällen durch Tradition und Bedeutungsfestlegung eine feste Abfolge der Glieder eingebürgert, zumal bei den Farbadjektiven. Die Farben Bayerns sind eben *Weiß-Blau*, nicht umgekehrt. Ebenso sind die Farben der Fahne der Bundesrepublik Deutschland *Schwarz-Rot-Gold*, die Italiens *Rot-Weiß-Grün*. (Häufig werden heute im Zuge der Rechtschreibreform Kopulativkomposita mit Bindestrich geschrieben.)

Das exozentrische Kompositum

Exozentrische Komposita (Possessivzusammensetzungen) gehören eigentlich zu den Determinativkomposita, verhalten sich jedoch semantisch anders: Ihre Bedeutung ist nicht die Summe der Bedeutungen der einzelnen Wörter der Zusammensetzung, sondern sie ist gewissermaßen nach außen verlagert, daher die Bezeichnung *exozentrisch* (= „außerhalb des Mittelpunkts liegend"). Solche Zusammensetzungen kommen vor allem in der Sprache der schönen Literatur vor, aber auch als besonders charakteristische Bezeichnungen für Personen in der Alltagssprache.

Hierzu einige Beispiele:

Dickkopf (= „sturer Mensch")
Hasenfuß (= „ängstlicher Mensch")
Schlappschwanz (= „schwacher Mensch")

Ein produktives Verfahren zur Veränderung von sprachlichen Mitteln mit dem Ziel der Erweiterung und Nuancierung des Ausdrucks ist die Bildung von **Metaphern**. Den Prozess nennt man auch die *Metaphorisierung* von Wörtern. Es handelt sich dabei um einen übertragenen Ausdruck oder ein Bild.

Häufig dienen Körperteile als Vergleichsobjekt:

das *Haupt* der Familie (= „der Vater“)
am *Fuß* des Berges (= „unten am Berg“)
der *Arm* des Gesetzes (= „Richter, Polizist“)
die *rechte Hand* des Chefs (= „Assistent(in)“)
der *Kopf* der Bande (= „der Anführer“)

Aber es gibt auch andere Metaphern:

Der Politiker redet mit *Engelszungen*.
Sie hat ihr *Wort gebrochen*.
Er hat sich *aus dem Staub gemacht*.
Sie sind *in Windeseile* gekommen.

Diese Metaphern färben die Sprache und bereichern sie. Häufig haben sie stark poetische Züge. Sie sollten deshalb häufiger benutzt werden.

Das verdunkelte Kompositum

Zahlreiche Wörter der deutschen Sprache werden heute nicht mehr als Zusammensetzungen empfunden, die sie, sprachgeschichtlich betrachtet, jedoch sind:

Dazu gehören:

Bräutigam = „Brautmann“ (ahd. *gomo* = „Mann“)
Nachtigall = „Nachtsängerin“ (ahd. *galan* = „singen“)
heute = „an diesem Tage“ (ahd. *hiu tagu* = „an diesem Tage“)
zwanzig = „zwei Zehner“ (*zwei* + mhd. *-zic* = „Zehner“)

Das Verstärkungskompositum

Die gesprochene Sprache, zumal unter Jugendlichen, kennt andere sprachliche Mittel der Zusammensetzung. Sie dienen der besonderen Betonung und Aussageverstärkung. Dabei spielen sprachliche Kreativität und Sprachwitz, gelegentlich auch der Hang zur „Anarchie“, eine wesentliche Rolle. Dies kann auch durch Aneinanderreihung von Wörtern mit gleichem Anfangsbuchstaben geschehen, so genannten **Alliterationen**. Besonders deutlich wird das bei Adjektiven:

blitzblank, mucksmäuschenstill, funkelnagelneu

Zu den Verstärkungskomposita gehören auch Verdoppelungen, z. B.:

jaja, soso, tagtäglich, wortwörtlich

Ebenso lautmalerische *(onomatopoetische)* Wörter:

wau-wau, miau-miau, Singsang

Kompositaschreibung mit Bindestrich

Die Rechtschreibreform von 1998 empfiehlt bei längeren und schwer verständlichen Zusammensetzungen die Schreibung mit Bindestrich. Dadurch wird die Lesbarkeit zumal von so genannten „Mammutwörtern" erhöht, die in den Fachsprachen von Wissenschaft und Technik, aber auch in den Medien, immer häufiger vorkommen. In dieser Grammatik wird die Bindestrich-Schreibung mehrgliedriger Komposita ausdrücklich nahe gelegt. Hier einige Beispiele:

Arbeiter-Unfallversicherungsgesetz, Software-Produktionsanleitung, Drehstrom-Regler, 4-Gang-Automatik, Stereo-Decoderschaltung, WAP-Handys und -Organizer, 300-Megahertz-G3-Prozessor, Satellite-2600-Modelle, Multimedia-Magazin usw.

Es herrscht derzeit, vor allem im Bereich der **Computersprache,** eine relative Unsicherheit, wie komplexe technische (fremdsprachige) Fachwörter geschrieben werden sollen. Als Faustregel wird hier die Schreibung mit Bindestrich empfohlen. Dabei steht der Bindestrich an der Hauptfuge und trennt Grundwort und Bestimmungswort:

Stereo-Decoderschaltung
Software-Produktionsanleitung

Eine andere Möglichkeit ist der Durchkoppelungsbindestrich, also die Trennung aller Glieder der Komposition:

Satellite-2600-Modelle

b. Wortbildung durch Ableitung

Neben der Zusammensetzung ist die **Ableitung** *(Derivation)* die wichtigste Form der Wortbildung im Deutschen. Vor allem Substantive, Verben und Adjektive bilden den Ausgangspunkt für Ableitungen und damit für neue Wörter. So werden aus *fahren* der *Fahrer* und die *Fahrt* gebildet, aus *essen* wird *essbar*, aus *Glas* wird *gläsern.*

Eine **Ableitung** geschieht einerseits durch Hinzufügen von unselbstständigen und im Regelfall keine eigene Bedeutung tragenden Silben an den Wortstamm/das Stammmorphem (*explizite Ableitung*), andererseits durch Lautveränderung (*implizite Ableitung*).

Im ersten Fall werden die Silben entweder dem Wortstamm vorangestellt (Präfigierung: *fahren – erfahren*) oder an ihn angeschlossen (Suffigierung: *Freund – Freundschaft*). Bei der Lautveränderung treten häufig Umlaute oder Ablaute auf:

singen → Sänger → Gesang
graben → Grube → Begräbnis
liegen → Lage

Entweder bleibt bei der Ableitung die Wortart erhalten (*leben → erleben*) oder es tritt ein Wortartwechsel ein (*fliegen → Flugzeug*). Der Wechsel der Wortart wird auch *Umbildung* genannt.

Hier ist ein Beispiel für Ableitungsformen. Ausgangspunkt ist das Wort *fliegen*:

fliegen: → *abfliegen, wegfliegen, überfliegen, davonfliegen, fliegend*
→ der *Flieger*, das *Fliegen*, die *Fliege*
→ der *Flügel,* das *Geflügel,* der *Flug*
→ der *Flughafen*, das *Flugzeug* usw.

Das Beispiel *Flughafen* bezeugt dabei die Produktivität der Wortbildungsprozesse: Aus dem abgeleiteten Wort *Flug* entsteht zusammen mit dem Substantiv *Hafen* eine neue Zusammensetzung: der *Flughafen.* So greifen Ableitung und Zusammensetzung ineinander.

Ableitung durch Vorsilben (Präfigierung)

Eine Reihe von Vorsilben *(Präfixen)* kann vor Verben, Substantive und Adjektive treten und damit Ableitungen schaffen. Besonders produktiv sind *be-*, *ent-*, *er-*, *ge-*, *miss-*, *ur-*, *ver-* und *zer-*. Hier einige Beispiele:

laden → *be laden*
kommen → *ent kommen*
leben → *er leben*
Wetter → *Ge witter*
Erfolg → *Miss erfolg*
treu → *un treu*
alt → *ur alt*
blühen → *ver blühen*
schlagen → *zer schlagen*

Teilweise ist an den Vorsilben noch die ursprüngliche Bedeutung zu erkennen (*zer-* bedeutet „Teilung" oder „Zerstörung"); im Regelfall sind die Bedeutungen jedoch verblasst.

Bei den Verben wirken Präfixe, teilweise auch Suffixe, in besonderer Weise bedeutungsverändernd. Damit werden Klassen von **Aktionsarten** unterschieden:

– **Durativa** (Verben des Verlaufs):

an dauern, be harren, blühen, essen, gehen, schlafen, schwitzen, sein

– **Inchoativa** (Verben des Beginnens):

ab fahren, ab fliegen, ab magern, an stoßen, auf rufen, auf schreiben, ein äschern, ein schläfern, ent zünden, er blassen, er blinden, er blühen, los fahren, ver armen, sich ver ändern, ver blöden

– **Egressiva/Resultativa** (Verben des Endes/Ergebnisses):

ent schlafen, er tränken, ge lingen, ver blühen, ver stummen, voll strecken, voll ziehen

– **Iterativa** (Verben der Wiederholung):

grübeln, lächeln, meckern

– **Faktitiva** (Verben des Bewirkens):

kränken, härten, befreien, befürchten, sich entfernen, vergesellschaften, zerstören, germanisieren, halbieren

– **Kausativa** (Verben des Veranlassens):

fällen, legen, säugen, setzen, stellen

– **Ornativa** (Verben der Ausschmückung):

fliesen, kacheln, polstern, begrünen, beleuchten, *bepflanzen, emaillieren, grundieren, unterkellern*

– **Privativa** (Verben des Wegnehmens):

absahnen, ausmisten, bestehlen, enteignen, entwenden

– **Instrumentativa** (Verben des verwendeten Mittels):

pflügen, hämmern, filtern, trommeln, bepinseln, beurkunden

– **Komparativa** (Verben des Vergleichs):

büffeln, dienen, gärtnern, hamstern, kellnern, nassauern, ochsen, schauspielern

– **Witterungsverben:**

donnern, hageln, regnen, schneien, tagen

– **effizierende Verben** (Verben des Hervorbringens):

ferkeln, gliedern, keimen, knospen, leitartikeln, atomisieren, verknöchern, verrenken, versalzen

Sehr deutlich wird der Unterschied der Aktionsarten (Anfang – Dauer – Ende) beim Verb *blühen*:

erblühen – blühen – verblühen

Ebenso:

einschlafen – schlafen – ausschlafen

Ableitung durch Nachsilben (Suffigierung)

Ebenso können Nachsilben *(Suffixe)* an den Wortstamm angefügt werden und damit Ableitungen bilden. Sehr produktiv ist dieses Verfahren bei den Substantiven. Die angefügten Silben sind vor allem:

> *-aut, -chen, -el/-le, -ent, -er, -heit, -in, -keit, -lein, -ler, -ling, -nis, -schaft, -tum, -ung*

Die Suffixe *-chen*, *-lein* und (dialektal) *-le* bewirken dabei Verkleinerungen *(Diminutiva)*.

Dazu einige Beispiele:

> *Kosmos → Kosmonaut, Hund → Hündchen, Haus → Häusel/Häusle, studieren → Student, Schulden → Schuldner, frei → Freiheit, Student → Studentin, freundlich → Freundlichkeit, Kind → Kindlein, Kunst → Künstler, lehren → Lehrling, ereignen → Ereignis, Freund → Freundschaft, Volk → Volkstum, wohnen → Wohnung*

Die so genannte **Binnenmajuskel-Schreibung** von zusammengesetzten Substantiven, Verben und Adjektiven – also die Schreibung mit Großbuchstaben in der Wortmitte – hat in jüngster Zeit erheblich zugenommen.

Ausgangspunkt war die Forderung von Sprachwissenschaftlern, Frauen bei Berufsangaben nicht zu diskriminieren, indem sie unter dem männlichen grammatischen Geschlecht (Genus) gewissermaßen „vereinnahmt“ werden.

Etwa so (Ansprache des Direktors):

> Liebe *Lehrer* und *Schüler*,
> wir haben heute das Ende des Schuljahres erreicht...
>
> (Es gibt aber mindestens zur Hälfte *Lehrerinnen* und *Schülerinnen* im Raum!)

Um aber nicht dauernd Doppelungen zu gebrauchen (*Liebe Lehrerinnen und Lehrer, liebe Schülerinnen und Schüler...*) und so die Sprache zu überfrachten, wurde für die Schriftsprache die Idee der Binnenmajuskel geboren:

Liebe LehrerInnen und SchülerInnen...

Diese Schreibweise findet sich im öffentlichen Leben immer häufiger, z. B.:

InterCity, RegioCall, BahnCard u. a.

Diese Schreibweise entspricht noch nicht der standardsprachlichen Norm; möglicherweise setzt sie sich aber aus Praktikabilitätsgründen durch.

Auch beim Adjektiv gibt es produktive Nachsilben:

-abel, -ant, -bar, -haft, -ig, -isch, -iv, -lich, -sam usw.

Hier einige Beispiele:

diskutieren → diskutabel, Interesse → interessant, genießen → genießbar, Schmerz → schmerzhaft, Last → lästig, Kind → kindlich/kindisch, informieren → informativ

Dazu gehören auch die so genannten Halbsuffixe *(Suffixoide);* bei ihnen ist die ursprüngliche Bedeutung noch teilweise erkennbar:

-echt, -fähig, -fest, -frisch, -mäßig, -pflichtig, -werk usw.

Auch dazu einige Beispiele:

Dokument → dokumentenecht, lernen → lernfähig, Wasser → wasserfest, fangen → fangfrisch, Wert → wertmäßig [S. 316], *Zahlen → zahlungspflichtig, Netz → Netzwerk, lesen → lesenswert, anerkennen → anerkennenswürdig*

Bei einigen Wörtern bewirken die **Nachsilben** unterschiedliche Bedeutungen. So ist *kindlich* ein dem Kind entsprechendes Verhalten; *kindisch* hingegen ist ein Erwachsener, der sich lächerlich benimmt. Vom Verb *(sich) fürchten* leiten sich sowohl *furchtbar* (= „schrecklich“), *fürchterlich* (= „schrecklich, grausam“) als auch *furchtsam* (= „Furcht empfindend“) ab. *Schmerzhaft* bezeichnet einen körperlichen, *schmerzlich* einen seelischen Schmerz.

c. Wortbildung durch Umbildung

Außerordentlich produktiv ist die **Umbildung,** auch *Konverse* oder *Wortartwechsel* genannt. Die häufigste Form dieser Wortbildung ist die Substantivierung, also die Überführung von Verben, Adjektiven oder Pronomen in ein Substantiv durch Voranstellen eines Artikelwortes:

singen → *das Singen*
blau → *das Blau*
hier, jetzt → *das Hier und Jetzt*
niemand → *der Niemand*

Alle diese substantivierten Formen werden seit der **Rechtschreibreform** von 1998 großgeschrieben, also auch solche Wörter, die früher mit kleinem Anfangsbuchstaben geschrieben wurden, z. B. im *Dunkeln* tappen, im *Trüben* fischen.

In den Fachsprachen von Wissenschaft und Technik werden teilweise Verben substantiviert, die in der Gemeinsprache nicht vorkommen:

das *Lichtschweißen*, das *Druckhärten*, das *Chloren*, das *Verzinnen*

Neben der Substantivierung gibt es auch Wortbildungsprozesse durch Überführung eines Wortes in ein Adjektiv, z. B.:

Angst → *angst (mir ist angst), Leid* → *leid (ich bin es leid), Schaden* → *schade*

d. Wortbildung durch Kürzung

Wortkürzungen dienen der Ökonomie der Sprache: Informationen werden knapper; Telefongespräche, Faxsendungen und E-Mail-Nachrichten kosten weniger Geld. Das ist die gute Seite der Kürzungen.
Die schlechte Seite ist mindestens ebenso wichtig, wenn nicht sogar wichtiger für die Sprachkultur: Texte voller komplizierter Abkürzungen lesen sich wie die Sprache von einem anderen Planeten und sind für viele Menschen völlig unverständlich!

Hier eine Kostprobe:

Jederzeit online

Mit der neuen Handy-Generation können Reisende weit mehr als mobil plaudern und SMS-Nachrichten verschicken. Ein WAP-fähiges Handy (WAP – Wireless Application Protocol) allein reicht allerdings noch nicht für den Zugriff auf beliebige Websites. Denn Handys verstehen die Internet-Programmiersprache HTML (Hypertext Markup Language) nicht. Da die meisten Webseiten zur Zeit aber noch dieses Format haben, müssen sie von den Netzbetreibern in das für Mobiltelefone verständliche WML-Format (Wireless Markup Language) übersetzt werden. Diesen Job erledigen Proxy-Computer.

(*Computer & Co.*, Nr. 12, 1999, S. 25)

Alles klar?

Bei Wortkürzungen sollte daher unbedingt auf Verständlichkeit geachtet werden; Wörter, die nicht verstanden werden, verhindern Kommunikation und isolieren die Menschen.

Bei den bereits seit Jahren gebrauchten und unverzichtbaren Kürzungen werden **Kurzwörter** und **Abkürzungswörter** unterschieden. Sie haben die gleiche Bedeutung wie das ungekürzte Ausgangswort.

- **Kurzwörter**

Bei Kurzwörtern wird ein Teil des ursprünglichen Wortes herausgegriffen und als Bezeichnung verwendet:

Abi (Abitur), Akku (Akkumulator), Assi (Assistent), Azubi (Auszubildender), Chauvi (Chauvinist), Demo (Demonstration), Homo (Homophiler), Prof (Professor), Uni (Universität), Zoo (Zoologischer Garten)

Dieser Bereich der Sprache ist ungemein produktiv; nahezu täglich kommen neue Kurzwörter hinzu, einzelne werden nach einiger Zeit in die Standardsprache übernommen.

Abkürzungswörter

Hier gibt es mehrere Gruppen:

– **Initialwörter** (Akronyme):

CDU, SPD, NATO, ÖTV, Pkw, ICE, USA

Initialwörter werden aus den Anfangsbuchstaben der Wortgruppe gebildet:

CDU	=	*Christlich-Demokratische Union*
NATO	=	*North Atlantic Treaty Organization*
ICE	=	*InterCityExpress*
ZDF	=	*Zweites Deutsches Fernsehen*

– **Silbenwörter:**

Gestapo	=	*Geheime Staatspolizei*
Stasi	=	*Staatssicherheitsdienst*
Persil	=	*Perborat + Silikat*

– **Wortgruppen:**

Ökosystem	=	*ökologisches System*
Politbüro	=	*politisches Büro der Kommunistischen Partei*
E-Mail	=	*electronic mail*

– **Schreibsymbole, Abkürzungen:**

d. h.	=	*das heißt*
Tel.	=	*Telefon*
Bd.	=	*Band*

– **Wortkreuzungen:**

Wortkreuzungen entstehen, wenn aus zwei Wörtern jeweils ein Teil weggelassen wird und die verbleibenden Teile zu einem neuen Wort zusammengefügt werden. Dabei kommt es häufig zu einem Überraschungseffekt, manchmal auch zu Sprachironie:

jein	=	*ja + nein*
Kurlaub	=	*Kur + Urlaub*
Grusical	=	*gruseln + Musical*

e. Wortbildung durch Terminologisierung

Neben den eigens für Fachsprachen geschaffenen **Termini** *(Fachwörtern)* gibt es eine Reihe von Wörtern aus der Gemeinsprache, die in die Fachsprachen der Technik oder der Wissenschaft übernommen werden und dabei ihre Bedeutung verändern. Im Regelfall handelt es sich dabei um eine Bedeutungsverengung.

Dazu einige Beispiele:

Mutter	= Aufsatz auf der Schraube
Kopf	= Teil der Schraube
Lösung	= chemisches Produkt
Masse	= Kategorie der Physik
Fenster	= Feld auf dem Computerbildschirm

Doch spielen Terminologisierungen in den Fachsprachen nur eine untergeordnete Rolle. Viel häufiger werden zur Bezeichnung neuer Inhalte in den Fachsprachen neue Termini *(Fachwörter)* geschaffen, um die Diskussion unter Fachkollegen, manchmal auch mit der interessierten Öffentlichkeit, zu ermöglichen. Gelegentlich gelingt dieses Vorhaben.

f. Besondere Probleme der Wortbildung

Im Folgenden werden verschiedene Einzelprobleme und Tendenzen der Wortbildung der deutschen Gegenwartssprache diskutiert und Lösungsvorschläge angeboten.

- Der Prozess der Bildung von Zusammensetzungen ist in den vergangenen Jahren noch intensiver geworden. Dabei kommt es immer häufiger zu *Mammutwörtern*, also mehrfachen Zusammensetzungen:

  Energieversorgungsunternehmensbilanz
  Leistungsträgerprofilierung
  Universitätsfrauenbeauftragtenwahl
  Liegenschaftenverordnung
  grundgesetzverpflichtet
  Mehrzweckküchenmaschine
  Arztpraxenausstattungsservice

Es empfiehlt sich, solche komplexen Zusammensetzungen durch Bindestriche besser verständlich und leichter lesbar zu machen, also:

Liegenschaften-Verordnung
Leistungsträger-Profilierung
Mehrzweck-Küchenmaschine usw.

Noch besser aber ist, solchen Wortungetümen zu misstrauen und nach einfachen Wörtern zu suchen, die häufig verständlicher und vor allem stilistisch besser sind. Denn bei diesem Prozess leidet, neben der Verständlichkeit, vor allem das ästhetische Moment: Die Schönheit der deutschen Sprache nimmt Schaden!

Wir empfehlen zur Entwicklung eines besseren Sprachbewusstseins die *Phrasendresch-Maschine*, die sprachliche Entgleisungen vor allem in der Sprache der Politik aufgreift und kritisiert. (Man kann sie in jeder Buchhandlung kaufen.)

- Von Verben werden in wachsender Zahl Substantive abgeleitet. Zahlreiche Ableitungen lauten auf *-ung, -ion, -ment* und *-ant* aus:

Ableitung, Kreuzung, Entsorgung
Kontamination, Konfirmation, Immigration
Bombardement, Etablissement

Dabei gibt es häufig einen Unterschied zwischen den Endungen *-und* und *-ion*:

Isolierung – Isolation
Deklarierung – Deklaration
Konfirmierung – Konfirmation
Konzentrierung – Konzentration

Im Regelfall bezeichnet das Substantiv mit der Endung *-ung* den Prozess, jenes auf *-ion* auslautende dagegen das Ergebnis des Prozesses:

Die *Isolierung* der Leitungen dauerte drei Tage.
Die *Isolation* der Geiseln war das Schlimmste.

Das Suffix *-ant* diente ursprünglich zur Bezeichnung einer Berufsgruppe:

liefern → Lieferant
fabrizieren → Fabrikant

In jüngster Zeit wird die Nachsilbe immer häufiger zur Bildung von negativ bewerteten Substantiven verwendet, so genannten *Pejorativa.* Als Beispiel dient:

simulieren → Simulant

Ebenso:

demonstrieren → Demonstrant
sympathisieren → Sympathisant
Asyl (beantragen) → Asylant
bummeln → Bummelant
ignorieren → Ignorant

Das Wort **Asylant** ist allgemein negativ konnotiert. Es sollte deshalb vermieden werden. Sprachlich korrekt sind *Asylbewerber/in* (= „eine/r, der/die Asyl beantragt") und *Asylberechtigte/r* (= „jemand, dem Asyl gewährt wird").

- Es treten häufig **Fehlkoppelungen** bei der Verbindung eines substantivischen Kompositums mit einem vorangestellten Adjektiv vom Typ *erweiterte Vorstandssitzung* [S. 250f.] auf. Diese Wortgruppe ist nicht korrekt, weil es sich um keine *erweiterte Sitzung* des Vorstands, sondern um eine Sitzung des *erweiterten Vorstands* handelt. Solche komplexen Gebilde müssen daher aufgelöst und neu gebildet werden:

  eine Sitzung des erweiterten Vorstands

- **Zusammensetzungen zweier Verben** werden seit der Rechtschreibreform von 1998 generell getrennt geschrieben. Damit wird die bisherige Unterscheidung von konkreter (*auf der Bank sitzen bleiben*) und übertragener Bedeutung (*in der Schule sitzenbleiben* = „nicht versetzt werden") aufgehoben. Es heißt also jetzt in jedem Fall:

  kennen lernen, sitzen bleiben, einkaufen gehen usw.

- Bei den **Adjektiven,** teilweise auch Substantiven, gibt es eine Entwicklung von der Zusammensetzung hin zur Ableitung. Zahlreiche ursprünglich selbstständige Wörter verlieren dabei ihre Bedeutung und werden zu *Halbsuffixen*, die zur Bildung von Reihen (Analogieformen) gebraucht werden.

Dazu gehören:

-aktiv: *atmungsaktiv, bewegungsaktiv*
-arm: *fettarm, sauerstoffarm*
-fähig: *begeisterungsfähig, leistungsfähig*
-fertig: *kochfertig, schrankfertig*
-frei: *akzentfrei, bügelfrei, steuerfrei*
-frisch: *aprilfrisch, fangfrisch, ofenfrisch*
-gemäß: *auftragsgemäß, fristgemäß*
-intensiv: *farbintensiv, pflegeintensiv*
-leer: *blutleer, luftleer*
-leicht: *pflegeleicht, trageleicht*
-mäßig: *leistungsmäßig, arbeitsmäßig*
-pflichtig: *kostenpflichtig*
-voll: *ahnungsvoll, humorvoll*
-wert: *dankenswert, erstrebenswert*

Ebenso beim Substantiv:

-werk: *Handwerk, Kraftwerk*
-kraft: *Atomkraft, Fliehkraft*
-zeug: *Fahrzeug, Handwerkszeug, Spielzeug, Hebezeug*
-kultur: *Diskussionskultur, Streitkultur, Jugendkultur, Lesekultur, Wohnkultur*
-gut: *Ideengut, Leergut, Wortgut*
-träger: *Ideenträger, Leistungsträger, Hoffnungsträger, Bedenkenträger*

Von dem vermehrten Gebrauch des Halbsuffixes *-mäßig* wird abgeraten [S. 368], ebenso von der inflationären Verwendung von *-kultur* (z. B. *Unternehmenskultur*).

- Die **Vorsilbe *Ge-*** beim abgeleiteten Substantiv bezeichnet einerseits ein Kollektivum *(Sammelname)*:

Strauch → Gesträuch
Stuhl → Gestühl
Stute → Gestüt
Bau → Gebäude
Wasser → Gewässer
Wetter → Gewitter
Berg → Gebirge

Daneben kann damit eine mitschwingende negative Bedeutung (*pejorative Konnotation*) ausgedrückt werden:

das Malen → das Gemale
(= „schlechtes, dilettantisches Malen“)

das Singen → das Gesinge
(= „schlechtes, dilettantisches Singen“)

- Häufig gebrauchte **Nachsilben** bei der Ableitung von Adjektiven aus Verben und Substantiven sind: *-bar, -e(r)n, -esch, -haft, -icht, -ig, -isch, -sam* und *-selig* sowie die fremdsprachigen Suffixe *-abel, -al, -ant, -auf, -ar, -är, -at, -ell, -end, -ibel, -iv* und *-ös.*

Dafür einige Beispiele:

trinken → trinkbar, Eisen → eisern, Fehler → fehlerhaft, Tor → töricht, Berg → bergig, Goethe → goethisch/goethesch, Gemeinde → gemeinsam, Vertrauen → vertrauensselig

diskutieren → diskutabel, Form → formal, tolerieren → tolerant, Element → elementar, Revolution → revolutionär, Adäquanz → adäquat, Finanz → finanziell (seit der Rechtschreibreform auch mit *-z-* geschrieben: *substanziell, potenziell*), *Horror → horrend, Flexion → flexibel, diskutieren → diskursiv, Skandal → skandalös*

- Zahlreiche ursprünglich selbstständige Wörter werden zu **Halbpräfixen:**

erzkatholisch, extragroß, hypermodern, Makrostruktur, Mikroprozessor, pseudowissenschaftlich, Semifinale, superinteressant, ultramodern, uralt

g. Wortbildungsmittel der Jugendsprache

Die Jugendsprache weist zahlreiche Besonderheiten sowohl im Wortschatz wie in der Grammatik auf. Diese Variante der Gegenwartssprache dient einerseits als Mittel der Identitätsfindung in der Gruppe, andererseits als bewusst eingesetztes Mittel zur Abgrenzung von der Welt der Erwachsenen, manchmal auch als Provokation.

Besondere Mittel der Wortbildung innerhalb der Jugendsprache sind:

- Verwendung von emotional gefärbten Ersatzsteigerungsformen wie *mega-*, *hyper-*, *super-* und *ultra-*. Sie werden häufig sogar aneinander gereiht, um noch stärkere Wirkung zu erzielen:

  Das war ein *megasupergeiler* Abend.

Diese Formen verlieren dabei Zug um Zug ihre Bedeutung und werden zu überall verwendbaren „Amöbenwörtern". Differenzierende Adjektive sind besser geeignet, unterschiedliche Bedeutungen auszudrücken.

- Substantiv mit Affix: *Grufti*, *Hirni*

- Reduzierung der Verben um das Infinitiv-Suffix wie in der Comic-Sprache: *lall, hechel* (statt: *lallen*, *hecheln*)

- Ausdruckserweiterung durch Präfixe: *ab-* (*abfahren*), *rum-* (*rumlabern*)

- Konversion (Überführen des Wortes in eine andere Wortart): *Ich faule heute.*

- Infinitivbildung bei Verben aus dem Englischen: *powern*, *checken*, *downloaden*

- Einbindung der Anglizismen in das deutsche Flexionssystem: *ein cooler Typ, die coolste Frisur*

VI. Übungen

Kommentar zu den Übungen und zum Lösungsschlüssel

1. In dieser Grammatik findest du Übungen zu sechs ausgewählten Bereichen, die dir die kommunikativ-pragmatische Zielsetzung des Sprachgebrauchs und den funktionalen Aspekt des Sprachsystems verdeutlichen. Mit sturem Auswendiglernen von Regeln hat dies nichts gemein! Im Vordergrund stehen (deine) Fragen: *Warum* und *wie* funktioniert Sprache, z. B. „Warum ist es in diesem Text notwendig, im Präteritum zu erzählen?", „Welche Wirkungen erzeugt jemand, wenn er aus einem Wortfeld bestimmte Synonyme der Alltagssprache auswählt oder Höflichkeitsfloskeln bevorzugt?", „Welche kommunikativen Bedingungen müssen erfüllt sein, wenn ein Versprechen auch als Versprechen verstanden werden soll und nicht etwa als Drohung?" usw.
Diese und ähnliche Fragen nach dem Sinn sprachlicher Äußerungen verdeutlichen, dass Grammatik nichts Aufgesetztes oder Zusätzliches ist, dessen Kenntnis eigentlich überflüssig ist, sondern sie führen dich zu den vielfältigen Funktionen, die Grammatik im täglichen Sprachgebrauch haben kann.

2. Daraus folgt u. a., dass in den Übungen zahlreiche *operationale* (= auf Handlungen beruhende) Verfahren der Textanalyse und Textproduktion verwendet werden. Diese Verfahren lernt jeder Mensch im Laufe seines Mutterspracherwerbs unbewusst, um allmählich seinen Wortschatz zu erweitern und grundlegende syntaktische Strukturen zu erwerben. Unsere Grammatik-Übungen sollen dir helfen

- komplizierte Satzstrukturen zu verstehen und – wenn nötig – in einfachere aufzulösen,
- die Stellung und Funktion von Satzgliedern zu erkennen,
- die Valenz von Verben zu bestimmen,
- Wörter und Wendungen durch Synonyme zu ersetzen,
- alternative Formulierungen zu entwickeln,
- die Wirkung von Äußerungen und Texten zu erfahren,
- Wortbildungsregeln zu erkennen und bewusst anzuwenden,
- Sprechakte zu klassifizieren und ihre kommunikativen Bedingungen richtig einzuschätzen,
- grammatische Phänomene textsortenspezifisch anzuwenden,
- grundsätzlich mit Sprache experimentell und spielerisch umzugehen und dabei wichtige Einsichten in die Gesetzmäßigkeiten des Sprachgebrauchs und des Sprachsystems zu gewinnen. Eine Übersicht über operationale Verfahren folgt am Ende dieses Kommentars.

3. In allen Übungen findest du unterschiedliche Typen von Arbeitsanweisungen vor: Einige Fragen beziehen sich auf das Sprachsystem; sie lassen sich mithilfe eindeutiger Regeln beantworten, etwa bei den Übungen zu den Wortarten. Andere Fragen sind offener formuliert; sie lassen mehrere richtige Antworten zu. Bei diesen Fragen geht es vor allem um einen kreativen Umgang mit Sprache, um Fragen der Stilistik oder Ästhetik. Hier reicht das grammatische Regelwissen nicht aus, sondern du musst dein Sprachgefühl befragen, um die kommunikativen Bedingungen einer Situation richtig „auszuloten".
Solche Aufgaben werden oft mit einem *Cluster*, einem *literarischen Text* oder einer *Textcollage* eingeleitet. Hier sollst du deine Assoziationen (= Vorstellungen/spontane Ideen) sammeln und den Cluster entsprechend ergänzen. Grundsätzlich findest du einige Beispiele in solchen Clustern oder Collagen, die dir bereits die Richtung möglicher Antworten anzeigen.
Mit ähnlich offenen Arbeitsaufträgen fordern wir dich auf, Texte nach kreativen Verfahren zu schreiben oder sie mithilfe operationaler Verfahren umzugestalten (zu paraphrasieren). Selbstverständlich gelten auch hier grammatische Regeln.

4. Bei vielen Arbeitsaufträgen werden dir mehrere Übungsmöglichkeiten angeboten. Häufig unterscheiden sie sich nach Schwierigkeitsgrad und Arbeitsumfang. Du solltest grundsätzlich versuchen, bei dem Schwierigkeitsgrad „einzusteigen", den du dir zunächst ohne fremde Hilfe zumuten kannst, um dann Schritt für Schritt weiterzukommen. Schlage so häufig wie möglich im Regelteil nach, um die Richtigkeit bzw. Angemessenheit deiner Antworten selbstständig zu überprüfen! Das Register hilft dir bei der Orientierung.

5. In jeder Übung findest du eine Vielfalt von Textsorten vor, in denen das jeweilige grammatische Problem verdeutlicht wird. Diese Textvielfalt stellt ein Angebot dar, aus dem du auswählen kannst. Das heißt also, du musst nicht jeden Text „bearbeiten", sondern kannst – je nach Schwierigkeitsgrad, Arbeitsaufwand und persönlichem Interesse an einem Text – dein Arbeitspensum individuell gestalten.

6. Unsere Texte sind grundsätzlich nicht konstruiert, um ein grammatisches Problem zu verdeutlichen, sondern sie sind dem täglichen Sprachgebrauch von Menschen unterschiedlichen Alters und unterschiedlicher sozialer Herkunft mit ebenso verschiedenartigen Sprachgewohnheiten und -bedürfnissen entnommen. Es handelt sich dabei in der Regel um *expositorische* (= erläuternde, darlegende) *Texte* der Alltagssprache (z. B. Werbetexte, Zeitungsnachrichten, Kommentare usw.).

7. Es ist uns aber auch wichtig, dass du die besondere „Machart" von fachsprachlichen Texten kennen lernst, insbesondere deren grammatische Merkmale, etwa die anonymisierenden oder bewusst verschleiernden Passivkonstruktionen in Texten der Politik, der Wirtschaft und der Werbung oder die schwerfällig wirkenden Substantivierungen und Partizipialkonstruktionen, damit du die Ziele, die mit solchen Texten verbunden sind, besser zu durchschauen lernst. Wer Texte und Äußerungen durchschaut, braucht keine Angst mehr vor ihnen zu haben!

8. *Authentische Texte*, vor allem solche, die nach Verfahren des kreativen Schreibens entstanden sind, findest du schließlich als dritten Texttypus in unseren Übungen. Authentische Texte laden dazu ein, zu experimentieren oder alternative Formulierungen zu finden. Begriffe durch Synonyme zu ersetzen oder durch Umformungsproben (Paraphrasen) verschiedene syntaktische Muster im Text zu erkennen. In unseren Übungen dienen authentische Texte einmal als Vorlage für einen verstehenden Umgang mit Sprache, zum anderen wirst du an vielen Stellen angeregt, selbst authentische Texte zu bestimmten Schreibanlässen zu verfassen.
Das Nachdenken über grammatische Phänomene soll dir dabei helfen, Gesetzmäßigkeiten im Sprachgebrauch sowie im Sprachsystem zu erkennen und bei der Produktion eigener Texte anzuwenden.

9. Eine besondere Bedeutung räumen wir *literarischen Texten* in unseren Übungen ein: In allen Übungen findest du eine große Anzahl von Texten aus der Kinder- und Jugendliteratur sowie der belletristischen Erwachsenenliteratur. Literatur ist aber in unserer Grammatik nicht einfach ein „Aufhänger" für anschließende Übungen. Das würde der schönen Literatur nicht gerecht und reduzierte sie auf ein reines Mittel zum Zweck! Uns geht es vielmehr darum, dass du anhand der Übungsbeispiele erkennst, dass sprachästhetische Wirkungen auch durch grammatische Besonderheiten erzielt werden können.

10. Im *Lösungsschlüssel* sind – zu drei ausgewählten Bereichen – sowohl *eindeutige Antworten*, die sich auf Fragen des Sprachsystems beziehen, als auch *Antwortmöglichkeiten* auf offene Fragen des Sprachgebrauchs enthalten. Die Autoren haben Lösungen für die Kapitel *Wortbildungsregeln, Tempus und Zeit* und *Sprechakte* erarbeitet, weil diese Übungsfelder besonders komplex sind. Zu ihnen findest du hier Anregungen, die dir helfen sollen, die Aufgaben aller Übungsteile selbstständig zu lösen. Die Autoren haben auf einen ausführlichen Lösungsschlüssel für alle Übungen verzichtet und stattdessen – in Übereinstimmung mit dem kommunikativen Ansatz dieser Grammatik – an diesen drei Bereichen ihre Lösungsvorschläge eingehender dokumentiert. Dabei kann es

sich um Tabellen handeln, um ausgefüllte Lückentexte, ergänzte Collagen oder ausformulierte Texte, Zuordnungen von Textbeispielen zu grammatischen Definitionen oder um Transformationen im Tempus- oder Modusbereich der Verben. Vorgegebene Beispiele im Grammatikteil und in den Übungen sollen dir darüber hinaus ermöglichen, weitgehend selbstständig zu arbeiten.

Vielleicht ist es aber auch von Zeit zu Zeit möglich, Eltern und Geschwister zu fragen oder Klassenkameraden um Rat zu bitten. Kooperation ist nicht ausgeschlossen! Auch deine Lehrerinnen und Lehrer werden dir gern helfen.

11. In den Übungen findest du auch eine Anzahl von operationalen Verfahren der Textrezeption (= Verstehen von Texten) und der Textproduktion.

Mithilfe der *Klangprobe* kann man z. B. durch unterschiedliche Betonung unterschiedliche Wirkungen des Satzes/der Texte erzielen. Bei der *Ersatzprobe* ersetzt man sinnverwandte Wörter/Satzglieder (Synonyme) des gleichen Wortfeldes. Bei der *Entfaltung* werden hingegen weitere Wörter und Satzglieder je nach Informationsgehalt hinzugefügt. Mit der *Umstellprobe* kann man die Reihenfolge der Satzglieder ändern und so unterschiedliche Bedeutungen erzeugen. Bei der *Weglassprobe*, die eher bei Vielrednern und Vielschreibern angebracht ist, kann man – bis auf die inhaltliche Kernaussage – alles wegstreichen. Mithilfe der *Infinitivprobe* wiederum kann man den semantisch-syntaktischen Kern einer Aussage herausfiltern. Bei der *Paraphrase* sind schließlich alle Proben beteiligt: Du kannst Satzglieder ersetzen oder umstellen, Aussagen ergänzen oder zusammenziehen, Nebensächliches wegstreichen oder hinzufügen.

1. Wie wirklich ist die Wirklichkeit? Übungen zum Konjunktiv I/II und zum Indikativ

a. Konjunktiv I und Indikativ

Die „Neutralität" des Konjunktivs I

Im Darstellungsteil der Grammatik ist nachzulesen, dass der Konjunktiv I in der indirekten Rede der geschriebenen Sprache (vor allem in der schönen Literatur) dann gebraucht wird, wenn die Aussage eindeutig ist und ohne Kommentar wiedergegeben wird [S. 199-204].

Der Schweizer Schriftsteller Paul Nizon hat die Möglichkeiten des Konjunktivs I ausgiebig genutzt:

Die Reise nach Barcelona sei heilsam gewesen, sagt er. Zeitweilig habe er richtig durchgedreht. Er sei sich und allem abhanden gekommen dort unten. Deshalb habe er auch nicht geschrieben. Er sei wirklich „weggewesen". Er werde sich von nun an freiberuflich versuchen, journalistisch und anders.

(Paul Nizon: *Diskurs in der Enge*, Frankfurt a. M. 1990, S. 75)

1

- Schreibe den Text von Nizon um und benutze den Indikativ (in der direkten Rede)!
- Wie wirken die verschiedenen Fassungen auf dich?

Indirekte Rede (Konjunktiv)	Direkte Rede (Indikativ)
Die Reise sei heilsam gewesen, sagt er.	*„Die Reise ist heilsam gewesen", sagt Mario.* *Mario sagt: „Die Reise ist heilsam gewesen."*

Aus der Sicht der anderen – Berichte und Erzählungen im Konjunktiv I

Die sanften Katzenaugen verengen sich zu Schlitzen, die Korkenzieherlocken zittern, und selbst die Zahnspange schleudert noch kleine metallene Blitze: Nein, stöhnt Hilary Hahn, sie sei kein „Wunderkind", sei es nie gewesen, wolle es niemals werden – und überhaupt ginge ihr das ewige Gerede davon mächtig auf die Nerven...

(Christine Lemke-Matwey: *Blick in die Ferne*, in: DIE ZEIT, 19. 4. 2000, S. 73)

2

- Markiere im Text die Verbformen im Indikativ und Konjunktiv I!
- Welche Funktion hat hier der Konjunktiv I? Schau im Darstellungsteil der Grammatik nach und versuche eine Definition zu formulieren, die auch deine Mitschüler(innen) verstehen können!

b. Konjunktiv II

Wünsche und Fiktionen

Hätte ich doch...!
Würdest du vielleicht...?
Wäre er rechtzeitig...!
Sollte sie wirklich...?
Könnte es doch...!
Brauchten wir vielleicht...?
Hättet ihr bloß...!
Wären sie niemals...!

So beginnen häufig Sätze oder Geschichten, die Hoffnungen und Wünsche ausdrücken, die niemals in Erfüllung gehen (können), oder die die Wirklichkeit als Fiktion zeigen, wobei die Menschen wissen, dass sich die vorgestellte Wirklichkeit nur im Reich ihrer Fantasie abspielt.

❸
Ergänze die Satzanfänge, indem du deine Wünsche zum Ausdruck bringst.

Beispiel: *Hätte ich doch mehr Zeit!*
Hätte ich doch bloß auf dich gehört!
Hätte ich doch beizeiten...

❹
Mithilfe motivierender Schreibanfänge kannst du fantasievolle Geschichten im Irrealis erzählen. Hier einige Beispiele:

Wäre ich die Nummer 1 im Fußball, dann...
Hätte ich in der Politik etwas zu sagen,...
Wäre ich ein Vogel,...
Wäre ich ein alter Schuh, dann hätte ich viel zu erzählen.

Der Konjunktiv II tut seine Wirkung

Die Wirkungen des Konjunktivs II lassen sich am besten dadurch erfahren, dass ein Text paraphrasiert wird (= umformuliert, ohne den Sinn der Aussage zu ändern).

Beispiel eines authentischen Textes:

Wäre ich doch ein Vogel!

Dann könnte ich überall hinfliegen, fast wie in einer Zeitmaschine. Wenn es mir irgendwo nicht gefällt, würde ich einfach weiterfliegen. Bevorzugt würde ich mich natürlich am Meer aufhalten und mit den Möwen herumkreischen. Als Singvogel hätte ich dort einen hohen künstlerischen Ruf. Den Menschen würde ich selten etwas vorsingen. Sie haben ja doch keine Zeit zuzuhören! Außer vielleicht die Kinder, die Verliebten und die Alten, die allerdings oft schwerhörig sind. Ich würde mich wohl hauptsächlich im Süden aufhalten auf den Inseln des ewigen Frühlings in einem ewigen Rausch von Farben und Düften. Ich würde mir mehrere Nester auf den höchsten Bäumen bauen mit den schönsten Blicken und würde spanische Lieder singen. Ich wäre so frei, wie ich es schon immer sein wollte – wie der Vogel eben, der ich, ach, nicht sein kann!

(spanische Deutschlehrerin aus Andalusien)

❺
- Lies den Text zunächst laut vor und markiere alle Konjunktiv-Formen!
- Ersetze dann die *würde*-Form durch die „echte" Konjunktiv-II-Form:

Wäre ich doch ein Vogel! Dann flöge ich überallhin... Gefiel es mir irgendwo nicht, flöge ich einfach weiter... Den Menschen sänge ich selten etwas vor... Ich baute mir mehrere Nester auf den höchsten Bäumen...

❻
Wie „klingen" die beiden Konjunktivformen? Versuche die beiden Textfassungen nach folgenden Kriterien einzuordnen:

- *Klingen altmodisch*
- *Gebrauche ich selten, klingt aber interessant*
- *Gehören zur gesprochenen Sprache*
- *Passen eher zur Sprache der Literatur*
- *Habe ich noch nie gehört*

Umwandlung des Konjunktivs in den Indikativ

Beispiel eines authentischen Textes (im Konjunktiv):

Ich möchte eine Wolke sein, denn dann wäre ich frei und ohne Bindungen. Zuerst würde ich das Schweben auskosten und mich von einem Land zum anderen bewegen. So könnte ich Wolken anderer Nationalitäten kennen lernen, und zusammen würden wir einen riesigen Wolkenberg bilden. Über Tropengebieten würden wir uns entladen; es würden französische, italienische, spanische, russische Tropfen fallen...

7

Setze den *Wolken*-Text in den Indikativ: *Ich möchte eine Wolke sein, denn dann bin ich frei und ohne Bindungen. Zuerst koste ich das Schweben aus...*

8

- Beschreibe die Wirkung des Textes zunächst mithilfe der Klangprobe (lautes, betontes Lesen bzw. Rezitieren)!
- Was verändert sich an der Aussage des Textes? Überprüfe, inwieweit die geäußerten Vorstellungen und Wünsche an Realität gewonnen haben!

Der „große Zweifler“: Der Konjunktiv II in der indirekten Rede (umgangssprachlich)

Florian teilte uns mit, dass seine Schwester *abgereist wäre*.

Die Ansage im Flughafen verkündete, das Flugzeug *wäre* startbereit.

Katharina sagte, dass Stefan sie nie *verlassen würde*.

9

- Suche weitere Beispiele für den Gebrauch des Konjunktivs II in der indirekten Rede!
- Lies die einzelnen Aussagen laut vor! In allen Fällen schwingen Zweifel und Distanz gegenüber der gemachten Aussage mit.

Hierzu ein Beispiel:

Behauptung/Aussage/Versprechen	Einwand/Zweifel
Die Ansage im Flughafen verkündete, das Flugzeug wäre startbereit.	*Aber in Wirklichkeit hatte es zwei Stunden Verspätung./ Doch in Wirklichkeit flog es erst zwei Stunden später ab.*
Valentin versprach seinem Vater, dass er für die nächste Mathe-Arbeit jeden Tag zwei Stunden lernen wollte.	....

Ein Modus der Höflichkeit – ein Modus der Ironie

Wären Sie so liebenswürdig und würden uns den genauen Tathergang schildern? (Richter zum Angeklagten)
Könntest du gerade mal das Fenster öffnen? (Lehrerin zum Schüler)
Hätten Sie die Güte mich vorbeizulassen? (Serviererin zu einem Gast)
Ich möchte gern deinen Kuchen probieren. (Freundinnen unter sich)
Ich würde meinen, dass die „Grünen" zu schnell aufgeben. (Journalistin zu „Grünen"-Politiker)

10

Versuche einmal, die einzelnen Bitten in eine Skala der Höflichkeit bzw. Ironie einzuordnen. Folgende Abstufungen können dir dabei helfen:

sehr höflich → ironisch → der Situation angemessen → ängstlich → meinungslos → ...

All das leistet der Konjunktiv II: Wichtige Funktionen in Beispielen

Wäre ich doch früher auf die Welt gekommen!
Könntest du etwas leiser sprechen?
Das hätten wir endlich geschafft!
Er behauptete, dass sie rechtzeitig das Haus verlassen hätte.
Es sieht so aus, als ob er die Wahrheit gesagt hätte.
Auch wenn Lutz sich noch so sehr in Mathematik angestrengt hätte, aus ihm wäre nie ein Einstein geworden.
Es gibt kein Leben, das vor Leid sicher wäre.
Wäre aus dir wohl ein guter Pilot geworden?
Es müsste endlich etwas Neues gemacht werden!
An Ihrer Stelle würde ich ein Jahr zum Studium ins Ausland gehen, denn das erweitert den Horizont.
Vater hätte nie geglaubt, dass du das Abitur beim ersten Anlauf schaffst.
Wenn der Lokführer das rote Signal nicht übersehen hätte, wäre es nicht zu dem schrecklichen Unfall in Paddington gekommen.
Beinahe hätte es einen Vulkanausbruch in Costa Rica gegeben.

11

Ordne die Äußerungen den entsprechenden Funktionen des Konjunktivs II zu:

- Irreale Deklarativsätze
- Irreale Interrogativsätze
- Irreale Wunschsätze

- Irreale Konditionalsätze (Bedingungssätze)
- Irreale Konsekutivsätze (Folgesätze)
- Irreale Komparativsätze (Vergleichssätze)

- Indirekte Rede
- Sätze der vorsichtigen Redeweise/höfliche Aufforderungen
- Abschließende Feststellungen

2. Passiv heißt nicht „Leideform". Übungen zu Aktiv und Passiv

a. Das Passiv hat viele Gesichter. Formen und Funktionen des Passivs

Nürnberg 1945

Im 2. Weltkrieg wurden viele Städte Deutschlands, besonders aber Nürnberg, zerstört. Durch die Bombenangriffe waren ganze Häuserzeilen in Schutt und Asche gelegt. Die meisten Stadtviertel waren total ausgebrannt oder zerstört. Da die meisten Männer im Krieg gefallen oder in Gefangenschaft waren, wurden Schutt und Trümmer in der Stadt vor allem von den Frauen beseitigt. Die Schüler wurden in kleinen, meist ungeheizten Räumen unterrichtet. Viele waren unterernährt, sodass sie in der Schule gespeist wurden („Schulspeisung"). Die schulische Ausbildung wurde damals nicht vom Staat, sondern von den Eltern finanziert.

(authentischer Schülertext)

❶
Markiere alle Passivkonstruktionen und bearbeite folgende Aufgaben:

- Stehen hier ein Handelnder oder die Handlung/der Vorgang im Vordergrund?
- Welches Passiv ist *prozessual*, welches ist *abgeschlossen*? Schau im Zweifelsfall im Regelwerk (*sein-* und *werden-*Passiv [S. 181-187]) nach!
- Verändere den Text. Lass einen Nachrichtensprecher sprechen, dem es wichtig ist, die *Verursacher* herauszustellen! Beispiel:

  Im 2. Weltkrieg zerstörten die Alliierten viele Städte. (geschriebene Sprache)/ *Im 2. Weltkrieg haben die Alliierten viele Städte zerstört.* (gesprochene Sprache)

b. „Täter" unbekannt! Passiv textsortenspezifisch

Der Herd wird auf 200 Grad vorgeheizt.
Genaueres ist unter der Rufnummer ... zu erfragen.
Alkohol wird nur an Jugendliche über 18 Jahren ausgegeben.
Die Ware wird Ihnen binnen drei Wochen auf dem Postweg zugestellt.

Die Abgeordneten des Deutschen Bundestages werden in allgemeiner, unmittelbarer, freier, gleicher und geheimer Wahl gewählt.
Der Fall ist endgültig abgeschlossen.

❷
- Wo kommen Passivsätze häufig vor?
- Ordne die oben aufgeführten Sätze folgenden Textsorten zu:

  Kochrezept: ....
  Gesetzestext: ....
  Zeitungstext: ....
  Vertragsbedingung: ....
  Werbeanzeige: ....

c. Parallelformen des *werden*-Passivs

Es gibt eine Vielzahl von Parallelformen des *werden*-Passivs. Manche entdeckt man erst auf den zweiten Blick. Dazu ein Beispiel:

Man kann das Buch gut *verkaufen*.
Das Buch *lässt sich* gut *verkaufen*.
Das Buch *ist* gut *verkäuflich*.

❸
- Erstelle mithilfe des Regelwerks [S. 185 f.] eine Liste von Parallelformen des Passivs und finde eigene Beispiele!
- Inwieweit verändert sich die Bedeutung der Aussage (wenn auch nur graduell)?

❹
Bilde die Parallelformen zu folgenden Passivformen! Es gibt mehrere Möglichkeiten!

Passivform	Parallelform
Seine Arbeitskraft kann nicht ersetzt werden.	*Seine Arbeitskraft ist nicht ersetzbar.*
Der Schaden kann nicht repariert werden.	....
Hier darf gespielt werden.	....

❺
Suche weitere Beispiele für Passivformen und die entsprechenden Parallelformen!

d. Aktiv und Passiv im Vergleich

Starten Sie Ihren Traumberuf – wir kümmern uns um die Finanzierung!

Und man versucht sich irgendwie abzulenken von dem seit Tagen und Nächten immer quälenderen Gedanken, wie das wohl sein wird: mit anzusehen, wenn ein Mensch getötet wird?

Rad fahren verboten!

Wir erwarten: Ein abgeschlossenes Hochschulstudium, vorzugsweise der Informatik. Unerlässlich sind Organisationstalent, Kreativität, natürliche Ausstrahlung sowie erste einschlägige berufspraktische Erfahrungen und ein unbefangenes Verhältnis zur älteren Generation.

Lehrer für Mathematik mit Schwerpunkt Gymnasium zum nächstmöglichen Zeitpunkt gesucht.

❻
- Markiere in diesen Texten mit zwei unterschiedlichen Farben Aktiv und Passiv! Denke auch an die Parallelformen des Passivs.
- Inwiefern unterscheiden sich die Wirkungen von Aktiv und Passiv?

7

Mithilfe der Umformungsprobe kannst du die Passivkonstruktionen im folgenden Verbotsschild durch andere (passivische und aktivische) Formulierungen ersetzen! Vergleiche die jeweiligen Wirkungen. Wer könnte welchen Satz zu wem in welcher Situation sagen?

Rasen betreten verboten!

Bitte betretet den Rasen nicht!
Es ist streng verboten den Rasen zu betreten!
Lasst euch ja nicht einfallen den Rasen zu betreten!
...

3. Bausteine unserer Sprache: Die Wortarten

Vielleicht war es ihr aber auch nicht egal. Er blieb ein paar Schritte hinter ihr und wartete darauf, dass sie ihm sagte, er solle weggehen, er solle nicht mitkommen. Zu ihrer Rechten wogte und schäumte der Atlantik und donnerte auf den Strand, spitzenbesetzte Röcke aus Schaum. Sturmwellen, dachte Kenny. Sie hatten etwas Reines. Der Wind hatte die Vögel vom Strand gefegt – nur noch sie beide unter dem immer tiefer hängenden grauen Himmel. Sie sagten nichts...

(Kevin Canty: *into the great wide open*, Reinbek 2000, S. 24)

1

Ersetze im Text von KEVIN CANTY die Substantive, Verben und Adjektive durch andere Wörter des gleichen Wortfeldes! Vergleiche mit dem Regelteil [S. 355].

Beispiel: Zu ihrer Rechten wogte und brandete der Ozean...

a. Das Substantiv

Eine Grundausrüstung für weitere Übungen

Du kannst dir als Übersicht zum Thema „Substantive“ Karteikarten erstellen, die du fortlaufend ergänzt. Das „Grundrüstzeug“ könnte so aussehen:

Vorderseite	**Rückseite**
Welche anderen Bezeichnungen gibt es für das Wort „Substantive"?	*Nomen* *Nomina* *Hauptwörter* *Namenwörter*
Substantive sind häufig mit einem Artikel verbunden, der das Genus verdeutlicht. Ordne Genus und Artikel ein!	***Genus*** ***Artikel*** *Maskulinum* *der/ein* ....
Substantive kann man in drei große Gruppen einteilen. Wie heißen sie? Ordne die Substantive „Glück", „Trauerweide", „Bach" und „Müll" ein! Ergänze!	[*Lebewesen*] [ ] [ ] ....
Wie heißen die beiden Numeri des Substantivs?	[*Numerus*] [*Zahl*] ....
Die Flexion von Substantiven heißt auch Deklination.	*Nominativ* *Wer oder was?* *1. Fall* ....
Verben und Adjektive können durch Voranstellen eines Artikelworts oder eines Artikelworts mit Präposition substantiviert werden (Substantivierung).	*das Hören* *manches Schweigen* *beim Telefonieren* *das schönste Blau* ....

● Schwierige Pluralbildungen

❷
Notiere die Pluralbildung(en) folgender Substantive mit Artikelwörtern! Schlage im Regelwerk [S. 214-223] nach.

Substantiv	**Plural**
Foto	
Bank (Gartenbank)	
Chirurg	
Lumpen	
Tropfen (Regen-)	
Bank (Sparkasse)	
Tropf (medizinischer Apparat)	

Substantiv	Plural
Student	
Globus	
Atlas	

Singular- und Pluralbildung – nicht immer ganz einfach!

Peter besucht die achte Klasse der Hauptschule. Er weiß, dass er sich in diesem Schuljahr um einen Ausbildungsplatz bewerben muss, und ist deshalb eifrig bemüht, in seiner Berufswahl voranzukommen.

In einem Brief berichtet er einer Freundin von seinen Aktivitäten:

Liebe Lucia!

Puh, mir raucht der Kopf! So viel habe ich schon lange nicht mehr gearbeitet. Die Berufswahl verlangt von mir einiges – vor allem aber den geschärften Blick auf die Konkurrenz!

Ich möchte gerne Gas- und Wasserinstallateur werden. Deshalb bin ich ständig unterwegs, um möglichst viele .... zu diesem Beruf zu befragen. Ich glaube, dass ich das nötige handwerkliche Geschick für die von mir geforderten Tätigkeiten habe. Kannst du dir vorstellen, dass ich einmal .... abklemme, Schrauben und .... befestige und Auftragsformulare ausfülle?

Seit meinem Betriebspraktikum besitze ich eine konkrete Vorstellung von den berufsspezifischen Tätigkeiten und bin mir sicher, dass ich die richtige Wahl getroffen habe. Also werde ich schnellstens eine Bewerbung schreiben und möglichst viele .... davon erstellen.

Ja, so ändern sich die ....! Der verschlafene Peter von der letzten Bank ist tot! Es lebe der mit allen .... gewaschene Ausbildungsplatzbewerber Peter der Große!

Wie weit bist du auf der Suche nach deinem Traumberuf? Schreib mir doch, es interessiert mich!

Herzliche Grüße einstweilen,
ciao, Peter

❸ Bilde von folgenden Wörtern den Plural und fülle damit die Lücken im Text:

Fachmann, Hahn, Kopie, Band, Wasser, Zeit, Mutter

- **Artikel, Pluralformen und Deklination bei Fremdwörtern**

❹
- Lies den folgenden Text aufmerksam durch! Du wirst feststellen, dass er viele Fremdwörter und fachsprachliche Termini enthält.
- Notiere alle fremdsprachigen Substantive im Text! Kennst du ihre Bedeutung? Ergänze die dazugehörigen Artikel und bilde die entsprechende Singular- bzw. Pluralform. Vergleiche dein Ergebnis mit dem Regelteil!

Die Zukunft der Arbeit

Vorhersagen von Arbeitsexperten: „Dank der zunehmenden Automation wird es bald überall auf der Welt Fabriken ohne Arbeiter geben.“...

Wie sieht nun die Arbeitswelt der Zukunft aus?

Die Entwicklung ist in manchen Bereichen schon sichtbar. Durch die neuen Techniken sehen wir schon heute Veränderungen, die sich in Zukunft noch deutlicher auswirken werden...

In den letzten 200 Jahren hat unsere Gesellschaft einen deutlichen Wandel durchgemacht. Im 18. Jahrhundert waren in der Landwirtschaft (primärer Sektor) rund 90 % der Bevölkerung tätig. Heute sind es nicht einmal mehr 3 %. Aber diese 3 %, die im Bereich der Landwirtschaft arbeiten, produzieren mehr landwirtschaftliche Güter als früher...

Die Industrialisierung machte die Fertigung von Massenprodukten möglich. Dabei wurden viele Produkte, die früher mit der Hand gefertigt wurden, maschinell hergestellt...

Globalisierung heißt das Wort, das Unternehmen antreibt. Es genügt nicht mehr in alle Welt zu exportieren, sondern dort zu produzieren, wo neue unerschlossene Märkte warten oder billige Arbeitskräfte vorhanden sind...

Manche Experten gehen davon aus, dass durch die Globalisierung Arbeitsplätze in Deutschland vernichtet werden. Andere sind der Meinung, der internationale Markt eröffne neue Wachstums- und Beschäftigungschancen.

Auf jeden Fall entsteht für die Unternehmen größerer Konkurrenzdruck. Von den Unternehmen wird mehr Flexibilität verlangt, ein höheres Tempo, verstärkte Lernfähigkeit und die Entwicklung neuer Ideen.

Gefragt sind in Zukunft in global arbeitenden Unternehmen die Mitarbeiter, die mobil sind, mehrere Sprachen beherrschen und in anderen Kulturen einsetzbar sind.

(*Praxis 9. Arbeitslehre* (Hauptschule / Bayern), hrsg. von Hans Kaminsky u. Franz-Josef Kaiser, Braunschweig 1999, S. 23 f.)

b. Das Adjektiv

● *schön, schöner, am schönsten*: Steigerung von Adjektiven

Schön ist es,
Champagner bis zum Anschlag zu trinken
Und dabei den süßen Mädels zuzuwinken:
Das ist schön.

Schöner ist es,
andere Menschen davor zu bewahren,
allzusehr auf weltliche Werte abzufahren:
Das ist schöner.

Noch schöner ist es,
speziell der Jugend aller Rassen
eine Ahnung von geistigen Gütern zukommen zu lassen:
Das ist noch schöner.

Am schönsten ist es,
mit so geretteten süßen Geschöpfen
einige gute Flaschen Schampus zu köpfen:
Das ist am allerschönsten.

(Robert Gernhardt: *Gedichte 1954-1994*, Zürich 1996, S. 281)

Robert Gernhardt hat in diesem Gedicht mit den Steigerungsformen des Adjektivs *schön* gearbeitet.

❺
- Ersetze diese Adjektive durch andere Adjektive, z. B. *gut*! Wie gefällt dir das Gedicht dann? Welches grammatische Problem musst du beachten?
- Wie wäre es mit einem eigenen Gedicht nach diesem Schema?

Farbadjektive: „Ich sehe nur noch blau..."

Zunächst einige Textbeispiele:

Das Blaue gibt uns ein Gefühl von Kälte, so wie es uns auch an Schatten erinnert... Zimmer, die rein blau austapeziert sind, erscheinen gewissermaßen weit, aber eigentlich leer und kalt.

(Johann Wolfgang von Goethe: *Sämtliche Werke*, Bd. 16, Zürich/München 1997, S. 210)

Der Blaue Reiter: 1911 in München von Kandinsky, Kubin und Marc gegründete Künstlergemeinschaft, die besonders wichtig für die moderne Malerei war. Ziel war die Verbindung von reiner Farbe und reiner Form in der künstlerischen Gestaltung.

Wer alles schrie vor Freude, als das Blau geboren wurde?

(Pablo Neruda: *Buch der Fragen*, Santiago de Chile 1993, S. 13)

6

- Was bedeutet für dich *blau*? Ergänze die Textsammlung mit eigenen Ideen und Zitaten aus der Literatur!
- Sicher ist dir aufgefallen, dass Adjektive häufig in substantivierter Form verwendet werden (z. B. *Wer alles schrie vor Freude, als das Blau geboren wurde?*). Welche Unterschiede stellst du zwischen der substantivierten und der adjektivischen Form fest?

7

Der Blaue Reiter ist ein Eigenname. Findest du weitere Eigennamen, die ein Farbadjektiv enthalten?

8

In vielen Sprachen gibt es Vergleiche und Redewendungen, in denen Farbadjektive vorkommen: *ins Schwarze treffen, eine Fahrt ins Blaue, das Blaue vom Himmel herunterlügen, rot vor Wut werden, I'm feeling blue, weiß vor Angst werden, gelb vor Neid, grün wie die Hoffnung* usw. Versuche mithilfe etymologischer (sprachgeschichtlicher) Lexika die Bedeutung einzelner Redewendungen und Vergleiche zu erklären!

c. Das Verb

Mit Verben zum Handeln auffordern

Aufforderungen im Klassenzimmer:

Gib das Buch her!

Schrei mir nicht so ins Ohr!

Du schläfst doch wohl nicht etwa ein?

Aufgestanden!

Aufpassen!

Vergesst bitte nicht eure Hausaufgaben!

Du wirst jetzt sitzen bleiben!

Schon wieder das Buch nicht dabei?

9
Von welcher Verbform geht die stärkste Aufforderung aus? Ist es wirklich der Imperativ?

Versteckte Zeit: Verben des Zeitpunktes und der Zeitdauer

Er ist in großer Liebe zu ihr entflammt.
Als sie erwachte, war es noch dunkel.
Mit seinem Wutausbruch hat Joachim die ganze Stimmung zerstört.
Der Schnee in den Bergen schmilzt.
Die Tulpen in der Vase sind verblüht.
Das Kind schläft friedlich.
Die Mutter wachte bei dem kranken Kind.
Die Knospen der Bäume waren erblüht.
Die Funken verglühten in der Schwärze der Nacht.

10
In manchen Verben ist das Zeit-Element enthalten, in anderen wird es vor allem durch unterschiedliche Präfixe ausgedrückt (vgl. *dauern – erlöschen*). Ordne die Verben entsprechend der Tabelle! Ergänze durch eigene Beispiele.

Zeit-Element im Verb enthalten	Zeit-Element durch Präfix ausgedrückt
schmilzt	*ent flammt*
....	*ver blüht*
....	....

Müssen wir schon wieder machen, was wir *wollen*? – Modale Hilfsverben

11
Versuche anhand der modalen Hilfsverben in den folgenden Sätzen eine „hierarchische" Reihenfolge zu erstellen, die eine Entwicklung vom „Zwang" zur „Freiheit" enthält!

Ich muss jeden Tag zur Schule gehen.
Ich kann Flöte spielen.

Ich darf abends lange aufbleiben.
Ich will heute nicht in die Schule gehen!
Ich soll mir Gedanken über Alice machen?
Ich möchte gerne zwei Stück Kuchen haben.
Ich brauche nicht viel Gepäck mitzunehmen.

12

- Markiere die modalen Hilfsverben und den Infinitiv!
- Welche Sprechakte entdeckst du? Beachte: Modalitäten des Handelns lassen sich auch anders ausdrücken. Vergleiche dazu den Übungsteil „Konjunktiv" und den Übungsteil „Adverb-Modalwort-Modalpartikel"!

d. Adverb-Modalwort-Modalpartikel

- **Alles eben, oder was?**

13

Setze im folgenden Dialog das Wort *eben* ein! Versuche die jeweilige Funktion zu bestimmen.

Hallo, Carla. Hier Susi. Hast du mal .... (1) Zeit?
Na klar, für dich immer.
.... (2) habe ich in der Zeitung von der Expo 2000 gelesen.
Nein!
.... (3) doch!
Und, was steht da?
Dass das .... (4) eine äußerst interessante Angelegenheit ist.
Und du glaubst das?
Klar!
Ich nicht.
Dann müssen wir .... (5) hin.
Steht da auch etwas über die Beschaffenheit des Geländes? Du weißt, ich liebe es .... (6).
Ja, ... (7)!
Und?
Da steht zu lesen, dass .... (8) dieses Gelände für Ausstellungen geeignet ist.
Gut, wir fahren hin.
.... (9)!

4. Wo kommen denn die Wörter her? Möglichkeiten der Wortbildung

a. Zusammensetzungen (Komposita) – Beispiele aus der Literatur

Die Emma Edlinger hat lange über die ganze Angelegenheit nachgedacht, und sie hat sich gesagt: Ein Pinguin muss doch nicht haarscharf nach dem Buch *Über die Aufzucht von Pinguinen* gehalten werden! Das ist ein Buch für Tiergärten und Zoologen. Hunde und Katzen und Hamster und Mäuse und Goldfische, hat sie sich gesagt, werden auch nicht so behandelt, wie es in den Büchern vorgeschrieben ist; sie schlafen in Menschenbetten (außer den Goldfischen), fressen Schokoladenpralinen (sogar die Goldfische!) und fahren im Auto nach Caorle auf Urlaub. Sie sind eben alle, hat die Emma beschlossen, keine Wildkatzen und Herdenhunde mehr, keine Kellermäuse und Feldhamster und Seefische, sondern: Haustiere! Und deshalb, meint nun die Emma Edlinger, werden wir aus dem schnatternden schwarzweißen Schnabel-Ungeheuer eben einen Hauspinguin machen, der meinen lieben Bierbrauer nicht mehr allzu sehr stört.

(Christine Nöstlinger: *Die Geschichten von der Geschichte vom Pinguin*, Weinheim 1993, S. 31)

❶
- In diesem Text verbergen sich einige Komposita (Wortzusammensetzungen). Notiere sie!
- Überprüfe an einigen Beispielen: Wie viele Wörter benötigst du, um ein zusammengesetztes Wort zu erklären (z. B.: *Kellermäuse*: „Kellermäuse sind Mäuse, die in Kellern leben, um zu überwintern")?
- Welchen Vorteil hat es, Wörter zusammensetzen zu können?
- Warum ist das Wort *Schnabel-Ungeheuer* mit einem Bindestrich getrennt?

❷

Lege eine Tabelle mit zwei Spalten an. Trage die Wortzusammensetzungen, nach Wortarten getrennt, ein. Ergänze die Tabelle mit weiteren Beispielen:

Wortart:	**Wortart: ....**
Tiergärten	*schwarzweißen*
....	....

● **Adjektivkomposita tun ihre Wirkung!**

Ein ungeheuer starker Sound!

Unser klangstarker Stereoradiorecorder bietet den ultimativen Genuss für anspruchsvolle Hörer:

- vollautomatischer Sendersuchlauf
- geräuscharmes Kassettenlaufwerk
- multifunktionale, benutzerfreundliche Fernbedienung
- extravagantes, formschönes Design
- ...

❸

- Bestimme Grundwort und Bestimmungswort der zusammengesetzten Adjektive!
- Wie müsste man die Komposita umschreiben, wenn es die Möglichkeit der Zusammensetzung nicht gäbe? Versuche dies mithilfe von Präpositionen, z. B. so: *„Wegen des reinen Klangs erinnert die Qualität des Empfangs an den Klang von Glocken.“*

- Wie ist die Wirkung der Umschreibungen?
- Suche in Zeitschriften und Werbeanzeigen nach auffälligen adjektivischen Zusammensetzungen! Wie sollen sie auf die Leser wirken? Welche der Adjektivkomposita sind eine Bereicherung des Ausdrucks, welche „beschädigen" die Sprache und sollten deshalb nicht benutzt werden? Schlage dazu im Regelteil [S. 244 u. 248] nach!

4

Bilde aus den unten stehenden Wörtern zusammengesetzte Adjektive!

April		*fertig*
Zitrone		*arm*
Energie	+	*leicht*
Schlüssel		*intensiv*
Pflege		*gelb*
Fett		*frisch*

5

- Aus welchen Wortarten sind die Wörter zusammengesetzt?
- Welche passen gut zusammen? Welche ergeben keinen Sinn? Wo ergeben sich kreative Neuschöpfungen?

6

Schreibe selbst einen Werbetext, z. B. für einen Gegenstand, den du auf dem Schulbasar (auf dem Flohmarkt, mittels einer Werbeanzeige usw.) verkaufen willst!

Dein Werbetext könnte z. B. so beginnen:

Hier ein Super-Turnschuh für den Profi-Läufer! Bemerkenswert die erstklassige Ausführung des federleichten Sportgeräts! Rückenfreundliche Zwischensohle, tiefgründiges Profil und atmungsaktives Leder! Ultracoole Farbgebung und supermoderne Verschnürung...

Komposita in der Sprache der Medien: Politik und Wirtschaft

Zentralbanksystem
Raubtierkapitalismus
Parteienfinanzierungsskandale
Parteienspendenunwesen
multipolar
geostrategisch
spannungsgeladen
Übernahmekampf
Marktforschungsunternehmen
Atomkonzerne
innerindustriell
arbeitslos
Chemiegiganten
erwerbstätig
Transportarbeitergewerkschaft

7
Ordne die Zusammensetzungen den Bereichen Wirtschaft und/oder Politik zu!

Bereich: Wirtschaft		**Bereich: Politik**	
Wortart:	**Wortart:**	**Wortart:**	**Wortart:** ....
Chemiegiganten	*innerindividuell*	....	....

8
Ergänze die Liste mit eigenen Beispielen! Sammle weitere auffällige Komposita aus verschiedenen Bereichen (z. B. Kultur, Sport, Film, Wissenschaft usw.)!

„Mammutbildungen"

„Mammutbildungen" sind häufig Wortungetüme. Sie tauchen besonders in den Fachsprachen auf:

Windowsstartleiste, Fanclubabzeichen, Datenverarbeitungsprogramm, Mischpultadapter, Festplattenspeicher, Bauchnabelpiercing, Multifunktionsfernbedienung, Internetbenutzerhinweise, Windowsbildschirmschoner, Softwareproduktionsanleitung...

9

Wo ist bei diesen Zusammensetzungen ein Bindestrich sinnvoll? Notiere!

b. Wortbildung durch Ableitung

Form und Bedeutung von Ableitungen

Oh je, Herr Schmidt!

Wieder einmal ist Herr Schmidt als Verkehrssünder aufgefallen. Schon zum zweiten Mal bekam er eine Verwarnung, weil er bei Rot über die Kreuzung gefahren war. Dabei hatte ihn seine Frau am Morgen noch gewarnt: „Fahr nicht wieder so gedankenlos!" Doch seine Gedanken waren ganz woanders, als das Warnsignal in Form der grell orangenen Sonne vor ihm aufleuchtete... Die Vorwarnung der besorgten Ehefrau war vergebens. Herr Schmidt musste ihr erneut einen empfindlich hohen Bußgeldbescheid präsentieren. Als Dank für ihre Warnung überreichte er ihr einen Blumenstrauß.

10

In diesem Text wurde der Stamm eines Wortes mehrmals durch Ableitung verändert. Welches? Notiere den Wortstamm und die Ableitungsformen!

11

- Bilde möglichst viele Wörter mit dem Wortstamm *-leb-*! Vergleiche mit dem Regelteil [S. 364-368]!
- Notiere die Wörter und kennzeichne die vorangestellten Elemente (*Präfixe*) und die nachgestellten Elemente der Ableitung (*Suffixe*) mit verschiedenen Farben! Welche Vor- und Nachsilben kennzeichnen welche Wortarten? Ordne die Wörter entsprechend in eine Liste!

ab *nach* *ig*

Er ***leb*** *los*

ver *be* *igkeit* *vor* *Wieder* *nis*

bar *ung* *en* *un* *auf*

Präfixe bei Substantiven und Adjektiven

In der gesprochenen Sprache, u.a. unter Jugendlichen, finden sich mehr und mehr Wörter, die in der Zusammensetzung mit Substantiven oder Adjektiven die Rolle von Präfixen übernehmen und dabei ihre ursprüngliche Bedeutung verloren haben.

⓬
Versuche Substantive und Adjektive mit den folgenden Präfixen zu bilden. Notiere sie! (Beispiel: *„Die neue CD von Santana ist supergut!“* usw.)

spitzen-.............. *super-*...............
blitz- .... *höllen-*..............
erz- .... *ultra-*...............
bomben-............. *mega-*...............

⓭
Versuche die Qualität der CD sprachlich differenzierter auszudrücken als mit dem Präfix *super-*. Verwende *außerordentlich, sehr* und *bemerkenswert* und füge eine Begründung hinzu! (Beispiel: „Die neue CD von Santana ist *außerordentlich* gut wegen der Vielfalt der Gitarrensoli.“)

Einige Formen der Verbbildung: Inchoativa – Egressiva – Instrumentativa

In den folgenden Sätzen stößt du auf verschiedene Elemente der Verbableitung:

Der Zug nach München ist vor meiner Nase abgefahren.
Gestern schlief ich sehr spät ein.
Als Christa ihren Auftritt schilderte, erblasste Regina vor Neid.
Ach, Onkelchen, seit unserem letzten Treffen sind deine Schläfen aber mächtig ergraut!

14

- Notiere die Verben in der Grundform und kennzeichne die Präfixe farbig!
- Überlege: Verschiedene Präfixe verleihen den Verben eine gleiche Bedeutung. Welche? Suche weitere Beispiele zu der Gruppe der Inchoativa mithilfe des Regelwerks [S. 365]!

- **Wortbildungsverfahren: Wie fit bist du?**

15

- Lies den folgenden Textauszug aus der Literatur aufmerksam! Du wirst feststellen, dass du mithilfe deines Wissens über Wortbildungsverfahren erkennen kannst, *was* Texte mit *welchen Mitteln* interessant macht.
- Suche nach Komposita und Ableitungsformen, markiere einige und versuche sie durch andere, „einfachere" Wörter zu ersetzen! Warum könnte der Autor diese Wortbildungsmittel bewusst benutzt haben?

...Doch die Insel erwies sich als unbewohnt, jedenfalls von Rujuks unbewohnt. Ich irrte einen Tag lag zwischen mageren Wiesen und steilen Felsen umher, fand zwar Spuren von Rujuk-Häusern, zu deren Bau sie eine Art Fischleim aus Mörtel benutzen, aber der einzige Mensch, den ich auf dieser Insel traf, war ein Waschbärjäger, der für europäische Zoos unterwegs war. Ich fand ihn betrunken in seinem Zelt, und als ich ihn geweckt, ihn von meiner Harmlosigkeit überzeugt hatte, fragte er mich in ziemlich ordinärem Englisch nach einer gewissen Rita Hayworth. Da ich den Namen nicht genau verstand, schrieb er ihn auf einen Zettel und rollte dabei lüstern die Augen. Ich kannte eine Frau dieses Namens nicht und konnte ihm keine Auskunft geben. Drei Tage war ich gezwungen, die Gesellschaft dieses Banausen zu ertragen, der fast nur von Filmen sprach. Endlich konnte ich ihm gegen Überschreibung von Travellerschecks im Werte von achtzig Dollar ein Schlauchboot abhandeln, und unter Lebensgefahr ruderte ich bei stiller See zu der acht Kilometer entfernten Insel hinüber, auf der die eigentlichen Rujuks wohnen sollten...

(Heinrich Böll: *Im Lande der Rujuks,* in: Verführung zum Lesen, München 1991, S. 88 f.)

c. Wortbildung durch Umbildung

● Das Gewaltige an der Substantivierung

Zunächst einige Textbeispiele:

Der große argentinische Schriftsteller Jorge Luis Borges pflegte seine Geburtsstadt Buenos Aires selten zu verlassen. Doch von Zeit zu Zeit überquerte er in stundenlanger Schiffsreise den breiten Rio de la Plata und verbrachte einige Tage im gegenüberliegenden Montevideo... Wie er denn das kleine provinzielle Montevideo überhaupt mit dem immensen Buenos Aires vergleichen könne, fragte ihn pikiert ein Landsmann. Borges prägte in seiner Antwort dann den Begriff vom Laster der Maßlosigkeit der Argentinier, besonders der Portenos; von ihrer Bewunderung für das Großartige, das Gigantische, für die schon auf den ersten Blick erfassbare Größe, die bei manchen alteingesessenen Bürgern schon mal zu Größenwahn wird. Doch Jorge Luis Borges hat gewiss nicht nur in Montevideo, viel mehr noch in seinem Buenos Aires Großartiges entdeckt, das nicht gleich sichtbar ist, nicht maßlos wirkt, ja nicht einmal messbar ist.

(Walter Haubrich: *Buenos Aires,* in: Lufthansa-Bordbuch 2/1997, S. 19)

Was ist nun das Besondere an dem „Sehen“ oder „Gucken“, wie Horst Janssen es begreift? Es geht ihm um ein konzentriertes, genaues, selbstvergessenes Sehen, um ein Sehen, das im Prozeß des Sehens zu einer Qualität des angeschauten Motivs wird. Es heftet sich an das Gesehene, bleibt ihm auf der Spur, läßt es nicht los. Es versenkt sich an die „flüchtenden Erscheinungen unserer Welt“, um sie festzuhalten. So wird ihre Nachzeichnung möglich. Genauigkeit des Sehens bedeutet für Janssen Klarheit, Orientierung, das Erkennen der „Ordnung der Welt“. „Und die Klarheit hat“, schreibt er, „nichts mit oberflächlicher Genauigkeit oder mit Virtuosität oder Kleinlichkeit im zeichnerischen Vortrag zu tun und schon gar nichts mit gewaltsamer Abstrahierung.“

(*Horst Janssen. Ich bin nur ganz Auge,*
hrsg. von Wieland Schmied, Wien 1997, S. 17)

„Am Schreiben gehen“

(Titel eines Buches von Paul Nizon)

Auffällig an dieser Textauswahl ist die Vielzahl von Substantivierungen. Wie du dem Regelteil [S. 369] entnehmen kannst, lassen sich die meisten Wortarten substantivieren; am häufigsten aber geschieht dies bei Verben im Infinitiv.

16

- Untersuche die Texte, inwieweit sie Substantivierungen enthalten, und versuche diese mithilfe der folgenden Tabelle nach Wortarten zu klassifizieren!
- Welche Substantivierungen sind für dich schwer zu bestimmen?

Substantivierte Verben		**Substantivierte Adjektive**	**Substantivierte Adverbien**
mit Artikelwort	**mit Präposition**		
(im Prozess) des Sehens	*an dem Sehen*	*das Großartige*	*das Besondere*
....	*Am Schreiben gehen*	....	....

- **Der kleine Unterschied**

der Gesang — *singen* — *das Singen*

die Singerei — *singen* — *das Gesinge*

17

- Welche Bedeutungsnuancen schwingen bei den einzelnen Formen der Substantivierung mit?
- Bilde mit den einzelnen Substantivierungen Sätze, aus denen der Bedeutungsunterschied klar hervorgeht, z. B.:

Der Gesang der Sirenen betörte Odysseus.
Das Gesinge meines Nachbarn ist nervtötend, wenn er angetrunken ist.
Das Singen...
Die Singerei...

d. Metaphern – ungewöhnliche Vergleiche

Metaphern sind wie das Salz in der Suppe

Ich bin wie eine Ziehharmonika, die immer von neuem die Vortakte, die Auftakte keucht – hochgemut zuversichtlich; und dann nicht weiterkommt...

Ich bin wie ein Strauß am Straßenrand.
Bin ein Blumenstand...

Ich bin ein Schiff, das nicht nur Takelage putzt und pflegt: das wirklich alles hisst und ausläuft, Wasser zu durchpflügen, unterwegs zu sein, vielleicht ein falsches Indien zu sichten, jedenfalls aber etwas zu entdecken...

(Paul Nizon: *Am Schreiben gehen,* Frankfurt a. M. 1958, S. 47 u. 58)

Im Text von Paul Nizon sind ungewöhnliche Sprachbilder verborgen, die es zu entdecken gilt. Einige wirst du sehr schnell finden (z. B. *Ich bin wie eine Ziehharmonika*).

18
Schreibe die Metaphern aus dem Text heraus und versuche ihren Sinn zu ergründen! Dabei wirst du allerdings feststellen, dass Sprachbilder in der Literatur nicht einfach durch alltagssprachliche Formulierungen zu ersetzen sind.

Originaltext (von Paul Nizon)	eigene Formulierungen
Ich bin wie eine Ziehharmonika, die immer von neuem die Vortakte, die Auftakte keucht – hochgemut zuversichtlich; und dann nicht weiterkommt...	Am Anfang bin ich motiviert und zuversichtlich und später... Ich quäle mich ab und erreiche mein Ziel nicht...

Ungewöhnliche Vergleiche

19
In dem literarischen Text von PAUL NIZON vergleicht sich ein Mensch mit der Natur, um seinen Gefühlen, Einstellungen und Erfahrungen Ausdruck zu verleihen. Welche Vergleiche treffen auf dich zu?

Ich
- Ich bin (wie) ein Baum.
- Ich bin (wie) eine Blume.
- Ich bin wie ein Stein.
- ....?..........

20
Mithilfe der Erweiterungsprobe kannst du diese Vergleiche auch erweitern und konkretisieren:

Ich bin ein Baum.
Ich bin wie ein Baum.
Ich bin (wie) ein starker Baum.
Ich bin (wie) ein starker Baum, dessen Wurzeln tief in der Erde stecken...

Aus Vergleichen Geschichten entwickeln

21
Schreibe einen kleinen Text zu einer Geschichte, einem Rätsel oder einem Steckbrief, den du mit Vergleichen ausschmückst! Er könnte beginnen mit:

Wenn ich Erfolg habe...
Letztes Wochenende lief alles schief...
Einmal war ich sehr gemein zu meiner besten Freundin/ zu meinem besten Freund...

Stelle deinen Text Geschwistern, Freunden oder deinen Eltern vor! In jedem Fall solltest du deine Texte in einem Extra-Textheft sammeln.

Exozentrische Komposita

Was ist ein …

Klugscheißer?

Schaumschläger?

Trotzkopf?

Spatzenhirn?

Kraftprotz?

Hasenfuß?

Hampelmann?

Schlappschwanz?

Muttersöhnchen?

Traumtänzer?

Spießbürger?

Saftladen?

Pantoffelheld?

Schleimscheißer?

㉒

- Du kannst die Komposita durch Relativsätze auflösen und dadurch ihre Bedeutung erklären:

  Ein Spatzenhirn ist einer, der ein Hirn wie ein Spatz hat.
  Ein Pantoffelheld ist einer, der...

- Alle diese Komposita bezeichnen Eigenschaften von Menschen. Was ist diesen verschiedenen Eigenschaften gemeinsam?

Körper-Metaphern in Redewendungen

Körper-Metaphern stellen einen engen Zusammenhang zwischen Körper, Geist und Seele her, der uns in der Alltagssprache häufig nicht mehr bewusst ist. Du findest sie häufig in festen Redewendungen.

㉓

Du wirst staunen, wenn du Metaphern einzelnen Körperteilen zuordnest. Denk auch darüber nach, ob die folgenden Metaphern vorwiegend Positives oder Negatives ausdrücken:

Mir stehen die Haare zu Berge!
Ich hab' einen Kloß im Hals!
Dem darfst du nicht den kleinen Finger reichen,
sonst nimmt er die ganze Hand!
Dir ist wohl das Herz in die Hose gerutscht!
Nachdem er seine Arbeit gut gemacht hatte,
bekam er einen Tritt in den Hintern!
Manchmal lebt er auf großem Fuß.

Du kennst sicher eine Reihe weiterer Körpermetaphern!

- **Spiel mit Metaphern – Metaphern wörtlich nehmen**

Er hat ein Auge auf sie geworfen. – Aber sie hat es ihm zurückgegeben.
Noch immer hat er nicht gelernt auf eigenen Füßen zu stehen...
Im Abitur ist er auf Herz und Nieren geprüft worden...

24
Suche zu einem Verb zwei Subjekte (bzw. Objekte, adverbiale Bestimmungen), von denen das eine metaphorisch, das andere wörtlich zu verstehen ist (Zeugma).

25
Es macht viel Spaß, Metaphern zu einem kleinen (Unsinns-) Text zu montieren. Schreibe und male Piktogramme oder Unsinnstexte zu anderen Körpermetaphern, die dir besonders gut gefallen.

Beispiel:

Hand aufs Herz!
Sie ist in deine Hände gefallen?
Und jetzt geht ihr Hand in Hand?
Mein Herz ist vor Schreck in die Hose gerutscht.
Hand aufs Herz, du Herzbube!
Bin ich noch deine Herzdame?
Oder trägst du siejetzt auf Händen?
Herzpochen – Herzklopfen – Herzstillstand?
Mein Herz gehört dir!

Dinge werden lebendig

Das Wort

...Alles was Sie wünschen, ja, mein Herr, denn es sind die Wörter, die singen, die steigen und fallen... Vor ihnen werfe ich mich nieder... Ich liebe sie, ich schätze sie, verfolge sie, zerbeiße sie, lasse sie im Mund zergehen... So sehr liebe ich die Wörter... Die unerwarteten... Sie, die man gierig erwartet, belauert, bis sie plötzlich fallen... Geliebte Vokabeln... Sie glänzen wie bunte Steine, hüpfen wie Fische aus Platin, sind Schaum, Strahl, Metall und Tau... Manche Wörter verfolge ich... Sie sind so schön, daß ich sie alle in meinem Gedicht verwenden will... Ich fange sie im Flug, wenn sie summen, und halte sie fest, reinige sie, schäle sie, setze mich vor den Teller, fühle sie kristallin, zitternd, aus Ebenholz, pflanzlich, ölig, wie Früchte, wie Algen, wie Achate, wie Oliven... Dann lasse ich sie kreisen, bewege sie, schlürfe sie, verschlinge sie, zermalme sie, putze sie heraus, befreie sie... Lasse sie wie Stalaktiten in meinem Gedicht kreisen, wie poliertes Holz, wie Kohle, wie Strandgut, Geschenke der Woge... Alles ist im Wort... Eine Idee verändert sich, weil ein Wort von der Stelle gerückt ist, weil ein anderes sich wie eine kleine Königin im Satz niederläßt, der sie nicht erwartet.

(Pablo Neruda: *Ich bekenne, ich habe gelebt*, Darmstadt 1997, S. 55)

26

Schreibe aus dem Text von Pablo Neruda heraus,
- was die Wörter „tun“,
- was der Dichter mit den Wörtern macht und
- mit welchen Attributen die Wörter charakterisiert werden!

„Aktivitäten“ der Wörter	Aktivitäten des Erzählers	Attribute zur Beschreibung der Wörter
sie fallen plötzlich	*er wirft sich vor ihnen nieder*	*sie sind schön*
singen	....	....
glänzen wie bunte Steine	....	....
....	....	....

27
Schreibe den Text von NERUDA mit eigenen Worten um!

e. Wortfelder

„Seelenverwandtschaften“: Semantische (inhaltliche) Beziehungen zwischen Wörtern

Bedeutet es für dich einen Unterschied, ob jemand *spricht* oder *quasselt*, ein Gedicht *rezitiert* oder *herunterleiert*, ob dir dein Freund etwas *zuflüstert* oder dich *anschreit*, ob du einen Fremden dumm *anquatschst* oder ihn freundlich *anredest*?

28
Alle Synonyme (Wörter mit gleicher oder ähnlicher Bedeutung) des Wortfeldes *sprechen* haben etwas Gemeinsames, interessanter aber sind die Bedeutungsunterschiede zwischen ihnen. Ergänze das Wortfeld *sprechen* um möglichst viele Synonyme!

sagen *reden*

sprechen

lügen *versprechen*

plaudern *ein Gespräch führen*

29
Bei welcher Gelegenheit würdest du welches Synonym des Wortfeldes *sprechen* verwenden? Du kannst Beispielsätze bilden oder versuchen, die einzelnen Verben zu klassifizieren.

Beispiele:

(an-)quatschen: Umgangssprache; negativer Aspekt; meist zwischen Jugendlichen üblich;...

flüstern: leise sprechen; zeugt von Vertraulichkeit; andere sollen es nicht hören;...

● **Welches Lachen passt zu welchem Gesicht?**

30
Du kannst die jeweiligen Wörter des Wortfeldes *lachen* den einzelnen Gesichtern einfach zuordnen; du kannst aber auch eine kleine Geschichte dazu schreiben.

f. Wortfamilien

Eine Wortfamilie rund um den Fußball:

Fußballstar

Fußballspieler

Fußball spielen

Fußballtrikot

Fußballstadion

31
- Es ist nicht schwer, den gemeinsamen „Kern" der Wörter herauszufinden. Suche so viele Wörter gleicher Herkunft wie möglich zum Thema „Fußball"! Du kannst auch ein Lexikon benutzen.
- Vielleicht liegt dir das Thema „Fußball" nicht. Sammle dann Wörter zu den Themen „Film", „Schule" oder „Freizeit"!

Beispiel:

Filmvorführung

filmen

Filmstar

Filmemacher

Erfolgsfilm

Eine ungewöhnliche Filmvorführung

Die Menschen drängten sich vor der Filmleinwand. Jeder versuchte, noch einen guten Platz zu ergattern. Das ging nicht ohne Schimpfen oder Lachen, sogar Stolpern über die Beine der anderen ab. Der Film, den alle sehen wollten – ein „alter Schinken" aus den USA, dessen Titel ich schon vergaß, bevor ich den ganzen Film sah. Der Filmstar – ein alter VW-Käfer, der sprechen und fliegen konnte. Unser Kino inmitten eines freien Plätzchens am Rande des Usumacinta. Die Filmfans – meist Indios, Mestizen und eine Hand voll weißer Vorarbeiter. Kaum hatte der Filmvorführer den Filmtitel angesagt, ging's schon los. Als plötzlich der wild gewordene Käfer auf der Leinwand auf uns zuraste, schrien die Leute auf und suchten das Weite. Roberto musste die Filmvorführung unterbrechen und den Leuten erklären, dass sie nichts zu befürchten hätten. Nur zögernd nahmen sie ihre Plätze wieder ein und schauten gebannt, entsetzt, schreiend oder kichernd auf das, was später in der Presse als „Erfolgsfilm" gepriesen wurde.

(Bericht einer deutschen Lehrerin aus Mexiko)

32
Unterstreiche im Text alle Wörter der Wortfamilie *Film*!

5. Nimm dir Zeit! Übungen zu Zeit und Tempus

a. Assoziationen – Gedankenblitze zur Zeit

Einige Schülerinnen und Schüler sammeln ihre Gedanken in einem Cluster:

morgen *Planungen* *Zeit und Raum vergessen*
Verspätung *Zukunft*
Vergangenheit **Zeit** *schlafen*
Kommt Zeit, kommt Rat! *Pünktlichkeit*
Zeitmaschine *Zeit vergeht* *zeitlos* *keine Zeit verlieren wollen*
Zeitraffer

❶

- Ergänze den Cluster mit eigenen Gedankenblitzen!
- Ergänze das angefangene Beispiel zur Wortfamilie *Zeit*!

ZEIT

- *Zeitprobleme,* ....
- *zeitlos,* ....
- *sich Zeit nehmen,* ....
- *Herbstzeitlose,* ....
- *Sommerzeit,* ....

b. In Sprichwörtern und Redewendungen stecken „Wahrheiten" aus vielen Zeiten

Was die Zeit ist, weiß ich, solange ich
nicht darüber nachdenke,
wenn ich es aber erklären soll,
bin ich ratlos und kann es nicht.

(Augustinus)

Weitere Beispiele:

„Die Zeit wartet auf niemanden." (Nordamerika)

„Wenn die Zeit gekommen ist, platzen die Pfirsiche im Schatten." (Japan)

❷

Suche weitere Sprichwörter und Redensarten, in denen es um die Zeit geht! Welche unterschiedlichen Sichtweisen sind dahinter verborgen? Drücke die „Moral" mit eigenen Worten aus!

Ein Beispiel:

Sprichwort/Redensart	Eigene Worte
„Die Zeit wartet auf niemanden." (Nordamerika)	Die Zeit braucht uns nicht, wir aber sie. Die Zeit ist unabhängig von uns Menschen, nicht aber umgekehrt. Die Zeit ....
....	....

c. Wie man Zeit ausdrücken kann

Im „Zeitkasten" findest du die sprachlichen Mittel, die es im Deutschen gibt, um Zeitliches auszudrücken:

Der Zeitkasten

Zeit kann ausgedrückt werden durch:

- **sechs Tempusformen des Verbs** (*ich lese, ich las, ich habe gelesen, ich hatte gelesen,...*)
- **Hilfsverben** (*Das wird eine Nacht!*)
- **Verben des Zeitpunktes und der Zeitdauer** (*Es dauert noch Wochen. Die Blume war verblüht.*)
- **nominale Temporalangaben** (*heute Morgen, nächste Woche*)
- **Temporaladverbien** (*einmal, abends, bereits*)
- **Substantive mit zeitlichem Bezug** (*Großmutters Jugendzeit*, Peters *Wochenende*)
- **Adjektive mit zeitlichem Bezug** (*in früherer Zeit, der einmalige Auftritt*)
- **temporale Konjunktionen** (*nachdem sie die Schule verlassen hatte,...; während er schrieb,...*)
- **temporale Präpositionen** (*nach der Schule*)
- **Partizip I und II** (*am kommenden Montag, das vergangene Jahr*)
- **Uhrzeiten** (*7.45, Viertel vor acht*)

Im folgenden Text wird Zeit mit unterschiedlichen sprachlichen Mitteln ausgedrückt:

Alles Zeit – oder was?

Vorne am Pult steht die Deutschlehrerin und erzählt irgendetwas über Tempusformen des Verbs, während ich hier in der Bank hänge und mir überlege, was der heutige Tag noch so bringen wird. Dabei hat er sich so schön eingefädelt! Heute Morgen um halb sieben, als der Wecker schrillte, klang mir das sonst so verhasste Geräusch wie Musik in den Ohren, wusste ich doch schon in den ersten Sekunden des Erwachens, dass Mutter mir das Frühstück ans Bett bringen würde, weil ich heute Geburtstag habe. Aus diesem Grund brachte sie mich auch mit dem Auto zur Schule, wo ich nun schon seit knapp zwei Stunden sitze und noch etliche lange währende Minuten verbringen werde. Nach der Schule treffe ich mich mit einigen Freunden im Bistro, um aus gegebenem Anlass ein paar Getränke auszugeben. Das habe ich mir auch letztes Jahr schon geleistet und es war ein riesiger Erfolg. Was? Was Futur ist, will sie nun von mir wissen. Blöde Frage! Ich versuche es trotzdem. „Ich werde heute noch viel unternehmen, denn heute ist ein besonderer Tag." Ach ja, wenn ich dann abends zu Hause bin, wird mich ein hoffentlich nicht zu sparsam bestückter Gabentisch erwarten! Wahrscheinlich haben sich zu diesem Zeitpunkt auch schon etliche Verwandte und Bekannte eingefunden, die mich auf Kosten des Hauses hochleben lassen wollen. Die kommende Nacht wird also heiter bis wolkig!

(authentischer Text einer Schülerin)

Verwendete sprachliche Mittel	Grammatische Bezeichnung
während	temporale Konjunktion
...	...

❸ Schreibe diese verschiedenen Mittel in die linke Spalte, die grammatische Bezeichnung in die rechte! Führe die Tabelle fort!

d. Erzählte Zeit in der Literatur

❹

Im folgenden Textbeispiel aus Thomas Manns Erzählung *Herr und Hund* kannst du die verwendeten Tempusformen der geschriebenen Sprache (Erzählsprache) untersuchen.

Markiere die Tempusformen des Verbs! Überlege: Warum benutzt Thomas Mann unterschiedliche Tempusformen?

Es war aber nicht genug, daß wir bis zur Herde zurückkehrten, wir mußten ganze Arbeit tun und den Gang zu Ende gehen. Auf den Hof mußten wir und zum Schafstall, dessen breite Schiebetür die Magd mit Leibeskraft vor uns aufrollte. Dort zogen wir ein; und als wir alle darin waren, mußten wir anderen geschickt wieder entwischen und dem betrogenen Schaf die Stalltür rasch vor der Nase zuschieben, so daß es gefangen war. Erst dann konnten Bauschan und ich unter den Danksagungen der Magd den unterbrochenen Spaziergang wieder aufnehmen, auf welchem Bauschan jedoch bis ans Ende ein verstimmtes und gedemütigtes Wesen bewahrte.

Soviel von den Schafen. An die Wirtschaftsgebäude schließt sich zur Linken eine ausgedehnte Laubenkolonie, die friedhofartig wirkt mit ihren Lauben und Sommerhäuschen, welche Kapellen gleichen, und den vielen Einhegungen ihrer winzigen Gärtchen. Sie selbst als Ganzes ist wohl umfriedet; nur die Heimgärtner haben Zutritt durch die Gitterpforte, die ihren Eingang bildet, und zuweilen sehe ich dort einen bloßarmigen Mann sein neun Schuh großes Gemüseäckerchen umgraben, so daß es aussieht, als grabe er sein eigenes Grab. Dann kommen wieder offene Wiesen, die sich, mit Maulwurfshügeln bedeckt, bis zum Rande der mittleren Waldregion hindehnen, und in welchen außer den Maulwürfen auch viele Feldmäuse hausen, was im Hinblick auf Bauschan und seine vielfältige Jagdlust bemerkt sei.

(Thomas Mann: *Herr und Hund*, in: Gesammelte Werke, Bd. 9, Frankfurt a. M. 1990, S. 573f.)

e. Beziehungen zwischen Tempus und Zeit

Eine Tempusform kann unterschiedliche Zeitvorstellungen ausdrücken [S. 187–196].

❺
Versuche den Sätzen in der linken Spalte Tempusform und Zeitvorstellung zuzuordnen!

Satz / Äußerung	Tempusform	Zeitvorstellung
Die Gäste verließen das Lokal gegen 23 Uhr.		
Die Gäste verlassen das Lokal.		
Am 23. Januar 1999 verlassen die Gäste gegen 23 Uhr das Lokal.		
W. A. Mozart hat unsterblichen Ruhm erlangt.		
Sie wird das wohl bemerkt haben.		

f. Ich im Zeitraster – mein besonderer Lebenslauf

Am Anfang, das war ...., kam ich auf die Welt.
Birgit haben sie mich getauft.
Christliches Weihwasser kriegte ich ins Gesicht.
Dann haben sie mich auf den Arm genommen, weil ich jammervoll schrie.
Ernst, mein Vater, damals 32 und Schlosser von Beruf,...
F ....
G ....
H ....
I ....
J ....
K ....
....

❻
Setze den unkonventionellen Lebenslauf bis Z fort!

6. Mit Sprache handeln: Sprechakte

a. Darstellung – Appell – Ausdruck

Wie du bereits weißt, lassen sich die grundlegenden drei Funktionen der Sprache (Darstellung – Appell – Ausdruck) durch verschiedene Sprechakte zum Ausdruck bringen [S. 30–53]. Aber auch umgekehrt lässt sich jeder Sprechakt auf eine bestimmte sprachliche Funktion bzw. eine Verbindung sprachlicher Funktionen zurückführen.

Die Zugspitze ist der höchste Berg Deutschlands.
Meiner Meinung nach sollten Mädchen die gleichen Ausbildungschancen erhalten wie Jungen.
Sie dürfte schon weit über achtzig sein!
Rasen betreten verboten!
Ich verspreche dir morgen pünktlich zu kommen.
Ich bin dagegen ausländische Jugendliche bei Straffälligkeit auszuweisen.
Eigentlich wollte ich ab heute nicht mehr rauchen.
Rufst du mich morgen bitte an?
Ich freue mich sehr Ihre Bekanntschaft zu machen.
Das ist ja unglaublich, dass du diese Arbeit in so kurzer Zeit geschafft hast!

❶
Ordne die einzelnen Äußerungen den verschiedenen sprachlichen Funktionen (Darstellung – Appell – Ausdruck) zu und bestimme auch den jeweiligen Sprechakt! Beispiele:

Darstellung	**Appell**	**Ausdruck**	**Sprechakt**
Die Zugspitze ist der höchste Berg Deutschlands.			Feststellung/ Aussage
	Rasen betreten verboten!		Aufforderung/ Befehl/Verbot
		Ich freue mich sehr Ihre Bekanntschaft zu machen.	Ausdruck von Freude/ Höflichkeitsfloskel ohne weitere Bedeutung
....	....	....	....

b. Zwischen den Zeilen lesen – durch Untersuchung von Sprechakten

In literarischen Texten sind Sprechakte häufig nicht so einfach zu erkennen; manchmal sind sie auch mehrdeutig, wie die folgende Passage der jungen Berliner Schriftstellerin Judith Hermann beweist:

Hunter richtet sich auf, der Gartenstuhl knackt, er kann das Blut in seinen Ohren rauschen hören. Er sagt: „Ich brauchte einen Kassettenrekorder. Nichts Besonderes, nur so einen kleinen, tragbaren, ich dachte, du hast so was, vielleicht“, er bemüht sich, seiner Stimme einen beiläufigen, sorglosen Klang zu geben.

Lennys Augen hinter der Brille werden zu kleinen, schmalen Schlitzen. „Du hast einen Kassettenrekorder, Tompson. Wozu brauchst du einen zweiten?“ Hunter räuspert sich, möchte gern Lennys Blick ausweichen, bereut schon jetzt, überhaupt gefragt zu haben, er kann nicht lügen. Er sagt: „Ich will ihn verschenken.“

Lenny schaut weg. Er schaukelt vor und zurück, langsam, träge, pfeift ein wenig vor sich hin, schüttelt den Kopf. Hunter atmet vorsichtig... Lenny beugt sich vor und sagt: „Du weißt doch, daß ich nichts mehr verkaufe. Ich sitze hier nur noch. Ich verkaufe nichts mehr.“ „Ja“, sagt Hunter schwach, „das weiß ich.“...

Hunter berührt das silberne Kassettendeck, es ist kühl und glatt. Er wünscht sich, daß Lenny noch etwas sagen würde. Er wünscht sich, daß er ihm den Rekorder wieder wegnehmen würde, er wünscht sich in sein Zimmer zurück, ins Bett, in die Dunkelheit.

(Judith Hermann: *Sommerhaus, später. Erzählungen,* Frankfurt a. M. 2000, S. 130-132)

❷
Die Szene zwischen den beiden alten Männern ist sehr feinfühlig beschrieben. Wenn du diesen literarischen Text im Hinblick auf Sprechakte analysierst, wirst du feststellen, dass sich hinter den Sprechakten *Beschreibung, Feststellung, Aussage* oder *Wunsch* weitere Absichten der Autorin Judith Hermann verbergen, die der Leser entschlüsseln muss, um die Situation und die Beziehung zwischen den beiden Alten zu verstehen.
Hierzu eine Interpretationshilfe:

Literarischer Text im Original	**Sprechakt**	**Auswahl grammatischer Redemittel**	**Interpretation der Sprechakte**
Ich brauchte einen Kassettenrekorder. Nichts Besonderes, nur so einen kleinen, tragbaren, ich dachte, du hast so was, vielleicht,...	Wunsch, implizite Bitte	Konjunktiv II; auffallender Adjektivgebrauch; Gebrauch des performativen Verbs *denken*; Modalpartikel	sehr vorsichtig vorgetragene Bitte; Frager hat Angst vor Ablehnung seiner Bitte; es scheint, als schämte er sich
Lennys Augen hinter der Brille werden zu kleinen, schmalen Schlitzen.	Beschreibung einer Person	Verb im Präsens; Körpermetapher; Adjektivgebrauch	Lennys Misstrauen wird zum Ausdruck gebracht
Du hast einen Kassettenrekorder, Tompson.	Feststellung/ Behauptung	Aussage im Präsens	subtiler Vorwurf
Wozu brauchst du einen zweiten?	Frage	Ergänzungsfrage (mit einleitendem Fragepronomen)	insistierende (nachdrückliche) Frage; Lenny will ein „Geständnis" von Hunter über den Grund, vor allem über den Adressaten, herbeiführen

c. Performative Verben

❸

- Wie du dem Grammatikteil entnehmen kannst, gibt es bei allen sprachlichen Funktionen performative Verben [S. 52 f.]. Ordne die folgenden Beispiele den einzelnen Funktionen zu und markiere das performative Verb!
- Welche performativen Verben kennst du noch? Schreibe einige Beispiele auf!

Ich taufe dich auf den Namen Julian.
Ich warne dich, wenn du jetzt gelogen hast, glaube ich dir überhaupt nicht mehr.
Ich begrüße euch alle sehr herzlich zum diesjährigen Sommerfest der Klasse 8a.
Ich kann dir gar nicht sagen, wie sehr ich mich freue, dass du mich am Wochenende besuchst.

d. Missverständnisse und Schieflagen

Stell dir vor, du bist Zeuge folgender Gespräche zwischen Schülerinnen und Schülern einer 6. Klasse und ihrer Lehrerin:

Aus einer Deutschstunde

L:	Nennt bitte einen Ausrufesatz! Ralf!
Ralf:	Hurra, die Schule brennt!
L:	Jawohl.
Isa:	Ja, ja, das ist dir ähnlich.
Ingo:	Der is jut, ne?
Marco:	Schön wär es!
Isa:	Find ich nit schön, find ich blöd.
L:	Na, findet ihr das gut? Dann wird 'ne neue aufgebaut.
Michael:	Das dauert aber lange!
Ralf:	Die muss auch abbrennen!
Alois:	Das dauert nit lange.
Ingo:	Solange die nit aufgebaut ist, jehn mer in den Volksgarten. (Alle lachen)
L:	Jetzt zuletzt einen Fragesatz. (Kinder äußern sich gleichzeitig)
Lorenzo:	Ja, gucken Sie, Fräulein Fass?
Helga:	Verraten Sie uns jetzt die Zeugnisnoten?
L:	Carmen! (Kinder reden durcheinander) Ralf!
Giuseppe:	Och, Frollein!
Ralf:	Ich bin ich, und du bist du, warum ist das so?
L:	Deine philosophischen Betrachtungen! Eh, hat noch jemand einen Fragesatz?
Michael:	Ham Sie schon mal Tantaletts gegessen? (Alle lachen)
L:	Bitte?
Giuseppe:	Tantaletts!
Peter:	Ham Sie schon mal Tantaletts gegessen?
Giuseppe:	Das sind Koteletts! Das ist Tartar mit französischem Käse!

(Gesprächsausschnitt aus den ersten Unterrichtsversuchen von G. Pommerin)

❹
Was wirkt an diesem Klassengespräch so komisch? Um diese Schieflage erklären zu können, musst du die sprachlichen Intentionen (Absichten), die in den Äußerungen der Lehrerin und der Kinder enthalten sind, genau untersuchen.

Vorschlag für eine Gesprächsanalyse:

Authentische Äußerung der Lehrerin	**Sprechakt (Lehrerin)**	**Intention (Absicht) der Lehrerin**	**Authentische Äußerung der Kinder**	**Sprechakt (Kinder)**	**Intention (Absicht) der Kinder**
Nennt bitte einen Ausrufesatz! Ralf!	Aufforderung	Sie will offensichtlich die Satzarten durchnehmen.	*Hurra, die Schule brennt!*	Behauptung/ Wunsch?	Sie wollen die Lehrerin auf den Arm nehmen. Sie wollen durch Unsinnsäußerungen der Langeweile des Unterrichts entkommen, gehen aber zum Schein auf den „Grammatikstoff" der Stunde ein.
....	....	....	....	....	....

e. Paraphrasen

❺
Du weißt bereits, dass man mithilfe von Paraphrasen seine Äußerungen durch verschiedene Formulierungen ausdrücken kann. Spiele dies an einem der folgenden Beispiele durch:

Ausgangssituation	Formulierungsmöglichkeiten
Du möchtest, dass dir dein Freund/deine Freundin auf einer Fete etwas zum Trinken mitbringt.	*Bringst du mir 'ne Cola light mit?* *Hör mal, kannst du mir bitte ein Bier mitbringen?* *Ich hätte gern noch eine Limo!* *Du stehst gerade, noch 'ne Limo für mich.* *Wie wär's, wenn du jetzt mal gehst und was Trinkbares besorgst? ...*

f. Sprechakte im inneren Monolog (am Beispiel eines literarischen Textes)

Jean Marc sah Chantal an, deren Gesicht plötzlich von stiller Heiterkeit aufleuchtete. Zufrieden genoß er das Vergnügen, sie anzusehen, und hatte keine Lust, sie nach dem Grund zu fragen. Während sie ihren spaßigen Bildern nachhing, sagte er sich, daß Chantal seine einzige gefühlsmäßige Verbindung mit der Welt sei. Erzählt man ihm von den Gefangenen, den Verfolgten, den Hungernden? Er kennt die einzige Art und Weise, sich persönlich, schmerzlich von ihrem Unglück berührt zu fühlen: er stellt sich Chantal an deren Stelle vor. Erzählt man ihm von den in einem Bürgerkrieg vergewaltigten Frauen? Er sieht Chantal vergewaltigt vor sich. Sie und niemand sonst befreit ihn von seiner Gleichgültigkeit... Er hätte es ihr gern gesagt, aber er schämte sich des Pathos. Zumal ihn ein anderer, gegensätzlicher Gedanke überfiel: und wenn er dieses einzige Wesen verlöre, das ihn mit den Menschen verbindet? Er dachte nicht an ihren Tod, eher an etwas Subtileres, Ungreifbares, dessen Vorstellung ihn in letzter Zeit verfolgte: eines Tages würde er bemerken, daß Chantal nicht die Chantal war, mit der er gelebt hat, sondern jene Frau am Strand, die er für sie gehalten hat; eines Tages würde die Gewißheit, die Chantal für ihn darstellte, sich als Illusion erweisen, und sie würde ihm ebenso gleichgültig werden wie alle anderen. Sie nahm seine Hand: „Was hast du? Du bist wieder traurig. Seit ein paar Tagen stelle ich fest, daß du traurig bist. Was hast du?" „Nichts, gar nichts." „Doch. Sag mir, was dich in diesem

Moment traurig macht." „Ich habe mir vorgestellt, du seist jemand anderes." „Wie das?" „Daß du anders bist, als ich mir dich vorstelle. Daß ich mich in deiner Identität getäuscht habe."...

(Milan Kundera: *Die Identität,* München/Wien 1998, S. 86-88)

6

Welche Vorstellungen, Bilder, Träume, aber auch Ängste äußert Marc (die männliche Hauptfigur in dem Roman von Milan Kundera) in seinem inneren Monolog? Um diese Frage zu beantworten, gliederst du am besten den Text in einzelne zusammengehörige Passagen und versuchst, die jeweiligen Sprechakte zu bestimmen. Beschreibe auch mit eigenen Worten dein Verständnis der einzelnen Textstellen! Beispiel:

Originaltext	**Sprechakt**
Jean Marc sah Chantal an, deren Gesicht plötzlich von stiller Heiterkeit aufleuchtete. Zufrieden genoß er das Vergnügen, sie anzusehen, und hatte keine Lust, sie nach dem Grund zu fragen.	Wiedergabe einer Beobachtung; Ausdruck eines momentanen Gefühls
Während sie ihren spaßigen Bildern nachhing, sagte er sich, daß Chantal seine einzige gefühlsmäßige Verbindung mit der Welt sei.	Beginn des inneren Monologs; Aussage über seine gefühlsmäßige Bindung zu Chantal

7

Bei welchen Gelegenheiten führst du innere Monologe? Schreibe ein Beispiel auf, an das du dich gut erinnern oder in das du dich gut hineinversetzen kannst!
Vorschlag: Dein Freund/deine Freundin hat dich in letzter Zeit häufig verletzt. Du nimmst dir vor, dieses Problem bei nächster Gelegenheit anzusprechen. Im inneren Monolog bereitest du dich darauf vor und machst dir Mut. So könnte er beginnen: *Ich dachte immer, du bist mein bester Freund. Wir haben alles zusammen unternommen. Seit letzter Woche bin ich plötzlich Luft für dich. Was ist los mit dir?...*

VII. Lösungsschlüssel (in Auswahl)

Zu: 4. Wo kommen denn die Wörter her? Möglichkeiten der Wortbildung

3

Hier zwei Beispiele für die Bestimmung:

formschön: schön (Grundwort, Adjektiv)
Form (Bestimmungswort, Substantiv)
vollautomatisch: *automatisch* (Grundwort, Adjektiv)
voll (Bestimmungswort, Zahladjektiv)

4

aprilfrisch, zitronengelb, energieintensiv, schlüsselfertig, pflegeleicht, fettarm

16

Klassifizierung der Substantivierungen in der Textauswahl:

Substantivierte Verben		**Substantivierte Adjektive**	**Substantivierte Adverbien**
mit Artikelwort	**mit Präposition**		
Prozess des Sehens *das Gesehene* *(ihre) Nachzeichnung* *Genauigkeit des Sehens* *das Erkennen* *ein Sehen*	*mit... Abstrahierung* *am Schreiben gehen*	*Maßlosigkeit* *(für) das Großartige und Gigantische* *(erfassbare) Größe* *Großartiges* *Genauigkeit* *Virtualität* *Kleinlichkeit* *das Blau*	*das Besondere*

17

Bedeutungsunterschiede bei unterschiedlichen Formen der Substantivierung:

Das *Singen* der Amseln an einem Frühlingsmorgen weckte mich auf.
Die *Singerei* im ersten Fachsemester Musik zerrte an meinen Nerven.

Erklärung: Die Substantivierungen erhalten eine pejorative (negative) Bedeutung mit den Endungen *-e* und *-ei*.

18

Originaltext (von Paul Nizon)	**eigene Formulierungen**
Ich bin wie eine Ziehharmonika...	*Am Anfang bin ich motiviert und zuversichtlich...*
Ich bin wie ein Strauß am Straßenrand. Bin ein Blumenstand...	*Ich fühle mich abseits des Geschehens.*
Ich bin ein Schiff, das nicht nur Takelage putzt und pflegt: das wirklich alles hißt und ausläuft, Wasser zu durchpflügen, unterwegs zu sein, vielleicht ein falsches Indien zu sichten, jedenfalls aber etwas zu entdecken...	*Ich komme mir vor wie einer, der alle Anstrengungen im Leben unternimmt und doch nicht weiß, was er genau tun soll. Ich bin einer, der keinen Stillstand duldet.*

19

Vergleiche des Menschen mit der Natur:

Ich bin eine Wolke.
Ich bin ein Fluss, der sich seinen Weg durch Erde und Gebirge bahnt.
Ich bin ein Vogel, der sich in die Lüfte emporschwingt.
Ich bin ein Schmetterling, der von Blüte zu Blüte flattert.
Ich bin ein alter Schuh, der immer auf Wanderschaft ist.

20

Ein Beispiel:

Ich bin eine Wolke, die sich in ihrem zarten Weiß vom Blau des Himmels abhebt. Am liebsten verbinde ich mich mit anderen Wolken und ziehe wie ein weißes Wolkenband über die Erde. Den sonnigen Plätzen verschaffe ich Schatten. Und manchmal schwelle ich an, werde dunkler und spende Regen.

22

- Beispiele für die Auflösung der Komposita in Relativsätze:

Ein Pantoffelheld ist einer, der von seiner Frau unterdrückt wird.

Ein Klugscheißer ist einer, der meint alles besser zu wissen.
Einen Schaumschläger nennt man auch einen Angeber.
Ein Trotzkopf ist einer, der (immer) trotzig reagiert.
Ein Hasenfuß ist ein sehr ängstlicher Mensch.
Ein Weichei nennt man einen Menschen, der keinen Mut zeigt oder sofort nachgibt.
Ein Kraftprotz ist ein Mann, der mit seiner Kraft protzt.
Ein Traumtänzer ist einer, der sich in Träume flüchtet.
Ein Saftladen ist ein heruntergekommenes Geschäft.
Ein Hanswurst ist einer, den niemand ernst nimmt.
Ein Schlappschwanz ist einer, der sich nichts traut.
Ein Muttersöhnchen ist einer, der auch als Erwachsener noch unter der Fuchtel seiner Mutter steht.
Ein Hampelmann ist einer, der sich (immer) lächerlich macht.
Als Spießbürger bezeichnet man einen Menschen, der die bürgerlichen Normen der Gesellschaft nie in Frage stellt.
Ein Habenichts ist ein Mensch, der arm ist oder das Unglück hat, alles (immer wieder) zu verlieren, was er an materiellen Gütern besessen hat.
Als Frauenzimmer bezeichnet man heute eine Frau, die einen lockeren Lebenswandel führt.
Ein Schleimscheißer ist einer, der keine Meinung hat oder diese nicht laut sagt.

Gemeinsam ist diesen Komposita, dass sie in der Regel Negatives aussagen. Einige dieser Komposita tauchen allerdings nur noch in Redewendungen oder in älteren literarischen Texten auf, beispielsweise *Hanswurst, Habenichts* oder *Frauenzimmer.*

26

Was die Wörter tun (bei Pablo Neruda): *steigen und fallen, singen, glänzen wie bunte Steine, hüpfen wie Fische, summen, rücken von der Stelle, weil ein anderes sich wie eine Königin im Satz niederlässt.*

Was der Dichter mit den Wörtern macht: *er wirft sich vor ihnen nieder; er liebt sie; er schätzt sie; er verfolgt sie; er zerbeißt sie; er lässt sie im Munde zergehen; er erwartet und belauert sie gierig; er verfolgt sie; er will sie alle in seinem Gedicht verwenden; er fängt sie im Flug, wenn sie summen; er hält sie fest; er reinigt sie; er schält sie; er fühlt sie kristallin; er lässt sie kreisen und bewegt sie; er schlürft sie; verschlingt sie; zermalmt sie; er putzt sie heraus; er befreit sie; er lässt sie wie Stalaktiten in seinem Gedicht kreisen.*

Attribute, mit denen Neruda die Wörter beschreibt: *sie sind schön, es sind geliebte Vokabeln, sie sind aus Ebenholz, pflanzlich, ölig, wie Früchte und Algen, wie Achate, wie Oliven, wie poliertes Holz, wie Strandgut, sie sind Geschenke der Woge, sie sind wie eine kleine Königin.*

27

Dein Text über das Wort könnte folgendermaßen beginnen:

...Alles was Sie wünschen, meine Dame, denn es sind die Wörter, die lachen und pfeifen, zischen und raunen, die sich in die Lüfte emporheben oder sich plötzlich wie ein Stein fallen lassen. Ich bete sie an. Ich umarme sie, liebkose sie und verschlinge sie... So sehr liebe ich die Wörter... Ich horche auf ihren Klang, seziere sie und setze sie wieder zusammen... Geliebte Vokabeln... Sie glänzen wie silberne Sterne, wie Blüten aus Platin und Gold... Sie sind so schön, dass ich sie alle auf einmal in meinem Märchen verwenden will... Bevor sie mir im Flug entkommen, fange ich sie mit der bloßen Hand und quetsche sie. Ich fühle ihren glatten Kern und poliere sie. Sie fühlen sich an wie kleine warme Kugeln aus Ebenholz. Sie sind meine Schätze. Ich bewege sie in meinem Kopf und lasse sie springen. Schließlich befreie ich sie. Alles ist im Wort enthalten: eine kleine Idee und das ganze Universum.

28

Mögliche Ergänzungen des Wortfeldes *sprechen*:

verleumden, (aus-)reden, bereden, eine Rede halten, quatschen, flüstern, lügen, versprechen, sprechen, sagen, ansagen, plaudern, etwas ausführen, einen Gedanken ausführen, behaupten, schreien, ein Gespräch führen

31

- Weitere Mitglieder der Wortfamilie *Fußball* sind z. B.:

Fußballweltmeister, Fußballfan, Fußballer, Fußballübertragung, Fußballwerbung

- Zur Wortfamilie *Film* gehören z. B.:

Filmheld, Filmrolle, Filmregisseur, Filmprämie, Fantasiefilm, Horrorfilm, Heimatfilm, Filmleinwand, Filmtitel, Filmfestival, Filmriss, Filmset, filmerfahren, filmgerecht

Zu: 5. Nimm dir Zeit! Übungen zu Zeit und Tempus

1

Den Cluster könntest du z. B. mit folgenden Wörtern ergänzen:

heute, nächste Woche, am Tag danach, in einem Jahr, Erinnerung, Vorahnung, das „zweite Gesicht“, Trödeln, die Seele baumeln lassen, verschlafen, erwachen, rastlos, gehetzt, müde

2

So könntest du die Sprichwörter mit eigenen Worten ausdrücken:

Sprichwort/Redensart	Eigene Worte
Wer zu spät kommt, den bestraft das Leben.	Wenn man zu spät kommt, kann man Wichtiges verpassen.
Die Zeit wartet auf niemanden.	Die Zeit vergeht – manchmal unerbittlich. Wir können sie nicht anhalten oder langsamer stellen!
Wenn die Zeit gekommen ist, platzen die Pfirsiche im Schatten.	Man muss manchmal warten können. Dann geschieht einem ganz von alleine Wunderbares. Oder es geschieht genau das Erwartete oder das Richtige.
Die Schnecke kriecht schließlich den Turm hinauf – wenn eine Schwalbe auch schneller ist.	Es ist manchmal hilfreich, nur das Ziel ins Auge zu fassen – nicht das Tempo, in dem man es erreicht haben möchte.
Zeit verwandelt den Eichbaum in einen Sarg.	Alles ist vergänglich.
Mit der Wahrheit kannst du selbst auf einem zweirädrigen Karren einen Hasen einholen.	„Ehrlich währt am längsten!“
Man kann die Zeit nicht in eine Flasche stecken.	Wir können Zeit nicht festhalten oder – nach unserem Bedarf – eingrenzen.

3

Verwendete sprachliche Mittel	Grammatische Bezeichnung
während	temporale Konjunktion
Der heutige Tag	Adjektiv und Substantiv mit zeitlichem Bezug
heute Morgen	nominale Temporalangabe
halb sieben	Uhrzeit
In den ersten Sekunden	Adjektiv und Substantiv mit zeitlichem Bezug
des Erwachens	substantiviertes Verb (Verb des Zeitpunktes)

seit knapp zwei Stunden	Präposition, Adjektive, Substantiv mit Zeitinhalt
lange währende	Adjektiv, Partizip mit zeitlichem Bezug
nach der Schule	Präposition mit Zeitinhalt
letztes Jahr	nominale Temporalangabe
heute, abends	Temporaladverb
Zu diesem Zeitpunkt	Substantiv mit zeitlichem Bezug
Die kommende Nacht	Partizip I
wird	Hilfsverb, das Futur ausdrückt

4

Thomas Mann verwendet als Erzählzeit das Präteritum. *Erzählzeit* ist die Zeit, die Handlungen und Ereignisse beschreibt. Um etwas immer Vorhandenes, Zustände (oder hier Landschaften) zu beschreiben, wechselt er das Tempus und verwendet das Präsens. Wie du weißt, drückt das Präsens nicht nur Gegenwärtiges, sondern auch Zukünfiges und Zeitunabhängiges, Zeitüberdauerndes aus.

5

Satz/Äußerung	Tempusform	Zeitvorstellung
Die Gäste verließen	Präteritum	Vergangenes
Die Gäste verlassen	Präsens	Gegenwärtiges
Am 23. Januar...	Präsens	Vergangenes
W. A. Mozart hat... erlangt	Perfekt	Zeitüberdauerndes
Sie wird das wohl... bemerkt haben	Futur II	Vermutung, die sich auf alle Zeitstufen beziehen kann

Zu: 6. Mit Sprache handeln: Sprechakte

1

Einordnung der Äußerungen in eine Übersicht sprachlicher Funktionen und Bestimmung von Sprechakten:

Darstellung	**Appell**	**Ausdruck**	**Sprechakt**
Die Zugspitze ist der höchste Berg Deutschlands.	–	–	Feststellung/ Aussage
Meiner Meinung nach sollten Mädchen die gleichen Ausbildungschancen erhalten wie Jungen.	–	x	Kommentar (mit einer standardisierten Formel eingeleitet)
Sie dürfte schon weit über achtzig sein.	–	x	Vermutung
–	*Rasen betreten verboten!*	–	Aufforderung/ Befehl/Verbot
–	*Ich verspreche dir morgen pünktlich zu kommen.*	–	Versprechen
Ich bin dagegen, ausländische Jugendliche bei Straffälligkeit auszuweisen.	–	x	Kommentar (s. o.)
x	–	*Eigentlich wollte ich ab heute nicht mehr rauchen.*	Persönliche Absichtserklärung
–	*Rufst du mich morgen bitte an?*	–	Bitte/Aufforderung
–	–	*Ich freue mich sehr Ihre Bekanntschaft zu machen.*	Ausdruck von Freude/Höflichkeitsfloskel ohne weitere Bedeutung
Das ist ja unglaublich, dass du deine Arbeit in so kurzer Zeit geschafft hast!	–	x	Kommentar/ Ausdruck von Bewunderung

(Die angekreuzten [x] Funktionen zeigen an, dass sie am Sprechakt mit beteiligt, aber nicht dominant sind.)

2

Interpretationshilfe für den literarischen Text (Fortsetzung):

Literarischer Textauszug im Original	**Sprechakt**	**Auswahl grammatischer Redemittel**	**Interpretation der Sprechakte (mithilfe grammatischer Redemittel)**
Hunter räuspert sich, möchte gern Lennys Blick ausweichen, bereut jetzt schon, gefragt zu haben, er kann nicht lügen. Er sagt: „Ich will ihn verschenken.“	Beschreibung von Handlungen; implizites Eingeständnis von Reue	auffallender Gebrauch von Verben, die menschliche Verhaltensweisen beschreiben; Verben des Sagens; direkte Rede durch performatives Verb eingeleitet	Verlegenheits- gesten; Absichtserklärung
Lenny schaut weg. Er schaukelt vor und zurück, langsam, träge, pfeift ein wenig vor sich hin, schüttelt den Kopf.	kommentierende Beschreibung einer Person und ihrer Handlungen	Verben im Präsens; charakterisierende Adjektive	Hier täuscht Lenny Gelassenheit vor; belauert den Freund; drückt subtil sein Befremden aus
Hunter atmet vorsichtig.	kommentierende Beschreibung	Verb im Präsens; Gebrauch eines prädikativen Adverbs	Hunter ist auf der Hut; will nichts mehr von sich preisgeben
Lenny beugt sich vor und sagt: „Du weißt doch, dass ich nichts mehr verkaufe. Ich sitze hier nur noch. Ich verkaufe nichts mehr.“	direkte Mitteilung/Bericht/Erinnerung	direkte Rede; Modalpartikeln	vermeintlich objektive Darstellung seines Tuns; implizite Kritik an Hunter
„Ja“, sagt Hunter schwach, „das weiß ich.“	(resignierte) Feststellung	direkte Rede; prädikatives Adjektiv, performatives Verb *wissen*	Hunter resigniert; er gibt klein bei

Literarischer Textauszug im Original	**Sprechakt**	**Auswahl grammatischer Redemittel**	**Interpretation der Sprechakte (mithilfe grammatischer Redemittel)**
Hunter berührt das silberne Kassettendeck, es ist kühl und glatt.	Beschreibung einer Handlung und eines Gegenstandes	Aussage im Präsens; Adjektivgebrauch	Verlegenheitsgeste/Ausdruck von Nostalgie
Er wünscht sich, dass Lenny noch etwas sagen würde.	Ausdruck eines Wunsches/Hoffnung	wiederholter Gebrauch des performativen Verbs *wünschen*	Hunter fühlt sich dem Freund ausgeliefert; er ist angewiesen auf dessen Freundschaft
Er wünscht sich, dass er ihm den Rekorder wieder wegnehmen würde.	Ausdruck eines Wunsches/Hoffnung, aber auch Ausdruck von Angst	s. o.	Hunter hat Angst vor der eigenen Courage
Er wünscht sich in sein Zimmer zurück, ins Bett, in die Dunkelheit.	Ausdruck eines Wunsches/Steigerung von Wünschen	s. o.; Gebrauch lokaler Präpositionen	Hunter hat völlig resigniert; er sucht die Einsamkeit, um nicht mehr verletzt zu werden

3

- Performative Verben (und ihre Zuordnung zu Darstellung – Appell – Ausdruck):

Darstellung	**Appell**	**Ausdruck**
Ich taufe dich auf den Namen Julian.	*Ich begrüße euch alle ganz herzlich zum diesjährigen Sommerfest der Klasse 8a.*	*Ich warne dich, wenn du jetzt gelogen hast, glaube ich dir überhaupt nicht mehr.* *Ich kann dir gar nicht sagen, wie sehr ich mich freue, dass du mich am Wochenende besuchst.*

Zehn weitere Beispiele performativer Verben:

versprechen, antworten, versichern, drohen, warnen, verbieten, bezweifeln, bestreiten, informieren, bekennen

6

So könnte deine Analyse von Marcs innerem Monolog aussehen:

Originaltext	**Sprechakt**
Jean Marc sah Chantal an, deren Gesicht plötzlich von stiller Heiterkeit aufleuchtete. Zufrieden genoß er das Vergnügen, sie anzusehen und hatte keine Lust, sie nach dem Grund zu fragen.	Wiedergabe einer Beobachtung; Ausdruck eines momentanen Gefühls
Während sie ihren spaßigen Bildern nachhing, sagte er sich, daß Chantal seine einzige gefühlsmäßige Verbindung mit der Welt sei.	Beginn des inneren Monologs; Aussage über seine gefühlsmäßige Bindung zu Chantal
Erzählt man ihm von den Gefangenen, den Verfolgten, den Hungernden? Er kennt die einzige Art und Weise, sich persönlich, schmerzlich von ihrem Unglück berührt zu fühlen: er stellt sich Chantal an deren Stelle vor. Erzählt man ihm von den in einem Bürgerkrieg vergewaltigten Frauen? Er sieht Chantal vergewaltigt vor sich.	Konkretisierung seiner Gefühle durch Fantasievorstellungen
Sie und niemand sonst befreit ihn von seiner Gleichgültigkeit...	abschließende Feststellung über die Bedeutung seiner Frau für ihn
Er hätte es ihr gerne gesagt, aber er schämte sich des Pathos.	irrealer Wunsch hinsichtlich einer Handlung
Zumal ihn ein anderer, gegensätzlicher Gedanke überfiel: und wenn er dieses einzige Wesen verlöre, das ihn mit den Menschen verbindet? Er dachte nicht an ihren Tod, eher an etwas Subtileres, Ungreifbares, dessen Vorstellung ihn in letzter Zeit verfolgte:	Fiktion über möglichen Verlust seiner Frau Chantal und Eingeständnis seiner Ängste
Eines Tages würde er bemerken, daß Chantal nicht die Chantal war, mit der er gelebt hat, sondern jene Frau am Strand, die er für sie gehalten hat...	Angst einflößende Fantasien und Verlustängste

Originaltext	Sprechakt
Sie nahm seine Hand: „Was hast du? Du bist wieder traurig. Seit ein paar Tagen stelle ich fest, daß du traurig bist. Was hast du?"	Aufnahme eines Dialogs über Gefühle durch eine Feststellung
„Nichts, gar nichts."	Abwehr
„Doch. Sag mir, was dich in diesem Moment traurig macht."	Beharren auf einer Frage
„Ich habe mir vorgestellt, du seist jemand anders."	irreale Vorstellungen
„Wie das?"	Frage, die Unverständnis signalisiert
„Daß du anders bist, als ich mir dich vorstelle. Daß ich mich in deiner Identität getäuscht habe."	Eingeständnis von Angst vor Selbstbetrug und Täuschung
„Das verstehe ich nicht."	Wiederholung von Unverständnis und eventuell Ausdruck einer Abwehr

VIII. Wort- und Sachregister

Das Register dient der raschen Orientierung im Regelteil dieser Grammatik. Es enthält – in Auswahl – sowohl grundlegende Sachbegriffe (**fett** gedruckt) als auch einzelne Wörter, deren korrekter Gebrauch häufig Schwierigkeiten bereitet (*kursiv* gedruckt).
Da es für ein Phänomen oft mehrere Bezeichnungen gibt, findest du in diesem Register zahlreiche Verweise. Du erkennst sie an dem Zeichen →. Der Pfeil verweist auf das Stichwort, bei dem du eine Seitenangabe findest, die dich zur entsprechenden Erklärung im Regelteil führt. Steht der Pfeil mit dem Kürzel **a.** (für *auch*) hinter den Seitenzahlen, so weist er dich auf wichtige Beziehungen eines Stichworts zu verwandten Themen und Begriffen hin.
Das Kürzel **f.** hinter Seitenzahlen steht für „folgende Seite", d. h., die Angabe 67f. verweist z. B. auf die Seiten 67 und 68.

A

Abkürzung(swort) 225f., 232, 371
Ableitung 364-368
Abtönungspartikel → Partikel
Adjektiv (Eigenschaftswort/Artwort) 234-267
- attributive Stellung 234, 248-250
- Deklination 235-241
- Farbadjektiv 242
- Komparation 241-248
- prädikative Stellung 234, 248f., 250
- substantiviertes 240f.
- Valenz 251-254
- Zahladjektiv 254-267
Adverb (Umstandswort) 298-317
- Deklinierbarkeit 317
- Klassen 302
Adverbialsatz → Angabesatz
Affix 356f.
Akkusativ 211f.
Akkusativergänzug 252
Aktionsarten 365f.
Aktiv 181-187
alle 269, 271
Alliteration (Stabreim) 59, 362f.
als 320-323
Anapher (Rückverweis) 305
Angabe 85-89, 114f.
Angabesatz (Adverbialsatz) 97, 101-105; → a. Hypotaxe
Anrede 44
anscheinend/scheinbar 315
Antonym (Gegensatzwort) 58
Appellfunktion 22f., 38–48
Apposition 91f.
Artergänzung 253
Artikelwort (Geschlechtswort/Determinativum) 268-280
Artwort → Adjektiv
Attribut 89-92, 119f.
Attributsatz 97, 105f.
auf 333
Aufforderung 38f.; → a. Imperativ
Ausdrucksfunktion 22f., 48-53
Ausklammerung (Nachtrag) 108, 118
Ausrufewort → Interjektion
Äußerung 30
Auxiliarverb → Hilfsverb

B

-bar (Suffix) 368
Bedeutungslehre → Semantik
Bedingungssatz → Konditionalsatz
Begrüßungsformeln 43f.
beide 258
Beschönigung → Euphemismus
besitzanzeigendes Fürwort → Possessivpronomen
Bestimmungswort 232
bevor 323
bezügliches Fürwort → Relativpronomen

Bindestrich 363
Binnenmajuskel-Schreibung 367
bis 324
bisher/seither 310
bitte 351
brauchen (zu) 149

C

Computersprache 363
Consecutio Temporum (Zeitenfolge) 194

D

da 324
danke 350-352
Darstellungsfunktion 22f., 31-38
dass 324
Dativ 211
Dativergänzung 252
Datumsangaben 86, 261
deiktische Elemente/Deixis (hinweisende/zeigende Elemente) 57, 68f., 282
Deklarativsatz 74
Deklination 126
- des Adjektivs 235-241
- des Substantivs 214-228
Demonstrativpronomen (hinweisendes Fürwort) → Pronomen
denn 324, 342f.
Denotat/Denotation 65
der/die/das 269
deren/derer 293f.
Determinativum → Artikelwort
Diminutivum (Verkleinerung) 367
Dingwort → Substantiv
direkte Rede → Rede, direkte
Drohung 41
du 284
dürfen 165f.
Duzen 284

E

Eigennamen 223f., 230
Eigenschaftswort → Adjektiv
einander 180
Einordnungsergänzung (Gleichsetzungsnominativ/Prädikatsnomen) 253
Einzahl → Singular
ein/eine/ein 127, 268, 270, 275f.
Ellipse 59
entlang 334
entweder...oder 324
Ergänzung 79-84, 114f.
Ergänzungsklassen 79-84
Ergänzungssatz 98-100
es 286-290
etliche 271
Euphemismus (Beschönigung) 59

F

Fachwort → Terminus
-fähig (Suffix) 368
Fall, grammatischer → Kasus
Flexion 128 f. → a. Deklination, Konjugation
Folgesatz → Konsekutivsatz
Fragefürwort → Interrogativpronomen
Fragesatz → Interrogativsatz
Fremdwort 220-223, 231
Fürwort → Pronomen; → a. Artikelwort
Funktionsverbgefüge 170-173
Futur 195 f.

G

Gegensatzwort → Antonym
Genitiv 89f., 211
Genitivattribut 89f.
Genitivergänzung 252
Genus (grammatisches Geschlecht) 228-232
Genus Verbi → Aktiv, Passiv
geographische Namen 224f.
Gerundivum 152
Geschlecht → Genus, Sexus
Geschlechtswort → Artikelwort

Gleichsetzungsnominativ → Einordnungsergänzung
Grundform → Infinitiv
Grundstufe → Positiv
Grundwort 232
Grundzahl → Zahladjektiv

H

haben 163f.; → a. Modalverb
Hauptsatz 320
Hauptstellungstypen 109-112; → a. Verb
Hauptverb → Vollverb
Hauptwort → Substantiv
herum/umher 307
Hilfsverb 159-168
- Konjugation 160-168
- objektiver Gebrauch (subjektbezogen) 173-175
- subjektiver Gebrauch (sprecherbezogen/pragmatisch) 173, 175-176

hin-/her- (Präfix) 306
hinweisende/zeigende Elemente → deiktische Elemente/Deixis
hinweisendes Fürwort → Demonstrativpronomen
Höflichkeitsform → Siezen
Hypotaxe (Satzgefüge) 97-106

I

Imperativ/Imperativsatz 75
Imperfekt → Präteritum
Indefinitpronomen (unbestimmtes Fürwort) → Pronomen
Indikativ (Wirklichkeitsform) 196-208
indirekte Rede → Redewiedergabe
Infinitiv (Grundform/Nennform/Stammform) 146-151
Infinitivergänzung 253
Interjektion (Ausrufewort) 352
Interrogativpronomen (Fragefürwort) → Pronomen
Interrogativsatz (Fragesatz) 74f.
Inversion 112f.
irgendein/irgendwelcher 269, 278f.
Irrealis → Konjunktiv

J

ja 343f., 346f., 350f.
jeder/jede/jedes 268-280
Jugendsprache 20f., 244, 376f.

K

Kardinalzahl → Zahladjektiv
Kasus (grammatischer Fall) 211-214
Katapher (Vorausverweis) 304
kein/nicht 280
Kernsatz 109f.
Klammerstruktur 106f.
Kommentar 28, 51
Komparation (Steigerung) 126
- des Adjektivs 241-248
- des Adverbs 300f.

Komparativ 242, 245f.
Komposition/Kompositum (Zusammensetzung) 232, 359-363
Kompositionsfuge 358
Konditionalsatz (Bedingungssatz) 104
Kongruenz, grammatische 120-124, 286
Konjugation (des Verbs) 129-158
Konjunktion 318-328
Konjunktiv (Möglichkeitsform) 196-208
können 165f.
Konnotat/Konnotation 60, 65f.
Konsekutivsatz (Folgesatz) 103f.
Kontext 67
Kurzwörter 225f., 232, 369f.

L

lautmalerische Wörter → onomatopoetische Wörter
lehren/lernen 150
Leideform → Passiv
Lesestrategien 69-71
Lexem 125; → a. Wort
-lich (Suffix) 368
Linksattribut → Attribut

M

-mäßig (Suffix) 316, 375
man 185f., 282, 294f.

manche(r, -s) 269, 278f.
Mehrzahl → Plural
Mengenangaben 123f.
Metapher 362
Mitteilungsperspektive 116
Mittelfeld → Satzfeld
Mittelwort → Partizip
Modalitätsverb → Hilfsverb
Modalpartikel → Partikel
Modalsatz 103
Modalverb 159, 165-168; → a. Hilfsverb
Modalwort (Satzadverb) 313
mögen 165f.
Möglichkeitsform → Konjunktiv
Monolog, innerer 53
Morphem 356-358
müssen 167f.

N

Nachfeld → Satzfeld
Nachsilbe → Suffix
Nachtrag → Ausklammerung
Namenwort → Substantiv
Nebensatz 116-118
Negation (Verneinung) 280, 314
nein 350f.
Nennform → Infinitiv
Neologismus 354
nicht 116-118, 280, 314, 348f.
nicht/kein 280
Nomen → Substantiv
Nominativ 211f.
Numerus 129, 210f.; → a. Singular, Plural

O

ob 99, 325
obwohl/trotzdem 317
onomatopoetische Wörter (lautmalerische Wörter) 363
Ordinalzahl → Zahladjektiv
Organon-Modell 22f.

P

Parallelismus 58f.
Paraphrase (Umschreibung) 33
Parataxe (Satzverbindung) 93-97
Parenthese (Satzeinschub) 96
Partikel 339-349
Partizip (Mittelwort) 151-155
Partizipialphrase 155
Passiv (Leideform) 181-187
Perfekt 193f.
persönliches Fürwort → Personalpronomen
Person 129
Personalpronomen (persönliches Fürwort) → Pronomen
Personennamen 215, 223f.
Phraseologismus 73
Plural (Mehrzahl) 217-220; → a. Numerus, Kongruenz
Pluraliatantum 215f.
Pluralis Majestatis 284
Pluralis Modestiae 283f.
Plusquamperfekt 194
Positiv (Grundstufe) 242, 245
Possessivpronomen (besitzanzeigendes Fürwort) → Pronomen
Prädikatsnomen → Einordnungsergänzung
Präfigierung 365f.
Präfix (Vorsilbe) 152-154, 156-158, 365f.
Präposition 329-338
Präpositionalattribut 90
Präpositionalergänzung 252
Präsens 190-192
Präsupposition 60, 64f.
Präteritum (Imperfekt) 192-193
Proben, operationale 76
Progression, thematische 56f.
Pronomen (Fürwort) 281-297
- Demonstrativpronomen 127, 269
- Indefinitpronomen 282, 294f.
- Interrogativpronomen 282, 295-297
- Personalpronomen 282-290
- Possessivpronomen 55-57
- Reflexivpronomen 290-292
- Relativpronomen 292-294
- substantiviertes 227f.

R

Rahmen → Satzklammer

Reaktionswort
→ Satzäquivalent
Rechtsattribut → Attribut
Rede, direkte 199
Redewiedergabe (indirekte Rede) 196-208
Reflexivpronomen (rückbezügliches Fürwort) → Pronomen
Reim 59
Relativpronomen (bezügliches Fürwort) → Pronomen
Relativsatz 91, 105f.
Rhema → Thema-Rhema-Struktur
rhetorische Frage 42
rhetorische Mittel 58f.
Richtungsergänzung 253
rückbezügliches Fürwort → Reflexivpronomen
Rückverweis → Anapher

S

Satz 75f.
Satzadverb → Modalwort
Satzäquivalent 350-352
Satzakzent 107f.
Satzarten 74
Satzbauplan (Satzmuster) 79-84
Satzeinschub → Parenthese
Satzfeld 112-120
Satzgefüge → Hypotaxe
Satzgegenstand → Subjekt
Satzglied 76-78
Satzgliedanalyse 76-78
Satzgliedstellung (Wortstellung) 106-120
Satzklammer (Rahmen/Verbklammer) 106-109, 114
Satzmuster → Satzbauplan
Satznegation → Negation
Satzperiode 97
Satzspitze → Satzfeld
Satzteilkonjunktion → Konjunktion
Satzteilnegation → Negation
Satzverbindung → Parataxe
Satzverneinung → Negation
Satzverknüpfung 55-59
scheinbar/anscheinend 315
sein 143, 159-164; → a. Modalverb
sein-Passiv → Passiv
seither/bisher 309f.
Semantik (Bedeutungslehre) 125
Sexus (natürliches Geschlecht) 228
Siezen (Höflichkeitsform) 284
Singular (Einzahl) 216f.; → a. Numerus, Kongruenz
Singulariatantum 215
Situativergänzung 253
sodass/so...dass 101, 103, 326
sollen 167f.
sondern 326
Sondernegation → Negation
sowohl...als auch 94, 326
Spannsatz 111f.
Spitzenstellung → Hauptstellungstypen
Sprechakt 30f.
Stamm (Wurzel) 133
Stammform → Infinitiv
Steigerung → Komparation
Stirnsatz 110f.
Subjekt (Satzgegenstand) 82
Substantiv (Nomen/Namenwort/Hauptwort/Dingwort) 209-233
- Deklination 214-228
- Kasus 211-214
- Valenz 212-214
Substantivierung 227f.
Suffigierung 367f.
Suffix (Nachsilbe) 367f.
Superlativ 242, 246-248

T

-täglich/-tägig (Suffix) 310
Temporalsatz 101f.
Tempus (Zeitform) 133-136, 187-196
Terminus (Fachwort) 29 f., 372
Text 17-73
Textarbeit 61-69
Textsorten 22-30
Textverknüpfungsmittel 54-60
Thema → Thema-Rhema-Struktur
Thema-Rhema-Struktur 56f., 107
trotzdem/obwohl 317

U

Umbildung (Wortartwechsel) 369
umher/herum 307
unbestimmtes Fürwort → Indefinitpronomen
Umschreibung → Paraphrase
Umstandswort → Adverb

V

Valenz (Wertigkeit) 79
- des Adjektivs 251-254
- des Substantivs 212-214
- des Verbs 79-84, 158; → a. Satzbauplan

Verb 128-208
- explizit performatives 52
- finites (gebeugtes/Hauptverb) 131-146, 158
- Hauptverb → Vollverb
- Hilfsverb → Hilfsverb
- imperfektives 163
- infinites (nicht gebeugtes) 146-155
- intransitives 79
- Konjugation 131-146
- Modalverb → Modalverb
- reflexives (rückbezügliches) 178-180
- regelmäßiges (schwaches) 129-136
- reziprokes 180
- transitives 79
- trennbares 155-158
- unregelmäßiges (starkes) 136-146
- untrennbares 155-158

Verbalkomplex 79,120
Verbklammer → Satzklammer
Verb-End-/Letztstellung → Hauptstellungstypen
Verb-I-/Erststellung → Hauptstellungstypen
Verb-II-/Zweitstellung → Hauptstellungstypen
Vergleichssatz, irrealer 202
Verkleinerung → Diminutivum
Verneinung → Negation
Verschmelzung 271-273, 332f.
viel/wenig 266f.
Vollverb (Hauptverb) 158
Vorausverweis → Katapher
Vorfeld → Satzfeld
Vorgangspassiv → Passiv
vorher/vorhin 309
Vorsilbe → Präfix
Vorvergangenheit 194; → a. Plusquamperfekt

W

während 326
Warnung 40f.
was für ein 278
weder...noch 327
weil 320
welche(r, -s) 278, 282, 295-297
wenig/viel 266f.
Werbesprache 235
werden-Passiv → Passiv
Wertigkeit → Valenz
Wirklichkeitsform → Indikativ
wollen 167f.
wo(r) + Präposition 106, 296f.
Wort 125-127
Wortartwechsel → Umbildung
Wortbildung 353-377; → a. Komposition/Kompositum
Wortfamilie 355f.
Wortfeld 355
Wortklasse 126
Wortstellung → Satzgliedstellung
Wunsch 48-50
Wunschsatz, irrealer 208
Wurzel → Stamm

Z

Zahladjektiv 254-267
Zeitenfolge → Consecutio Temporum
Zeitform → Tempus
Zusammenbildung 359
Zusammensetzung 232, 359-363; → a. Komposition/Kompositum
Zustandspassiv → Passiv
Zwillingsformeln 277

Hinweise zur Benutzung

- Du kannst diese Grammatik auf zwei verschiedene Arten benutzen: Zum einen lässt sie sich wie ein *Lehrbuch* von Anfang bis Ende durcharbeiten. Mithilfe des **Übungsteils** kannst du das gewonnene Wissen vertiefen. Zum anderen ist es möglich, diese Grammatik wie ein *Lexikon* zurate zu ziehen, wenn du gezielt nach Erklärungen bestimmter Begriffe und Phänomene suchst. Das **Inhaltsverzeichnis** und das **Sachregister** im Anhang ermöglichen dir die schnelle Orientierung.

- Daneben findest du in dieser Grammatik zahlreiche farbig hervorgehobene **Strukturelemente**. Sie sollen dir das Verständnis der Regeln erleichtern, indem sie dir die Gliederung der Darstellung veranschaulichen:

Textbeispiele sind grau unterlegt und mit dem Zeichen gekennzeichnet.

Informationskästen, die **Definitionen** zu zentralen Begriffen oder grammatische **Regeln** enthalten, haben einen blauen Hintergrund und sind durch das Zeichen markiert.

Daneben gibt es noch Kästen, die grammatische **Zweifelsfälle** erklären oder **Ratschläge** für einen guten sprachlichen Stil geben. Du erkennst sie an dem Zeichen . Eine dritte Kategorie von Kästen mit dem Symbol macht dich schließlich auf häufig vorkommende **Fehler** aufmerksam und gibt dir Hilfestellungen zu ihrer Vermeidung.

Die Kapitel dieser Grammatik sind durch **Verweise** miteinander verbunden. Eine Angabe wie [S. 67f.] weist dich z. B. darauf hin, dass du auf S. 67 (und auf S. 68; f. = „folgende Seite“) weiterführende Informationen zu dem Thema findest, das gerade behandelt wird.